RENE LOUIS D'ARGENSON.

COLLECTION DES MÉMOIRES RELATIFS A LA
RÉVOLUTION FRANÇAISE.

MÉMOIRES DU MARQUIS D'ARGENSON.

MÉMOIRES DU MARQUIS D'ARGENSON MINISTRE SOUS LOUIS XV ; AVEC UNE NOTICE SUR LA VIE ET LES OUVRAGES DE L'AUTEUR; PUBLIES PAR RENÉ D'ARGENSON.

BAUDOUIN FRÈRES, LIBRAIRES,
RUE DE VAUGIRARD, N°. 36.
BRUXELLES, MÊME MAISON.
1825.

J.M. GALLANAR=éditeur

COPYRIGHT NOTICE.

**MÉMOIRES DU MARQUIS D'ARGENSON MINISTRE
SOUS LOUIS XV ; AVEC
UNE NOTICE SUR LA VIE ET LES OUVRAGES DE
L'AUTEUR; PUBLIES PAR
RENÉ D'ARGENSON**

Copyright. 2011, J.M.Gallanar, All Rights Reserved.

ISBN=978-1-4583-1612-7

FOR:

LOU ANN. MALCOLM, ROBIN, IAN, HEATHER.

NOTICE SUR LE VIE, LE MINISTÉRE ET LES ECRITS DU MARQUIS D'ARGENSON MINISTERE DES AFFAIRES ETRANGERES SOUS LOUIS XV.

RENÉ-LOUIS DE VOYER, marquis d'ARGENSON, naquit le 18 octobre 1694. Il était fils aîné de Marc-Rene de Voyer d'Argenson, lieutenant général de police au Châtelet de Paris, charge qu'il exerça durant vingt-un ans du règne de Louis XIV garde des sceaux sous la régence du duc d'Orléans, de 1718 jusqu'en juin 1720.

Pendant cette longue carrière, le garde des sceaux d'Argenson (né en 1652, mort le 8 mai 1721) se fit remarquer par la surveillance active qu'il exerça dans la capitale, par le bon ordre qu'il y maintint en des temps orageux, par la rigidité de son caractère, qui, jointe à une physionomie austère, ajoutait à l'impression causée par la sévérité de ses fonctions. Malgré les traits peu prévenans sous lesquels a été peint, par ses contemporains, le destructeur de Port-Royal et l'antagoniste redouté des parlemens, ses ennemis n'ont [2] pu disconvenir que ce ne fat un magistrat éclairé, infatigable au travail, déployant surtout une intrépidité rare dans les circonstances périlleuses au milieu desquelles il se trouva plus d'une fois placé.*[*1. En 1709, la cherté des grains fut telle, que le pain s'éleva à neuf sous la livre. Un jour, assiégé dans une maison où une troupe nombreuse voulait mettre le feu, M. d'Argenson fit ouvrir la porte, se présenta seul, parla au peuple et apaisa tout. A l'embrasement des chantiers de la porte Saint-Bernard, il traversa le premier les flammes, portant des secours pour éteindre l'incendie; une partie de ses habits brûla ; il fut vingt-quatre heures continuellement sur pied. (L'usage des pompes à feu et les réverbères datent de son administration.) Voyez éloge de M. d'Argenson par Fontenelle, parmi les éloges de l'Académie des sciences ; Voltaire, Siècle de Louis XIV, et poème sur la police. de Paris.] "Il eût été digne de naître Romain, dit a Fontenelle, et de passer du sénat a la tête d'une armée."

Le temps où il vécut lui interdit cette noble carrière. Tant d'activité, de courage, de force d'âme, furent concentrés dans l'exercice d'une magistrature subalterne qu'il illustra par ses talens. Il assura d'une main ferme. cet ordre, cette sécurité, cette police enfin, triste nécessité des grandes villes, unique satisfaction d'un peuple qui ne possède point d'autres garanties, dont les avantages, dédaignés dans un pays libre, étaient plus indispensables que jamais à une époque où la turbulence des grands, la fureur des factions avaient suspendu [3] si souvent l'exécution des lois, et interverti l'action de la justice:

Son abord glacial, la dureté fixe d'un regard qui bit pénétrer jusqu'au fond des consciences, étaient chez lui l'effet du calcul plutôt que d'une insensibilité véritable; doux, humain, généreux, quand il croyait pouvoir l'être, il n'usa de rigueurs réelles que lorsque la volonté, dont il s'était fait, l'organe, ne lui laissait aucun choix: "Il fit le moins de mal qu'il put, sous un voile de persécution, qu'il se sentait nécessaire pour persécuter moins en effet, et même pour épargner les persécutés." (Mémoires de Saint-Simon.) L'impartial Duclos porte de lui le même jugement: "Il prévint et calma plus de désordres, par la crainte qu'il inspira, que par des châtimens."

Voltaire *[*Lettres sur quelques écrivains accusés d'athéisme, article Fontenelle.] rapporte que ce fut à M. d'Argenson, alors lieutenant de police; que Fontenelle dut sa tranquillité, après la publication de l'Histoire des Oracles. Cet ouvrage semblait le comble de la témérité, en ce qu'il révoquait en doute les miracles opérée par le démon. Le jésuite le Tellier demandait une lettre de cachet, en réponse à des assertions aussi dangereuses. M. d'Argenson conjura l'orage, et sauva à la littérature un de nos meilleurs écrivains, à la philosophie un de ses premiers apôtres. Ici le témoignage de Voltaire [4] ne saurait être soupçonné : ce ne fut point envers les imprudences de sa première jeunesse que le même magistrat fit preuve d'indulgence.

Après s'être acquitté d'une charge inférieure et pénible, avec autant de zèle que de discrétion et de sagacité, M. d'Argenson rendit à son pays des services non moins signalés dans le poste éminent que lui confia le duc d'Orléans, régent du royaume. Investi de la présidence du conseil des finances en même temps que de la direction suprême de la justice, il travailla puissamment à réparer le désordre dans lequel les dernières années de Louis XIV avaient plongé la fortune publique. Il montra dans ces diverses places une activité incroyable. "Il ne connaissait point, à l'égard du travail, la distinction des jours et des nuits. Il donnait ses audiences dès trois heures du matin, et dictait à trois ou quatre secrétaires à la fois des lettres

MEMOIRES, 1825.

dont chacune était un modèle de précision et de clarté."*[*(1) Fontenelle.] Cependant, lorsque l'abus des ressources réelles que présentait le système de Law, eut amené un discrédit que le garde des sceaux s'était efforcé inutilement de prévenir, M. d'Argenson fut sacrifié au mécontentement public; et ceux dont l'extravagance avait le plus contribué au mal demeurèrent en faveur. Il ne survécut que peu de mois à sa retraite.

[5] Exécuteur des volontés d'un prince auquel l'univers ne contesta point de son vivant le surnom de grand, instrument d'un pouvoir qu'entourait encore le prestige de tous les genres de gloire, le garde des sceaux d'Argenson consacra tous ses soins à l'affermissement de l'autorité monarchique. Mais déjà l'expérience avait enseigné a juger avant d'admirer, à penser avant de servir, participant à la tendance des esprits éclairés du nouveau siècle, ses deux fils conçurent la pensée de faire profiter le rang qu'ils étaient destinés à occuper, et la puissance dont ils devinrent dépositaires, à l'avancement de la science sociale et à l'encouragement, des hommes intrépides qui, les premiers, tentèrent d'améliorer le sort de l'espèce humaine. C'est à ce but que tous deux concoururent puissamment dans leur conduite privée, comme dans leur carrière publique.

Il serait difficile, sous ce point de vue, d'isoler l'une de l'autre la vie de ces deux frères qui prirent une part également active aux progrès de la philosophie et des lumières, pendant la première moitié du dix-huitième siècle.

Le comte d'Argenson (Marc-Pierre), né le 6 août 1696, avait devancé son frère aîné dans les charges publiques. Intendant de Touraine en 1721, conseiller d'état en 1724,*[*Il fut reçu, en 1726, de l'Académie des sciences, et en 1749 de celle des inscriptions et belles-lettres.] il concourut à la rédaction [6] de ces belles ordonnances de législation civile, qui ont fondé la réputation du chancelier d'Aguesseau. En 1741, il fut nommé à l'intendance de Paris, et le 25 août 1742, admis au conseil des ministres, comme adjoint au cardinal de Tencin que le premier ministre, Fleury, paraissait s'être désigné pour successeur. Enfin, le 1er janvier de l'année 1743, le comte d'Argenson entra au ministère de la guerre, en remplacement du marquis de Breteuil dont la mort subite, arrivée à Issy, presque sous les yeux du cardinal de Fleury, fit tant d'impression sur l'esprit de ce vieux ministre, qu'il n'y survécut, lui-même que peu de jours.*[*Le cardinal de Fleury mourut à Issy le 29 janvier 1743, à l'âge de quatre-vingt-neuf ans et sept mois. Le cardinal de Tencin, se voyant déçu dans l'espoir de lui succéder, demeura pourtant au conseil jusqu'en 1751, époque a laquelle il se retira dans son diocèse de Lyon. Il y mourut eu 1758, âgé de quatre-vingt-un ans.]

Ce moment rappelle de douloureux souvenirs. On était au milieu de cette guerre de succession d'Autriche, si follement engagée par une cabale de cour, habile à profiter, et de la crédulité d'un vieillard, et de l'insouciance d'un jeune monarque, et de l'ardeur d'une nation trop aisée à séduire par l'appât de la gloire. Cent mille soldats français venaient de périr sous le canon de Prague et les neiges d'Égra. Les économies accumulées en [7] quinze années d'une administration pacifique, avaient été gaspillées en dix-huit mois. Devenu tout à coup aussi prodige de sa propre renommée que trésors de l'état, le cardinal de Fleury avait consenti à mettre en jeu une, réputation de soixante années de prudence, de probité, de modération, dans la ridicule illusion d'être plus qu'un Richelieu, et de régenter l'Europe, comme il gouvernait son royal élève... Celui qui, peu auparavant; médiateur respecté de toutes les puissances, axait, par un chef-d'oeuvre de politique, sauvé la Turquie d'une invasion russe, fait restituer au Croissant les conquêtes du, prince Eugène, et déconcerté les projets du comte de Munich pour l'affranchissement de la Grèce, n'avait pas éprouvé lui-même de scrupule, en manquant à des engagemens, solennels, et en voulant attenter aux droits de la légitimité la plus certaine .*[*La pragmatique-sanction, qui assurait l'héritage d'Autriche à François de Lorraine, gendre de l'empereur Charles VI, avait été garantie par la France au traité de Vienne de 1735.]

Souillant sa pourpre et ses cheveux blancs par une ;témérité qui n'eût pas été pardonnable à la jeunesse, Fleury s'était obstiné à régner jusqu'au dernier, période d'une vie presque éteinte, et, hors d'état de bouger de son lit, croyait diriger avec tic tête de quatre-vingt-dix ans, des armées éloignées de trois cents lieues, et à la conduite desquelles [8] toute sa vie l'avait rendu étranger. Une jalousie puérile venait de lui faire congédier le meilleur conseiller dont sa raison affaiblie eût pu s'aider en des instans aussi critiques.*[*Germain-Louis de Chauvelin, ne en 1685, garde des sceaux, vice-chancelier de France, et ministre des affaires, étrangères en août 1727, exilé le 20 février 1737.]

MEMOIRES, 1825.

Enfin, jamais scène plus digne des pinceaux de la comédie, n'avait produit d'aussi sanglantes catastrophes. Marie-Thérèse, vengée par le dévouement des Hongrois et l'assistance de l'Angleterre des humiliations que lui préparait le cabinet de Versailles, avait recouvré tous ses états héréditaires, à l'exception de la Silésie. Privé de son propre patrimoine, notre allié, l'empereur Charles-Albert, était réduit à solliciter chaque jour la charité du cardinal de Fleury pour éviter de mourir de faim(ce sont les propres expressions de ses dépêches). Enivrés de leurs succès et gorgés de nos dépouilles, massacrant les prisonniers sur le champ de bataille et les blessés dans les hôpitaux, des nuées de Talpaches, de Cravates et de Pandours se répandaient en Alsace et en Lorraine, et jetaient l'épouvante jusque dans la Bourgogne et la Franche-Comté. Leur général, le féroce Mentzel, invitait à la soumission les habitans de ces provinces, en menaçant, dans ses proclamations, quiconque serait pris les armes à la main, de le faire pendre, après l'avoir forcé à se couper [9] de ses propres mains le nez et les oreilles (Voltaire, Siècle de Louis XV).

La cour de Vienne comptait si bien sur ces nouvelles conquêtes, qu'elle offrait le royaume de Bourgogne à l'empereur bavarois, s'il voulait renoncer a ses états héréditaires, et se détacher de l'alliance française.

Belle-Isle, Broglie, Noailles, Maillebois, luttant inutilement contre la mauvaise fortune, rejetant amèrement l'un sur l'autre la cause de leurs revers, ramenaient successivement, à travers mille obstacles, les faibles débris de ces armées qui avaient dû changer la face de l'Europe. Sur cent vingt mille Français qui avaient envahi l'Allemagne en 1741, trente-cinq mille à peine repassèrent le Rhin, deux années plus tard, dans un complet dénûment. Appauvrissement, désunion, découragement universel, perspective d'une invasion imminente, tels étaient les présens que le cardinal de Fleury léguait à son pays, pour prix d'une trop longue confiance dans la sagesse de sa politique.

Mais l'abattement ne saurait être de durée chez les Français. Les années 1744 et 1745 montrèrent tout ce que peut une nation héroïque. L'armée que l'on croyait anéantie, reparut comme par enchantement. Un général, enfant adoptif de la France,*[*1. Le maréchal de Saxe.] auquel celle-ci n'ose reprocher ni sa naissance, ni sa patrie, la commandait. Louis XV [10] lui-même sembla sortirde son apathie; et, sacrifiant aux dangers de l'État quelques mois de son repos, se rendit au camp, accompagné de son conseil, de ses courtisans, de ses valets. La duchesse de Châteauroux, nouvelle Agnès Sorel, en carrosse doré traîné par huit chevaux, parut au quartier général. Abandonnant à ses généraux les soins du commandement, le Roi fit plus par sa seule présence que leurs plus savantes manoeuvres. Ce fut à qui se ferait tuer avec plus de grâce pour mériter un regard; et un monarque totalement étranger à l'art militaire ramena la victoire sous des drapeaux qu'elle n'a jamais fuis qu'à regret.

Les deux frères d'Argenson ont été en partie les moteurs de ce grand réveil de la France. "C'était à eux, dit M. de Lacretelle (Histoire du dix-huitième Siècle), qu'il était réservé de réparer les maux causés par l'esprit vague et le caractère turbulent des deux frères de Belle-Isle."

Le ministre de la guerre avait accompagné Louis XV il la prise de Menin, Ypres, Furnes et Fribourg en Brisgaw. Il avait hâté la reddition de cette dernière place, grâce à un stratagème heureux. On permit aux garnisons de ces deux premiers forts, qui demandèrent à capituler, de se retirer dans le troisième où, les provisions manquant pour un si grand nombre de troupes, elles ne tardèrent pas à être réduites par la famine.

[11] Ce fut au retour du Roi à Versailles, le 28 novembre de la même année, que son frère, le marquis d'Argenson, fut nommé secrétaire d'état au département des affaires étrangères. Il était âgé dé cinquante ans; sa carrière avait eu jusque-là peu d'éclat. Plus homme de lettres qu'homme du monde, plus réfléchi que brillant, plus philosophe que courtisan, il avait presque constamment vécu dans la retraite.

Conseiller au parlement en 1716, en 1720 il était entré au conseil d'état, et avait été nommé la même année intendant du Hainaut et Cambrésis, en résidence à Maubeuge. Ce fut pendant la dorée de son intendance qu'eut lieu le congrès de Cambrai (1722-1725), réunion diplomatique, ayant, pour but de consolider le traité d'Utrecht, mais dissoute sans résultat par le renvoi de l'infante destinée pour épouse à Louis XV. La présence du marquis d'Argenson au congrès de Cambrai, contribua puissamment à le mettre au courant des ressorts cachés de la politique, connaissances. qu'il sut mettre à profit, tout en les appréciant à leur juste valeur.*[*M. d'Argenson avait épousé, dès avant son intendance, Madeleine Meliand, fille de M. Meliand, intendant de Flandre et conseiller d'état. Il eut de ce mariage un fils (M. de Paulmy), et une fille mariée au comte de Maillebois.]

De retour à Paris en 1724, sa charge l'obligeait à assister au conseil des parties pour le jugement [12] des affaires contentieuses ; mais il employait ses loisirs à travailler en silence au milieu de la vaste bibliothéque réunie par son père, à la composition d'un grand nombre d'écrits politiques et littéraires, dont une faible partie a vu le jour depuis sa mort.

Nous avons déjà parlé de M. de Chauvelin, homme d'un grand savoir, d'un esprit capable des plus hautes conceptions, auquel le cardinal de Fleury dut l'éclat des premières années de son ministère, et qu'il ne paya que par l'ingratitude et l'exil. Une amitié qu'aucune vicissitude de la fortune ne put altérer, qui reçut même une nouvelle énergie de la disgrâce de celui qui en était l'objet, unissait M. d'Argenson au garde des sceaux Chauvelin. Pendant le ministère de celui-ci, il ne se présentait guère de question importante que M. de Chauvelin ne prît conseil de son ami, et leur correspondance, que nous avons sous les yeux, prouve quel accord régnait dans leurs pensées. C'est alors *[*1737] que M. d'Argenson fut désigné pour l'ambassade de Portugal, mission aussi importante que délicate, par les avantages qu'en devait retirer la France, si l'on parvenait à soustraire ce royaume à la tyrannie mercantile de l'Angleterre. L'exil de M. de Chauvelin, l'attachement prononcé que lui conservait M. d'Argenson (attachement que l'on qualifiait à la cour du terme alors injurieux de [13] Cheuvelinisme), arrêtèrent le départ du nouvel ambassadeur qui en fut pour une grande partie de frais et pour de profondes études sur l'objet de cette mission. M. de Chavigny partit à sa place au mois de mars 1740.

Depuis lors, le marquis d'Argenson avait repris ces doutées occupations qui lui présentaient tant de charmes;*[*1. Au mois de mai 1744, M. d'Argenson fut nommé conseiller au conseil royal, titre purement honorifique, mais accordé à l'ancienneté, et qui procurait l'avantage de siéger une fois par semaine à côté du Roi. Il n'y avait jamais que deux membres du conseil qui en fussent revêtus, et la charge était à vie. Le marquis d'Argenson en fut pourtant privé à sa sortie du ministère.] non cependant qu'il ne se sentît parfois aiguillonné du désir de mettre en oeuvre les spéculations de bien public que la méditation lui avait suggérées. Mais voici de quelle nature était son ambition. "Il y a aujourd'hui, disait-il, un métier où, il y a prodigieusement à gagner, par personne ne s'en avise. C'est celui d'être parfaitement, honnête homme; qu'on joigne à cela a une grande application qui amène nécessairement quelque intelligence, et il est impossible que, de degré en degré, l'on ne soit recherché pour les premières places. Soyons capables, c'est le moyeu de nous rendre nécessaires. Je vaux peu, mais je brûle d'amour pour le bonheur de mes concitoyens. Il me semble que si jamais cela était connu, chacun nie voudrait [14] voir en place." Le moyen était nouveau.

Aussi la surprise fut-elle générale à la cour, lorsque l'on vit nommer à un poste éminent et envié un homme si peu assidu dans les salons de Versailles.

Il y avait six mois que le ministère des affaires étrangères était vacant, depuis le renvoi de M. Amelot,*[*Amelot de Chaillou, successeur de M. de Chauvelin aux affaires étrangères, reçut sa démission le 26 avril 1744, mourut en 1749.] que la duchesse de Châteauroux avait pris en aversion, parce qu'il était bègue. (Voltaire).

"De toutes les parties du gouvernement,*[*2. Lacretelle, Histoire du dix-huitième siècle.] c'était la seule dont Louis XV semblât toujours s'occuper avec quelque attrait ; mais il en faisait le travail si négligemment, qu'il fut obligé d'appeler à son aide Chavigny,*[*3.Alors ambassadeur en Bavière ; mais le Roi suivait surtout les conseils du maréchal de Noailles dont nous reparlerons bientôt.] homme habile en diplomatie. La correspondance de Louis XV avec Frédéric, roi de Prusse, fit sentir à ce prince les inconvéniens de conduire les négociations sans intermédiaire; Frédéric savait s'y prévaloir du besoin que l'on avait de ses armes et de la gloire qu'il avait acquise. Louis était piqué du ton que prenait ce monarque [15] dont la puissance était, si inférieure à la sienne."

C'est pour obvier à ces inconvéniens que M. d'Argenson fut appelé à des honneurs qu'il n'avait point brigués, mais auxquels le portaient la masse de connaissances qu'il s'était acquises par un travail, opiniâtre, et surtout l'habileté que déployait son frère dans le département qui lui était confié.

Le choix de Louis XV s'était d'abord porté sur M. de, Villeneuve, revenu depuis peu d'une ambassade, à Constantinople, dont il s'était acquitté avec succès. Mais il s'excusa sur son âge de soixante et onze ans, et sur le mauvais état de sa santé. M. d'Argenson, sans avoir rempli lui-même d'ambassade était cependant très-connu à l'étranger par sa désignation à celle de Lisbonne. Cette mission avait tellement inquiété les Anglais, que, pendant, deux années consécutives, il y eut. à la bourse de Londres des paris considérables ouverts pour savoir s'il partirait ou non.

Personne n'était plus au courant que lui des divers, intérêts des puissances et de l'origine de leurs différens.

Il arrivait au pouvoir avec de grandes pensées et des plans mûris de longue main pour la grandeur et l'illustration de sa patrie. Les contrariété, qu'il éprouva, l'état désordonné où se trouvait l'Europe, la jalousie de ses collègues, lui eu interdirent l'exécution. C'est à la postérité [16] qu'il les a légués ; c'est dans ses écrits qu'il faut juger son caractère que l'on ne saurait apprécier que bien imparfaitement par trois années d'un ministère orageux.

Le ministère des deux frères s'annonça d'une manière brillante et féconde en événements.*[*1.Voici quelle était pour lors la composition du conseil de ministres : M. d'Aguesseau, chancelier de France; M. de Maurepas à la marine, d'où il fut renvoyé en 1749; M. Orry contrôleur général des finances, remplacé peu après, en 1745 par M. de Machault ; MM. d'Argenson ; M. de Saint-Florentin secrétaire d'état de la maison du roi; Boyer, ancien évêque de Mirepoix, tenant la feuille des bénéfices; le cardinal de Tencin et le maréchal de Noailles, ministres d'état sans porte feuille.] L'année 1745 fut marquée par une des belles victoires que la France comptât dans ses annales en un temps où il était encore possible de les compter. Aujourd'hui même, que nos lauriers se sont tellement accrus, ils n'ont point obscurci le souvenir de Fontenoy (11 mai 1745). Les deux ministre du nom d'Argenson se trouvèrent avec Louis XV à cette journée. M. de Voyer, fils aîné du ministre de la guerre, chargeant la colonne anglaise à la tête du régiment de Berri, fut pendant deux heures tenu pour mort par son père; c'eût été le second fils qu'il eût perdu sous les drapeaux, le plus jeune ayant péri deux années auparavant sur les remparts de Prague .*[*2. Lettre de madame du Deffand au président Hénault 21 juillet 1742. La mort du petit d'Argenson est affreuse.]

[17] Huit canons anglais pris à cette bataille furent donnés par le roi au comte d'Argenson en récompense de ses services.

On peut juger de l'ivresse générale que causa la victoire de Fontenoy par ce billet que Voltaire écrivit au ministre des affaires étrangères à l'instant où elle lui fut annoncée.

"Ah le bel emploi pour votre historien ; il y a trois cents ans que les Français n'ont rien fait de si glorieux. Je suis fou de joie. Bonsoir, monseigneur."

La réponse du marquis d'Argenson écrite sur le champ de bataille, se trouve rapportée toute entière dans le commentaire sur la vie et les ouvrages de l'auteur de la Henriade (OEuvres de Voltaire tome 43 de l'édition de Beaumarchais.) Elle contient une des relations*[*1. M. de Voyer (Marc-René), fils du ministre de la guerre, né en 1722, lieutenant général des armées du roi, inspecteur de cavalerie, grand bailli de Touraine, commandant de Saintonge et pays d'Aunis, après s'être distingué au service militaire par son talent et sa bravoure, avoir été blessé devant Creveldt en octobre 1758, passa les dernières années de sa vie à la campagne, cultivant les lettres et les arts, et se livrant aux soins de son commandement. Il mourut victime de son dévouement au bien public, ayant gagné, dans les marais de Rochefort dont il activait le desséchement, la maladie à laquelle il succomba le 18 septembre 1782. On trouve, dans la correspondance de Voltaire, plusieurs lettres adressées à M. de Voyer.] les mieux faites [18] et les plus authentiques des événements dont il venait d'être témoin. Aussi Voltaire la recommande-t-il comme une pièce précieuse pour l'histoire. Elle retrace un temps où l'enthousiasme national n'était point encore refroidi pour un monarque dont on oubliait les erreurs passées en faveur des intentions plus nobles qu'il manifestait; où surtout l'intérêt général se portait vers le dauphin qui, par sa bonne grâce et par quelques symptômes de bravoure, s'était acquis une popularité dont, s'il faut en croire des mémoires contemporains, son père même ne tarda pas à devenir jaloux.

MEMOIRES, 1825.

Mais au milieu de ces sentimens qui caractérisent le temps où il écrivait, on reconnaît dans le récit du marquis d'Argenson les émotions d'une belle âme qui répugne à prendre part à ces sanglans divertissemens des rois, dont l'idée de gloire ne peut entièrement déguiser à ses yeux l'affreuse nudité. La voici :

"Monsieur l'historien, vous avez dû apprendre, dès mercredi au soir, la nouvelle dont vous me félicitez tant. Un page partit du champ de bataille, le mardi à deux heures et demie du matin, pour porter les lettres. J'apprends qu'il arriva le mercredi à cinq heures du soir à Versailles. Ce fut un beau spectacle que de voir le Roi et le Dauphin écrire sur un tambour entourés de vainqueurs et de vaincus, morts, mourans et prisonniers. Voici des anecdotes que, j'ai remarquées."

[19] "J'eus l'honneur de rencontrer le roi dimanche tout près du champ de bataille J'arrivais de Paris au quartier de Chin.*[*1. Château près Fontenoy.]. J'appris que le Roi était à la promenade. Je demandai au cheval. Je joignis sa majesté près d'un lieu d'où l'on voyait le camp des ennemis. J'appris pour la première fois, de sa majesté de quoi il s'agissait tout, à l'heure à ce qu'on croyait. Jamais je n'ai vu a d'homme si gai, de cette aventure qu'était le maître. Nous discutâmes justement ce point que vous tranchez en quatre lignes, quels de nos rois avaient gagné les dernières batailles royales. Je vous assure que le courage ne faisait point de tort au jugement, ni le jugement à la mémoire, De là on alla coucher sur la paille. Il n'y eut pas de nuit plus gaie. Jamais tant de bons mots. On dormait tout le temps qui ne fut pas coupé par des couriers, des grassins*[*2. Soldats du régiment d'arquebusiers à pied, commandés par M. de Grassin. (Histoire du maréchal de Saxe, par le baron d'Espagne.)] et des aides de camp. Le Roi chanta une chanson qui a beaucoup de couplets et qui est fort drôle. Pour le Dauphin, il était à la bataille comme à une chasse de lièvre et disait presque : Quoi ! n'est-ce que cela? Un boulet de canon donna dans la boue et crotta un homme près du Roi. Nos maîtres riaient de bon coeur du barbouillé. Un [20] palefrenier de mon frère a été blessé à la tête d'une balle de mousquet. Ce domestique était derrière la compagnie."

"Le vrai, le sûr, le non flatteur, c'est que c'est le Roi qui a gagné lui-même la bataille par sa volonté, par sa fermeté; vous aurez des relations et des détails, vous saurez qu'il y a eu une heure terrible où nous vimes le second tome de Dettingue. Nos Français, humiliés devant cette fermeté anglaise, leur feu roulant qui ressemablait à l'enfer, que j'avoue qui rend stupides les spectateurs les plus oisifs. Alors on désespéra de la république. Quelques-uns de nos généraux, qui ont plus de courage de coeur que d'esprit, donnèrent des conseils fort prudens. On envoya des ordres jusqu'à Lille; on doubla la garde du Roi, on fit emballer, et à cela le Roi se moqua de tout, et se porta de la gauche au centre, de manda le corps de réserve et le brave Lowendhal mais on n'en eut pas besoin. Un faux corps de réserve donna. C'était la même cavalerie qui avait d'abord donné inutilement, la maison du Roi, les carabiniers, ce qui restait tranquille des gardes françaises, des Irlandais excellens surtout quand ils marchent contre des Anglais et Hanovriens. Votre ami M. de Richelieu est un vrai Bayard. C'est lui qui a donné le conseil et qui la exécuté de marcher à l'ennemi comme des chasseurs ou comme des fourrageurs, pêle-mêle, la main. baissée, le bras raccourci; maîtres, [21] valets, officiers, cavaliers, infanterie, tout ensemble. Cette vivacité française dont on parle tant, rien ne lui résiste; ce fut l'affaire de dix minutes que de gagner la bataille avec cette sotte secrète. Les gros bataillons anglais tournèrent le dos, et, pour vous le faire court, on en a tué quatorze mille.*[*1.Il manqua en effet quatorze mille hommes à l'appel, ;mais il en revint environ six mille le jour même. (Note de l'édition de Beaumarchais.)] Il est vrai que le canon a eu l'honneur de cette affreuse boucherie. Jamais tant de canons ni si gros n'ont tiré à une bataille générale qu'à celle de Fontenoy. Il y en avait cent. Monsieur, il semble que ces pauvres ennemis aient voulu à plaisir laisser arriver tout ce qui leur devait être le plus malsain, canon de Douay, gendarmerie, mousqueterie. A cette charge dernière dont je vous parlais, n'oubliez pas une anecdote monseigneur le Dauphin par mouvement naturel, mit l'épée à la main, de la plus jolie grâce du monde, et voulait absolument charger. On le pria de n'en rien faire. Après cela pour vous dire le mal comme le bien, j'ai remarqué une habitude trop tôt acquise de voir tranquillement sur le champ de bataille des morts nus, des ennemis agonisans, des plaies fumantes. Pour moi j'avouerai que le coeur me manqua, et que j'eus besoin d'un flacon. J'observai bien nos jeunes héros, je les trouvai trop [22] indifférents sur cet article, je craignis pour la suite d'une longue vie que le goût vînt à augmenter pour cette inhumaine curée."

MEMOIRES, 1825.

"Le triomphe est la plus belle chose du inonde. Les vive le Roi, les chapeaux en l'air au bout des baïonnettes, les complimens du maître a ses guerriers, la visite des retranchemens, des villages et des redoutes si intactes, la joie, la gloire, la tendresse. Mais le plancher de tout cela est du sang humain, des lambeaux de chair humaine."

"Sur la fin du triomphe, le Roi m'honora d'une conversation sur la paix. J'ai dépêché des courriers. Le Roi s'est fort amusé hier à la tranchée.*[*1.Il s'agit du siége de Tournay. Cette place se rendit le 23 mai, et la citadelle le 19 juin 1745.] On a beaucoup tiré sur lui. Il y est resté trois heures. Je travaillais dans mon cabinet qui est ma tranchée. Car j'avouerai que je suis recule de mon courant par toutes ces dissipations. Je tremblais de tous les coups que j'entendais tirer. J'ai été hier voir la tranchée en mon petit particulier. Cela n'est pas fort curieux de jour. Pour aujourd'hui nous aurons un Te Deum sous une tente avec une salve générale de l'armée que le Roi ira voir du mont de la Trinité. Cela sera beau."

Réponse de Voltaire, en date du 20 mai 1745.

"Vous m'avez écrit, monseigneur, une lettre [23] telle que madame de Sévigné l'eût faite, si elle s'était trouvée au milieu d'une bataille. Je viens de donner bataille aussi, et j'ai eu plus de peine à la victoire que le Roi à la remporter. M. Bayard Richelieu vous dira le reste. Vous verrez que le nom de d'Argenson n'est pas oublie.* [*1. D'Argenson, qu'enflammaient les regards de son père, La gloire de l'État à tous les siens si chère, Le danger de son Roi, le sang de ses aïeux, Assaillit par trois fois ce corps audacieux, Cette masse de feu, qui semble impénétrable. On l'arrête, il revient, ardent, infatigable : Ainsi qu'aux premiers temps, de leurs coups redoublés, Les beliers enfonçaient les remparts ébranlés. (Poëme de Fontenoy.)]

En vérité vous me rendez ce nom bien cher; les deux frères le rendent bien glorieux. Adieu, monsieur, j'ai la fièvre à force d'avoir embouché la trompette; je vous adore."

Ce fut en effet d'après la relation du marquis d'Argenson et les renseignemens fournis par plusieurs officiers généraux que Voltaire composa en dent jours son poème de Fontenoy. Peu d'ouvrages de ce grand homme furent accueillis avec autant d'empressement. Cinq éditions furent épuisées et dit tale exemplaires furent vendus dans l'espace de dit jours. Telle était l'avidité du public pour ce qui retraçait un succès aussi national.

[24] La victoire de Fontenoy, celle de Raucoux (11 octobre 1746) et de Lawfeldt (2 juillet 1747) enfin l'investissement de Maestricht en avril 1748, eurent pour résultat la soumission complète de la Belgique hollandaise et autrichienne. Les savantes manoeuvres du Saxon Maurice et l'intrépidité du Danois Lowendhal eurent sans doute une grande part à ces succès. Mais le nom du ministre qui secondait et dirigeait leurs opérations ne laissait à la France aucuns regrets. D'Argenson, s'associant par ses talens à la gloire de nos armes, fixa la victoire sous nos drapeaux en faisant succéder la discipline au désordre et la confiance au découragement. Ce fut lui qui, après avoir recomposé une armée presque dissoute, parvint à réparer chaque nouveau triomphe non moins destructif que les défaites passées, à mettre en honneur l'ordre et la subordination, surtout à assigner les rangs à la bravoure, en dépit de l'intrigue et de la faveur.

Mais en même temps ses vues se portant sur l'avenir préparaient des institutions grandes et d'arables.*[*1.Lacretelle, Histoire du dix-huitième siècle,] "Le comte d'Argenson s'efforçait, d'inspirer au Roi le goût des monumens utiles. Il le prouva par l'établissement d'une école militaire *[*2. (Édit de janvier 1751, enregistré au parlement le 22 du même mois.) Ce fut, dit Voltaire, le plus beau monument de ce règne. (Siècle de Louis XV.)] où étaient reçus cinq cents gentilshommes [25] dont; les parens, dépourvus de biens, étaient, morts au service de l'État ou s'y étaient distingués. L'on approuva un monument dont l'exécution fut simple et noble comme son objet. Le même ministre ne cessa de protéger l'établissement des invalides. Ce fut pour eux qu'il fit planter vis-à-vis de leur hôtel l'agréable promenade à laquelle il donna le nom de Champs-Elysées, comme pour inviter ces guerriers mutilés à goûter le repos que les fables anciennes ont imaginé pour les guerriers illustres. L'édit du 1 novembre 1750 par lequel il fit instituer une noblesse militaire acquise de droit à tous ceux qui parviendraient au grade d'officiers généraux fut vivement applaudi par la nation, et plusieurs philosophes *[*1. Entre autres Marmontel, qui fit paraître, dans le Mercure de France, un poeme sur la fondation de l'École militaire, et une épître au roi sur la noblesse accordée aux anciens officiers.] y virent une heureuse application de leurs maximes."

Ce fut en effet un premier pas vers cette égalité d'avancement qui n'exista jamais dans l'ancien régime. Mais combien était-on encore loin d'oser mettre en pratique un principe dont l'utilité ne saurait être contestée aujourd'hui, pas plus que la justice?

Le corps des grenadiers de France, un des plus beaux de l'armée, et qui contribua particulièrement [26] à nos succès, dut son existence au même ministre. Ce furent sept régimens formés de nouvelles recrues qui rivalisèrent dès leur origine avec les troupes les mieux aguerries.

Au ministère de la guerre, le comte d'Argenson réunissait le département de Paris (à dater de l'année 1749). Cette ville doit à son administration plusieurs embellissemens dont elle jouit encore. Nous nous bornerons à nommer la place Louis XV, la rue Royale et les beaux édifices qui la décorent; monumens conçus presque aussitôt après la bataille de Fontenoy, et destinés à en perpétuer le souvenir.

Les compagnies du guet, jusque-là si méprisées, reçurent sous la même direction une tenue plus régulière, un habillement uniforme, et furent instruites au maniement des armes. Ces milices, composées. d'artisans et de bourgeois, devinrent une vraie garde nationale, et assurèrent la tranquillité publique par des patrouilles régulières.

Enfin, M. d'Argenson s'était proposé la suppression d'un des abus les plus choquans de l'ancien régime, la propriété et la vénalité des régimens. Le prix en devait être diminué progressivement à chaque mutation, jusqu'à ce qu'il eût été totalement annulé.

Cette direction philosophique, constamment suivie par le ministre de la guerre, devait lui susciter un grand nombre d'ennemis. Il lui fallut lutter avec persévérance pour faire adopter des idées [27] en opposées aux préjugés en crédit. Il était bien difficile dans ces temps où les favoris et les maîtresses disposaient des récompenses, de réserver le moindre avancement au mérite dénué de protection. L'armée, ce sanctuaire de l'aristocratie, était en même temps le repaire de toutes les cabales et de toutes les injustices. Les gentilshommes de province, humiliés par la noblesse de cour, se plaignaient aussi de dédains que plus tard ils ont paru trop aisément oublier. C'était en quelque sorte la féodalité qui réclamait l'assistance de la philosophie contre des abus dont elle-même était victime.

Aux lumières de son frère aîné, le comte d'Argenson joignait des formes moins austères, et qui le rendaient plus propre à se maintenir à la cour. "Il savait, dit Lacretelle, plaire sans s'avilir, et cacher des pensées hautes sous des formes légères." Doué d'un abord prévenant, d'un esprit orné, d'une conversation spirituelle, d'une figure agréable, enfin d'une facilité de caractère qui se pliait à toutes les circonstances sans relâcher en rien de la ténacité de ses vues, ce fut, au dire de ses contemporains, l'un des hommes les plus aimables et les plus spirituels du dernier siècle. A la fois ferme et persuasif, laborieux et dissipé, au courant de tous les riens du moment et de tous les. grands intérêts de l'État, il semblait passer sa vie dans la société la plus frivole, et ne finit jamais sa journée, sans s'être mis au courant de son travail. [28] Ce fut de tous les ministres de Louis XV,* [*1.Correspondance de Grimm, mars 1769.] celui pour lequel ce prince montra le plus de goût et d'amitié. Louis XV apprécia ses services, et eut le courage de le maintenir en dépit des favorites qui toutes le détestèrent à l'envi. Il faut avouer que ce ne fut point envers celles-ci que le comte d'Argenson se montra courtisan. Il se fit, en plus d'occasion, l'interprète général du mépris que leur présence inspirait ; car le règne des maîtresses ne fut jamais populaire en France.

Dès le début de sa carrière ministérielle, lors de la maladie du Roi à Metz, en août 1744, le comte d'Argenson fut chargé par les princes du sang du renvoi de mesdames de Châteauroux et de Lauraguais, et s'en acquitta avec une sévérité qu'elles ne lui ont jamais pardonnée. La longue rivalité du même ministre et de la marquise de Pompadour,*[*2. "La haine de madame de Pompadour pour M. d'Argenson était publique. Ses efforts continuels pour le faire renvoyer, et son peu de succès dans ce projet, ont dû paraître une chose extraordinaire. Louis XV, ennuyé de ses inutiles tentatives, lui fit dire par madame de Soubise, en 1754, qu'il avait du goût pour ce ministre, et qu'habitué à son travail et à ses formes, elle lui ferait plaisir de ne plus le tourmenter sur cet objet. Femme et dissimulée par une longue habitude de la cour, madame de Pompadour fut plus réservée depuis cet avertissement.

MEMOIRES, 1825.

Elle n'osa plus attaquer ouvertement M. d'Argenson, et se contenta de le desservir dans toutes les occasions qui se présentèrent. Cette tactique n'est point nouvelle, et la patience dans la haine la fait presque toujours triompher." (Mémoires du baron de Besenval, tome. 1er., page 208.)] la résistance que presque seul il opposa [29] aux volontés, de cette femme impérieuse, se terminèrent quatorze ans plus tard, par un exil su moins aussi honorable que les dignités dont il avait été comblé.

Cependant le marquis d'Argenson que nous gavons un instant perdu de vue pour nous occuper de son frère, que parce que leur carrière publique était inséparable, partagea quelque tems les travaux de celui-ci, quoique dans un but différent. Car, tandis que l'un s'occupait à pourvoir à la prolongation de la guerre, l'autre avait pour unique ambition de mettre un terme à la lutte qui désolait la France depuis cinq années.

"Nous sommes frères et nous sommes amis," écrivait le ministre des affaires étrangères à son frère, presque à l'instant de sa nomination, "et il n'y a peut-être que le trop d'union à redouter entre nous ; du moins des politiques scrupuleux pourront craindre cet inconvénient. Pourtant a j'avoue que je me sens disposé à travailler contre vous de toutes mes forces, en procurant et entretenant la paix. J'aimerais à faire jouer à notre patrie le rôle d'un honnête homme, et je ne souhaite de pouvoir et d'habileté que, pour cela. Je sais même que vous ne m'en voudrez [30] pas plus de mal et que votre charge n'en ira que solidement mieux."

Les intentions pacifiques de ce ministre ne tardèrent point à être secondées par le penchant naturel du Roi. Déjà las du rôle de héros, Louis XV attendait impatiemment la jouissance paisible des voluptés que lui promettait sa nouvelle maîtresse, la marquise de Pompadour. La France entière était encore plus avide de repos que son monarque. Ses forces s'épuisaient ; ses trophées avaient plus d'éclat que de solidité. Aucune conquête ne pouvait réparer la ruine du commerce, le dépérissement des colonies, l'anéantissement de la marine. Telle était sur ce point la nullité de nos ressources, qu'en 1747, après le combat naval du Finistère, il ne nous resta plus qu'un seul vaisseau de ligne. (Siècle de Louis XIV.)

Cependant, on s'était engagé trop avant pour déposer les armes brusquement et sans compensation pour de tels sacrifices. Peu de mois après l'entrée du marquis d'Argenson au ministère, mourut l'empereur bavarois dont l'alliance n'était depuis long-temps qu'une charge pour nous. Cette mort, loin de faire cesser les motifs de discorde, rendit les haines plus envenimées. Elle fut suivie de l'élection de François de Lorraine, époux de Marie-Thérèse, et grand-duc de Toscane. (15 septembre 1745.)

Enhardis par ce succès, nos adversaires ne voulurent se prêter à aucun accommodement. Les [31] anglais s'enrichissaient chaque année des dépouilles de nos colonies, des galions que l'Espagne ne frétait que pour devenir leur proie. L'Autriche, peu soucieuse de l'occupation momentanée de la Belgique, portait sur l'Italie ses vues d'agrandissement. La Hollande, serrée de près par nos armes, dont tous les soldats, au nombre de trente-cinq Mille, étaient nos prisonniers de guerre, devait partager l'impatience de la France pour l'ouverture des négociations. Ce fut en elle que le marquis d'Argenson fonda tout son espoir. A ces dispositions, se joignait une affection secrète que depuis long-temps il avait conçue pour le gouvernement populaire des Provinces -unies. C'était celui de toute l'Europe qui sympathisait le mieux avec les principes d'une sage liberté qu'il chérissait. C'est ce qui faisait dire à Voltaire, dans une lettre qu'il lui adressait de la Haye (8 août 1743)

"Ce gouvernement-ci vous plairait infiniment. Il est tout municipal : c'est ce que vous aimez."

"Les Hollandais veulent la paix sincèrement et de bonne foi écrivait le marquis d'Argenson à l'abbé de Vauréal,*[*1.Le long ministère du cardinal de Fleury avait peuplé la diplomatie de prélats. L'abbé de Vauréal, évêque de Rennes, avait une belle figure, de l'esprit et beaucoup de succès dans le monde. Il fut reçu, en 1749, de l'Académie française.] ambassadeur en Espagne. Les raisonnables gagnent les peureux. Les Stathoudériens enragés rongent leurs plaies. Les [32] intérêts de l'argent augmentent, et pendant ce temps nous approchons de leurs frontières. Les Hollandais veulent la paix, ce seront au moins d'excellens ambassadeurs près de l'Angleterre pour la négocier......Donnez -moi donc," ajoutait-il dans une autre lettre, "quelque proposition que je puisse mettre sous les yeux des bons Hollandais; mais quelque chose où l'honnête ne soit pas blessé par l'utile. Croyez que s'il est jamais permis de proposer, et que cette proposition soit extravagante, ce sera une nouvelle déclaration de guerre, et si l'on montrait de la modération, je ne désespérerais pas d'une paix très-prochaine."

Après diverses tentatives, sur lesquelles nous ne nous appesantirons point ici, niais que firent échouer les prétentions excessives de l'Espagne, s'ouvrit, en septembre 1746, le congrès de Breda. M. de Puisieux, plénipotentiaire français, s'y rendit le premier ; M. de Wassenaer y représenta la Hollande, le comte de Sandwich l'Angleterre. L'impératrice d'Autriche n'y eut aucun fondé de pouvoir, et l'Espagne, qui ne voyait qu'avec défiance ces tentatives de pacification, y députa M. de Macannas avec ordre de troubler les négociations, plutôt que d'y prendre part. "La paix," écrivait M. d'Argenson à l'abbé de Vauréal, "est réellement à conclure avec nos alliés, avant de la traiter avec nos ennemis."

Il y eut un autre motif au peu de succès des [33] conférences de Bréda. Ce fut la rigueur singulière dont on jugea convenable d'user envers les Hollandais. Les négociations entamées n'avaient point interrompu le progrès de nos armes. Quoique depuis long-temps en état d'hostilité réelle, les Hollandais avaient conservé la qualité de neutres. On envahit leur territoire sans déclaration préalable. Cet acte de violence, tout-à-fait impolitique, auquel le marquis d'Argenson s'était inutilement et à plusieurs reprises opposé, eut l'effet qu'on en devait attendre.

L'influence anglaise prit le dessus. Le parti républicain, qui inclinait vers la paix, céda devant, celui des orangistes; et de même qu'en 1672, lors de l'invasion de Louis XIV en ce même pays, on crut un chef unique indispensable au salut de la république. Le drapeau orange fut arboré (mai 1747), et le stathoudérat héréditaire aboli depuis 1702, rétabli aux acclamations universelles d'un peuple séduit par les guinées anglaises et par la vanité monarchique. Dès lors, il fallut renoncer aux espérances qu'avaient fait concevoir la bonne foi, la sagesse, l'esprit conciliateur d'un peuple libre. Le congrès de Bréda fut dissous en juin 1747.
<
Mais la suite des événements nous a déjà fait depasser la durée fugitive de l'administration du marquis d'Argenson. L'année 1745 avait été marquée

par une diversion inespérée qui faillit changer empiétement le sort de cette guerre. L'intrépidité [34] d'un jeune prince qui s'était risqué, presque seul, au milieu d'un pays où sa famille était proscrite, faisait concevoir de vastes espérances. Charles-Édouard était parvenu à exalter l'esprit national des Écossais, attachés à sa famille depuis trois cents ans, et soumis à un peuple pour lequel ils conservaient une antipathie héréditaire. Il avait vu se grouper autour de lui ces clans demi-sauvages, dont les moeurs, totalement étrangères à l'Europe, nous sont devenues presque familières, grâces aux ouvrages récens de leur ingénieux compatriote. L'impétuosité des montagnards demi-nus et armés de bâtons triomphait de la discipline anglaise ; une terreur panique les précédait, et déjà Londres tremblait à leur approche; l'Europe attentive croyait l'Angleterre destinée à changer de maître.

"On va peut-être avoir un Stuart pour roi en Angleterre et en Écosse," écrivait le marquis d'Argenson à l'abbé de Vauréal, "il sera notre obligé et notre intime. Mais savez-vous, monsieur, que ce sera en cette conjoncture qu'il faudra plus de sagesse dans la paix et un plan plus modéré? Songez que ce sera un prince sans biens, sans domaines et fort endetté ; redevant surtout beaucoup au malheur de ses sujets qui se sont sacrifiés pour sa maison depuis soixante ans. Voulez-vous qu'il obtienne encore à la fois de sa nation le sacrifice de sa religion dominante et des intérêts les plus à coeur à [35] leur politique? Je dis, monsieur, que si cette révolution arrivait en Angleterre, et que vous ne donniez pas un plan modéré au nouveau roi, vous le verriez ou devenir ingrat ou chassé de nouveau."

Deux fois il fut question d'exécuter sur les côtes d'Angleterre, un débarquement destiné à seconder le prétendant. La seconde expédition de cette nature fut résolue au printemps de l'année 1746. Le duc de Richelieu fut nommé pour la commander. Nous trouvons dans les oeuvres de Voltaire (Commentaire sur la vie de l'auteur de la Henriade) le manifeste qu'il devait répandre; l'on reconnaît aisément dans cette pièce les sentimens de justice et la loyauté du marquis d'Argenson qui présidait à sa rédaction. Le roi de France s'y fait garant des lois, franchises et libertés des Anglais. Mais on est justement surpris qu'il n'y soit aucunement question de religion, point essentiel dont le ministre que nous venons de citer n'avait eu garde de se dissimuler l'importance; ce n'est donc pas à lui qu'on doit en imputer

MEMOIRES, 1825.

l'omission. Au surplus ce projet n'eut aucune suite, fort heureusement pour ceux qui l'avaient conçu, dit Voltaire: il n'avait, ajoute-t-il, d'autre défaut que d'être impossible.

Réduit à ses propres forces, le prince Édouard vit bientôt la fortune l'abandonner. Défait à Culloden par le duc de Cumberland (27 avril 1746), blessé lui-même dans ce combat, proscrit, déguisé, il erra pendant cinq mois dans les rochers et [36] les marais quibordent la côte septentrionale de l'Écosse. Non moins héroïques par leur fidélité que par leur courage, les indigènes de ces contrées protégèrent sa fuite; pas un ne fut tenté de le trahir. Enfin il parvint à s'embarquer et à regagner la France à travers de nouveaux périls. Sa défaite avait été le signal de cruautés dont le récit fait frémir.

De vastes contrées dévastées, des populations entières anéanties, des villages et des châteaux livrés aux flammes avec tous leurs habitans, des pairs du royaume périssant sur l'échafaud,*[1.Entre autres lord Lovat, âgé de quatre-vingts ans.] tous les soldats et sous-officiers de l'armée jacobite obligés de tirer au sort afin qu'un sur vingt passât par les armes, telle fut la vengeance atroce des vainqueurs, dont nous aurions peine à nous faire idée, si, à la honte de ce siècle, les événements récens de l'Orient n'eussent souillé nos yeux d'un spectacle analogue.

Du moins alors ne tint-il pas à l'intervention de la France, manifestée par son ministre des affaires étrangères, que ces excès ne fussent prévenus. Laissons ici parler Voltaire, qui, mieux que qui que ce soit, pouvait être informé de ces détails.

*[*2. Voltaire, Siècle de Louis XV.] "Il y avait en France plusieurs prisonniers de guerre anglais et l'on crut que cette considération pourrait retenir la vengeance de la cour [37] d'Angleterre et prévenir l'effusion du sang. Le marquis d'Argenson, alors ministre des affaires a étrangères et frère du secrétaire d'état de la guerre, s'adressa à l'ambassadeur des Provinces-Unies, M. Vanhoey,*[*1.M. Vanhoey, ambassadeur de la république de Hollande près la cour de France, et neveu des De Witte, résida encore long-temps à Paris après le commencement des hostilités. Il avait été intimement lié avec le cardinal de Fleury; l'on a même accusé ce prélat de s'être trop

laissé aller aux pacifiques conseils du Hollandais qui, flattant ses goûts d'économie, le dissuada constamment de toute dépense appliquée à la restauration de notre marine. Toutefois Vanhoey se prononça constamment dans son pays pour le parti républicain ou pacifique, en opposition à la faction guerrière ou orangiste.] comme à un médiateur. Ces deux ministres se ressemblaient en un point y qui les rendait différens de presque tous les hommes d'état; c'est qu'ils mettaient toujours de la franchise et de l'humanité où les autres n'emploient guère que de la politique. L'ambassadeur Vanhoey écrivit donc une longue lettre au duc de Newcastle, secrétaire d'état d'Angleterre. Puissiez-vous, lui disait-il, bannir cet art pernicieux que la discorde a enfanté pour exciter les hommes à se détruire mutuellement; misérable politique qui substitue la vengeance, la a haine, la méfiance, l'avidité, aux préceptes divins de la gloire des rois et du salut des peuples. Cette exhortation, continue Voltaire, ne produisit point l'effet qu'on en espérait. Elle fut qualifiée [38] d'homélie. Elle choqua le roi d'Angleterre au lieu de l'adoucir. Il fit porter ses plaintes aux états-généraux de ce que leur ambassadeur avait osé lui envoyer des réprimandes d'un roi ennemi sur la conduite qu'il avait à tenir envers des sujets rebelles. Le duc de Newcastle écrivit que c'était un procédé inouï. Les états-généraux réprimandèrent vivement leur ambassadeur, et lui ordonnèrent de faire excuse au duc de Newcastle, et de réparer sa faute. L'ambassadeur, convaincu de n'en avoir point faite, obéit et écrivit que, s'il avait manqué, c'était un malheur inséparable de la condition humaine. Il pouvait avoir manqué aux lois de la politique, mais non à celles de l'humanité."

Cependant le ministère français ne s'en était pas tenu à de stériles remontrances. Sur la proposition du marquis d'Argenson, l'on arrêta un grand nombre d'Anglais qui se trouvaient en France sans passeports. De ce nombre était milord Morton, parent d'un secrétaire d'état d'Angleterre, qui voyageait, disait-il, pour sa santé, mais qui était violemment soupçonné d'avoir noué des intelligences à Lorient, pour livrer ce port aux Anglais lors du débarquement qu'ils firent sur les côtes de Bretagne. Milord Morton fut renfermé à la Bastille et subit plusieurs interrogatoires. Si la crainte de justes représailles ne put sauver la vie à tous les malheureux proscrits écossais, du moins M. d'Argenson avait-il la conscience d'avoir fait pour [39] y parvenir tout ce qui était en son pouvoir.

MEMOIRES, 1825.

Cependant une négociation d'une autre importance*[*1. Fin de l'année 1745.] dans la balance européenne l'occupait alors. Il s'agissait de la formation d'une république italienne, ou du moins d'une confédération de tous les états d'Italie dans le but de repousser les Autrichiens de ce pays et d'y rendre a jamais leur retour impossible. On lira avec intérêt dans la suite de ces mémoires toutes les vicissitudes qu'éprouva ce projet dont l'influence pouvait être immense sur les destinées du monde civilisé. La belle Italie secouait pour jamais le joug antipathique des Allemands, et la France libératrice retirait d'éminens avantages de cet affranchissement qu'attendent encore inutilement l'humanité, la philosophie et les beaux-arts. C'était une première tentative pour faire intervenir les goûts et les affections des peuples dans les calculs de la politique qui professe à leur égard une si froide indifférence.

Sans prétendre anticiper sur le récit qu'en a laissé l'auteur lui-même, nous croyons devoir entrer dans quelques détails propres à jeter un plus grand jour sur cette affaire très-peu connue, mais qui n'a rien perdu aujourd'hui de son importance.

Le plan conçu par le marquis d'Argenson n'était point du tout inexécutable. Nos armes étaient victorieuses sur presque tous les points. La république de Gênes était notre alliée depuis le traité [40] d'Aranjuez de l'année 1743. Le duc de Modène, gendre du régent, et don Carlos, fils de Philippe V, roi des Deux-Siciles, tenaient à la France par les liens du sang. Le pape et les Vénitiens étaient neutres. Une armée espagnole et française de quatre-vingt-dix mille hommes sous les ordres du comte de Gages et du maréchal de Maillebois, occupait Parme, Plaisance, le Montferrat, Pavie, Tortone et presque tout le Milanais, à l'exception du château de Milan. La Toscane et une petite partie de la Lombardie, étaient les seules provinces que l'Autriche eût conservées en Italie. Mais elle avait pour allié le roi de Sardaigne qui, aux termes du traité de Worms (1743), s'était engagé à entretenir trente cinq mille hommes de troupes, moyennant une solde annuelle de deux cent mille livres sterling fournie par l'Angleterre. Il est vrai que cette alliance lui avait coûté cher. La Savoie et le comté de Nice étaient demeurés aux Français, suite des succès remportés parle prince de Conti dans les défilés des Alpes (1744). Maillebois, après avoir battu les troupes sardes à Bassignano (17 septembre 1745), occupait une grande partie du

RENE LOUIS D'ARGENSON

Piémont; et la citadelle d'Alexandrie serrée de près était sur le point de se rendre.

En de telles conjonctures il eût été d'autant plus important de détacher le roi de Sardaigne de la coalition ennemie que la France venait de perdre un de ses alliés les plus précieux. Le roi de Prusse, après avoir porté la guerre jusqu'au coeur de la [41] monarchie autrichienne, avoir remporté par lui-même cinq victoires signalées, dont trois en un seul mois, venait de conclure un traité de paix particulier avec Marie-Thérèse.*[1. Traité de Dresde, 25 décembre 1745.] Peu auparavant des motifs de religion autant que de politique avaient fait rejeter les offres du pacha turc, comte de Bonneval, qui se faisait fort de décider la Porte ottomane a déclarer la guerre à l'Autriche et à envahir la Hongrie. Mais alors on jugea inconvenant de la part du roi très-chrétien de rechercher l'alliance d'une puissance infidèle.*[*2. Mémoires de Noailles, tome 6, page 126. C'était en novembre 1745. "On tromperait votre majesté, écrivait le maréchal de Noailles à Louis XV, en lui déguisant que ce traité ternirait à jamais la gloire de son nom, et encourroit également le blâme de ses propres sujets et celui des étrangers. L'alliance du roi très-chrétien avec l'ennemi du nom chrétien pour faire la guerre aux chrétiens, ne peut manquer d'exciter un cri général dans l'Europe entière contre votre majesté, et d'en soulever toutes les puissances contre elle.......Si dans un siècle aussi dépravé il est encore permis de croire à la Providence, peut-on espérer que Dieu bénirait vos armes?"] On voit combien les temps ont changé les combinaisons de la politique.

Unie aux troupes sardes, et devenue par-là maîtresse des Alpes, notre armée se fût trouvée en possession de toute l'Italie; nous y eussions dicté des lois, et rien ne se fût opposé à l'accomplissement [42] du plan qu'avait conçu le marquis d'Argenson. Le Roi y avait souscrit avec un empressement si extraordinaire, que M. d'Argenson écrivait Sa Majesté va sur ce point plus loin et plus vite que moi. Effectivement Louis XV en avait la prompte réussite tellement à coeur, qu'il autorisa son ministre des affaires étrangères, à entamer sur-le-champ la négociation avec le roi de Sardaigne, sans en faire part à un seul de ses collègues. Bien plus, il lui prescrivit de traiter au nom du roi d'Espagne et des autres alliés de la France, sans les en prévenir aucunement, et comme si l'on n'eût pu douter de leur consentement à tout ce qui serait convenu.

MEMOIRES, 1825.

Après diverses ouvertures faites d'abord à Paris près de M. de Montgardin, chargé d'affaires de la famille de Savoie-Carignan, puis à Turin même par M. de Champeaux, résident de France à Genève, déguisé sous le nom d'abbé Rousset, des articles préliminaires furent signés conjointement, le 24 décembre 1745.

Il fut stipulé expressément (article 3) qu'à l'avenir nulle puissance étrangère à l'Italie, pas même la France, n'y pourrait posséder, sous aucun titre, de domaines quelconques; qu'aucune armée étrangère n'y pourrait entrer, sous quelque prétexte que ce pût être; que les Autrichiens en seraient expulsés totalement et à jamais. La Toscane même leur eût été enlevée ; elle eût passé au prince Charles de Lorraine, frère de l'empereur, et à ses [43] descendans, avec exclusion perpétuelle de la lignée impériale.

On accordait au roi de Sardaigne (article 2) un agrandissement considérable aux dépens de la Lombardie sur laquelle, lui aussi, avait réclamé précédemment d'anciens droits.

Les républiques de Gênes et de Venise recevaient pareillement, aux dépens des possessions autrichiennes, un accroissement proportionnel de territoire. Enfin, l'infant don Philippe dont l'établissement en Italie était un des objets de cette guerre, avait Parme, Plaisance, Tortone, Voghera, Crémone, etc., c'est-à-dire, un territoire presque double de celui que lui procura depuis le traité d'Aix-la-Chapelle. Mais, comme nous allons voir, cette part était encore bien loin de suffire à l'ambition de sa mère. Une autre circonstance fit changer subitement les dispositions du roi de Sardaigne. Ce fut l'approche d'une forte armée autrichienne commandée par le prince de Lichtenstein.

Le comte de Maillebois, gendre du marquis d'Argenson, se trouvait alors à Rivoli, chargé des instructions de son beau-père pour la conclusion définitive du traité d'alliance avec la Sardaigne. Il lui fallut revenir précipitamment sur ses pas, et son retour en France fit cesser le mystère dont jusqu'alors ces négociations avaient été enveloppées.

Le roi de Sardaigne, pour rassurer ses anciens [44] alliés contre tout soupçon d'intelligence avec la France, crut devoir faire une démonstration d'hostilités. Le 5 mars 1746, neuf bataillons français furent surpris dans Asti et faits prisonniers de guerre, au moment où toute l'armée croyait l'armistice conclu. La citadelle d'Alexandrie se trouva débloquée, et l'armée française perdit une partie de ses avantages.

Voici, d'autre part, ce qui s'était passé dans nos relations avec l'Espagne. Le 16 janvier, au moment du départ de M. de Maillebois, Louis XV avait écrit de sa propre main à Philippe V, pour le prévenir du point où en étaient les choses, et de sa ferme résolution, dans le cas où l'Espagne n'accéderait point au traité proposé, de songer uniquement à la défense de son royaume et au soulagement de ses peuples, plutôt que de se ruiner en sacrifices inutiles pour l'établissement des Infans en Italie. Il terminait, en donnant à l'Espagne un délai de deux jours pour prendre son parti.

A la réception de ce courrier, la reine d'Espagne se crut outragée. Elle ne respira que haine et que vengeance contre les conseillers, du roi de France. L'histoire fait connaître cette Élisabeth Farnèse, seconde femme de Philippe V. On sait à quel point cette princesse, abusant de son crédit sur un époux infirme, dévot et maniaque, parvint à troubler l'Europe entière pour satisfaire sa vanité personnelle. La guerre de 1733 n'avait [45] eu d'autre objet que de procurer le trône de Naples à don Carlos, son fils aîné; à présent il s'agissait d'établir son second fils, don Philippe. Dans ce but, les duchés de Parme et de Plaisance (qu'Élisabeth réclamait comme héritière unique de la maison Farnèse) ne suffisaient pas à ses désirs. Elle y voulait joindre la Lombardie autrichienne sur laquelle elle ne se croyait pas moins, de droits que le roi de Sardaigne. Pour donner plus de poids à ses prétentions, elle avait fait épouser à don Philippe la fille aînée de Louis XV. En outre, ses voeux avaient été sanctionnés par le pacte de famille signé à Fontainebleau le 25 octobre 1743. Les rois de France et d'Espagne s'y étaient engagés réciproquement à ne jamais traiter l'un sans l'autre, et à ne déposer les armes que lorsque le Milanais et le Mantouan auraient été assurés à l'infant, Parme et Plaisance à la reine Élisabeth. Cette convention avait reçu un commencement d'exécution. Les Espagnols, à leur à leur entrée dans Milan, s'étant empressés de couronner don Philippe roi de Lombardie.

MEMOIRES, 1825.

Par le traité de Fontainebleau, Louis XV avait encore pris l'engagement de ne jamais signer la paix générale que Gibraltar et Port-Mahon ne fussent restitués à l'Espagne. Il est aisé de reconnaître due ce pacte, conclu dans un moment de crise (et antérieur de plusieurs mois au ministère du marquis d'Argenson) n'offrait à la France aucune compensation des devoirs ruineux qu'il lui imposait.

[46] "Comment a-t-on pu se flatter, écrivait M. d'Argenson à l'abbé de Vauréal (9 février 1746), de l'exécution entière du traité de Fontainebleau, qui n'a jamais été qu'un ouvrage de politique forcée, et le fruit passager de la colère et de la partialité. Qu'on se rappelle la triste époque de cette négociation, notre défaite à Dettingen, notre retraite de Bavière et de toute l'Allemagne, le retour de l'empereur Charles à Francfort, enfin la nécessité de défendre nos propres frontières menacées par les armées nombreuses de plusieurs nations liguées contre nous. C'est dans une situation aussi déplorable et aussi violente qu'on fit prendre au roi des engagemens ruineux, et en pure perte pour lui."

Cette façon de penser d'un ministre, trop franc pour la déguiser, avait violemment indisposé contre lui la reine Élisabeth; la négociation de Sardaigne mit le comble à son dépit. "On veut nous traiter comme des enfans, dit-elle à M. de Vauréal, on nous menace du fouet si nous ne faisons pas ce qu'on veut."

Non-seulement M. de Campoflorido, ambassadeur d'Espagne à Paris, fut chargé de présenter à Louis XV les remontrances de/la reine, mais le duc d'Huescar, grand d'Espagne,*[*1. Depuis duc d'Albe, et premier ministre du roi Ferdinand V.] fut député en ambassade extraordinaire pour réclamer de [47] nouveau la stricte exécution du pacte de Fontainebleau, et la rupture formelle de tout engagement contraire; sinon le roi son maître menaçait aussi de se tenir quitte de ses promesses, et de faire, au besoin, cause commune avec la quadruple alliance contre la France.

La colère d'une femme intimida Louis XV. Elle le fit renoncer subitement à ce même projet qu'il avait sincèrement adopté et nourri dans son coeur pendant près de six mois. Impatient maintenant de mettre un terme aux reproches d'Élisabeth, il lui envoya son confident secret, le vieux maréchal de Noailles. Négociateur, courtisan, général d'armée, il y eut peu de vies aussi pleines d'agitations et d'intrigues, que la longue carrière de ce maréchal. Doué d'un esprit caustique et de talens variés, une imagination ardente lui présentait les choses sous mille faces diverses; et, le temps ne pouvant suffire à l'exécution de tous ses plans, il en résultait, dans sa conduite, un chaos presque égal à celui de sa tête. Se portant avec une inconcevable rapidité d'un projet à l'autre, ce qui chez lui n'était qu'inconstance, put quelquefois passer pour noirceur et pour duplicité. Aussi lit-on, dans les Mémoires de Saint-Simon,*[*1. "Le duc de Noailles a infiniment d'esprit, et toutes sortes de ressources dans l'esprit, mais toutes pour le mal, a pour des noirceurs longuement excogitées, et pour pensées de toutes ses réflexions pour leur succès." (Mémoires de Saint-Simon.) Adrien Maurice, maréchal, duc de Noailles, ministre d'état, né en 1678, mort en 1766, à quatre-vingt-huit ans, avait épousé mademoiselle d'Aubigné, nièce de madame de Maintenon. Ses mémoires politiques et militaires ont été mis en ordre par l'abbé Millot. Paris, 1777, six volumes.] un portrait de ce maréchal, dont l'aigreur et la jalousie peuvent [48] avoir chargé les expressions, et que l'histoire impartiale doit se garder de prendre à la lettre. Mais il est important de rappeler ici que, depuis longues années, il existait, entre lui et le marquis d'Argenson, une rivalité de famille que plusieurs circonstances avaient entretenue. Le maréchal de Noailles avait été profondément blessé, lorsqu'en 1718, la présidence du conseil des finances lui fut retirée par le duc d'Orléans, régent du royaume, pour être donnée au garde des sceaux d'Argenson. Le traité de Fontainebleau auquel on reprochait au ministre des affaires étrangères de contrevenir, était le fruit de la défaite du maréchal à Dettingen et des négociations par lesquelles il avait essayé de la réparer. Lui confier le maintien de ce traité, c'était le charger de sa propre cause. Aussi s'en acquitta-t-il avec un empressement mal déguisé.

Pendant son séjour à Aranjuez (à dater du mois d'avril 1746 jusqu'à la fin de la même année), toutes ses démarches eurent pour but de rejeter sur le marquis d'Argenson le blâme de la négociation de Sardaigne. Il promet à la [49] Reine le renvoi de l'homme qui lui a déplu; et, par une convention expresse, stipule le renouvellement du pacte de famille. On assure de nouveau à l'infant don Philippe l'héritage Farnèse, et les deux monarques de

France et de Castille s'accordent à réunir leurs efforts pour empêcher tout accroissement du territoire piémontais en Italie, et pour exclure à jamais le roi de Sardaigne du Milanais et du Mantouan. Car, dans l'alternative, Élisabeth aimait mieux voir ses provinces entre les mains d'un ennemi déclaré que reconnaître des prétentions opposées aux siennes.

La manière d'agir du maréchal lui valut à cette cour la plus haute faveur. Son second fils, le comte de Noailles, qui l'avait accompagné dans son ambassade, obtint l'ordre de la toison d'or, en outre de la grandesse que son père possédait déjà. "Toute leur conduite," écrivait l'évêque de Rennes, Vauréal (30 mai 1746), "a été de flatter la reine et de condamner à feu et à sang le marquis d'Argenson. Avec cela, il n'était pas difficile de plaire, et eux-mêmes sont obligés d'en convenir."

Le marquis d'Argenson ne pouvait ignorer les reproches auxquels il était en butte. Mais il s'inquiétait peu de l'aversion d'une princesse dont ambition extravagante n'était appuyée d'aucune force véritable. D'ailleurs, il se croyait sûr de l'approbation du Roi, dont il pensait avoir gagné la confiance, et d'après les ordres duquel il n'avait [50] cessé d'agir. Sa propre franchise répugnait à croire de cette part un démenti possible; mais ce n'est pas ainsi qu'en agissait Louis XV. Prompt à se livrer sans réserve à quelque favori à l'aide duquel il imaginait contrôler ses ministres, ce monarque travaillait à la dérobée avec les agens d'une diplomatie occulte, dans un but fort souvent opposé à celui de son gouvernement ostensible. De là résultait un désaccord presque toujours funeste à ses propres intérêts, une défiance générale qui entravait tous les rouages de l'administration. Et cependant, grâce à son insouciance habituelle, nul ne laissa jamais à ses ministres un pouvoir plus absolu, que ce prince qui mettait tant d'amour-propre à croire régner par lui-même.

Les Mémoires de Noailles, tome 6, page 175, que nous avons déjà cités, nous fournissent une preuve nouvelle de ces petites faussetés dont était capable un si puissant monarque. Le maréchal avait demandé, en partant de Paris, qu'on l'instruisit avec exactitude de toutes les négociations qui seraient entamées en son absence. Le marquis d'Argenson, qui redoutait, non sans sujet, son indiscrétion, ne lui envoyait que des extraits des pièces diplomatiques. Le maréchal les trouvait insuffisans. Il s'adressa au Roi, qui, à

RENE LOUIS D'ARGENSON

l'insu de son ministre, lui faisait parvenir les pièces entières renfermées dans des boites, afin que celui-ci ne pût se douter que des papiers y fussent contenus.

Le 17 mai 1746, le marquis d'Argenson s'exprimait [51] encore en ces termes avec l'abbé de Vauréal : "Nous aurions même à présent le roi de Sardaigne si nous voulions ; mais il y a trop d'Autrichiens en Italie, et l'exécution du plan inestimable de les en chasser demande trop d'efforts quand on a grande envie de finir la guerre. Il est trop tard à présent, et comment exécuter rien de mieux avec nos graves extravagans?"

C'est précisément alors que Voltaire écrivait à M. d'Argenson une lettre*[*1. Mai 1746.] par laquelle il semble lui adresser des consolations sur les contrariétés qu'il éprouvait.

"Je ne vous fais pas ma cour, Monseigneur, mais je fais mille voeux pour le succès de votre belle entreprise.*[*2. La paix générale] On dit que vous avez besoin de tout votre courage et de résister aux contradictions en faisant le bien des hommes. Voilà où on en est réduit. Vous avez de la philosophie dans l'esprit et de la morale dans le coeur. Il y a peu de ministres dont on puisse en dire autant. Vous avez bien de la peine à rendre les hommes heureux, et ils ne le méritent guère.... Oh! que vous allez conclure divinement mon histoire !... Voici le saint temps de Pâques qui approche la reine de Hongrie et la reine d'Espagne dépouilleront toutes deux la vieille femme et se réconcilieront en bonnes chrétiennes. Cela est immanquable. [52] Ah, maudites araignées! vous déchirerez—vous toujours au lieu de faire de la soie?*[*1.Allusion à des vers de M. d'Argenson, où il comparait les souverains à des araignées, dont les plus grosses dévorent les petites. (Note de l'éditeur de Kehl.)] Grand et digne citoyen, ce monde-ci n'est pas digne de vous."

"Je le penserai toute ma vie, lui écrivait encore Voltaire.*[*2. 8 janvier 1746.] La paix de Turin était le plus beau projet, le plus utile depuis cinq cents ans."

La fortune se plaisait à déjouer à la fois, et les projets de l'ambitieuse Italienne, et les rêves du ministre philanthrope. Philippe V mourut le 9 juillet

1746, et sa fille Marie-Thérèse, femme du dauphin de France, le 29 juillet de la même année. L'union de la France et de l'Espagne n'en fut pas moins intime; mais le sort des armes devint funeste à ces deux puissances en Italie. Dés le commencement de cette même année 1746, il avait fallu évacuer le Milanais à l'approche des Autrichiens; la désunion régnait entre les commandans français et espagnols dont les forces combinées étaient concentrées dans les duchés de Parme et de Plaisance. Une affaire décisive devint inévitable, et celle-ci consomma la perte de l'Italie. Le résultat de la bataille de Plaisance (16 juin 1746), fut pour l'armée combinée une perte de quinze mille hommes.*[*3. Siècle de Louis XV.] Il ne fallut plus songer [53] qu'à une retraite définitive, d'abord sur Tortone, puis sur la Provence. Le comte de Maillebois, fils du maréchal*[*1. Jean-Baptiste Desmarets, fils du contrôleur-général de ce nom, maréchal de Maillebois, avait été plus heureux en Corse en 1739. Il avait achevé la conquête de cette île en trois semaines. Le cardinal de Fleury laissa perdre cette possession importante par des vues d'économie mal entendue. Le maréchal de Maillebois mourut en 1762, à quatre-vingts ans. Son fils, le comte de Maillebois, servit depuis dans la guerre de sept ans comme maréchal-des-logis de Richelieu à Minorque, et de d'Estrées en Allemagne. Il est mort en 1792, dans l'émigration.] et gendre du marquis d'Argenson, fit preuve de courage et de talens militaires en protégeant cette pénible opération.

Onze mille Français dont le maréchal de Belle-Isle vint prendre le commandement, et huit mille Espagnols aux ordres de M. de la Mina qui remplaça le marquis de Gages, suffirent à peine pour défendre la Provence et le Dauphiné d'une invasion autrichienne, et pour conserver la Savoie, seule conquête qui nous fût demeurée du côté de l'Italie.*[*2.C'est dans cette campagne que périt, au combat d'Exilles (19 juillet 1747), le chevalier de Belle-Isle, frère du maréchal, et l'un des moteurs de cette guerre. Du moins sut-il mourir avec courage. Mutilé des deux bras en voulant arracher les pieux derrière lesquels l'ennemi était retranché, il fut tué comme il essayait de les arracher avec ses dents.]

Gênes, abandonnée par nos troupes, se rendit et fut imposée à vingt-quatre millions de contributions [54] de guerre; mais bientôt les malversations du marquis de Botta, les coups de canne distribués par ses ordres à des hommes libres, mettant le comble à la misère et à l'indignation, décidèrent un soulèvement. Quatre mille soldats autrichiens furent massacrés par une population désarmée. Botta fut contraint de capituler dans la citadelle. Le courage héroïque du peuple réchauffa la tiédeur aristocratique du sénat, et les dispositions savantes de Boufflers et de Richelieu assurèrent le salut de la république.

Ce fait prouve à quel point la nation italienne était alors digne d'intérêt, et comme il eût été facile de l'attacher à la France, en employant la puissance de nos armes à relever sa dignité avilie; mais l'inconstance des armes, l'extravagance de la cour d'Espagne et la perfidie de celle de Turin s'étaient unies pour faire échouer les desseins les plus sagement médités. Aujourd'hui, plus loin que jamais de les voir s'accomplir, nous pouvons encore dire de l'Italie, comme le marquis d'Argenson, barbants has segetes .*[*1. Considérations sur le gouvernement de la France, chapitre de la Toscane.]

Nous venons d'exposer quelles furent les cabales qui environnèrent ce ministre sur la fin de l'année 1746, et comment Louis XV, après l'avoir investi d'une confiance excessive, trouva convenable de désavouer les actes qu'il lui avait dictés, [55] afin de faire tomber sur son ministre seul les ressentimens de la reine d'Espagne. Dans de telles dispositions, le Roi ne pouvait garder long-temps dans son conseil un homme qu'il venait de jouer si cruellement. Le 10 janvier 1747 le marquis d'Argenson reçut sa démission.

Il eut encore, durant cet intervalle, l'avantage de conclure, non sans de violentes contradictions, une des négociations les plus remarquables de ce règne. Nous voulons parler du mariage du dauphin, devenu veuf, avec la princesse Marie-Josèphe, fille d'Auguste III, électeur de Saxe et roi de Pologne.

La cour de Madrid avait proposé l'infante Antonia,*[*1. L'infante Antonia a épousé depuis le duc de Savoie, fils aîné du roi de Sardaigne.] soeur de la première dauphine (Marie-Thérèse). Cette alliance, alors comme aujourd'hui, eût été qualifiée d'inceste par les lois civiles et canoniques. M. d'Argenson s'y opposa. On l'accusa de douter du pouvoir des clefs de saint Pierre. Pourtant son avis l'emporta, et l'on est justement surpris en voyant ce ministre obtenir un tel succès contre les intrigues espagnoles, au moment où il allait succomber sous ces mêmes intrigues.

L'alliance de la Saxe Pologne promettait à notre politique de grands avantages dans le nord de l'Europe, et si l'on eût suivi le plan de conduite que conseillait le ministre qui l'avait conçue, elle offrait un contre-poids assuré à la puissance déjà [56] menaçante de la Russie qui, précisément dans cette campagne de 1746, intervint pour la première fois dans les affaires de l'Occident. Selon M. d'Argenson, l'hérédité de la couronne de Pologne dans la maison de Saxe, sous la garantie de la France, était l'unique moyen de préserver ce royaume d'un funeste démembrement qu'il n'a cessé de prédire dans ses écrits.

Enfin cette union fut aussi heureuse que politique.*[*1.Le maréchal de Richelieu fut envoyé à Dresde pour demander la main de cette princesse. Le mariage eut lieu le 9 février 1747. Madame la dauphine, morte en 1765, donna le jour à cinq princes, le duc de Bourgogne, le duc d'Aquitaine, le duc de Berri (Louis XVI), le comte de Provence et le comte d'Artois.] La dauphine Marie-Josèphe devint mère de Louis XVI et de ses frères.

Bruslart de Sillery, marquis de Puisieux, plénipotentiaire au congrès de Bade, succéda au marquis d'Argenson dans le ministère des affaires étrangères, et le conserva jusqu'en 1751. C'était un homme dévoué à la marquise de Pompadour, et qui la servit à souhait en hâtant la conclusion d'un traité qui devait pour toujours ensevelir Louis XV dans les langueurs de Versailles.*[*2. Lacretelle, Histoire du dix-huitième siècle.] Le Roi voulait du repos à quelque prix que ce fût, et pour y parvenir, le sacrifice qui lui conta le moins fut celui de ses riches conquêtes.

Un fait digne de remarque est que deux années [57] avant la signature du traité d'Aix-la-Chapelle, le marquis d'Argenson aurait obtenu, par l'intermédiaire des Hollandais, des conditions de paix plus avantageuses. Au lieu du petit duché de Parme, don Philippe aurait eu la Toscane. On trouva ces offres inconvenantes; la guerre se poursuivit, bien que constamment favorable à nos armes, fit couler des flots de sang. Définitivement il fallut en revenir à des conditions fort inférieures à celles que l'on avait repoussées avec mépris.

RENE LOUIS D'ARGENSON

Le traité d'Aix-la-Chapelle, signé le 18 octobre 1748, fut conclu, comme le dit officiellement Louis XV, non en marchand, mais en roi, c'est-à-dire qu'après huit années d'une lutte qui avait ensanglanté presque toute l'Europe, ébranlé les trônes les plus puissants, mis en doute les titres de presque tous les souverains; qui avait fait périr plus d'un million d'hommes, coûté à l'Espagne et à la France près de sept mille vaisseaux, augmenté notre dette publique de soixante millions; qui avait privé notre armée de ses meilleurs officiers généraux, décimé notre population, anéanti notre commerce, tout fut replacé exactement comme avant la guerre. La France ne gagna pas un pouce de terrain en compensation de ses sacrifices, et les lauriers de Coni, de Fontenoi, de Berg-Op-Zoom, ne lui valurent que l'entretien aux frais du public de quelques héros bien pensionnés.

Mais à côté de ce désintéressement inattendu, triomphèrent plusieurs ambitions subalternes. Les [58] Deux-Siciles furent conservées à don Carlos Gênes et le duc de Modène rentrèrent dans leurs états envahis. Parme, Plaisance etGuastalla devinrent l'apanage du fils chéri de la reine Élisabeth. Le roi de Prusse conserva cette Silésie dont la possession faillit depuis lui coûter si cher. L'Europe entière resta sous les armes, et les souverains entretinrent en pleine paix un million de soldats; tant ils avaient de confiance en la bonne foi les uns des autres. Enfin l'on eut grand soin de conserver par le défaut de limitation fixe entre les provinces anglaises et françaises de l'Amérique du nord, un germe de discussions nouvelles que l'on pût faire éclater au besoin. Ce qui ne tarda pas; car dès l'année 1755, l'Europe entière prit feu de nouveau pour quelques districts incultes du Canada.

Ainsi s'apaisa pour quelques instants la tempête au milieu de laquelle nous avons vu, non sans étonnement, surnager la conscience d'un homme de bien.

On a remarqué que M. d'Argenson fut le dernier des ministres français qui poursuivit les vues de Richelieu, de Mazarin et de Louis XIV pour l'abaissement de la maison d'Autriche. Ses successeurs immédiats prirent le contre-pied de cette politique. Il y eut révolution totale dans les cabinets. La cour de France devint alliée de l'empereur qu'elle avait voulu déshériter, et ennemie du roi de Prusse dont elle avait fondé la puissance. La prude Marie-Thérèse, devenue l'amie de la [59] galante Pompadour, s'acharna contre ce prince en femme irritée, Louis XV en adversaire né des philosophes, l'abbé de Bernis en poëte offensé dans son amour-propre.*[*1. On sait ce mot du roi de Prusse : Ce sont les petits vers de l'abbé de Bernis qui me font monter à cheval.]

Le renvoi du marquis d'Argenson ne paraît avoir nullement influé sur la faveur dont jouissait son frère, ministre de la guerre. Celui-ci, quoique ennemi déclaré de la marquise de Pompadour, se maintint encore près de dix années en place, et ce fut un des succès les plus difficiles remportés pari la favorite durant le cours de son funeste règne, que le renvoi simultané du comte d'Argenson et du garde des sceaux Machault d'Arnouville, en février 1757.*[*2.Voyez, sur les causes secrètes de cette disgrâce, les Mémoires du baron de Besenval, tome I, page 908.] Cet événement, dit M. de Lacretelle, priva la France des deux seuls hommes d'état qu'elle possédât alors : on ne pouvait prendre plus mal son temps. Les désastres de la guerre de sept ans montrèrent ce qu'il en devait coûter par la difficulté de les remplacer. Peu de mois après la retraite du comte d'Argenson eut lieu la déroute de Rosbach (novembre 1757).

Ce ministre laissa parmi les militaires des souvenirs qui furent long-temps à s'effacer. Mais son renvoi fut plus sensible encore aux gens de lettres dont, il s'était montré constamment l'appui. Le [60] département des académies dont il avait été chargé depuis le renvoi de M, de Maurepas, l'avait nais à portée de rendre à la plupart d'entre eux des services essentiels. Son nom est demeuré attaché à l'un des plus beaux monumens du dix-huitième siècle. En 1751, Diderot et d'Alembert dédièrent l'Encyclopédie au comte d'Argenson ; ministre, a dit Voltaire,*[*1. Lettres sur quelques écrivains accusés d'athéisme.] digne de l'entendre et digne de la protéger. Cet hommage a été plus durable que la puissance de leurs persécuteurs.*[*2. Sept volumes seulement de cette vaste entreprise ont paru sous les auspices du comte d'Argenson. Deux années après l'exil de ce ministre, un arrêt du parlement, du 8 mars 1759, condamna l'Encyclopédie à être brûlée par la main du bourreau. En même temps le chancelier de Lamoignon révoqua le privilége des encyclopédistes. Les dix derniers volumes ne purent paraître qu'en 1766 avec de nombreux cartons.]

RENE LOUIS D'ARGENSON

Sans doute aussi la philosophie l'indemnisa de ses bienfaits en adoucissant l'ennui de sa retraite. Il est assez remarquable que, tandis que les amis de cour fuyaient un ministre idolâtré la veille, les gens de lettres seuls lui prodiguèrent les marques touchantes d'un attachement désintéressé. On ne saurait trop rappeler que le sage et aimable Moncrif, âgé pour lors de soixante-neuf ans,* [*3. "Vous avez donc soixante-neuf ans, mon cher confrère? Qui est-ce qui ne les a pas, ou à peu près? Voici le temps d'être à soi et d'achever tranquillement sa carrière. C'est une belle chose que la tranquillité.... Je voudrais être moins éloigné de vous. C'est dommage que le pays de Vaud ne touche pas à la Touraine." (Lettre de Voltaire à Moncrif, 27 mars 1737.) On voit, par cette lettre, que Moncrif était aux Ormes et ne pensait pas à les quitter.] [61] ne craignit point de compromettre sa place de lecteur de la reine et quarante mille livres de pension du roi, en demandant à madame de Pompadour la permission de suivre M. d'Argenson dans l'exil. Ce trait parut toucher les ennemis mêmes du ministre disgracié, et Moncrif fut autorisé à aller passer tous les ans quelques mois aux Ormes près de son ancien bienfaiteur. Le président Hénault*[*1. Lettre de madame du Deffand à Voltaire, 5 juillet 1760. "Le président est aux Ormes."]venait fréquemment partager cette solitude.*[*2. "C'est un lieu (les Ormes) où je me souviens d'avoir passé des jours bien agréables." (Lettre de Voltaire à M. de Voyer, 19 octobre 1770.)]Voltaire y avait passé quelques jours. Marmontel a laissé dans ses mémoires une relation, circonstanciée du séjour qu'il y fit. Puisque nous citons ce passage à quoi bon déguiser des détails plus propres à faire connaître l'homme que les éloges prodigués au ministre durant le cours de sa prospérité? Sans doute l'exil affectait profondément son âme. M. d'Argenson eut cela de commun avec d'autres personnes que certes on n'accuse pas de pusillanimité. Accoutumé d'ailleurs à une vie active, à des travaux importans qui [62] étaient devenus nécessaires à son existence, la solitude à laquelle il se trouva brusquement réduit, la monotonie de la vie de la campagne, le frappèrent d'un sentiment de triste et d'accablement dont il ne put se relever, et cela précisément à un âge où des souffrances habituelles lui donnaient plus que jamais à regretter les distractions et les délassemens de la capitale. *[*1. Mémoires de Marmontel, livre 8.]

MEMOIRES, 1825.

"En nous promenant dans ses jardins, j'aperçus de loin une statue de marbre. Je lui demandai ce que c'était. "C'est, me dit-il, ce que je n'ai pas le courage de regarder" et en nous détournant : "Ah; Marmontel ! si vous saviez avec quel zèle je l'ai servi ! Si vous saviez combien de fois il m'a assuré que nous passerions notre vie ensemble, et que je n'avais pas au monde un meilleur ami que lui ! voilà les promesses des rois! voilà leur amitié ! Et en disant ces mots, ses yeux se remplissaient de larmes.... Le soir, pendant qu'on soupait, nous restions dans le salon. Ce salon était tapissé de tableaux qui représentaient des batailles où le Roi s'était trouvé en personne avec lui. Il me montrait l'endroit où ils étaient placés pendant l'action ; il me répétait ce que le Roi lui avait dit; il n'en avait pas oublié une parole. 'Ici, me dit-il en me parlant d'une de ces batailles, je fus deux heures à croire que mon fils était mort. Le Roi eut [63] la bonté de paraître sensible à ma douleur. Combien il est changé ! Rien de moi ne le touche plus!' Ces idées le poursuivaient pour peu qu'il fût livré à lui-même. Il tombait comme abîmé dans sa douleur. Alors sa jeune belle-fille, madame de Voyer, allait bien vite s'asseoir auprès de lui, le pressait dans ses bras, le caressait ; met lui, comme un enfant, laissait tomber sa tête sur le sein ou sur les genoux de sa consolatrice, les baignait de larmes, et ne s'en cachait point."

Des privations qu'il éprouva la plus pénible fut celle de ses yeux, qui s'affaiblirent graduellement pendant les dernières de sa vie, jusqu'au point de lui refuser toutes les consolations qu'il eût trouvées dans la lecture et dans l'étude. Les douleurs de la goutte, à laquelle il était depuis long-temps sujet, s'unirent aux souffrances morales, et achevèrent de ruiner un tempérament déjà usé par les fatigues du ministère. Enfin, en 1764, il obtint la grâce de venir mourir à Paris, à l'âge de 68 ans.*[*1. Le 22 août 1764.]

Rien ne fait mieux ressortir la différence de caractère qui existait entre les deux frères, si ressemblans sous d'autres rapports, que la manière dont chacun d'eux supporta la perte de la faveur et des dignités. Le marquis d'Argenson, moins brillant à la cour, fut plus grand dans la retraite. Il ne parut aucunement sensible à son renvoi. [64] Le ministère n'avait été qu'un court épisode dans sa vie dont il gardait à peine le souvenir.

C'est assurément bien à tort que l'on a prétendu que le comte d'Argenson avait eu quelque part à la disgrâce de son frère, qu'il l'avait sacrifié au maintien de sa propre faveur. Il est certain qu'il y eut peu d'unions plus parfaites que celle qui exista entre eux depuis cet événement. Aucun nuage*[*1. L'éditeur a entre les mains une correspondance de vingt années entre les deux frères.] ne troubla la pureté de cette amitié fraternelle. Le marquis d'Argenson avait profité du loisir des dernières années de sa vie pour se livrer aux soins des affaires de son frère comme des siennes propres. Il s'occupait de tous ces petits détails d'intérêts domestiques que celui-ci était contraint de négliger, du revenu de ses propriétés, des travaux, des embellissemens à y faire; il s'était fait presque son intendant. Mais ce qui semble étrange, c'est qu'en retour il avait pris son frère pour guide de toutes ses démarches. Cette déférence allait même jusqu'à lui demander excuse quand il avait été forcé de prendre une détermination sans l'avoir consulté. Le moins âgé des deux frères semble devenu le tuteur de l'aîné pour ce qui concerne la politique et la cour. Celui-ci s'est dépouillé de tout amour-propre : il sacrifie pour lui toute prévention personnelle, tout, hormis ses principes en matière de gouvernement. Encore se [65] fait-il violence pour les concentrer en lui-même, dans la crainte que la publication n'en puisse, nuire à son frère; mais la multitude de ses notes, de ses papiers, de ses écrits, trahit sur ce point la surabondance de ses réflexions.

Un fait plus notoire achève de repousser tout soupçon de désunion au moins durable entre les deux frères. C'est l'affection toute paternelle que le ministre de la guerre ne cessa de témoigner au fils de son frère aîné, M. de Paulmy; affection telle, qu'il le traitait constamment de son second fils, et qu'il fit plus en effet pour lui que pour le sien propre, se l'adjoignant au ministère de la guerre, et se le désignant pour successeur.

Si le marquis d'Argenson s'abstint presque totalement de reparaître à Versailles, ce ne fut point qu'un ordre formel le lui interdit. Il semblerait même que Louis XV, contre son habitude, n'eut point perdu le souvenir d'un ministre intègre et fidèle; du moins n'usa-t-il jamais à son égard ;d'aucune de ces rigueurs orientales qu'il déploya tour à tour contre ses favoris congédiés .*[*1. C'est ainsi que Louis XV condamna successivement à un éloignement perpétuel de la cour, au moins tant qu'il vécut, M. le Duc, M. de Châtillon, gouverneur du Dauphin, le garde des sceaux Chauvelin, M. de Maurepas, le cardinal de Bernie, le comte d'Argenson, le comte de Broglie, le duc de Choiseul, enfin le Parlement de Paris tout entier.]

MEMOIRES, 1825.

Dans le cours de dix années que le marquis d'Argenson passa de la sorte, une seule occasion [66] paraît s'être présentée où il conçut quelques regrets; encore semble-t-il se les reprocher comme une faiblesse. Ce ne fut ni l'ambition, ni le rêve de la fortune qui troublèrent son repos : ce fut encore l'amour du bien public. Il eût souhaité que ses talens et son expérience fussent employés à hâter la signature d'une paix qui avait toujours été l'objet de ses voeux les plus chers.

L'ouverture du congrès d'Aix-la-Chapelle en présentait l'occasion ; mais ses services ne furent point agréés. Peut-être nous saura-t-on gré de rapporter quelques passages de la lettre qu'il écrivait à ce sujet au ministre de la guerre. On ne saurait mieux peindre qu'il ne le fait le calme de son âme, et en même temps son attachement à son pays.

Paris, 24 juin 1748.

"Si je me propose pour le congrès, disait-il, ce n'est que dans l'opinion ferme où je suis que j'y ferais mieux qu'un autre; j'irais rondement en besogne, et je sais encore bien des choses sur la matière. Quoi qu'on en dise, la franchise produira toujours plus que l'habileté en matière politique. Je voudrais la paix, vous la voulez aussi. J'avoue que cette ambassade me va au coeur. Le rôle est si beau, et de quelle beauté quand on signera? En vérité, je ne voudrais me donner la peine de rentrer à Versailles que pour y donner de bons avis; sans cela, j'ai plus de plaisir comme je suis. Je mène une vie délicieuse [67] et libre. Comme je n'ai de canal que vous seul, je ne m'adresserai pas à d'autres pour mes idées de bien public. Depuis mon déplacement, j'ai évité la fréquentation des gens de cour aussi industrieusement et aussi volontiers que le vin et les liqueurs qui me font mal et que je n'aime pas. Je n'y retourne que bien relancé, et j'ai raison. Il me reste pourtant quelques faiblesses personnelles. J'avoue que le rôle de M. de Pont-Chartrain,*[*1. Père de M. de Maurepas, mort en 1747, à l'âge de soixante-treize ans.] soutenu pendant trente ans, fui et haï pour son incompatibilité, m'effraie quelquefois, et que les honneurs de la famille ne me rassurent pas pleinement; mais, comme je ne suis point haineux, je ne dois pas être haï comme lui."

"C'est assez radoter : parlons des Ormes. J'y irai certainement, et vous en dirai mon avis. Je suis bien aise de votre avant-cour, et vous exhorte à continuer peu à peu vos arrangemens de château. Vous avez, ce me semble, fini les dehors à présent. Je vous rendrai service, laissez-moi faire. Je n'aime point les dépenses scandaleuses. Je suis charmé des travaux et de la en bonne santé de mon neveu. Je souhaite que le roi prenne Maëstricht sans hasarder de bataille, et que les finances puissent suffire à tout. Adieu, mon cher frère ; je vous embrasse de tout mon coeur et bien tendrement."

[68]Quelques années plus tard, il fut un instant question de rappeler à la cour le marquis d'Argenson, pour lui confier l'éducation du jeune duc de Bourgogne, frère aîné de Louis XVI (mort en 1761, à l'âge de neuf ans). Nous avons rapporté qu'en qualité de ministre des affaires étrangères il avait eu la principale part au mariage auquel ce prince dut le jour. Mais on va voir comment il s'expliquait à lui-même les devoirs que cette nomination lui eût fait contracter.

"On me mande de Paris un bruit qui circule, et auquel je ne m'attendais pas assurément, que l'on m'allait nommer gouverneur de M. le duc de Bourgogne, et que ce choix était d'avance approuvé des honnêtes gens. Ce témoignage a ses agrémens à opposer à l'absurdité de ce qui le fonde. Je sais que la brigue d'abord, et l'étiquette ensuite, contredisent infiniment cette idée. Cependant, il est des sentimens à inspirer à ces héritiers de la couronne, dont peu de personnes savent le secret à la cour. Je voudrais qu'on leur apprît à aimer Dieu, à se méfier des prêtres, à éloigner les évêques de la cour; leur montrer que la couronne ne les constitue qu'agens de la nation, pour solliciter son bien et son plus grand bien; qu'on inspirât à leur coeur de la tendresse pour les malheureux, et peu d'égards pour les gens riches ; qu'ils n'ôtent rien à ceux-ci, mais qu'ils s'en tiennent la simple justice; qu'ils n'aiment pas plus la [69] noblesse que le peuple, et, autant qu'elle a de la vertu seulement; qu'ils préfèrent la pauvre noblesse à la riche; qu'ils respectent le Roi et ne lui donnent que consolation et plaisir; leur donner pour modèle Titus; leur faire lire l'histoire des bons rois pour les toucher, celle des mauvais pour leur faire horreur. Enfin, s'attacher au coeur et à l'intelligence, et non point à une représentation théâtrale de pédanterie et de gravité, comme j'ai vu faire au maréchal de Villeroi et au duc de Châtillon."

MEMOIRES, 1825.

Ces principes d'éducation ne furent point goûtés. Il était surtout une considération qui devait exclure M. d'Argenson. Il était bien pis que philosophe ; il était janséniste, ou du moins il pensait qu'il est des circonstances où l'intérêt public doit prévaloir même sur les décisions du saint-siége. Or on sait que M. le dauphin, père de Louis XVI, avait habitude de dire : Si je suis appelé au trône et que l'église me commande d'en descendre, j'obéirai à l'église et j'en descendrai.

L'occupation à laquelle le marquis d'Argenson paraît s'être livré de préférence sur la fin de ses jours, fut d'assister aux séances de l'académie des inscriptions et belles-lettres, dont il avait été reçu membre honoraire dès 1733, en remplacement de son oncle, l'évêque de Blois Caumartin,*[*Mort en août 1733.] et qu'il présidait en l'année 1749. (Cette [70] présidence était désignée chaque année par le Roi). Enfin, en 1755, il y lut un mémoire sur les historiens français qui se trouve inséré dans la collection des mémoires de l'académie. A Paris, il ne manquait pas une séance, et vivait dans une étroite intimité avec les savans ses collègues, dont il préférait de beaucoup l'esprit solide et le mérite positif à la conversation futile des gens de cour. "Il semblait, a dit l'un d'eux (M. le Beau), n'avoir quitté la cour que pour se livrer sans réserve à l'académie. Le zèle qu'il mettait à partager leurs travaux, et surtout sa douceur et sa modestie, le rendaient cher à tous les membres de cette compagnie. Jamais la jalousie ni la haine n'eurent accès dans son coeur. De ma vie, je n'ai haï personne, disait-il, et jamais rien ne m'a moins coûté que de pardonner."*[*1. Éloge du marquis d'Argenson, par M. le Beau, parmi ceux de l'académie des inscriptions et belles-lettres, tome 27, page 275.]

" Sa disgrâce, dit Grimm, n'influa point sur son bonheur. Il vécut paisiblement, tantôt à Paris, tantôt à la campagne, partageant son loisir entre ses amis et le commerce des gens de lettres qu'il chérissait et qui étaient reçus chez lui avec de grandes marques de considération ;*[*2.Mably, Condillac, d'Alembert, Duclos, etc.] car, sous le règne des d'Argenson, [71] ce n'était pas encore la mode de haïr, les philosophes ."*[*1.Correspondance de Grimm, mars 1765.]

RENE LOUIS D'ARGENSON

Cette réflexion, arrachée à un écrivain philosophe par les contrariétés qu'il éprouvait lui-même aussi-bien que ses collègues, est justifiée par l'histoire de plusieurs d'entre eux en particulier. Nous nous bornerons à développer le genre d'influence que la carrière publique de MM. d'Argenson exerça sur la vie de Voltaire. L'amitié constante que ces deux ministres témoignèrent à ce grand homme est un des faits les plus importans du règne de Louis XV.

Voltaire, né en 1694, était à peu près du même âge que MM. d'Argenson. Il avait été leur camarade. Il avait étudié avec eux au collége de Louis-le-Grand. C'était une liaison d'enfance qui existait entre eux, et elle en avait toute la vivacité et la persistance. Dans la correspondance suivie que Voltaire entretint, en vers et en prose, avec le marquis d'Argenson, et qui nous a été conservée. Une néglige aucune occasion de lui rappeler qu'il est le plus ancien de ses amis.

"Je vous suis dévoué, lui écrivait-il en 1744, par l'attachement le plus tendre et le plus vieux. Il y a, ne vous en déplaise, quarante ans. Cela fait frémir." Ainsi, cette amitié datait de l'âge de dix ans. Il est difficile de remonter plus haut. Il n'y a donc pas lieu de confondre les termes [72] flatteurs qu'emploie Voltaire en parlant de ce ministre, avec les formules banales de flagornerie qu'il prodiguait trop souvent aux grands seigneurs. dont il sollicitait la protection. Bien différent en cela de sa manière d'agir en d'autres occasions, jamais Voltaire ne démentit dans ses mémoires secrets, ni dans les ouvrages humoristes de sa vieillesse, les sentimens de tendresse et de vénération dont il fit profession toute sa vie pour le marquis d'Argenson. Il est même à remarquer que c'est dans son Commentaire sur la vie de l'auteur de la Henriade, ouvrage écrit en 1770, c'est-à-dire long-temps après la mort de ce ministre, qu'il se montre envers lui le plus prodigue d'éloges. C'était un attachement fondé sur l'estime, sur l'admiration réciproque, une véritable liaison de coeur,*[*1. Il faut convenir, disait le cardinal de Fleury dans ses momens d'humeur contre le marquis d'Argenson, que voila bien le digne ami de Voltaire, et que Voltaire est son digne ami.] à laquelle ne se mêlent jamais, ni les protestations intéressées d'une part, ni de l'autre, la hauteur et le ton de protection. Cependant, comme nous allons voir, il y eut plus d'une occasion où l'homme d'état se trouva en position de rendre au philosophe des services essentiels, et ce n'est pas sans motifs véritables que Voltaire écrivait (12 juin 1747) : "Je suis né pour être vexé par les

MEMOIRES, 1825.

Desfontaines, les Rigoley, les Mannory, et pour être protégé par les d'Argenson."

[73] Une autre circonstance de la jeunesse de Voltaire avait contribué à resserrer leurs relations mutuelles. On sait que, par une contrariété qu'ont éprouvée plusieurs de nos grands écrivains, Arouet père (notaire au Châtelet) voulait contraindre son fils à suivre la profession du barreau, que celui-ci avait prise dans une souveraine aversion. A vingt-deux ans, le plus beau génie de l'univers, emprisonné dans l'étude de maître Alain, procureur, place Maubert, était réduit à copier des rôles, et à farcir sa tête poétique des termes ardus de la chicane.

M. de Caumartin, oncle maternel de MM. d'Argenson, et duquel il est fréquemment question dans les mémoires de celui-ci, prit sur lui de soustraire le jeune Arouet à sa captivité. Il le conduisit à son château de Saint-Ange, près Fontainebleau. Ce fut dans cette retraite, au milieu d'une bibliothèque nombreuse et d'une société agréable, que le jeune homme, appelé à réfléchir sur le chois d'un état, prit le parti d'écrire la Henriade et le Siècle de Louis XIV. Certes, il ne pouvait mieux choisir. Sortant de là, il vint acheter son poëme épique à la Bastille où il lui fallut le retenir en entier dans sa mémoire, étant renfermé dans un cachot obscur, sans encre ni papier.*[* Condorcet, Vie de Voltaire; — Commentaire sur la vie de l'auteur de la Henriade.]

[74] M. de Caumartin,*[*1. Louis Lefebvre de Caumartin, marquis de Saint-Ange, intendant des finances, conseiller au parlement, maître des requêtes au conseil d'état, mort en 1720, était petit-fils de Lefebvre de Caumartin, garde des sceaux sous Louis XIII.] ami de Voltaire et oncle de M. d'Argenson, était un magistrat aussi aimable que savant. Il avait passé sa vie à la cour de Louis XIV, et y avait su traditionnellement les moindres circonstances des règnes précédens. Sa mémoire heureuse avait retenu cette foule de petites anecdotes sur de hauts personnages; d'intrigues frivoles, causes des événements les plus graves ; tous ces grands secrets du moment que l'histoire dédaigne, tous ces riens précieux seulement par les noms auxquels ils se rattachent. Nul ne posséda mieux que lui cette science de l'homme de cour, qu'il passa sa vie à étudier, et qu'il enseignait avec une grâce et une

urbanité peu communes. Tel est du moins le portrait que Voltaire a laissé de lui dans cette épître où respire tout l'enthousiasme de la jeunesse :

> Caumartin porte en son cerveau
> De son temps l'histoire vivante.
> Caumartin est toujours nouveau
> A mon oreille qu'il enchante, etc.

C'est même à cette érudition de salon, que l'esprit universel de Voltaire ne saisit pas moins bien que celle des livres, qu'il dut l'immense succès de ses ouvrages. Ce fut particulièrement à Saint-Ange [75] qu'il saisit ce tact, dans lequel il excella depuis, de gazer des vérités sévères sous le voile d'un frivolité de bon ton ; c'est là qu'il s'appropria cet esprit français qu'il a possédé mieux que tonte la France ensemble, et dont il est devenu le tape et le modèle personnifié.

Le garde des sceaux d'Argenson avait épousé, en 1683, la soeur *[*1. Marguerite Lefebvre de Caumartin.] de M. Caumartin; et le marquis d'Argenson, leur fils, passa une grande partie de gai première jeunesse à Saint-Ange, où, de même que Voltaire, il prit de bonne heure le goût des lettres et des études historiques. Ce service fut donc pour Voltaire un nouveau lien avec cette famille, où il avait reçu un accueil si bienveillant en un temps où il n'avait encore aucun titre à la célébrité, et où il en avait déjà à la persécution. Plus tard, en butte aux outrages que lui valurent Ses attaques contre le fanatisme, il fut obligé plus d'une fois d'avoir recours à MM. d'Argenson. Nous voyons, par sa correspondance avec le ministre des affaires étrangères, qu'il lui demande sans cesse sa protection contre les invectives de l'abbé Desfontaines, ou les dénonciations du théatin foyer, évêque de Mirepoix. Oh! honte de ce siècle ! Un tel homme réduit à implorer assistance et contre de tels ennemis !

Les éditeurs des lettres de Voltaire *[*2.Édition de Kehl, tome I, pièces justificatives.] nous ont [76] conservé une des réponses du marquis l'Argenson, relative à sa grande querelle avec l'abbé Desfontaines. On peut y voir quelle indignation il manifeste contre les détracteurs de son ami.
Paris, 7 février 1739.

MEMOIRES, 1825.

"C'est un vilain homme que l'abbé Desfontaines, monsieur; son ingratitude est assurément pire encore que les crimes qui vous ont donné lieu à l'obliger .*[*1.Voltaire n'a laissé ignorer de personne l'aventure dégoûtante pour laquelle l'abbé Desfontaines fut renfermé à Bicêtre, et qui lui eût valu un traitement infamant sans les soins efficaces de celui dont il se montra dès ce moment l'infatigable Zoïle. C'est à l'abbé Desfontaines que le comte d'Argenson, ministre de la guerre, fit cette réponse si connue, lorsque l'abbé, pour se justifier d'un de ses libelles, lui disait : Mais, monseigneur, il faut bien que je vive. — Je n'en vois pas la nécessité.

Cette fois l'abbé Desfontaines, menacé de poursuites judiciaires, signa une sorte de rétractation qui fut imprimée dans les journaux de Hollande; et Voltaire composa à cette occasion l'Ode de l'Ingratitude, dédia au marquis d'Argenson. (Voyez sa Correspondance.)] N'appréhendez point de n'avoir pas les puissances pour vous. Une fois, il m'arriva, chez M. le cardinal (de Fleury), d'avancer la proposition qu'il était curé d'une grosse cure en Normandie; je révoltai toute l'assistance. Son éminence me le fit répéter trois fois. Je me croyais perdu d'estime et de fortune, sans le prevôt des marchands qui me témoigna ce fait. [77] M. le chancelier pense de même sur le compte de ce.....de police. M. Hérault (lieutenant de police) doit penser de même, ou il serait justiciable de ceux qu'il justicie. M. le chancelier (d'Aguesseau) estime vos ouvrages; il m'en a parlé plusieurs fois dans des promenades à Fresnes; mais, de tous vos chevaliers, le plus prévenu contre votre ennemi, c'est mon frère. J'ai été le voir à la réception de votre lettre ; il m'a dit que l'affaire en était à ce que M. le chancelier a ordonné; que l'abbé Desfontaines serait mandé pour savoir si les libelles en question étaient de lui, pour signer l'affirmatif ou le négatif, sinon contraint. Je vous assure que cela sera bien mené; je solliciterai M. le chancelier en mon particulier, ces jours-ci."

"J'embrasse vos intérêts avec chaleur et avec plaisir ; la chose est bien juste. Je vous ai toujours connu ennemi de la satire. Vous vous indignez contre les fripons, vous riez des sots. Je compte en faire autant de tout mon mieux, et je me crois honnête homme. Faire part de ces jugemens aux autres, c'est médire; la religion le défend ainsi que le bon sens et l'intérêt. Ainsi vous m'avez toujours paru éloigné d'un si mauvais penchant. Vos écrits avoués et dignes de vous et vos discours m'y ont toujours confirmé. Travaillez en repos, monsieur, vingt-cinq autres ans; mais faites des vers, malgré votre serment qui est dans la préface de Newton. [78] Avec quelque clarté, quelque beauté, quelque dignité que vous ayez entendu et rendu le système philosophique de cet Anglais, ne méprisez pas pour cela les poèmes, les tragédies et les épîtres en vers. Nous serons toujours éclairés et nourris dans la science physique; mais nous ne lirons bientôt plus pour nous amuser, et nous n'irons plus à la comédie, faute de bons auteurs en vers et en prose. Adieu, monsieur; pourquoi allez-vous parler de protection et de respect à un ancien ami et qui le sera toujours?"

L'auteur de la Henriade, d'OEdipe, de Zaïre, d'Alzire, de Merope, exclu à diverses reprises de l'Académie, et en dernier lieu, par un refus formel du Roi; l'impression des élémens de la philosophie de Newton refusée, et cela parce qu'il avait plu au chancelier d'Aguesseau de se faire cartésien sur ses vieux jours, et de s'opposer à toute innovation en astronomie; la représentation de Mahomet *[*1.Ce ne fut qu'en 1751 que, sur le refus de Crébillon et malgré la désapprobation de Berryer, lieutenant de police. d'Alembert fut désigné par le comte d'Argenson pour examiner Mahomet, et eut le courage de l'approuver. La représentation de cette pièce fit un égal honneur et au choix du ministre et à la fermeté de l'homme (le lettres. Cette reprise de Mahomet, après un si long intervalle, avait aussi pour but de rappeler Voltaire au public parisien qui l'avait un peu perdu de vue depuis son départ pour la Prusse, et de faciliter son retour à Paris. Mais l'espoir des amis de Voltaire fut déçu.] suspendue, quoique la dédicace de cette pièce eût été publiquement acceptée par le pape Benoît XIV ; le mondain badinage plus ingénieux qu'hostile exposant son auteur à une [79] seconde expatriation; Louis XV enfin, ne manquant pas une occasion de témoigner son aversion personnelle à celui qui donna le plus d'illustration à son règne; telle est une faible partie des outrages dont fut abreuvé l'homme de génie qui, pour toute réponse, entassait chef - d'oeuvre sur chef - d'oeuvre, mais dont le caractère irritable sentait, plus vivement qu'aucun autre, le poids de tant de mortifications, et que vengeaient imparfaitement les applaudissemens d'un public souvent inconstant ou prévenu. Le plan semblait formé le tuer Hercule à coups d'épingles ; mais avec un limeur tel que le sien, chaque piqûre était envenimée.

MEMOIRES, 1825.

MM. d'Argenson entrent au ministère, et la gène change en un instant. Voltaire, auparavant harcelé, persécuté, renié, devient homme de cour, diplomate et presque ministre. Que les lettres y aient perdu; que les formules de rigueur, ou le soin des choses du moment aient occupé Viles minutes qui eussent été employées pour la postérité; ou, comme le pense M. de Lacretelle, que Voltaire ait été plus réellement philosophe lorsqu'il devint homme en place; que la faveur [80] l'ait ramené à la sagesse, et l'expérience des affaires à des vues plus modérées, c'est ce que nous n'entreprendrons pas de discuter. Il nous suffit d'avoir fait remarquer le contraste, et les hommages rendus au plus grand écrivain de ce siècle, ne sauraient être un sujet de reproche pour ceux auxquels il les dut. D'ailleurs il n'y a pas lieu de regretter que ce système ait été poussé trop loin. Presque aussitôt la disgrâce du ministre des affaires étrangères, les persécutions reprirent leur cours.

Dès le mois de juin 1743, Voltaire partit pour la Hollande et la Prusse. Quel que fût le prétexte dont il se servit pour colorer son éloignement, il est certain que l'objet véritable de son voyage était une mission diplomatique connue de Louis XV seul, et de quelques-uns de ses familiers. Les lettres inédits que nous publions à la suite de ces mémoires en offriront de nouvelle preuves. Voltaire, pendant son séjour à La Haye, se procura des renseignemens précieux sur les revenus, les forces militaires et les dispositions secrètes des Hollandais. Il les transmit au comte d'Argenson, ministre de la guerre. De là il passa en Prusse où il s'agissait de déterminer le grand Frédéric à prendre l'offensive contre Marie-Thérèse. Bientôt après son retour, le marquis d'Argenson fut appelé au ministère des affaires étrangères, et l'un de ses premiers soins fut de s'associer à son frère dans les récompenses à décerner à leur ami commun.

[81] "Ce ministre, dit Condorcet,*[*1. Vie de Voltaire.] mérite d'être compté parmi le petit nombre de gens en place qui ont véritablement aimé la philosophie et le bien public. Son goût pour les lettres l'avait lié avec Voltaire; il l'employa plus d'une fois à écrire des manifestes, des déclarations, des dépêches qui pouvaient exiger dans le style de la noblesse, de la correction et de la mesure."*[*2. Nous avons déjà cité plusieurs occasions où le marquis Argenson s'aida du talent de son ami pour le service deÉtat. On trouve de plus dans la correspondance imprimée de Voltaire : Un

discours en faveur des droits de l'empereur Charles VII à la succession des États héréditaires (décembre 1744) ; Une lettre à la Czarine pour un projet de paix (mai 1745) ; Une représentation aux états généraux de Hollande, etc. ; "Vous faites de moi un petit abbé de Saint-Pierre, écrivait-il au même ministre; du moins en ai-je les bonnes intentions."]

C'est alors que Voltaire fut comblé d'honneurs, de dignités, de pensions, dont on ne semblait jusque-là avoir été si avare, que pour l'en surcharger tout à la fois.

Il serait injuste de méconnaître qu'ici MM. d'Argenson furent puissamment secondés par madame de Pompadour, ancienne amie de Voltaire, déjà lié avec elle lorsqu'elle n'était que madame le Normand d'Étioles. Les favorites, sous ce règne, ne [82] furent point étrangères à l'encouragement des philosophes, lorsqu'elles crurent voir en eux les vengeurs des humiliations que leur réservait le parti dévot .*[*1. "Dites à madame de Pompadour que j'ai précisément les mêmes ennemis qu'elle." (Lettre de Voltaire à M. de Richelieu, août 1750.)] D'ailleurs, la marquise de fraîche date se piquait aussi d'aimer les lettres et les beaux-arts. Elle avait de l'esprit, du discernement, plus d'instruction que la plupart des femmes de la cour qui, envieuses de sa faveur, lui reprochaient des airs bourgeois et des manières de parvenue. Cependant, lorsqu'on voit les maîtresses des Rois aider au succès des idées philosophiques et presser l'instant d'une régénération sociale, peut-on trouver des termes pour qualifier l'absurdité de cet ancien régime qui contenait en lui seul tous les germes de sa propre dissolution ?

Voltaire fut nommé en 1745 historiographe du Roi, et gentilhomme ordinaire de la chambre. Cette dernière charge, qu'il traite de magnifique bagatelle, devint une grâce très-réelle, en ce qu'il obtint la permission de la vendre pour la somme de soixante mille francs, en conservant toutefois les titres, priviléges et fonctions qui y étaient attachés .Ce fut l'année suivante qu'à l'âge de cinquante-deux ans, il fut enfin admis à l'académie française, dignité qu'il ambitionnait inutilement depuis plus de quinze ans, et qui cette fois lui fut conférée [83] tout d'une voix, et sans que l'évêque de Mirepoix lui-même osât s'y opposer .*[*1. Lettre à Maupertuis, 1er. mai 1746.]

Ces récompenses avaient de quoi satisfaire l'amour-propre le plus susceptible. Ce n'étaient pourtant que des concessions arrachées en dépit d'une antipathie toujours subsistante. Le marquis d'Argenson eut la plus grande part à ce succès. On en peut juger par les lettres mêmes de Voltaire (lettre du 8 février 1745).

"Racine fut moins protégé par MM. Colbert et Seignelay que je ne le suis par vous.....La charge de gentilhomme ordinaire ne vaquant presque jamais, et cet agrément n'étant qu'un agrément, on pourrait y ajouter la petite place d'historiographe; et au lieu de la pension attachée à cette historiographerie, je ne demande qu'un rétablissement de quatre cents livres. Tout cela me paraît modeste, et M. Orry en juge de même; il consent à toutes ces guenilles; daignez achever votre ouvrage, monseigneur, etc. *[*2. MM. d'Argenson ne s'en sont point tenus là en faveur de leur ancien condisciple. On sait que Voltaire, le plus riche des gens de lettres de son siècle, et qui le serait peut-être du nôtre, dut l'aisance dont il a joui, non pas seulement au produit de ses ouvrages, mais à d'heureuses spéculations, et particulièrement à des intérêts productifs dans les fournitures des armées. "Feu M. d'Argenson, ministre de la guerre, donnait un intérêt à Voltaire dans toutes les entreprises qui se faisaient dans son département. Ce dernier fait m'a été prouvé par M. Davou, mon ami, qui a été l'associé de cet homme célèbre dans les viandes et l'artillerie fournies dans la guerre de 1741." (Journal de Collé, décembre 1770.) Les lettres inédites à la suite de ces mémoires pourront fournir à ce sujet de nouvelles données. "La fortune de Voltaire, ajoute Collé, s'est élevée à plus de cent vingt mille livres de rente."]

[84] On voit avec quelle confiance le grand homme s'abaisse à détailler au secrétaire d'état, son ami, les moindres circonstances de ses affaires personnelles. En d'autres lettres il le charge de négociations plus délicates encore. On pourrait être tenté de croire que les fonctions d'historiographe entraînaient, sinon le devoir, du moins la faculté d'écrire l'histoire du prince qui les octroyait. On voit cependant par le fait que rien n'était moins positif. Les exemples même étaient contraires, à en juger par Racine et Boileau, louangeurs brevetés de Louis XIV, qui, de leur vivant, n'ont pas publié une seule ligne (en humble prose du moins) sur l'histoire de ce règne.

RENE LOUIS D'ARGENSON

Voltaire avait conçu l'idée consciencieuse de rendre profitables au public les appointemens dont il jouissait, en rédigeant, sur documens officiels, les annales des événements qui se passaient sous ses yeux. On reconnaît, par une de ses lettres au marquis d'Argenson (17 août 1745), combien cette innovation semblait hardie, et ce qu'il fallait de [85] ménagemens et de circonlocutions pour obtenir du Roi l'autorisation d'immortaliser les victoires de ses généraux. "Mon idée ne serait pas que vous demandassiez pour moi la permission d'écrire les campagnes du Roi. Sa modestie en serait a alarmée, et d'ailleurs je présume que cette permission est attachée à mon brevet. Mais j'imagine a que si vous disiez au Roi que les impostures que l'on débite en Hollande doivent être réfutées; que je travaille à ses campagnes, et qu'en cela a je remplis mon devoir; que mon ouvrage sera achevé sous vos yeux et sous votre protection ; enfin si vous lui représentez ce que j'ai l'honneur de vous dire avec la persuasion que je vous connais, le Roi m'en saura quelque gré, et je me procurerai une occupation qui me plaira et a vous amusera. Mes fêtes*[*1. La Princesse de Navarre, comédie-ballet pour le premier mariage du Dauphin.] pour le Roi sont faites. Il ne tient qu'à vous d'employer mon loisir."

C'est donc à l'entremise de MM. d'Argenson que nous devons l'Histoire de la guerre de 1741,*[*2. Celle histoire a été écrite sons vos yeux et par vos ordres, (Lettre inédite de Voltaire au comte d'Argenson.)] et le Siècle de Louis XV, ouvrage dans lequel l'auteur l'a refondue depuis.

Enfin on voit, par cette correspondance, quel prix Voltaire attachait à obtenir du pape Benoit XIV [86] des médailles frappées à l'effigie du saint père, et que celui-ci ne donnait qu'à ses amis particuliers. Les médailles papales jouent un grand rôle dans ces lettres. Il voulait, disait-il, se couvrir contre ses ennemis de l'étole du vicaire de Dieu. Cette négociation réussit au delà de ses souhaits; car, au lieu d'une médaille, M. d'Argenson lui en procura quatre, deux grandes et deux petites. Cette libéralité du pontife ne prouverait pas que la faveur fût aussi grande que Voltaire se l'était d'abord figurée. Pourquoi les révélateurs de correspondances secrètes nous dévoilent-ils les petitesses des plus grands hommes? Grâces à eux, il n'en est aucun qui apparaisse & la postérité pleinement exempt de ridicule.

MEMOIRES, 1825.

Nous avons dit que l'entrée de MM. d'Argenson au ministère avait appelé Voltaire à la cour. La retraite du ministre des affaires étrangères fut suivie pour lui de nouveaux dégoûts. Ce fut alors que commença sa grande rivalité avec Crébillon. Il plut à la marquise de Pompadour de prendre parti pour ce dernier poète qui nous semble aujourd'hui si inférieur à son rival, et auquel pourtant le public s'obstinait A reconnaître exclusivement du génie. "Ceux qui vous ont ôté le ministère protègent Catilina. Cela est juste," écrivait Voltaire au marquis d'Argenson.*[*1. 18 mars 1749.]

[[87] En ce moment le roi de Prusse lui offrait à sa cour la clef de chambellan, la croix du mérite, et vingt mille livres de pension. Voltaire accepte, et son départ en un instant consterne ceux même qui ont tout fait pour le porter à cette extrémité. On l'accuse d'ingratitude pour s'être soustrait la juridiction des lettres de cachet. Si Voltaire mérita ce reproche, ce ne fut pas envers MM. d'Argenson: il correspond avec eux de Potsdam, et leur amitié ne paraît nullement refroidie.*[*1. Lettres inédites.]

Il écrit à Moncrif (17 juin 1751) : "Je vous demande en grâce d'exprimer mes sentimens M. le comte d'Argenson. Je serais au désespoir qu'il blâmât ma conduite. Je lui suis attaché dès ma plus tendre jeunesse, et c'est l'homme du royaume dont j'ambitionne le plus les suffrages et les bontés."

Il est vrai qu'à dater de cette séparation, leurs relations devinrent moins fréquentes. Les circonstances ne permirent plus à Voltaire de revoir ses anciens bienfaiteurs. Mais enfin Voltaire devait lasser l'envie. Il recueillit de son vivant les hommages de la postérité. Autant avait été restreint le nombre de ses amis, autant l'Univers fut étroit pour ses admirateurs. Une révolution immense s'opéra clans le monde civilisé. La philosophie, humble à son origine, prit un essor hardi, et du premier bond vint s'asseoir sur les trônes. En [88] moins d'un quart de siècle ses doctrines pénétrèrent jusqu'aux extrémités de l'Europe. Les puissans de la terre tinrent à honneur d'y être initiés et de concourir à les répandre.

Cependant ne nous faisons pas illusion : rien de moins complet que cette conversion si promptement opérée ; rien de si varié que les motifs qui firent embrasser à ces nouveaux prosélytes une conduite qui n'était analogue qu'en apparence. Si quelques intentions furent droites et généreuses, d'autres furent puériles, intéressées, coupables même. Chacun, envisageant la doctrine nouvelle sous un point de vue rétréci, n'y aperçut que ce qui pouvait charmer ou irriter sa passion. La philosophie, professée tour à tour d'une manière irréfléchie par l'ambition, la haine, la vanité, l'immoralité, parut plus d'une fois la solde du pouvoir, lui servant d'auxiliaire, tantôt contre les jansénistes, tantôt contre les jésuites, quelquefois contre le clergé, plus souvent contre les parlemens. Les favorites y trouvèrent un remède contre l'ennui; les prélats à gros bénéfices, une recette pour en jouir plus gaiement; les conquérans un prétexte pour ne rien respecter ; le libertinage des grands, un préservatif contre tout scrupule. C'était une arme employée par des gens qui en ignoraient la portée, et qui tous s'imaginaient follement la confisquer à leur profit. Pervertie dans sa source par la plupart de ses adeptes, elle sembla plus d'une fois complétement dénaturée.

[89] Gardons nous donc de confondre avec ceux se dirent philosophes par ton, par mode, par passe-temps, ces gens de bien qui auraient cru s'avilir en consacrant leur plume ou leur crédit au maintien des abus; ces hommes qui, devançant leur siècle, développèrent avec franchise les principes qu'ils avaient adoptés avec maturité, et tentèrent les premiers efforts pour faire participer leurs concitoyens aux bienfaits que la raison révélait à un petit nombre d'esprits éclairés. De ce nombre fut sans contredit le marquis d'Argenson qui, exposant tous ses sentimens en des écrits où son âme paraît toute entière, n'y montre l'autre désir que celui de réaliser cette pensée que déjà Voltaire avait fait retentir sur la scène,

        ....De fonder la liberté publique
      Sous l'ombrage sacré du pouvoir monarchique.

Il nous est difficile d'imaginer combien il avait alors de hardiesse, même de témérité, à avancer des vérités devenues de nos jours triviales et rebattues. La Bastille debout était pour faire justice des novateurs. Il y a plus : la faveur du public n'était point pour ceux qui se `touaient à ce genre d'études. Ils n'avaient à espérer ni pitié, ni consolation de la part de leurs concitoyens.

Il faudrait se reporter complétement à ce temps, pour juger à quels dédains était exposé quiconque laissait percer sa pensée sur les vices de [90] l'ordre social, et sur la possibilité d'un perfectionnement quelconque. Les persécutions, patentes, la censure littéraire, les lettres de cachet n'étaient rien auprès de ces sourdes menées, de ces fades quolibets par lesquels la frivolité des gens de cour rebutait les hommes flétris de la dénomination d'esprits vagues, de rêveurs, de visionnaires. Souvent même ces épigrammes ont influé sur le jugement de la postérité. Qui de nous n'est encore tenté de sourire. au seul nom de cet abbé de Saint-Pierre *[*1. Charles-Irénée Castel de Saint-Pierre, né en 1658, mort en 1743, à quatre-vingt-six ans.] dont la confiante philantropie fournit, de tout temps, matière à d'inépuisables bons mots ? Intimement lié, par suite d'une singulière conformité de sentimens, avec le marquis d'Argenson, celui-ci convient dans ses mémoires que, si quelque chose eût pu le détourner de songer au bien de son pays, c'eût été le peu de succès qu'avaient obtenu les écrits de son bon ami l'abbé de Saint-Pierre.

Méritait-il en effet d'être livré à d'indiscrètes risées, ce prêtre vertueux dont la vie entière ne fut que la manifestation (le ses principes, dont on ne pourrait citer une parole, une démarche, une pensée qui ne fussent dictées par le plus pur amour de ses semblables; cet homme que Jean-Jacques Rousseau a défini de raison parlante, ambulante, agissante ; qui prit pour devise ce [91] précepte sublime, donner et pardonner; ce sage, aussi modeste qu'éclairé, qui poussait la défiance de son propre jugement jusqu'a ne donner son avis qu'en ces termes : Ce sentiment est le mien, quant à présent, ou, ce raisonnement est faux, plu moins pour moi; cet homme enfin, qui s'est dépeint tout entier, dans le mot bienfaisance, dont il enrichit notre langue, et qu'il sut tellement mettre en pratique, qu'il semblerait avoir été l'inventeur de la chose même, comme du terme qui l'exprime. Doux, libéral, désintéressé, inoffensif, possédé de cet amour du bien qui ne fait que des dupes et des ingrats, philosophe pratique plus encore que spéculatif, vrai Socrate des temps modernes, unissant aux vertussimples de l'Évangile, les lumières du dix-huitième Siècle. Tel fut celui qui, grâces aux lazzis les plus insipides, n'a laissé de réputation que celle d'une bonhomie voisine de la bêtise.

"Ce n'est, dit M. d'Argenson, qu'en passant pour un fou et un radoteur, qu'il s'est dérobé à la haine de ceux qui étaient intéressés aux abus qu'il voulait détruire."

RENE LOUIS D'ARGENSON

Il ne faut cependant pas croire que le système de persécution auquel l'abbé de Saint-Pierre fut en butte, se réduisit à quelques quolibets contre sa réforme grammaticale, son style diffus, son orthographe indéchiffrable, ses redites continuelles, ou même contre sa foi imperturbable à la possibilité de la paix perpétuelle et aux merveilles [92] d'un scrutin perfectionné. Il faut se rappeler qu'après avoir été reçu de l'académie française, l'abbé de Saint-Pierre en fut exclu quelques années plus tard (en 1718), par une décision unanime de ses collègues, à l'exception du seul Fontenelle qui, en cette occasion unique peut-être, fit preuve d'un véritable courage. Il est vrai que, par un reste de pudeur, ses ennemis même n'osèrent proposer de le remplacer, et son fauteuil demeura désert jusqu'à sa mort, comme monument de cette injustice. Enfin, par un raffinement de lâcheté, l'académie, sur la proposition de Boyer, évêque de Mirepoix, décida qu'aucune oraison funèbre ne serait prononcée à sa mort.

Privé de ses pensions et d'une dignité plus faite pour être honorée par lui que pour ajouter à son mérite, l'abbé de Saint-Pierre, cadet d'une famille normande, réduit à une légitime plus que modeste,*[1.De dix-huit cents francs.] trouvait encore le secret d'exercer envers les artistes et les gens de lettres plus indigens que lui une libéralité généreuse.

Mais quels torts avaient mérité un châtiment si rigoureux? C'était d'avoir, dans sa polysynodie, développé l'avantage de la discussionpublique des affaires d'État en des conseils électifs, et d'avoir préféré cette forme adoptée en partie sous la régence, à l'unité despotique du gouvernement de Louis XIV. Le premier, il osa soulever le masque [93] qui couvrait encore les traits odieux de la politique du grand siècle ; il dévoila les cruautés de Louvois. Il alla jusqu'à contester le surnom de grand au monarque par excellence, au fastueux Louis XIV.*[*1. Annales politiques de l'abbé de Saint-Pierre, 2 volumes in-12, imprimées à Genève en 1757. Elles vont de 1658 à 1759.] Il avait écrit que la mode de porter l'épée chez les gentilshommes était un reste de barbarie; il avait combattu le point d'honneur des duels; il réprouvait les maîtres d'armes, le célibat des prêtres (quoique jamais aucun soupçon n'ait offensé la pureté de ses moeurs), l'abus des voeux monastiques, et les dangers du luxe qu'il avait pris en telle aversion, qu'il blâmait jusqu'au guet des beaux-arts comme encourageant à la fainéantise. Il prétendait que, pour être raisonnables, les titres de noblesse ne devaient être que personnels et jamais héréditaires. Il aurait voulu que l'on réduisît les pensions et les charges de l'État; que l'on abrégeât les procès ; qu'enfin on trouvât moyen de rendre utiles les académies, les sermons et jusqu'aux ducs et pairs. Sur l'un de ces points, du moins ses efforts ne furent pas complétement infructueux, puisque c'est de son temps que dite usage de substituer l'éloge des grands hommes de nation aux questions oiseuses proposées jusque-là pour objet des dissertations académiques.

Dans l'un de ses ouvrages sur l'Anéantissement futur du mahométisme, il avait montré, sous le [94] voile de l'allégorie, les dangers de l'intolérance religieuse. Enfin, osant porter ses vues plus haut, il avait cru trouver la panacée des maux des nations; et, plein de confiance dans la pureté de sa conscience, il n'avait pas craint d'adresser aux princes eux-mêmes ses volumineux projets de paix perpétuelle et de Diète Européane.

Tel est le contenu d'une vingtaine de volumes auxquels il était réservé au plus vicieux de tous les hommes (le cardinal Dubois) d'imposer l'épithète reçue de Rêves d'un homme de bien.

C'était rêver en effet, alors comme en tout temps, que prétendre procurer accès à la vérité, auprès des peuples sans déguisement, auprès des gens du monde sans malignité, auprès des grands sans adulation. C'était folie que de manquer de courtoisie envers le vice, de foi aux sophismes reçus, d'adoration pour les ténèbres de la diplomatie : tels furent les crimes de l'abbé de Saint-Pierre ; et lorsque l'ineptie ou le faux bel-esprit disposait des réputations, nul ne mérita mieux d'être enseveli sous le poids du ridicule que ce réformateur sans mission, s'obstinant à estimer les hommes au delà de ce qu'ils s'estimaient eux-mêmes, ne cessant de rabâcher jusqu'à satiété ce qu'il croyait bon et vrai, et sacrifiant au désir de faire un peu de bien toutes les douceurs de la vie, toutes les faveurs de la fortune, et jusqu'aux jouissances de l'amour-propre.

La secte des économistes qui, dans l'abbé de [95] Saint-Pierre et le marquis d'Argenson, reconnut ses précurseurs,*[*1. Dupont de Nemours, Vie de Turgot.] a subi depuis un sort à peu près semblable. Accablés long-temps sous un odieux persifflage, il n'a pas fallu moins que l'accomplissement # RENE LOUIS D'ARGENSON

d'une grande partie de leurs voeux et de leurs prédictions, pour rétablir dans l'opinion ces hommes outrageusement méconnus par leur siècle. Le pauvre abbé de Saint-Pierre n'eut pas même cette consolation dans la tombe. Il eut tort aussi d'être venu sitôt; sa mémoire était presque effacée lorsqu'elle eût pu être réhabilitée avec honneur. Cette priorité, qui fut son vrai mérite, devint précisément une des causes de son oubli.

Une société politique peu connue, mais que l'on peut regarder comme l'un des premiers symptômes du réveil de l'esprit public, s'était organisée sous le ministère, du cardinal de Fleury. Sans les renseignemens qui nous ont été transmis par le marquis d'Argenson, nous ignorerions jusqu'à l'existence du Club de l'entresol, ou suite des conférences sur le droit public, qui se tinrent pendant sept années consécutives*[*2. 1724-1731.] sous la présidence de l'abbé Alary.

Un des hommes les plus remarquables de cette que contribua puissamment à cet essai. Henri Saint-John, lord vicomte Bolingbroke,*[*3. Milord Bolingbroke, né en 1672, mort en 1731, résida en France de 1715 à 1723, tantôt à Paris, tantôt à la Source, campagne voisine d'Orléans. Rappelé en Angleterre sous le ministère de Robert Walpole, il revint une seconde fois en France de 1752 à 1745.] le [96] même qui, ministre de la reine Anne, avait réconcilié l'Angleterre avec la France, et triomphé par son éloquence des victoires même de Marlborough, forcé à son tour de s'expatrier par les succès du parti Whigh, était venu chercher en France un asile. Poëte, érudit, théologien, philosophe, et en même temps homme de plaisir, on croirait que les émotions les plus vives ne pouvaient suffir à la fougue de ses sens, non plus que le savoir le plus vaste à la capacité de son cerveau. Voltaire, qui lui dédia Brutus et passa, quelques années chez lui en Angleterre (1727 et 28), reconnaît devoir à milord Bolingbroke les plus utiles leçons dans la noble liberté de penser. La Prière universelle et l'Essai sur l'homme qu'il dicta à Pope, furent les premières inspirations de l'esprit philosophique au dix-huitième siècle.

Le séjour en France de cet Anglais illustre fut un événement mémorable par ses conséquences. La seule vue d'un homme qui avait exercé dans sa patrie une influence singulière par le talent de la parole, chose alors inconnue chez nous et presque fabuleuse piquait l'amour-propre de tous nos beaux-esprits. Ils commencèrent à envier une forme de gouvernement qui procurait ce genre d'illustration [97] dont ils ne se sentaient point indignes. Ils dédaignèrent les réputations de salon pour ambitionner les succès de tribune. Cette noble émulation saisit les littérateurs, les magistrats, et jusqu'aux abbés.

On voit, par les lettres publiées de milord*[*1. Lettre à l'abbé Alary. "Londres, 13 juillet 1724." "Chargez-vous de mes très-humbles complimens à toute notre petite académie. Si je ne comptais pas les revoir le mois prochain, je serais inconsolable. Ils ont confirmé mon goût pour la philosophie. Ils ont fait revivre celui que j'avais autrefois pour les lettres. Que je leur suis obligé !"

Lettre au même. "6 octobre." "Mille tendres complimens à notre petite société. Ne nous méprisez point. Nous valons bien votre académie." L'abbé Alary venait d'être reçu de l'académie française." (Lettres politiques, historiques, etc., de lord vicomte de Bolingbroke. 1818, chez Dentu, imprimeur-libraire. Un grand nombre de ces lettres sont adressées à l'abbé Alary.)] Bolingbroke, quelle part avait prise ce ministre à une, institution trop peu durable, et dont le modèle était choisi dans les moeurs anglaises.

Nous ne nous étendrons pas plus longuement sur l'objet, la tenue, les vicissitudes de ces réunions dont le marquis d'Argenson nous a laissé [98] une relation pleine de charmes. Mais il importe de rappeler que ce fut dans ces conférences où lui-même était chargé de la partie du droit public, qu'il conçut le plan des Considérations sur le gouvernement de la France, ouvrage auquel il travaillait dès lors, et dont il lut à l'Entresol les premières ébauches.

La monarchie de Louis XIV, qui flattait la vanité nationale, avait conquis de plus la puissance de l'habitude. Cependant, pouvait-on se dissimuler de bonne foi la nullité d'une gloire éphémère; seul prix du renoncement à toute ombre de liberté ? On jetait un regard étonné sur ce ramas incohérent d'arbitraire, de vexation et d'abus, que l'on se croyait un devoir d'adorer et que déjà l'on eût voulu voir loin de soi. On était fatigué du régime absolu. On s'y soumettait ne sachant qu'y substituer, ni quelle base adopter pour une réforme.

RENE LOUIS D'ARGENSON

Cependant la royauté illimitée était récente en France. Ne pouvait-on lui opposer des souvenirs encore subsistans, faire ressortir des garanties nouvelles de vieilles institutions, relever des barrières brisées, jugées déjà une fois insuffisantes contre les envahissemens du pouvoir, retrouver enfin dans des traditions plus que douteuses les articles d'une constitution primitive du royaume dont l'existence même fut toujours problématique ? Telle était la marche qui s'offrait le plus naturellement à l'esprit des publicistes.

[99] Henri, comte de Boulainvilliers,*[*1. Né en 1658, mort en 1722.] gentilhomme picard, très-noble et très-savant (alliance assez rare), mais savant dans la science du quatorzième siècle, d'ans l'art héraldique, les généalogies, et même en astrologie judiciaire, avait découvert en secouant la poussière de ses titres de famille, que le mal venait en France de l'affranchissement des serfs, que la pure féodalité était le chef-d'oeuvre de l'esprit humain, l'âge d'or de la monarchie, et que pour fonder solidement le bonheur public, il fallait rétablir les grands ballons dans tous leurs droits, y compris celui de guerre privée, rouvrir les cours plénières, faire rentrer les mainmortables dans le devoir, reconstituer enfin une aristocratie forte qui ne laissât au Roi que l'autorité d'un doge, et au tiers-état flue la liberté des paysans de Pologne.

Les sentimens de M. de Boulainvilliers s'accordaient assez, sinon avec la raison, du moins avec histoire. Peut-être n'en peut-on dire autant des rétentions parlementaires. A Dieu ne plaise que tous ayons le dessein de contester les droits de ce corps à l'estime publique. Mais ses titres n'étaient fondés, ni sur la tradition constante, ni sur le voeu national authentiquement exprimé. Courbés quelque temps devant le sceptre de Louis XIV, les parlemens avaient repris une attitude honorable depuis la mort de ce monarque. Ce n'étaient point [100] ces conseils de légistes désignés et salariés pour rendre la justice au nom du Roi. C'était l'imposante union de treize cours souveraines intimement liées par la constitution des classes que désavoua toujours la Couronne; s'érigeant audacieusement en états-généraux au petit pied, en représentation permanente de la nation ; possédant une part réelle au pouvoir législatif, et la totalité de la puissance judiciaire. C'était enfin un corps immuable, irresponsable, nécessaire, ne tenant ses pouvoirs que de lui-même, indépendant, non sur la foi d'une sentence écrite, mais par le résultat certain de l'hérédité, de l'esprit de famille, et de la vénalité des charges ; résistant avec intrépidité aux attentats dirigés contre ses droits, et par occasion soutenant la cause du peuple, quand celle-ci se rencontrait d'accord avec la sienne.

Les lits de justice, les lettres de jussion, les exils, les incarcérations, avaient suspendu plutôt qu'arrêté la marche des parlemens, et la nécessité où se voyaient chaque fois les ministres de les rappeler après de courts intervalles, ne faisait qu'ajouter à leur force et à leur popularité.

La France doit aux parlemens un service plus essentiel. Sans eux l'intolérance, marchant le front levé au milieu d'un siècle philosophique, eût réduit notre patrie au même degré d'avilissement moral où elle a retenu l'Espagne jusqu'à nos jours.

[101] "Car à la même époque qui produisit l'Esprit des Lois, l'Histoire Naturelle de Buffon, dit encore M. Lacretelle, les écrits lumineux de Condillac, de d'Alembert, de Duclos, le poeme de la Religion naturelle, l'Essai sur les Moeurs des Nations, ce fut une question de savoir si l'on aurait en France l'inquisition, ou des usages non moins odieux que ce terrible tribunal. Du fond de son sérail Louis XV y eût consenti. Les parlemens s'y opposèrent."

Si la suppression des parlemens a laissé des regrets légitimes sous le rapport de l'indépendance judiciaire, qui depuis fut rarement aussi complète, leur lutte obstinée contre les refus de sacremens et la part qu'ils prirent à l'expulsion des jésuites ajoutent à la reconnaissance qui leur est due. En plus d'une occasion récente on a pu s'apercevoir de leur absence.

Néanmoins, à côté des bienfaits que l'on doit aux compagnies judiciaires, on ne peut se déguiser la gravité des reproches qu'elles ont encourus; l'inutilité de leur résistance toujours en définitive paralysée par la volonté ministérielle, les inconvéniens d'un système d'immobilité qui repoussait les améliorations les plus utiles, soit qu'elles fussent adoptées par l'autorité, soit que l'opinion publique les provoquât, la rigidité d'un jansénisme non moins intolérant que l'hypocrisie jésuitique, enfin une propension mal déguisée pour la routine et les préjugés, une partialité quelquefois choquante [102] dans leurs arrêts. Que penser enfin de cette indépendance si vantée qui ne reposait que sur le plus intolérable de tous les abus, le droit de juger mis à l'encan ?

"Quel état *[*1.Madame de Staël.] que celui ou les tribunaux sont en protestation permanente contre l'autorité, où l'ordre établi n'est lui-même qu'un abus, où tous les rouages de l'État sont constamment entravés par des résistances partielles qui gênent l'action du pouvoir, sans profiter en rien à la liberté publique?"

Favorisés en ce sens par les événements, les parlemens eurent plus. souvent à résister au mal qu'au bien. On leur sut gré, moins encore des services qu'ils rendirent, que des iniquités qu'ils empêchèrent : car les ministres d'alors étaient rarement heureux en innovations. Pareille chose s'est vue pourtant, et les parlemens n'en furent pas plus traitables. Turgot, Necker, Brienne, en ont fait l'épreuve. M. d'Argenson, sans s'y être exposé, l'avait prévu : l'on voit dans ses écrits qu'il les traite souvent en adversaire, et ne se défie pas moins de leur obstination routinière que de la susceptibilité d'un gouvernement ombrageux.

Parmi les antagonistes des parlemens, on retrouve au premier rang Voltaire.*[*2. Voyez son Histoire du Parlement, écrite en 1770.] C'est lui dont [103] les attaques furent les plus vives jamais il ne montra pour eux d'indulgence. Il fit plus que n'avaient pu les Rois ; il les dénonça à l'opinion, leur reprochant la barbarie de la législation dont ils étaient les interprètes, et, seul contre leur ligue puissante, remporta des victoires encore célèbres. Voltaire eut particulièrement en horreur la vénalité des charges de judicature. Le marquis d'Argenson partageait cette opinion, et cette conformité de pensées fut un des liens qui resserrèrent leur amitié.

"Misérable invention! s'écrie ce ministre dans ses Considérations sur le gouvernement de la France, qui a produit tout le mal qui est à redresser aujourd'hui, et par où les moyens en sont devenus plus pénibles ! car il faudrait les revers nus de l'État pour rembourser seulement les principaux officiers qui nuisent le plus."

MEMOIRES, 1825.

Dans un temps où les affections héréditaires occupaient une grande place dans la vie, il pouvait y avoir quelque mérite à s'isoler ainsi de toute prévention. Le marquis d'Argenson, élevé dans la famille toute parlementaire des Caumartin, avait été conseiller au parlement dans sa jeunesse, et conserva toute sa vie avec les membres les plus distingués de ce corps des relations intimes. Mais, soigneux de se prémunir contre toute espèce de préjugé, il n'abdiqua pas moins cette vanité aristocratique à laquelle, suivant l'usage de son temps, il eût pu se croire des droits.

[104] Il faut lire dans ses ouvrages avec quelle franchise ils caractérise la monstruosité du régime féodal et le danger des classes privilégiées. "Plusieurs personnes qui ne raisonnent que partialement, dit-il en terminant son livre,*[*1. Considérations sur le gouvernement de la France.] concevront d'abord du chagrin contre l'auteur, et diront, pour toute réfutation, que c'est un écrivain de la lie du peuple qui s'est indigné contre une élévation qui lui fait envie. Mais qu'on ne s'embarrasse pas de cela, etc..."

Aussi est-ce un éloge mérité que lui adresse Voltaire dans une de ses lettres (21 juin 1739) : "Comment avez-vous eu le courage, vous qui êtes d'aussi bonne maison que M. de Boulainvilliers, de vous déclarer si généreusement contre lui et contre ses fiefs? J'en reviens toujours là. Vous vous êtes dépouillé du préjugé le plus cher aux hommes, en faveur du bien public."

Peu confiant dans la bonne foi des parlemens, M. d'Argenson cherchait ailleurs un point d'appui pour la liberté. Le but qu'il se proposa fut d'affermir l'autorité royale en agrandissant sa base, de tirer parti de ce qu'avaient de populaire les souvenirs monarchiques, et d'opposer la nation aux puissances usurpées qui s'étaient interposées entre elle et son prince. Ce plan, largement conçu et développé avec lucidité dans les Considérations [105] sur le gouvernement de France, présente encore aujourd'hui le mérite de la nouveauté.

Après trente années de révolution, nos institutions municipales sont encore plongée dans la même imperfection et le même désordre où elles étaient au temps où M. d'Argenson écrivait, si toutefois nous n'avons pas fait en ce sens des pas rétrogrades. "La révolution, dit avec raison M. de Barante,*[*1.

Des Communes et de l'Aristocratie.] n'a proclamé que les droits des individus et a méconnu ceux des communes. Elle a anéanti les associations communales et les a englouties dans la nation."

Les communes avaient existé de tout temps en France, de fait plutôt que de droit. Le hasard, la crainte, la politique, plus souvent la distraction des gouvernemens, avaient permis à quelques individus de se grouper partiellement et de s'arroger l'exercice de certains droits dont, ni les seigneurs du lieu, ni les dépositaires du pouvoir royal n'avaient pu les priver. Bien peu de ces indépendances partielles avaient survécu aux envahissemens de la Couronne et à la séquestration successive de toutes les libertés. Quelques cités pourtant avaient des échevins, des corps de ville plus ou moins régulièrement élus par la bourgeoisie. Les coutumes, les usages, les priviléges locaux, les jurandes, les maîtrises, la variété des poids et mesures, et mille autres bigarrures ridicules [106] que la révolution a fait disparaître aux applaudissemens de tous et au profit de l'autorité seule, formaient à la nation un vêtement bizarre, qui cependant était cher à ceux que l'on eût voulu complétement dépouiller.

Un édit d'août 1692 avait rendu vénales les charges de maires et d'assesseurs de toutes les villes du royaume. Plusieurs avaient eu assez de patriotisme pour les rembourser, et cet édit, comme tant d'autres, n'avait eu pour objet véritable que de procurer de l'argent aux coffres du roi.

Comme condition formelle de leur réunion à la monarchie, la plupart des provinces de France s'étaient réservé certaines prérogatives que l'on n'avait pas manqué de restreindre ou d'anéantir, aussitôt après en avoir juré le maintien. Un petit nombre ont conservé jusqu'à la révolution des États provinciaux ; ce sont la Bretagne, la Flandre, l'Artois, la Bourgogne, le Languedoc, la Provence, la Basse-Navarre, le Béarn, Foix, Marsan, Nébousan, Quatre-Vallées et Labour. Ces États étaient formés de trois ordres. Leur session ne pouvait durer qu'un mois. Ils étaient chargés uniquement de la répartition des impôts exigés par le Roi, sans pouvoir en discuter ni restreindre la quotité. Les autres généralités se nommaient pays d'élection,* [*1. L'origine de cette dénomination, si propre à fausser les idées, remonte à l'année 1356, pendant la captivité du roi Jean. Les États-généraux nommèrent dans chaque province des députés ou élus, chargés de la répartition et du recouvrement des impôts. Bientôt le Roi s'attribua cette nomination, puis on en fit des charges vénales moyennant finances. Enfin ces prétendus élus, qui ne l'étaient ni du peuple, ni même du Roi, furent réduits la simple consultation et la voix décisive donnée à un commissaire du Roi, conseiller d'état ou maître des requêtes, révocable à volonté et étranger à la province.] et c'étaient précisément [107] ceux où il n'y en avait d'aucune sorte. Les intendans y régnaient en vice-rois, suivant l'expression de M. Necker, c'est-à-dire à peu près avec la même responsabilité que nos préfets.

Lès provinces à États paraissaient destinées à être successivement réduites à la même condition. Depuis un siècle environ, la Normandie et le Dauphiné avaient été privées de leurs assemblées provinciales. M. de Machault, contrôleur général des finances, suspendit en 1749 celles de Languedoc; en 1752, celles de Bretagne furent également menacées.

On attribue au duc de Bourgogne, père de Louis XV et disciple de Fénélon, le plan de généraliser les États provinciaux. Mais si l'on doit lui savoir gré de ce projet, rien de plus n'en perça dans le public. L'ouvrage du Marquis d'Argenson (Considérations sur le gouvernement de la France), quoique publié près de trente années après qu'il eût été composé,*[*1. 1764.] est encore le premier où un projet formel de cette nature ait été présenté. [108] En effet, si l'on veut connaître la vraie date de cet ouvrage, il suffit de consulter la correspondance de Voltaire,*[*1. Lettres de Voltaire au marquis d'Argenson, 8 mai, 21 juin et 18 juillet 1739.] et l'on y voit que, dès 1739, les Considérations sur le gouvernement de la France étaient composées et que l'auteur en communiquait à ses amis des copies manuscrites. Cette antériorité de vingt-huit ans est de la plus haute importance à constater, puisque c'est précisément cet intervalle qui vit éclore l'Esprit des lois, les Recherches historiques de Mably, le Contrat social de Rousseau, ouvrages tous postérieurs à celui du marquis d'Argenson, et dont on peut dire qu'aucun ne l'a surpassé en profondeur ni même en hardiesse.

A quoi doit-on attribuer ce phénomène, et comment M. d'Argenson était-il parvenu à devancer de si loin les penseurs les plus profonds de son pays?

La marche de ses idées est peu compliquée. Jetant les yeux sur les nations voisines, il avait fait cette remarque aisée pour tout observateur de banne foi, qu'il y a d'autant plus d'ordre, de richesse, de bonheur dans un pays, que l'action du gouvernement s'y fait moins sentir; que rien n'est plus chimérique que la prétention de pourvoir à tout, et qu'en fait d'administration, la plus sage est celle qui laisse les hommes régler leurs affaires eux-mêmes.

[109] Mais laissons le parler. "Qu'on voyage dans les lieux où une république avoisine un État monarchique; il se trouve toujours des esclaves où les souverainetés sont mêlées ensemble. On connaîtra aisément quelles sont les terres de la république, et quelles sont celles de la monarchie, par le bon état des ouvrages publics et même des héritages particuliers ; ici tout est négligé, là tout est peigné et florissant... La seule liberté inspire le travail."

Telles étaient les réflexions que lui avaient suggérées les seuls états libres d'alors, la Suisse et la Hollande. La Hollande surtout fut sa terre de prédilection.*[*1.Nous avons vu quelle importance M. d'Argenson attachait, pendant la courte durée de son ministère, à regagner l'amitié des Hollandais alors entraînés dans l'alliance de nos ennemis. S'il ne put entièrement parvenir à faire cesser des préjugés funestes, il est certain du moins qu'il s'acquit personnellement leur estime et leur confiance au plus haut degré. En 1745, la république députa M. de Larrey à Versailles, avec ordre de ne conférer qu'avec M. d'Argenson seul, comme étant l'unique ministre qui voulût sincèrement la paix. Je n'ai point connu de plus honnête homme que ce M. d'Argenson, avait coutume de répéter après son retour M. de Wassenaer, plénipotentiaire au congrès de Bréda.] Il l'avait visitée durant son intendance de Maubeuge, et dans la province frontière qu'il avait administrée il avait reconnu plus d'une trace des bienfaits de ce régime municipal que la conquête n'y avait pas entièrement fait [110] disparaître. Combien ses idées ne se fussent—elles point agrandies de nos jours à l'aspect de ce noues; veau monde si propre à la confirmation de ses théories!

De là, passant à la France, il n'y voyait, au lieu de cette aisance, de cette activité des pays libres, que faste et ignorance chez les grands, paresse, saleté, misère chez le peuple. Le tableau qu'il en trace est hideux. A l'en croire, l'intérieur de la France était un vaste hôpital, un sépulcre blanchi, dont la pompe du dehors déguisait mal la corruption du dedans. Ailleurs il comparait le gouvernement de son temps toujours aux expédiens, incapable de faire payer plus d'impôts à une population déguenillée, recourant aux ressources les plus immorales pour soutenir un luxe scandaleux et des guerres inutiles, à une vieille comtesse ruinée qui abandonne ses terres pour venir à Paris tenir une maison de jeu, et donne encore des fêtes avec l'argent des cartes. Voilà cet ancien régime objet de tant de regrets!*[*1. Il serait aisé de fournir à l'appui de cette déposition d'autres témoignages non moins respectables. Qu'on lise entre autres la Dixme royale de M. de Vauban, et l'on ne sera point tenté de taxer le marquis d'Argenson d'exagération dans ses tableaux.]

Mais où résidait le mal? Fallait—il, pour être né sous un prince héréditaire, renoncer à toutes les séductions de la liberté, subir en quelque sorte le châtiment d'un autre péché originel dont l'église [111] n'a point fait mention? Cette injustice répugnait à l'esprit du marquis d'Argenson. Il ne pouvait voir dans l'avilissement des peuples une clause indispensable de la soumission à l'autorité d'un monarque. Il lui semblait même qu'en France la personne du Roi ne retirait aucun profit du despotisme; qu'au contraire le pouvoir y résidait entre les mains d'une aristocratie coalisée, d'une satrapie usurpatrice dont le Roi était le premier esclave. "Il y a, pensait-il, identité d'intérêts entre le trône et le peuple pour combattre cet ennemi commun. C'est à cette ligue immortelle de prétentions surannées et de cupidités toujours nouvelles, qu'il convient d'opposer, pour le salut même de la monarchie, des assemblées provinciales démocratiques et des magistrats populaires dans toutes les bourgades."

"Les élections libres, poursuivait-il, n'ont été nulle part causes de désordre, et ne peuvent être un sujet réel d'inquiétude pour un monarque sage et bien intentionné. Le peuple a-t-il jamais détruit ou affaibli la monarchie quand on lui a permis d'avoir ses magistrats comme le Roi a les siens ?"*[*1. Considérations sur le gouvernement de la France.]

"L'administration populaire sous l'autorité d'un souverain ne diminue pas la puissance publique. Elle l'augmente même, et serait la source du bonheur du peuple. La démocratie est autant [112] amie. de la monarchie que l'aristocratie en est ennemie."

"Quelle belle idée, ajoute le même auteur, que celle d'une république protégée par un Roi, et qui se gouverne d'autant mieux qu'elle est mieux protégée!"

Si ces nobles pensées n'ont pas été plus généralement accueillies, si peu de gouvernemens ont été jusqu'ici tentés d'en faire l'épreuve, du moins ne pouvaient-elles partir que d'un coeur généreux. Il n'y avait qu'une belle âme qui pût augurer ainsi et des rois et des peuples, et se fier à ce point au succès de leur mutuelle alliance. Si ce fut une illusion, il est honorable de ne s'en faire que de pareilles.

Il est inutile de pousser plus loin l'analyse de ce système auquel M. d'Argenson a consacré des pages dignes de Montesquieu et de Rousseau. Mais une réflexion dont il est difficile de se défendre à cette lecture, c'est que si certaines erreurs politiques se perpétuent d'âge en âge d'une manière affligeante, la vérité aussi conserve la même persistance, et se retrouve toujours dans la pensée et les écrits des hommes de bon sens, en quelque siècle qu'ils aient vu le jour. Nous renvoyons au surplus à l'ouvrage même, et nous osons affirmer que, malgré la distance qui nous sépare du temps oh il fut écrit, il s'y trouve peu de pensées que démentit aujourd'hui tout ami sincère du bien public. En est-il beaucoup parmi ceux de la même [113] époque les us vantés et les plus dignes de l'être dont on doive en dire autant?

Vingt années après que le marquis d'Argenson eût composé ses Considérations sur le gouvernement de la France, parut le Contrat social. La démocratie pure, justifiée par le philosophe génevois, semble assurément bien au delà du but que s'était proposé le ministre éclairé, mais fidèle, de Louis XV. Cependant il existe entre les théories de ces deux hommes d'état plus d'analogie qu'on ne le croirait de prime abord. Que devenait la France si le système municipal du marquis d'Argenson eût été suivi dans toutes ses conséquences? On eût pu la considérer comme l'assemblage d'une multitude de petits cantons*[*1. Grimm, dans sa Correspondance, s'exprime ainsi au sujet du plan proposé par le marquis d'Argenson. "De petits cantons se gouvernant eux-mêmes sous l'autorité d'un monarque, auraient des mœurs, du patriotisme, de l'économie, et ne pourraient porter aucun ombrage au gouvernement. A moins d'une révolution de cette espèce, la France sera vraisemblablement long-temps exposée au fléau de la finance, et ceux qui regretteraient dans ce changement les avantages prétendus du boulevart parlementaire, seraient sans doute de bonnes gens, mais à coup sûr des gens de vue courte et dupes de mots."] s'administrant eux-mêmes sous le protectorat d'un chef unique. La liberté de détail sous un Roi modérateur et garant de la paix publique, cette idée se retrouve à chaque ligne. Cette idée, Rousseau ne la désavoue point. En trois passages différens du Contrat social, il prend soin de [114] s'étayer de l'autorité du marquis d'Argenson dont le manuscrit encore inédit s'était trouvé entre ses mains. Au livre 3, chapitre 8 de son immortel ouvrage, Rousseau ajoute même cette note remarquable : "Je n'ai pu me refuser au plaisir de citer ce manuscrit, quoique non connu du public, pour rendre hommage à la mémoire d'un homme illustre et respectable, qui avait conservé jusque dans le ministère le coeur d'un vrai citoyen, et des vues droites et saines sur le gouvernement do son pays."

Voilà peut-être, lorsque les Considérations sur le gouvernement de la France furent imprimées pour la première fois (Amsterdam, 1764, chez Marc-Michel Rey), ce qui donna lieu au bruit que cet ouvrage était de Jean-Jacques Rousseau qui avait emprunté le nom d'un ministre connu. Il n'est pas besoin de s'attacher à réfuter cette erreur, tout honorable qu'elle soit pour le livre qui en est l'objet. Les opinions du marquis d'Argenson étaient bien connues de son vivant. Il n'en faisait point mystère, et ses écrits les plus remarquables avaient été entre les mains de ses amis et des académiciens ses collègues.

Les Considérations sur le gouvernement de la France paraissent être l'ouvrage auquel M. d'Argenson attachait le plus de prix, celui sur lequel il eût souhaité fonder de son vivant sa réputation littéraire, si cette tentation eût dominé son esprit. Cependant cet écrit est loin d'avoir été le seul dont [115] la composition occupât ses loisirs. Dans l'intervalle de ses fonctions publiques, c'est-à-dire pendant la plus grande partie de son existence, il se livra constamment à des études sérieuses, se permettant très-rarement les distractions du grand monde : "Vous ne soupez pas, lui écrit Voltaire,*[*1. 9

août 1744.] et je ne dîne jamais. Comment nous rencontrer?" Ce genre de vie, si contraire aux usages reçus, ne contribua pas peu à lui donner de la singularité.

Ses traits offraient une ressemblance frappante avec ceux de son fière; tous deux étaient d'une taille avantageuse. Lorsqu'ils devinrent ministres en même temps, cette qualité commune aidait à les confondre. Mais le frère aîné était loin de porter dans la société cette amabilité, ce désir de plaire, qui firent du comte d'Argenson un des hommes les plus recherchés de son temps. Plus froid, plus mesuré, ne se livrant qu'à des amis intimes, raisonnant juste, mais sans la même grâce dans la façon de s'exprimer, à une époque où il était d'usage dans la société de donner à tout le monde des sobriquets ridicules, ses habitués de Versailles le désignèrent sous celui de d'Argenson la bête.*[*2. Ainsi M. de Maurepas avait pour surnom Faquinet, le comte d'Argenson la Chèvre, la belle madame de Flavacourt, soeur de mesdames de Mailly et de Châteauroux, la Poule. On voit, par les lettres du chevalier de Bouflers et celles si singulières et si divertissantes de madame de Graflïgny, qu'a la cour de Lunéville régnait la même mode. Le surnom de Pampan est si bien resté à celui à qui il fut donné, qu'on sait à peine qu'il s'appelait Devaux, lecteur du roi Stanislas. Les sobriquets s'étendaient quelquefois à une société toute entière. On appelait les personnes de qualité qui composaient celle de la duchesse du Maine les Oiseaux de Sceaux, et les bêtes de madame de Tencin étaient les gens de lettres qui se réunissaient chez elle. Duclos, parlant un jour de l'injustice de certaines réputations, ajoutait : "N'a-t-on pas dit d'Argenson la bête, parce qu'il avait un air de bonhomie et un ton bourgeois? Je doute cependant qu'il y ait eu beaucoup de ministres aussi instruits et aussi éclairés." (Journal de madame du Hausset.)] "C'était, dit l'auteur de [116] l'Histoire du dix-huitième siècle, déclarer leur propre ineptie par un si injuste surnom." Mais c'était encore une des moindres mortifications auxquelles dût s'attendre un homme de bien et qui ne rougit point de paraître tel.

Qu'on ne se figure pas cependant qu'entièrement absorbé dans ses rêveries philanthropiques, M. d'Argenson renonçât au luxe de l'esprit et à l'à-propos des réparties. Le trait suivant suffirait pour démentir cette opinion.

MEMOIRES, 1825.

Il existait peu de rapports entre le département des affaires étrangères et l'administration intérieure du royaume. Néanmoins il est certain que le marquis d'Argenson ne négligea aucune tentative pour faire adopter ses idées de réformation, particulièrement en finances. Il obtint du Roi la permission de lui exposer en audience particulière [117] son projet de municipalités et d'abonnemens en matière d'impôts qui en étaient la conséquence. Le Roi lui ordonna de le communiquer au contrôleur général (Machault). Celui-ci l'ayant écouté attentivement : "C'est fort bien, répondit-il, mais que deviendront les receveurs des tailles?" Alors, tournant le dos à son collègue : "Apparemment, reprit M. d'Argenson, si l'on trouvait moyen d'empêcher qu'il n'y eût des scélérats, vous seriez inquiet de ce que deviendraient les bourreaux."

"Oui sans doute, écrivait Voltaire*[* 19 février 1757.] à M. de Richelieu, M. d'Argenson eût ri et dit quelque bon mot, car il en disait....." Mais il dédaignait de les prodiguer en conversations frivoles. On peut se former une idée juste de son genre d'esprit par ses ouvrages qui, n'étant point écrits pour le public, sont conçus dans le langage le plus familier. Aucun auteur peut-être n'a écrit aussi complétement comme il parle et comme il pense. C'est la justesse des idées qui le caractérise, et non le clinquant des mots; ou plutôt on y rencontre une naïveté, un laissez-aller, un décousu même, qui en font le charme. En le lisant on se dit avec Grimm, il est impossible qu'un auteur aussi sans apprêt ne dise pas la vérité.

La franchise, la loyauté, le bon sens, voilà déjà des qualités bien rares; mais, ce qui l'est plus encore, [118] c'est ce coup d'oeil qui pénètre dans l'avenir, véritable attribut du génie. C'est ainsi qu'en différens passages de ses écrits, il prédit l'accroissement de l'empire russe, l'anéantissement de la Pologne, le soulèvement des colonies anglaises, la haute civilisation de l'Amérique. Ce qu'il dit à plusieurs reprises de la révolution, imminente dont il voit son pays menacé, n'est pas moins formel. Mais, s'il la prévoyait, il proposait aussi des moyens efficaces pour la prévenir; et il est bien probable que si la haute aristocratie eût adopté par exemple le plan de conduite qu'il lui traçait dans sa lettre sur le bien que les seigneurs peuvent faire dans leurs terres,*[*Insérée dans le Journal économique, année 1752.] elle eût évité une grande partie des malheurs qu'elle s'est attirés par sa propre faute.

RENE LOUIS D'ARGENSON

Versé dans toutes les branches des connaissances humaines, d'une érudition rare, même chez les savans, faisant de jolis vers et ne craignant point de provoquer la muse de Voltaire, avec de la sensibilité, de l'usage du monde et de l'esprit dans toute la portée de ce mot, il faut convenir que M. d'Argenson paraît avoir marqué dans la conversation un penchant à la singularité qui lui fit tort, et parfois donna prise au ridicule. C'était une préférence pour certaines locutions populaires, pour des sentences proverbiales dont il se servait tout bêtement pour [119] ainsi dire, plutôt que d'aller chercher bien loin une périphrase moins expressive. Qu'on joigne à cette habitude, une opposition prononcée la tyrannie des idées reçues, un souverain mépris pour les graves niaiseries du moment, une foi robuste et imperturbable dans la possibilité d'un ordre de choses meilleur, et dans l'imminence d'une régénération sociale qui semblait le comble de la déraison ; et l'on ne s'étonnera pas qu'un homme aussi désintéressé de ce qui agitait les autres, aussi préoccupé de ce à quoi nul ne songeait, ait éprouvé de ses contemporains les effets de la prévention et du dénigrement.

Laissons-le parler lui-même "J'aime le genre" humain, écrivait-il, je voudrais son bonheur. "Et peut-être me trouvé-je plus touché du général que du particulier, de ma patrie que de mes amis. Où trouver des amis dignes de ce nom? Les malheureux qui souffrent leurs maux avec douceur me frappent d'amour. Je me suis cru quelque intelligence pour remédier aux maux qui m'environnent, et pour y substituer l'ordre et la félicité. Les tableaux, les images de bonheur me séduisent et me touchent. Je voudrais y fournir des objets, nie remplir de ces spectacles de campagnes heureuses, de villes policées. Je ne hais rien, j'aime vivement. Mais arrêtons-nous sur cet éloge qui messied à se donner. Cependant je parle ici sans me reprocher, ce nie semble, de m'y flatter moi-même...[120] On m'a fait l'honneur de dire de moi que de même que don Quichotte avait eu la tête tour née par la lecture des livres de chevalerie, je l'avais eue par celle des vies de Plutarque."

Enfin, Voltaire le peignit d'un mot en le disant plus propre à être secrétaire d'état dans la république de Platon*[*1. Lettre à M. de Richelieu, 4 février 1757.] qu'au conseil d'un roi de France.

Au surplus, ce même défaut de dignité dans le langage, de choix dans les expressions, qui se faisait sentir dans la conversation et dans le style de ce. ministre, lui fut reproché bien plus encore dans ses relations officielles. C'est à cet excès de franchise, de bonhomie, à ce manque de maintien, de dehors et d'aplomb, que l'on attribua sa prompte défaveur. Du moins, cette impression resta-t-elle dans le public, bien que nous en ayons exposé des motifs beaucoup plus réels. "Une manière de s'exprimer triviale et commune lui fit plus de tort que des défauts plus graves." (Correspondance de Grimm).

On lui reprochait de manquer aux rigueurs de l'étiquette, de ne pas prendre une attitude assez compassée, un ton assez mystérieux avec les ambassadeurs étrangers, de vouloir accommoder avec eux toutes les affaires de gré à gré, et comme entre bons voisins, entre gens loyaux et de bonne foi. Il est vrai que sa manière d'agir simplifiait [121] considérablement la besogne et diminuait l'importance des commis, et la complication de la bureaucratie. Ces vices dans l'administration existaient alors comme de nos jours ; et telle était l'insouciance habituelle des ministres et la nécessité de laisser tout faire par des subalternes, que, suivant l'expression de M. d'Argenson, les garçons étaient restés maîtres de la boutique.

Comment en pouvait-il être autrement, lorsque nous voyons les places distribuées avec une légèreté telle, que M. de Maurepas débutait au ministère à l'âge des quatorze ans, uniquement parce que la charge était clans sa famille?* [*1. "Ce sont des gens bien heureux que les ministres en France," dit Bolingbroke dans une de ses lettres (à Prior, 16 février 1714.) "Ce sont de grands hommes, depuis le berceau jusqu'au tombeau. Ils se trouvent sur une scène d'affaires, chacun suivant la prédestination de ses parents, etc...."]

Le marquis d'Argenson, au contraire, passa toute sa jeunesse à se préparer à un ministère auquel il ne parvint que dans un âge avancé. Il se donna la peine de s'instruire, de fixer ses idées, d'exercer son jugement. Assidu et méthodique, rien ne sortait de ses bureaux qu'il ne l'eût mûri et médité dans son travail particulier. Outre les dépêches officielles, il adressait presque toujours aux ambassadeurs près les cours étrangères des lettres confidentielles fort étendues, toutes de sa main, et contenant ses réflexions sur les événements [122] récens et la politique du moment : telle fut, avec M. de Vauréal, ambassadeur en Espagne, sa volumineuse correspondance dont nous avons cité quelques fragmens.

Au surplus, si les manières simples et l'esprit solide du marquis d'Argenson prêtaient aux épigrammes de la cour, il fut différemment jugé par les chargés d'affaires étrangers. Ceux-ci, moins sensibles aux atteintes d'un ridicule auquel eux-mêmes ne pouvaient se flatter d'échapper, ne considéraient que sa franchise et sa droiture, auxquelles ils se plaisaient à rendre hommage. "Je suis bien aise de vous dire, lui écrivait Voltaire,*[*1. 26 décembre 1744.] que les ministres étrangers sont enchantés de vous; qu'ils aiment vos moeurs et respectent votre esprit. Ce que je dis là est à la lettre ; comptez sur la vérité de votre ancien et très-ancien ami."*[*2. "Je dois à l'amitié qui nous liait le marquis d'Argenson et moi, l'éloge de ce ministre. Mais je dois aussi à la vérité ce que j'ai pensé de ses talens. Il n'y eut jamais un plus honnête homme, aimant plus son roi et sa patrie. Jamais aucun ministre n'a apporté, en arrivant en place, autant de connaissances et de théorie. Elles étaient le fruit d'une longue étude et de la plus grande application. Le marquis d'Argenson avait un grand sens et une bonne judiciaire. Mais, peu au fait de la cour, il n'avait jamais pu acquérir cet esprit d'intrigue si nécessaire pour s'y maintenir. Cela fit qu'il négligea les avis qu'on lui donnait d'une prochaine disgrâce. Il crut qu'en se renfermant dans les devoirs de sa place, dans un travail réglé et assidu, il pouvait se confier aux bontés que son maître lui marquait. Il avait un ennemi puissant dans le maréchal de Noailles qui mit tout en usage pour jeter du ridicule sur son travail et même sur sa personne. Le marquis d'Argenson est bien une preuve qu'un petit ridicule est plus nuisible à la cour que de grands vices. Peut-être à la vérité y donna-t-il lieu par quelques réponses singulières qu'il fit à différens ministres étrangers, et par son peu d'usage de la cour. Mais il n'en est pas moins vrai qu'il fut capable de grandes idées générales, et que peu d'hommes ont apporté au ministère autant de lumières que lui." Ce passage est extrait des Mémoires du marquis de Valory, ambassadeur de France à Berlin, publiés en 1820, par le comte Henri de Valory, 2 volumes in-8°.]

[123] Nous avons essayé jusqu'ici de faire apprécier, comme il mérite de l'être, cet homme d'état que Voltaire n'hésitait point à reconnaître (après qu'il fut rentré dans la vie privée) pour le meilleur citoyen qui eût jamais tâté du ministère. (Lettre du 3 mai 1750.) Mais on le jugera mieux en lisant l'ouvrage qu'il a consacré à exposer naïvement, et sa façon de vivre et sa façon de penser. Les personnes qui décident du mérite des livres sur leur titre, et le nombre en est considérable, ont fait un crime à celui-ci d'être intitulé dans quelques éditions : Essais dans le goût de ceux de Montaigne. On a dit que c'était aspirer trop haut que de prétendre imiter un auteur inimitable. Ce serait une bien légère concession à faire à la critique que de lui abandonner ce point; mais, quiconque prendra [124] la peine d'ouvrir ces Essais ne pourra s'empêcher de reconnaître avec Grimm, que c'est un livre attachant par le patriotisme et le bon sens de son auteur. Ce genre d'intérêt n'est point le seul qu'on y rencontre. Ce sont des mémoires instructifs sur l'histoire du dernier siècle. Tel fut l'avantage de la position où se trouva l'auteur. Ayant vécu long-temps à la cour, en relation intime avec ce que l'Europe renfermait de personnages éminens, il conservait partout cet esprit d'observation qu'il avait contracté dès sa jeunesse. Il avait su partager son temps, comme il le dit lui-même, entre la bonne compagnie, et une meilleure qui est la retraite.

N'eût-il même aucun fond d'instruction solide, l'homme du monde qui écrit ce qu'il a vu et entendu dire, ne peut manquer d'intéresser. C'est, en ce sens que, suivant la remarque de M. d'Argenson, il peut y avoir quelque vérité dans cette plaisanterie de Molière, que les gens de qualité savent tout sans avoir rien appris. En effet, il n'est que trop vrai que la fréquentation des gens instruits, l'habitude de causer de tout et avec tout le monde, donnent aux esprits les plus superficiels, cette promptitude de jugement, cette familiarité de tous les sujets, cette quintescence de l'esprit des autres, qui offrent toutes les apparences du vrai savoir et en ont quelquefois la réalité.

Mais ce n'est pas sous ce point de vue que l'on doit envisager le marquis d'Argenson. Il ne se reposa [125] pas sur cette maxime si commode pour l'indolence, si flatteuse pour la vanité. Ses connaissances étaient réelles, sa lecture était immense; c'était de sa part une habitude d'enfance de fixer en toute occasion ses observations sur le papier;*[*1. Voyez son éloge, par M.

lxxiii

RENE LOUIS D'ARGENSON

Le Beau.] et ce soin, dans lequel il persévéra toute sa vie, ne contribua pas peu à mettre dans ses idées de l'ordre, de la suite, de la netteté.

On voit aussi que le goût des livres était chez lui une passion véritable, contre les excès de laquelle il cherchait à se prémunir, se faisant, à ce sujet, les objections les plus sensées; mais qui l'entraînait en dépit de lui-même par un attrait irrésistible.

"En parlant de l'abbé de Rothelin, dit-il dans ses Mémoires, je me suis trouvé engagé à traiter de la manie des livres; je ne sais si ce que je viens de dire ne sera pas par la suite à l'usage de quelques-uns de mes amis, et de certaines personnes auxquelles je dois le plus m'intéresser. En tous cas, je le dis franchement, en fera son profit qui voudra."

Cette personne qu'il semble vouloir détourner de la passion des livres, c'était M. de Paulmy, son propre fils; et l'on va voir jusqu'à quel point celui-ci justifia plus tard les pressentimens de son père.

Mais il est impossible de se défendre d'un sentiment de vénération, lorsqu'on entend parler [126] avec cette candeur, cet aimable abandon, un homme d'état qui, en d'autres circonstances, a montré toute la portée de son génie. Tout dans ses écrits offre une empreinte de sincérité qui ferait excuser les fautes les plus graves si l'on pouvait lui en reprocher une seule. Ce qu'il dit des autres est si juste et en même temps si indulgent; ce qu'il dit de lui-même est si honorable et en même temps si modeste, que l'on peut avec lui différer d'opinion, mais jamais soupçonner la pureté de son coeur.

Puissent ceux qui jetteront les yeux sur ces lignes n'y point porter cette indifférence bien naturelle pour des sentimens auxquels on est étranger ! Mais, qu'en lisant les écrits de M. d'Argenson, ils tiennent compte, et du siècle où il vécut, et de la position où il fut placé; qu'ils se rappellent, et ce qu'il fit pour son pays et plus encore ce qu'il eût voulu faire; je doute alors que les plus prévenus puissent lui refuser leur estime. Peut-être aussi qu'en faveur des vertus de cet excellent citoyen, ils jugeront avec quelque indulgence le faible travail destiné à les retracer.

MEMOIRES, 1825.

Malgré la modestie avec laquelle le marquis d'Argenson parle dans ses Mémoires de cette bibliothéque, objet de ses plus chères affections, on sait qu'elle était belle et nombreuse. D'ailleurs, il suffit de la nommer pour la faire connaître. Elle existe encore, et d'après une destination que lui-même [127] n'eût point désavouée, elle est ouverte chaque jour aux recherches des personnes studieuses. C'est la bibliothéque de l'Arsenal.*[*1. M. de Paulmy, étant gouverneur de l'Arsenal, y avait transporté son domicile et ses livres.]

Il est vrai que depuis sa mort, arrivée le 26 janvier 1757, elle fut considérablement augmentée par son fils, M.. de Paulmy, qui mit à la compléter toute son ambition, toute sa vie, et une partie considérable de sa fortune : aussi parvint-il à en faire une des plus belles que jamais particulier ait possédées en Europe. En cela, il n'y eut de sa part ni luxe, ni ostentation. M. de Paulmy y passait ses journées entières; et il est certain que d'environ cent mille volumes qu'il possédait, il n'y en avait pas un seul qu'il n'eût lu, extrait, analysé. "Il n'y en a même qu'un petit nombre et des moins intéressans, en tête desquels on ne trouve une notice de sa main, dans laquelle il indique ce que contient le livre, ce qu'on doit y chercher, et rapporte les anecdotes littéraires et bibliographiques qui concernent l'ouvrage, l'auteur et l'édition."*[*2. Voyez son éloge, par M. Dacier, parmi ceux de l'Académie des inscriptions et belles-lettres, tome 47. M. de Paulmy était aussi de l'Académie française.]

Cette bibliothéque fut vendue en 1785, par M. de Paulmy, au Roi régnant (alors comte d'Artois.) M. de Paulmy ne s'en réserva que la jouissance [128] sa vie durant, et mourut deux années après, le 13 août 1787.

On ne saurait nous blâmer, en raison de cette conformité de goûts et d'occupations entre le marquis d'Argenson et son fils, de compléter cette notice en y joignant quelques mots sur la vie de celui-ci .*[*1. Marc-Antoine-René de Voyer de Paulmy.]

Né le 6 novembre 1722, à Valenciennes, durant l'intendance de son père, M. de Paulmy se montra passionné pour les lettres dès son plus jeune âge. Voltaire fait compliment à son père de ses essais précoces en poésie. (Lettre du 9 août 1741.)

RENE LOUIS D'ARGENSON

Quelques années plus tard, pendant le ministère du marquis d'Argenson, M. de Paulmy fut désigné pour accompagner en Allemagne le duc de Richelieu, chargé de demander à l'électeur de Saxe sa fille en mariage pour le dauphin. Voltaire lui-même le recommande au roi de Prusse. Voici la réponse du grand Frédéric, (18 décembre 1746.) "M. de Paulmy sera reçu comme le fils d'un ministre français que j'estime, et comme un nourrisson des Muses accrédité par Apollon lui-même."

Presque aussitôt le même prince témoigne à Voltaire toute l'amitié qu'il a conçue pour ce jeune homme, (17 février 1747 .) "J'ai vu le petit Paulmy, aussi doux qu'aimable et spirituel; nos beaux-esprits [129] l'ont dévalisé en passant. Il a été obligé de nous laisser une comédie charmante, qui a eu assez de succès à la représentation. Il doit être à présent à Paris. Je vous prie de lui faire mes complimens, et de lui dire que sa mémoire subsiste toujours ici parmi celle des gens les plus aimables."

Plus porté, par ses goûts, à la culture paisible des lettres qu'au soin des affaires publiques, ce ne fut qu'à contre-coeur que M. de Paulmy se vit élevé à des honneurs qui avaient peu de prix à ses yeux. Il fut, pour ainsi dire, victime d'un système d'hérédité dans les places qui, tout vicieux qu'il fût, imposait des devoirs auxquels il était difficile de se soustraire.

Le comte d'Argenson, ministre de la guerre, s'attacha son neveu comme adjoint. Il le fit recevoir, en octobre 1751, secrétaire d'état en survivance, ayant voix au conseil des ministres. Peu de temps après il le chargea de l'inspection des places frontières du royaume, où l'on faisait, d'après un vaste système de défense, des travaux fort importans. Mais, tandis que l'on s'occupait à parer aux dangers d'une guerre extérieure, il était aussi question d'une guerre civile. Les religionnaires des Cévennes étaient dénoncés comme supportant impatiemment l'interdiction dont ils étaient frappés. Les évêques d'Alais et d'Uzès appelaient hautement de nouvelles dragonnades. On avait même déjà fait marcher des troupes vers ces provinces. [130] M. de Paulmy, qui venait de les parcourir, y avait recueilli une impression tout opposée. Dans le rapport qu'il fit au conseil, il attesta qu'il n'y avait pas de meilleurs citoyens que ces calvinistes si calomniés, et que dans leurs réunions secrètes où on les accusait de tramer la rébellion,

MEMOIRES, 1825.

leurs voeux ne s'adressaient au Ciel que pour le rétablissement de la santé du Dauphin, déjà menacé d'une maladie mortelle.

Ce rapport, joint à la sagesse du maréchal de Richelieu, gouverneur du Languedoc, épargna peut - être au dix - huitième siècle les horreurs d'une autre Saint-Barthélemy.

M. de Paulmy succéda au comte d'Argenson, son oncle, après la disgrâce de celui-ci. Mais il ne remplit ce poste que peu de mois (février 1757 jusqu'en mars 1758) au milieu de la plus grande agitation causée en Europe par la guerre de sept ans.

Il serait injuste de reprocher à un jeune ministre les fautes commises par la volonté capricieuse d'une favorite alors toute-puissante, devant laquelle des hommes d'état plus expérimentés que lui venaient de succomber. Ce ne fut point M. de Paulmy qui administra durant cet espace de temps. Ce fut madame de Pompadour qui renvoya d'Estrées vainqueur à Hastenbeck, et combla d'honneurs Soubise battu à Rosbach.

Accablé par de tels dégoûts, M. de Paulmy ne tarda point à donner sa démission d'une charge qu'il n'avait exercée que de nom. Le maréchal de [131] Belle-Isle le remplaça, et, malgré une grande habitude des affaires et des talens militaires fort vantés, les choses n'en allèrent pas mieux,

Depuis ce moment, M. de Paulmy n'a plus exercé d'autres fonctions que celles des ambassades, carrière plus conforme à ses goûts pacifiques et studieux. Avant son ministère, il avait été chargé d'une mission en Suisse (1747-50), dont le résultat fut un renouvellement d'amitié avec les cantons évangéliques qu'une politique peu éclairée avait exclus de notre alliance. Depuis il fut envoyé en Pologne (1762-64), s'y trouva lors de l'élection de Stanislas Poniatowsky, et demanda son rappel aussitôt l'entrée des troupes russes, ne voulant point autoriser par sa présence l'avilissement de la république.* [*1. Rhulières, Histoire de Pologne, tome 2.]

Enfin il remplit les mêmes fonctions près la république de Venise,*[*2. De 1766 à 1770.] où deux de ses parens (le père et le grand-père du garde des sceaux d'Argenson) avaient déjà résidé comme ambassadeurs.*[*3. De 1651 à 1656.]

Pendant la courte durée de son ministère, M. de Paulmy trouva l'occasion de renouer avec Voltaire ces relations d'amitié et de services mutuels qui avaient existé entre sa famille et ce grand homme. On peut lire à ce sujet avec intérêt deux [132] lettres écrites par Voltaire à M. de Paulmy, (de Colmar, les 20 février et 13 août 1754), et insérées dans les dernières éditions de sa correspondance. Ces lettres nous révèlent de nouvelles persécutions qui viennent s'ajouter à la liste inépuisable de celles qu'éprouva cet homme illustre durant le cours de sa longue et glorieuse carrière. Mais on y voit en même temps que ce fut à l'amitié constante de MM. d'Argenson qu'il eut recours pour détourner les effets de sa fâcheuse destinée.

Voltaire, à son retour de Prusse, était tombé malade à Colmar, et de plus menacé de poursuites judiciaires pour la publication de l'Abrégé de l'Histoire universelle, ouvrage dont plusieurs volumes, fort incorrects et désavoués par lui, avaient paru en Hollande. Le Roi avait dit formellement qu'il ne souffrirait jamais que Voltaire revînt à Paris.

"Le Roi veut-il que je meure dans l'hôpital de Colmar? écrivait celui-ci ; il est affreux de souffrir tout ce que je souffre pour un mauvais livre, et qui n'est pas de moi. Daignez me faire savoir si je peux voyager. Je vous devrai l'obligation d'exister, et je vivrai plein du plus tendre respect pour vous."

Effectivement, M. de Paulmy lui obtint la grâce de pouvoir sortir du royaume, et fit cesser les effets de la procédure commencée. Mais il ne s'en tint pas là. Lorsque Voltaire fut établi aux Délices sur le territoire de Genève, le même ministre usa [133] de son crédit près cette république et les autres cantons suisses, pour lui assurer le repos. que son aversion prononcée. contre toute espèce d'hypocrisie ne pouvait lui faire trouver même dans un pays calviniste.*[*1. "Je m'en rapporte avec confiance à votre amitié et aux bontés de leurs excellences à qui M. de Paulmy m'a recommandé." (Lettre de. Voltaire à M. Élie Bertrand, 30 novembre 1735.)]

MEMOIRES, 1825.

Durant le cours de ses longs voyages, M. de Paulmy visita le patriarche de la philosophie, dont il reçut toujours l'accueil le plus distingué, et qui, lui confiait les nouvelles, productions de sa muse, consultant son goût et déférant même à sa critique.*[*2. M de Paulmy, qui est un peu du métier, trouve que ma "pièce finit bien" (l'Orphelin de la Chine). (Lettre à M. d'Argental, datée des Délices, 30 juillet 1755.]

Du reste, la grande bibliothéque de M. de Paulmy suffisait à son bonheur. L'agitation d'une carrière active ne la lui avait jamais fait perdre de vue. Dans tous les pays qu'il avait parcourus, il. avait travaillé à l'enrichir par des acquisitions nouvelles. Aucune entreprise scientifique, quelque vaste qu'elle fût, ne rebutait son activité laborieuse. Les vieux livres français avaient, par la grace et la naïveté de leur style, ainsi que par leur intérêt historique, le plus vif attrait pour lui. Il possédait en ce genre de vrais trésors. Aussi conçut-il l'idée de les ressusciter de leur oubli ; et, en [134] les dépouillant de leur rouille antique, de mettre à la portée de tous les lecteurs les notions précieuses qu'ils renferment sur les moeurs, les usages, les amusemens et le genre de vie de nos aïeux. Tel fut le but de l'ouvrage périodique qui parut sous sa direction et à l'aide de ses matériaux, sous, le titre de Bibliothéque des Romans. De 1775 à 1778, quarante livraisons se succédèrent, dans la plupart desquelles se trouvaient des articles importans fournis par
M. de Paulmy. Mais quelques différens survenus entre lui et ses collaborateurs l'engagèrent à se retirer, et la collection continua sous d'autres auspices.

M. de Paulmy, de son côté, ne resta point oisif. Ce fut alors que, sur un plan beaucoup plus vaste, il publia, dans l'espace de huit années, soixante-cinq volumes in-8°, sous le titre de Mélanges tirés d'une grande bibliothéque. C'était en effet toute la substance et l'analyse de la sienne. On y trouve, rangés dans un ordre méthodique, des extraits et des jugemens sur une infinité d'ouvrages peu connus; l'histoire littéraire, scientifique, anecdotique, de presque toutes les branches des connaissances humaines. C'est une vraie encyclopédie, presque aussi complète et beaucoup plus amusante que ne le sont bien des traités ex professa sur la littérature, l'histoire, la géographie, la morale, la jurisprudence, la théologie même; et plusieurs parties de ce vaste recueil ne se trouvent nulle part ailleurs rédigées avec le même soin ni la même [135] étendue. Nous pourrions citer,

RENE LOUIS D'ARGENSON

par exemple, la description à la fois statistique et historique de la France, province par province, ville par ville, église par église, et presque château par château, tableau plein d'intérêt, d'une utilité de tous les momens, et qui n'a pas, je crois, été reproduit dans un ensemble aussi satisfaisant. La vie privée des Français dans tous les temps et à toutes les époques de la monarchie, que M. de Paulmy fit réimprimer plus tard en un volume séparé (1783), forme le complément de ces recherches instructives.

Cet ouvrage de longue haleine, sans avoir jamais la sécheresse des notices bibliographiques, atteste partout une rare érudition et une patience infatigable. Le style en est toujours clair et précis, mérite assez difficile lorsqu'il s'agissait de porter le flambeau de la critique au milieu d'un fatras gothique et suranné.

Cependant, en d'autres compositions littéraires, M. de Paulmy ne déploie pas moins de grâces dans l'imagination, ni d'invention dans l'esprit, qu'il n'a montré de jugement dans ses compilations et d'érudition dans ses analyses. Telles sont les nouvelles qu'il fit paraître d'abord dans la Bibliothèque des Romans, puis réimprimer séparément .*[*1. Choix de Romans de différens genres, revus, corrigés et augmentés. Londres, et se trouve à Paris, chez Gattey, libraire, 1782, 2 volumes in-8°. L'Histoire du Juif errant, ou Roman de l'Histoire universelle, se lit surtout avec intérêt. L'idée eu est ingénieuse et bien suivie.]

Après avoir présenté cette énumération bien incomplète des titres de M. de Paulmy à la reconnaissance [136] du petit nombre de ceux qui. font de la lecture une étude, aussi bien que du grand nombre qui en font un délassement, nous nous tairons sur ses vertus privées. Nous craindrions ici comme ailleurs le reproche d'affections personnelles. Aussi préférons-nous nous en rapporter au souvenir encore vivant des gens de lettres qu'il accueillit, qu'il aida de son exemple, de son appui, de ses conseils et de ses livres; certains d'avance que quelques. éloges que nous entreprissions de donner aux qualités de son coeur, aux charmes de son esprit, amis ne serions démentis par aucun de ceux qui le connurent.

FIN DE LA NOTICE.

[137] **MÉMOIRES DU MARQUIS D'ARGENSON.**

[139] AVERTISSEMENT DES L'EDITEUR

Les Loisirs d'un ministre, ou Essais dans le goût de ceux de Montaigne, parurent, pour la première fois, en 1785, un vol. in-8°. Cette édition, imprimée non pas à Amsterdam, comme le porte l'intitulé, mais à Paris, chez Moutard, imprimeur-libraire, est due à M. de Paulmy, fils de l'auteur. Malgré le peu d'inquiétude que semblait devoir causer au gouvernement la publication de cet écrit simplement anecdotique, moral et littéraire, n'ayant que bien rarement trait à la politique, M. Hue de Miroménil, garde des sceaux, exigea de M. de Paulmy qu'il n'en fût tiré qu'un très-petit nombre d'exemplaires (il n'en a existé que 250). M. de Paulmy s'engagea en même temps à n'en faire aucun mauvais usage. Effectivement, ces exemplaires furent par lui donnés et non vendus.

Deux réimpressions pourtant eurent lieu à l'étranger : Liége, 1787, deux volumes in-8° et Bruxelles, 1788, un volume.

Ce n'est point une édition nouvelle que [140] nous donnons ici. Des maximes de conduite; des discussions morales où règne un ordre de pensées élevé, mais purement philosophique, des remarques critiques et judicieuses sur les grands hommes de l'antiquité et sur ceux de notre histoire, des anecdotes même que l'auteur ne raconte que sur oui dire, ou sur extraits de ses lectures, nous ont paru susceptibles d'en être isolées sans nuire à l'intérêt suivi que doit inspirer le récit. Nous ne donnons en ce moment, des Essais dans le goût de ceux de Montaigne, que la partie personnelle et contemporaine, celle qui appartient vraiment au siècle et au monde où vivait l'auteur, où il fut quelquefois acteur éminent, et toujours témoin éclairé. D'une autre part, à l'aide des manuscrits originaux que nous avons confrontés avec soin, et de la correspondance du ministre que nous possédons, nous avons été en état d'éclaircir et de compléter un grand nombre d'articles, et d'en ajouter quelques autres tout-à-fait inédits, dont la connaissance nous a paru jeter un grand jour, sur plusieurs points du règne de Louis XV.

[141] MÉMOIRES DU MARQUIS D'ARGENSON.

Histoire agrégée des ministres qui se sont succédé en France depuis la naissance de l'auteur. — Règne de Louis XIV.

Lorsque je vins au monde (en 1694), il y avait déjà quelques-années que le chancelier Le Tellier, père de M. de Louvois, était mort. M. Boucherat était revêtu de cette éminente dignité, qui eût été bien au-dessous de sa capacité, si les temps eussent été plus difficiles ; mais le pouvoir de Louis XIV était si bien établi, les parlemens si soumis, le droit de remontrances avait été si restreint, ou, pour mieux dire, si bien ôté aux cours supérieures, que l'on avait pu hardiment accorder cette place à un vieux magistrat âgé de soixante et dis ans, et devenu presque le doyen du conseil. Aussi M. Boucherat l'occupa-t-il très-pacifiquement jusqu'à l'âge de quatre-vingt-quatre ans qu'il mourut, ne laissant que des filles. Il eut pour successeur M. de Pontchartrain, qui était, depuis 1689, contrôleur général des finances, et, depuis 1690, secrétaire d'état de la marine et du département de Paris. Ce fut lui qui engagea, en 1697, mon père à se charger du soin de la police de la capitale. M. de Pontchartrain [142] prit la charge de chancelier comme une retraite. Effectivement elle pouvait être regardée comme telle en ces temps de soumission.

Il se trouva bien heureux que le roi voulût lui accorder pour successeur dans le contrôle des finances, M. de Chamillart, et dans ses départemens, M. de Pontchartrain, son fils. L'un et l'autre n'étaient assurément point capables de le remplacer dignement; mais ils le débarrassaient des soins les plus fatigans. Il fallut pourtant bien qu'il continuât à conseiller son fils qui ne lui donnait pas toute la satisfaction qu'il en devait espérer; ce qui l'engagea, en 1714, à une retraite totale. Louis XIV était vieux et menaçait ruine. M. de Pontchartrain était précisément du même âge ; d'ailleurs il voulait sagement éviter d'être obligé de porter au parlement l'édit qui déclarait les princes légitimés habiles à succéder à la couronne.*[*1. L'édit fut porté le a août, et M. de Pontchartrain s'était retiré en juillet. Il mourut en 1727, âgé de quatre-vingt-neuf ans. Le Régent lui avait offert de reprendre les sceaux. Il refusa, par ménagement pour M. d'Aguesseau aussi bien que par amour pour la retraite.] M. Voisin fut chargé de cette opération qui s'exécuta pourtant avec la soumission que l'on montra pour les ordres de Louis XIV jusqu'au moment de la mort de ce monarque arrivée, comme chacun sait, le 1er. septembre 1715.

M. Voisin, chancelier à peu près de la même force que M. Boucherat, mourut fort à propos*[*2. Le public était alors tellement soupçonneux, qu'il ne voulait même pas croire à la mort naturelle du chancelier Voisin.] au mois de février 1717. Il fut remplacé par M. d'Aguesseau, dont je parlerai dans un moment, ainsi que des ministres du [143] présent régné. En attendant, j'observe encore que des trois derniers chanceliers de Louis XIV, M. de Pontchartrain était, sans contredit, le plus capable. Il avait été conseiller au parlement de Paris, abandonné par ses parens, les Phelippeaux de la Vrillière, jaloux des Phelippeaux de Pontchartrain, leurs aînés, dont ils avaient usurpé la charge de secrétaire d'état. M. de Pontchartrain fut ensuite pendant vingt ans premier président au parlement de Bretagne, et y donna des preuves de fermeté, d'habileté et d'adresse, en ménageant ces têtes bretonnes, de tout temps si difficiles à conduire.

Autant le métier de chancelier était aisé du vivant du feu Roi, autant le ministère des finances était pénible à remplir. M. de Pontchartrain ayant été assez heureux, comme nous l'avons dit, pour s'en débarrasser en 1693, elles furent confiées à M. de Chamillart, que le Roi aimait, comme il l'a prouvé, d'une affection toute particulière. On a peine à expliquer un pareil choix, si ce n'est en supposant que, dans l'esprit du Roi, la qualité d'honnête homme suppléait à tout, et que Louis XIV s'imaginait en savoir assez pour remédier lui-même à l'ignorance et à l'incapacité de son ministre. Jamais la France n'avait eu autant d'ennemis sur les bras. Après les succès brillans de quelques campagnes, elle fut vaincue de toutes parts. Certes, le plus grand génie y eût succombé. Comment M. de Chamillart y pouvait-il suffire ? Il donna dans les ressources les plus indécentes. Il détruisit le crédit public que M. Colbert avait soutenu au milieu des plus fortes dépenses. Il entraîna les trésoriers de l'extraordinaire des guerres en de gros emprunts, et leur fit faire banqueroute. Il créa les billets [144] de monnaie, promesses de la caisse des emprunts, doubles et triples assignations sur les recettes générales ; emprunts au nom des particuliers accrédités ; billets des fermiers et receveurs généraux, et tant d'autres effets dont la valeur entra dans les coffres du Roi, et que le ministre laissa tomber dans le néant, sans la moindre tentative pour les soutenir. Par l'effet d'une guerre ruineuse, l'argent sortait da royaume. D'autre part, l'infidélité dans les promesses et les paiemens fermait toute ressource, et tout manquait à la fois.

Enfin (en 1708) M. le duc de Bourgogne vint se jeter aux pieds du Roi pour le supplier de sauver la patrie en congédiant M. de Chamillart. Il ne fallait pas moins. pour déterminer Louis XIV à se défaire de son ministre. M. de Chamillart se retira, et jamais il n'y eut d'entreprise plus difficile que celle de rétablir les affaires, quand M. Desmarets en fut chargé. Les revenus du Roi étaient consommés d'avance pour deux et trois années. Les ennemis avaient entamé la frontière ; les peuples étaient consternés, la famine dans le royaume; les soldats sans habits, souvent sans prêt ; les magasins sans provisions ; la guerre rallumée par le refus des odieuses propositions de Gertruydenberg. Louis XIV opposait un courage invincible à tant de malheurs. M. Desmarets eut assez de génie et de ressources pour fournir aux efforts qu'il fallut faire sous peine de périr. Sa réputation produisit beaucoup. Il ne parut pas perdre l'amour de l'ordre au milieu du désordre le plus excessif. Il engagea de fidèles sujets à aider l'état de leurs richesses. Il les ménagea, assura leur sort, et leur tint parole par la suite. Il choisit les moins mauvais expédiens, ceux dont le mauvais effet était le plus aisé à réparer au retour du [145] calme. Enfin, il fournit à tout jusqu'a la paix générale. Il imposa le dixième; et cet impôt, qui eût produit trente millions à un ministre moins habile, n'en rapporta que dix entre ses mains. Il lui suffisait d'effrayer les ennemis en annonçant de vastes ressources, et il évita sagement d'achever la ruine des particuliers.

Entre cette paix et la mort de Louis XIV, il préparait de nouveaux arrangemens, et ses derniers règlemens sont encore admirés. Mais il devait éprouver le sort de M. de Sully à la mort de Henri IV, passer ses dernières années dans une complète disgrâce, et être menacé de recherches sur sa conduite. (Il est mort en 1721, la même année que M. de Chamillart.) Peut-être l'économie et de sages règlemens pour le commerce et la police du royaume, seuls moyens dont il aurait usé s'il fût demeuré en place, eussent-ils été les meilleurs remèdes au désordre des finances ; mais l'impatience du régent demandait des voies plus promptes et plus expéditives.

Le ministère des affaires étrangères, le plus important des départemens des secrétaires d'état, avait été confié, en 1679, à M. Colbert de Croissy, frère du grand Colbert. Il mourut en 1690. Son fils, M. de Torcy, avait la survivance de sa charge et de son département dès 1689 ; mais à la mort de son père on le trouva trop jeune pour le remplacer, et quoi qu'il eût déjà trente ans, on le mit sous la tutelle de son beau-père, M. Arnaud de Pomponne, qui avait déjà exercé cette charge depuis 1671 jusqu'en 1679,*[*Il mourut en 1700. Ce fut M. de Pomponne qui signa les traités de Nimègue et de Riswick.] mais que l'on avait forcé de se retirer, [146] non que ce ne fût tin homme respectable, et même un bon Ministre; mais il était de la famille des Arnaud, suspecte de jansénisme,*[*1. On verra plus tard que le manie reproche de jansénisme exclut encore M. de Torcy du conseil de Louis XV. M. de Torcy avait épousé Catherine-Félicité de Pomponne, fille de M. Arnaud, et soeur de l'abbé de Pomponne, ambassadeur à Venise. Il mourut en 1746, à l'âge de quatre-vingts ans.] ce qui était un grand crime à la cour. M. de Pomponne guida son gendre pendant trois ans, après quoi celui-ci fut en état de montrer ce qu'il était et ce qu'il savait faire. M. de Torcy a conservé sa place jusqu'à la mort de Louis XIV. Sa conduite, depuis cette époque, a été celle d'un vrai philosophe, et doit servir de modèle aux anciens ministres. Pour moi, qui ne le suis pas encore, mais qui pourrai le devenir un leur, je vais puiser dans la conversation de cet homme estimable des principes de conduite pour le temps où je le deviendrai, et celui où je ne le serai plus. Si l'on imprime quelque jour les Mémoires qu'il m'a fait la grâce des me communiquer, on y verra son âme à découvert, et M. de Torcy sera regardé à juste titre comme un auteur classique pour l'étude des négociateurs de tous les temps. Je doute que l'on puisse se trouver en des circonstances plus pénibles, ni s'en tirer avec plus d'honneur.

Le ministère de la guerre avait passé, à la mort de M. de Louvois, à M. de Barbezieux,*[*2. 1691. M. de Barbezieux n'était point majeur en entrant au ministère.] son fils, qui le conserva pendant dix années. Ce secrétaire d'état, qui avait naturellement de l'esprit, une conception vive et [147] prompte, et une grande habitude des détails auxquels sort père l'avait formé de bonne heure, avait aussi de grands défauts. Il avait été gâté, dans sa jeunesse, par tout le monde, excepté par son père. Libertin, dissipé, impertinent, et traitant quelquefois trop légèrement le militaire qui, suivant son usage, ne lui épargnait pas jusqu'aux bassesses quand il pouvait obtenir des grâces, et se plaignait avec hauteur dès qu'il n'avait plus rien à espérer; il se livrait à ses bureaux par nécessité, mais leur imposait toujours, parce que le fils de

M. de Louvois, leur créateur pour ainsi dire, ne pouvait manquer de leur inspirer du respect, de la vénération et même de l'attachement. Louis XIV, qui connaissait les défauts de M. de Barbezieux, s'en plaignait dans son intérieur, le rabrouait même quelquefois eu particulier; mais il lui laissait sa place, parce qu'il sentait l'importance de conserver dans l'administration de la guerre l'esprit et les principes de M. de Louvois. M. de Barbezieux n'entra jamais au conseil d'état. On prétend qu'il mourut, pour ainsi dire, de rage d'y voir siéger M. de Chamillart qu'il avait fait attendre souvent dans l'antichambre de son père et dans la sienne. Mais, selon toute apparence, l'alliance ruineuse et mortelle que M. de Barbezieux voulut faire d'une vie libertine avec le travail et les expéditions multipliées qu'exigeaient les préparatifs de la guerre de succession d'Espagne, fut ce qui causa la maladie qui l'entraîna en peu de jours au tombeau. M. Fagon, premier médecin du Roi, la jugea mortelle dès le premier instant qu'il l'eut vu. Il en fit part au Roi qui en parut peu touché. M. de Barbezieux mourut, le 5 janvier 1701, et le malheureux Chamillart fut aussitôt chargé du département de la guerre, par surcroît à celui des finances. [148] Ces deux charges, très-peu compatibles en elles mêmes, ne pouvaient être plus mal à propos réunies. Mais cinquante ans de règne et de gloire avaient inspiré à Louis XIV la présomption de croire qu'il pouvait, non-seulement bien choisir ses ministres, mais encore les diriger et leur apprendre leur métier. Il se trompait assurément. Il dépendait bien de lui de réunir sur la même tête les deux emplois de Colbert et de Louvois, mais il n'était pas en sa puissance de suppléer à leurs talens. Au bout de six ou sept ans, la tête de M. de Chamillart succomba sous le poids de ce travail. Il renonça d'abord aux finances, et bientôt après au département de la guerre. Louis XIV, incorrigible dans l'opinion d'être plus habile que tous ses ministres, lui donna pour successeur M. Voisin qui n'en savait guère plus que M. de Chamillart, mais qui, pour prix de sa docilité, obtint en 1714, l'éminente place de chancelier, et réunit ainsi, jusqu'à la mort du feu Roi, l'administration suprême de la magistrature à celle du militaire.

M. de Seignelay avait remplacé M. Colbert, son père, seulement dans le département de la marine, avec les défauts auxquels doivent. toujours craindre d'être exposés les enfans des ministres lorsqu'ils deviennent ministres eux-mêmes ; c'est-à-dire la suffisance, la présomption et la légèreté. Il avait pourtant des talens, et soutint la gloire de la marine de

France, créée en quelque sorte par son père; mais il s'écarta de l'esprit dans lequel celui-ci l'avait formée. C'était en vue du commerce, pour le faire fleurir, pour l'étendre, le favoriser et le protéger, que M. Colbert avait engagé Louis XIV à avoir des vaisseaux. Il était contrôleur-général et faisait [149] dépendre la marine des finances et du commerce. Son fils, avec de l'ambition et de l'audace, réduit au seul département de la mer, le saisit sous un point de vue différent. Les finances étaient passées en d'autres mains; il s'était aperçu combien Louis XIV était jaloux de la gloire des conquêtes et de dominer en Europe. C'était en tirant parti de cette disposition de l'âme du Roi, que M. de Louvois s'était attiré la confiance du monarque. Ce fut avec le ministre de la guerre que M. de Seignelay voulut rivaliser. Il entreprit de rendre les armes de la France aussi redoutables par mer qu'elles l'étaient par terre. Il bombarda Gênes, écrasa les Algériens, fit venir sur les vaisseaux du Roi des ambassadeurs de Siam, et les promena dans Versailles. L'année suivante il foudroya Tunis et Tripoli, donna des fêtes brillantes à Louis XIV dans son château de Sceaux. Il attaqua les Hollandais par mer, et entreprit de rétablir Jacques II sur le trône d'Angleterre dont le prince d'orange, son gendre, venait de le chasser. Enfin, en 1690, la dernière année de sa vie, les flottes du Roi gagnèrent deux batailles navales dans la Manche. A sa mort, Louis XIV fit fort sagement de réunir encore une fois le ministère de la marine aux finances ; mais M. de Pontchartrain était trop embarrassé de trouver des ressources qui sauvassent l'un pour pouvoir soutenir l'autre.

M. de Pontchartrain, étant devenu chancelier, laissa le département de la marine à son fils qu'il avait marié à mademoiselle de la Rochefoucauld-de-Roye, morte en laissant un fils unique que l'on appelle aujourd'hui M. le comte de Maurepas. Je ne ferai point le portrait de M. de Pontchartrain fils ; j'en laisse le soin à ceux qui ont eu affaire à lui pendant qu'il était ministre, et qui le connaissent [150] encore (il n'est mort qu'en 1747). Ce que je puis dire, c'est qu'il a fait sentir tous les dangers de l'hérédité dans les places de confiance et d'administration, et que le public, loin de le regretter, se crut heureux d'en être débarrassé à la mort de Louis XIV.

Pourtant au travers de ses défauts, on doit lui savoir gré d'une idée un peu tardive, mais dont le succès fut décisif. Après l'affaire de Vigo, M. de Pontchartrain proposa au roi d'armer en course, et de louer aux armateurs de Dunkerque et de Saint-Malo ce qui restait de navires à la marine royale. Nos batailles rangées n'étaient plus que des défaites. Cette innovation fit un tort considérable aux puissances maritimes, et devint un des motifs qui hâtèrent le plus la conclusion de la paix, en même temps qu'elle fut une épargne pour le trésor.

Deux mots suffiront sur le département et l'histoire de MM. Phelippeaux de la Vrillière, de Châteauneuf et de Saint-Florentin. C'est ainsi qu'ont été surnommés les différens individus de cette famille de secrétaires d'état que l'on pourrait comparer à la première race de nos rois. Il faut croire que Paul Phelippeaux de Pontchartrain avait bien du mérite, ou du moins bien de l'intrigue, puisque, après avoir été douze ou quinze ans commis de MM. de Revol et de Villeroy, il fut fait, en 1600, secrétaire des commandemens de Marie de Médicis. Cette reine prit assez de confiance en lui pour le nommer secrétaire d'état aussitôt qu'elle fut régente. Il mourut en 1621 ; son fils aîné, qui était conseiller an parlement, gendre du fameux avocat général Talon, ne lui succéda pas. Ce fut le cadet, nommé Raymond Phelippeaux d'Herbaut, d'abord greffier du conseil privé, puis trésorier [151] des parties casuelles, et enfin de l'épargne. Il mourut en 1629, et la charge resta dans la branche cadette au préjudice de l'aînée, qui n'y revint que quatre-vingts ans après.*[*1.Voyez ci-dessus M. de Pontchartrain.] M. d'Herbaut fut remplacé par Louis Phelippeaux de la Vrillière qui fut, pendant soixante-deux ans, secrétaire d'état, sous les règnes de Louis XIII et de Louis XIV. Mais il fit si peu de bruit que l'on ignorerait son existence, sans la multitude d'édits, de déclarations et de lettres patentes qui ont été signées de lui. Il hérita du fameux Particelli d'Emery, son beau-père, qui, après avoir été le plus terrible partisan et le plus cruel exacteur du règne de Louis XIII, parvint, sous le ministère de Mazarin, à être surintendant des finances. Balthazar Phelippeaux, qui était conseiller clerc au parlement, quitta état ecclésiastique pour succéder à son père, et mourut en 1700. On l'appelait M. de Châteauneuf. Son fils reprit le nom de la Vrillière, et c'est peut-être celui qui a le plus signé d'expéditions; car, dès le commencement de la régence, M. le duc d'Orléans, voulant se défaire de tous les secrétaires d'état de Louis XIV, ne conserva que celui-là, parce qu'il lui parut absolument sans conséquence. L'administration des affaires de tous genres fut confiée à différeras conseils; mais tout ce qui devait être nécessairement signé en commandement passait parla plume de M. de la Vrillière. Il est mort en 1725, à l'âge de cinquante-quatre ans. Son fils, que l'on appelle le comte de Saint-Florentin,*[*2. M. de Saint-Florentin, depuis duc de La Vrillière, eut en 1749 la maison du Roi et le clergé, lors du renvoi de son cousin M. de Maurepas. Il entra en 1751 au conseil des ministres, où il se maintint encore après la mort de Louis XV, et mourut en 1774.] l'a [152] remplacé, et paraît destiné à signer et expédier toute sa vie, comme ont fait son père et son grand-père.

Régence.

M. le Régent n'eut pas plus têt pris le gouvernement du royaume, qu'il se proposa une forme d'administration toute différente de celle de Louis XIV. Soit envie de faire du nouveau, tentation presque inévitable après les changemens de règne, soit pour échapper au reproche qu'on avait fait à Louis XIV et à ses ministres d'être despotiques et arbitraires, il confia chaque partie de l'administration à autant de conseils,*[*1. Le duc de Noailles, qui avait des prétentions au talent de la parole, eut une grande part à cette détermination.] mit en pleine activité ceux qui avaient été déjà formés sous le règne précédent pour les finances, le commerce et les affaires étrangères, et en créa d'autres pour la guerre et la marine. Il voulut même en faire un de conscience, ou pour les affaires ecclésiastiques. Mais celui-ci souffrit de grandes difficultés. Tous ces conseils de détail étaient sans préjudice du conseil général de régence dont ils pouvaient être regardés comme des émanations, et de celui des parties qui a toujours été dirigé par le chancelier.

Si la piété et toutes les vertus qui en dérivent, la probité, l'érudition, le goût des lettres, et beaucoup d'esprit, mais d'un genre différent de celui de l'administration, pouvaient faire un parfait chancelier, M. d'Aguesseau*[*2. M. d'Aguesseau est mort en 1751, âgé de quatre-vingt-trois ans. Il avait donné sa démission de la charge de chancelier un an avant sa mort.] le serait certainement. Mais il faut encore [153] d'autres talens pour exercer une charge de cette importance. Le chancelier doit réunir tout ce qui constitue le grand magistrat, et tout ce qui fait le grand ministre. Il a continuellement affaire aux gens de robe; il est leur chef; il doit entendre leur langage, connaître leurs formes, et posséder l'art de conduire les compagnies de toute espèce. Il est à la tête d'une très-difficile à gouverner, le grand conseil. D'un autre côté, il est ministre du Roi, et doit soutenir son autorité; mais avoir soin d'en concilier les actes avec les formes dont la négligence peut faire échouer les meilleures entreprises, et les plus avantageuses au Roi et au peuple. Il doit se faire considérer et aimer, s'il est possible, de la magistrature; mais il ne doit pas la craindre. Il doit la faire respecter, mais n'en respecter les membres qu'autant qu'ils le méritent; ne pas hésiter à réformer les jugemens injustes, à punir les juges iniques et partiaux. Mais il doit mettre constamment au grand jour les raisons et les fautes qu'il est forcé de réprimer. Il doit bien distinguer surtout les fautes d'ignorance et de négligence, d'avec celles d'un genre plus grave. Comme tous les autres ministres, il doit quelquefois se servir du glaive tranchant de l'autorité royale ; mais aucun n'a plus besoin que lui de prouver qu'il a parfaitement éclairé cette autorité.

M. d'Aguesseau respecte peut-être beaucoup trop la personne des magistrats. Il leur donne toujours gain de cause ; et depuis la malheureuse époque de la vénalité des charges, il s'en faut bien qu'ils méritent toujours ces égards. M. le Régent avait fait sa cour au parlement dans un temps où il croyait en avoir besoin, en confiant la première dignité du royaume au procureur général. Mais les gens de robe sont sujets à prendre acte de ce [154] qu'on leur accorde, et à former des prétentions nouvelles pour obtenir encore davantage. Ils en viennent quelquefois à un tel excès, qu'il faut bien les arrêter et les réprimer. C'est à quoi M. d'Aguesseau n'est nullement propre. Il a d'ailleurs un autre grand défaut, c'est celui de ne pas se décider avec la promptitude nécessaire dans les occasions difficiles. Les fonctions d'avocat général qu'il a remplies l'ont accoutumé à balancer les opinions, et à ne prendre son parti que difficilement. Il hésite même encore quand il l'a pris, et semble s'en repentir. Mais s'il était à temps de corriger sa besogne, il la gâterait plutôt qu'il ne la perfectionnerait. Je l'ai vu, pour se décider, forcé d'appeler à son aide un de ses enfans (M. De Fresnes), qui était alors jeune et peu capable de faire prendre à son respectable père le meilleur parti. Aussi une dame de ses amies, qui avait beaucoup d'esprit, lui dit-elle un jour : "Prenez-y bien garde, monsieur le chancelier, entre vous qui, quoique très-savant, doutez de tout, et votre fils cadet qui ne doute de rien, vous ne viendrez jamais à bout de faire de bonne besogne." En effet, ce grand magistrat a la conscience aussi délicate que l'esprit timide, et se fait des scrupules continuels.

RENE LOUIS D'ARGENSON

Passionnés pour l'étude, ne buvant que de l'eau, n'allant jamais au spectacle, ces messieurs d'Aguesseau ont totalement négligé la connaissance des hommes. Ils ignorent comment on les mène, comment on leur plaît, comment on fonde le pouvoir sur la soumission. Certes, voilà de beaux défauts; et je ne sais en vérité si l'on ne doit pas les leur envier plutôt que d'en faire un sujet de reproche. Pourtant chez des hommes d'état ce sont des défauts véritables.

M. le chancelier aime à faire des lois. Il prétend attacher [155] sa gloire à réformer notre procédure, à, simplifier la marche de la justice. Mais il agit en ceci précisément comme mon ami l'abbé de Saint-Pierre qui, dans son livre de l'abréviation des procès, voudrait que l'on écoutât séparément chaque point de difficulté, et qu'on s'attachât à le résoudre avant d'aller plus loin, ce qui est le vrai moyen de les éterniser; car l'esprit humain est bien subtil quand il ne s'agit que d'éluder les lois et d'embrouiller les questions. Je crains qu'en fait de législation, M. d'Aguesseau ne nous fasse jamais que du replâtrage. Adorateur des vieilles formes, il veut n'en abroger aucune, et en introduire une infinité de nouvelles. Pour être législateur, il faudrait voir en grand, se détacher de ce qu'on sait le mieux, et perdre ainsi toute la supériorité que l'on tire de son savoir. C'est à quoi les érudits ne sauraient se résoudre ; leur amour-propre leur persuade aisément de ne point renoncer à ce qui leur a coûté tant de peines à apprendre.

Mon père était d'un caractère bien différent; il savait prendre son parti avec promptitude et se tenir avec fermeté à celui qu'il avait pris. Le genre d'administration dont il avait été chargé pendant vingt ans l'avait accoutumé à cet esprit de détail, à cette sagacité qui lui faisait trouver tout d'un coup le point de la difficulté et les moyens de la résoudre. Il avait des lumières, une ancienne et parfaite connaissance des formes, et, je le dis sans prévention, tous les talens d'un grand politique. Il connaissait le parlement comme nos grands généraux connaissent ceux contre qui ils ont long-temps fait la guerre, comme le duc de Vendôme pouvait connaître le prince Eugène, et le maréchal de Villars Marlborough. Il ne haïssait pas personnellement ce corps ; il le respectait [156] même. Ses membres les plus considérables étaient ses alliés par sa femme qui était de la famille de Caumartin, et par sa grand'mère, nièce du chancelier de Chiverny.*[*1. Pierre d'Argenson avait épouséÉlisabeth Hurault, nièce de Hurault de

MEMOIRES, 1825.

Chiverny, chancelier de France sous Henri IV. C'est à dater de ce mariage que la famille de Voyer entra dans la magistrature] C'était à ces alliances qu'il devait d'être entré dans la robe. Les fonctions de lieutenant de police sont un mélange de magistrature et d'administration. Il connaissait aussi la cour, et savait se ménager les gens de qualité sans les offenser ni les craindre. Il se servait, pour cet effet, de l'avantage de sa naissance, et se faisait un mérite de sa modestie, tandis que la morgue présidentale offusquait ceux qui portaient un nom illustre et distingué dans notre histoire. Il était aimable dans la société, et le moment d'après que ses sourcils et sa perruque noire avaient fait trembler la populace, les agrémens de sa conversation et sa gaieté de bon ton, apprenaient qu'il était fait pour vivre dans la bonne compagnie. On était persuadé généralement qu'il possédait les secrets de toutes les familles; mais il usait de ces connaissances avec tant de discrétion, qu'il ne troublait le repos d'aucune. Je suis obligé de convenir que ses mœurs secrètes n'étaient point parfaitement pures, et je l'ai vu de trop près pour croire qu'il ait été dévot; mais il faisait respecter la décence et la religion, et en donnait l'exemple en même temps qu'il en prescrivait la loi.

Un tel homme était celui qu'il fallait au Régent pour suppléer à la faiblesse de M. d'Aguesseau, dans un moment où l'on fut obligé d'imposer au parlement. Il fut [157] garde des sceaux en 1718, et leur procès verbal de justice de cette année contient des preuves remarquables, et j'ose dire précieuses, des talens, de l'esprit et de la fermeté de mon père.

En même temps l'opposition qui se manifestait au conseil des finances *[*1. Ce conseil était ainsi composé : le maréchal de Villeroy, chef du conseil, ad honores; le duc de Noailles, et ensuite M. d'Argenson, président. Sous eux neuf conseillers, qui ont été successivement MM. Amelot, Le Pelletier des Forts, Le Pelletier de La Houssaye, Fagon, d'Ormesson, Gilbert de Voisins, de Gaumont, Baudry, Dodun, Fourqueux.] contre l'adoption du système de Law y nécessita quelques changemens. Mon père en fut fait président à la place du duc, depuis maréchal de Noailles.*[*2. M. de Noailles, élève et neveu de madame de Maintenon, devait être plus attaché que le Régent aux traditions de la vieille cour et à la politique espagnole. Aussi était-il difficile que M. le duc d'Orléans, sur le point d'entrer en guerre contre Philippe V, lui conservât long-temps sa confiance. (Voyez les Mémoires de Saint-Simon et même ceux de Noailles, où cette prédilection pour l'Espagne n'est point déguisée.)] Celui-ci, avec beaucoup d'esprit et même autant d'acquit qu'un homme de la cour encore jeune en peut avoir, a dans le caractère une sorte d'indécision, une hésitation perpétuelle qui ne pouvaient que nuire aux soins d'une administration importante. Je ne suis pas convaincu de ce que j'ai entendu dire des défauts de son coeur. Peut-être ceux qui m'en ont parlé étaient-ils prévenus contre lui. Mais, si le marquis d'Effiat, premier écuyer de M. le duc d'Orléans et vice-président au même conseil, était moins capable de travail que son président, du moins, comme celui-ci, ne faisait-il pas tourner la tête à ses secrétaires.

[158] Dans la nécessité où se trouvait le Régent de se composer un ministère à la fois ferme et fidèle, pour assurer son autorité, et réprimer des résistances soudoyées par l'étranger, il ne pouvait faire un meilleur choix qua mon père. Malheureusement le crédit de celui-ci se trouva balancé par dés conseils dont sa sagesse ne put écarter le danger. Ami des nouveautés et des subtilités en tous genres, le Régent se laissa aisément entraîner par les brillantes séductions du système de Law. Mon père, chargé de son exécution, sentit lui-même quel parti il eût été possible d'en tirer en dirigeant ses effets, et le maintenant en de justes bornes ; mais aussi combien il serait dangereux de dépasser ces limites. C'est ainsi qu'il établit et maintint quelque temps le crédit de la banque. Il acquitta les dettes immenses de l'État et le rendit riche en lui fournissant des trésors réels, soit en espèces, soit en idées (ce qui est indifférent, pourvu que les dernières soient généralement adoptées ; car, après tout, la richesse même est une affaire d'opinion).

Mon père, en bon citoyen, usa de toutes les ressources que ses lumières et son caractère lui fournissaient pour procurer cette gloire à M. le Régent, et cet avantage à l'État. Mais quand, malgré ses avis réitérés, il reconnut évidemment que l'abus que l'on avait fait des billets de banque était porté à son comble, que c'était trahir la nation que de vouloir leur procurer une confiance injuste et forcée, il renonça *[*1. En effet, il résigna volontairement l'administration des finances six mois avant sa retraite du ministère, ne se réservant que les sceaux; Law fut fait contrôleur général. Mais rédit du 22 mai 1720, édit qui opérait une réduction graduelle sur les billets et les actions, ayant été rendu par le conseil de M. d'Argenson, puis révoqué deux fois vingt-quatre heures plus tard, cette révocation entraîna à la fois et la retraite complète du garde des sceaux et la chute du système que cette mesure seule pouvait préserver si elle eût été suivie. Ainsi la victoire qu'obtint Law en cette circonstance fut positivement la cause de sa propre perte.] aux places qui le mettaient à [159] la tête de ces opérations. Sa retraite acheva d'en montrer l'illusion ; mais le mal était consommé, et le malade sans espérance avant qu'il l'abandonnât. Mon père livra, pour ainsi dire, l'Etat à un mauvais sort, content de n'avoir fait aucune fortune dans un moment où tant d'autres s'étaient ou enrichis injustement, ou imprudemment ruinés.

M. le Régent ne lui retira ni sa confiance, ni ses bontés; il le consulta même en plusieurs occasions, et se trouva bien d'avoir écouté ses avis. Mon père survécut encore plus d'un an à sa retraite, et ne mourut point de chagrin; il avait l'âme trop élevée, pour cela.

M. d'Aguesseau, rappelé en juin 1720, fut de nouveau renvoyé à Fresnes en 1722, et la garde des sceaux remise à M. Fleurian d'Armenonville qui l'a possédée paisiblement jusqu'à la disgrâce de
M. le Duc, en 1727.

M. d'Armenonville, dont la vocation provenait d'avoir présidé avec quelque succès la chambre des vacations pendant la suspension du parlement, fut un de ces chanceliers dont tout le mérite a consisté dans leur docilité à suivre les impressions du ministère dominant, et à revêtir des marques les plus respectables de l'autorité souveraine des résolutions auxquelles ils n'ont eu aucune part.

Pour en revenir aux finances, le 5 janvier 1720 Law avait été fait contrôleur général, et avant la fin de l'année il fut obligé de s'enfuir précipitamment, et de [160] quitter la France. Law n'avait point assez de tête pour un moment de crise. Étant contrôleur général, il ne fit que sottises sur sottises. Law ne sut jamais arrêter ses idées. Il se croyait adepte ; et effectivement, des gens dignes de foi qui l'ont connu à Venise, m'ont assuré qu'il possédait des secrets immanquables pour gagner au jeu ; ce qui ne l'empêcha point de mourir dans la misère,*[*1. Law mourut à Venise en 1729.] après avoir possédé des richesses incalculables.

Malgré tout ce que j'ai dit du parti qu'il y avait à tirer de ses idées, je suis loin de les approuver en elles-mêmes, et autrement qu'en des momens violens, et, pour ainsi dire, en désespoir de tout autre moyeu. C'est Law qui a introduit parmi nous ces faux principes de métaphysique financière, qui depuis n'ont fait que trop de prosélytes. Qu'étaient-ce que ces changemens continuels de monnaie pour forcer, disait-on, la circulation, sinon donner la fièvre au sang pour le faire circuler? Quelle confiance accorder à des papiers royaux, lorsque tant d'autres obligations royales étaient tombées en un si juste discrédit ? Aussi ses actions n'eurent-elles de crédit qu'au temps de leur enflure continuelle. Dés qu'elles cessèrent de hausser, elles cessèrent de valoir. Que dire enfin de cette compagnie de commerce si fastueusement annoncée, et dont les espérances ne reposaient que sur des chimères? La compagnie des Indes et la Banque se détruisaient l'une l'autre, au lieu de s'entr'aider.

Le Régent fut toute sa vie la dupe des faiseurs de projets. Après Law vint M. Le Pelletier de la Houssaye, qui ne régit guère les finances plus d'un an. Pendant [161] ce court espace de temps, il entama la grande opération du visa, dont il n'était point auteur; mais bien M. Le Pelletier des Forts, lequel est devenu contrôleur général à son tour en 1726. Celui-ci, étant encore membre du conseil des finances, avait proposé d'examiner l'origine de tous les billets à la charge de l'État, de n'avoir égard qu'à ceux dont l'objet semblerait parfaitement légitime, et d'annuler tous ceux dont la réalité serait suspecte, usuraire ou excessive. Ce projet, auquel le système de Law parut préférable comme plus expéditif, fut repris à une époque où l'exécution en était devenue beaucoup plus difficile qu'elle ne l'eût été plus tôt. Aussi peut-on dire que ce fut une véritable fourmilière d'abus et d'injustices.

Toutefois une remarque importante à faire est que les finances de France se sont rétablies en assez peu de temps, malgré les catastrophes de la banque et du visa; tant il est vrai que le crédit public et la circulation reprennent, pour ainsi dire, leur niveau comme l'eau de la mer après de grandes tempêtes. Il n'y a que quelques fortunes particulières qui sont perdues sans ressource, vérité triste et accablante pour bien des gens, mais consolante pour l'État.

MEMOIRES, 1825.

Sur la fin de ses jours, le Régent revint au véritable système du gouvernement français à l'économie et à l'ordre dans la régie. Il laissa en mourant l'intérieur du royaume beaucoup plus peuplé, plus riche et plus heureux qu'il ne l'avait été sous Louis XIV, et même des sommes assez considérables dans les coffres du Roi.

Plût à Dieu que M. le Duc*[*1. M. le duc de Bourbon, petit-fils du grand Condé, devint premier ministre à la mort de M. le duc d'Orléans. Il naquit en 1692, et mourut à Chantilly le 47 janvier 1740, laissant un fils âgé de quatre ans.] s'en fût tenu là ! A son [162] entrée au ministère, il trouva deux choses établies par son prédécesseur : le marc d'argent haussé jusqu'à soixante-dix livres, et dans cet état depuis quatre ans, et les frères Pâris à la tête des finances. L'un d'eux, qui parlait le mieux, et était considéré comme l'orateur de la famille (Duverney), prit bientôt l'ascendant le plus complet sur l'esprit du prince. M. Dodun, homme capable, et qui, à quelques ridicules prés, possédait plusieurs des qualités propres à faire un bon contrôleur général, ne le fut que de nom.

Les Pâris mirent au jour deux vastes opérations financières qui, toutes deux, furent d'un effet déplorable à l'exécution : la première consistait à transformer les fermes en régie. Recettes et dépenses, tout fut conduit avec un ordre aussi merveilleux qu'insuffisant. Il faut un peu laisser faire les hommes, et que leur intérêt propre les guide, afin que leurs soins se renouvellent. C'est ce qui fait que l'on régit bien par soi-même une certaine portion de fonds que l'on a sous les yeux ; mais des biens éloignés, doivent être affermés pour rapporter un revenu certain. La régie des recettes et dépenses laissa de nombreux arriérés et de grandes négligences à réparer par la suite.

L'autre point de spéculation regardait les monnaies. "Ce sont, dirent-ils, les monnaies basses, et au pair avec l'étranger, quidécident du commerce d'un État." Il est bien aisé d'établir ce qu'il faudrait faire, si l'on trouvait les finances en aussi bon ordre qu'elles l'étaient à la [163] mort de M. Colbert. Mais quand on arrive après des abus; que l'on trouve les espèces hautes depuis'huit ans; qu'il s'est fait violemment une novation générale dans tous les contrats, des stipulations sur le pied dès monnaies hautes;*[*Le marc d'argent sous Colbert était à 25 liv. — Pendant la régence il s'éleva jusqu'à 120 liv. — Après le départ de Law, en août 1723, il était encore à 75 liv. — Sous M. le Duc en 1724 et 25, les écus de 6 francs réduits à 3 livres, et le marc d'argent à 30 liv. En 1726, refonte générale des monnaies, et nouvelle hausse. Le marc d'argent à 48 liv. — Ce taux n'a point varié sous le ministère du cardinal de Fleury.] quand les peuples enfin y sont accoutumés, quelle folie, selon moi, que de baisser subitement et sans nécessitéle taux des monnaies? C'est perdre l'État pour une pure question de mots. On commence par sacrifier le colon au rentier et les campagnes aux villes, ou plutôt on ruine les uns et les autres; car, arrivant que le débiteur tombe en faillite, le créancier en souffre lui-même, après avoir espéré s'enrichir outre mesure. L'État éprouve un discrédit total de tant de pertes particulières.

M le Duc se laissa donc persuader que ce serait un grand bien que les monnaies basses. Tout ce qu'il mit du sien dans cette question fut de dire : "Dès que c'est un bon objet, arrivons y le plus tôt possible." On précipita les diminutions, et il s'ensuivit une pauvreté ignorée sous les hautes espèces de la régence.

L'inclémence du ciel s'en mêla en 1725. Quel fut alors le conseil des Pâris? On ne saurait trop s'étonner d'un pareil sophisme. "Opposons, dirent-ils, à la difficulté des recouvremens, de plus grands recouvremens à faire. Le Roi doit beaucoup; il paie mal les arrérages; [164] trouvons-lui des fonds pour rembourser capital et arrérages, moyennant quoi il aura du crédit, et tout ira bien." C'est dans ce but que fut tenu le lit de justice, du 8 juin 1725, où, au milieu de la famine et du discrédit, on eut bien la cruauté de faire enregistrer une multitude de nouveaux impôts, à la tête desquels était le cinquantième.

Ne comprendra-t-on jamais que ce crédit, dont on parle tant, est l'effet, non la cause, d'un bon gouvernement? qu'il ne s'obtient point par la violence ? que la gêne l'éloigne, et que la seule fidélité dans les engagemens le peut faire naître ?

L'effet de pareilles mesures ne se fit point attendre. Elles entraînèrent le renvoi de M. le Duc, dont les bonnes qualités avaient été victimes de mauvais choix et de mauvais conseils.

MEMOIRES, 1825.

M. Le Pelletier des Forts, nourri dans les principes de MM. Colbert et Desmarets, se hâta de conclure un nouveau bail de fermes et un forfait avec les receveurs-généraux, et assura au Roi un revenu bien net, au lieu de l'incertitude des régies.

Mais ni lui ni son successeur, M. Orry,*[*1. 1729.] dont l'abord brusque et glacial dénote, assure-t-on, la sagesse et l'amour de la justice, n'ont paru penser un seul instant au soulagement des provinces, que les diminutions subites de monnaie ont plongées dans un dépérissement dont elles seront probablement long-temps à se relever.

Ce n'est pas tout de ne point commettre de fautes, il faut savoir profiter des momens que le ciel nous donne. La paix sera-t-elle toujours conciliable avec l'honneur [165] de la nation ? Aurons-nous toujours un roi sage, modéré dans ses goûts, également respecté de ses sujets et de ses voisins?

Le ministère des affaires étrangères fut, à la mort de Louis XIV, soumis à un conseil aussi mal composé que celui des finances. Le maréchal d'Huxelles*[*Mort en 1730, à l'age de quatre-vingts ans.] en était président, et n'avait ni profonde connaissance des affaires de ce genre, ni talens réels pour l'administration. Toute sa politique était celle d'un courtisan; et, quoiqu'il fût maréchal de France, son talent pour la guerre se bornait à l'art d'imposer aux militaires subalternes, en les forçant à la discipline par beaucoup de sévérité, et les éblouissant d'ailleurs par le faste et la hauteur. Je n'ai pas bien connu son caractère dont on a dit beaucoup de mal; mais je me rappelle sa figure, qui était fort extraordinaire. Ce que je sais encore, c'est qu'il faisait très-bonne chère. Les trois associés qu'on lui donna dans le conseil furent l'abbé d'Estrées, le marquis de Canillac et le comte de Chiverny. Ils n'étaient pas beaucoup plus forts que lui mais les deux derniers étaient d'ailleurs gens d'esprit. Chiverny avait été ministre de France à Vienne, et Canillac était ami intime de mylord Stairs, ambassadeur d'Angleterre. Le Régent voulait former des liaisons avec cette puissance, et changer si complétement le système politique de la France dans la vue de ses intérêts particuliers, que M. de Torcy lui devenait, non-seulement inutile, mais nuisible. Aussi, quoique M. le duc d'Orléans ne pût s'empêcher de l'estimer, se contenta-t-il de le laisser au conseil de régence, et de lui

[166] donner la surintendance des postes, sans permettre qu'il entrât dans le conseil des affaires étrangères. Cependant ce conseil n'avait d'autre directeur ni guide que Pecquet,*[*1. Pecquet fut arrêté et emprisonné en 1740 comme chauveliniste.] qui en était secrétaire, et avait été commis de M. de Torcy. Les ministres étrangers ne savaient à qui s'adresser pour toutes les affaires; l'on fut obligé de commettre, pour les entendre, un homme qui n'était pas du conseil, et qui n'en a jamais été. Ce fut M. d'Armenonvtle qui avait été intendant des finances, et avait acheté la charge de secrétaire d'état de M. de Torcy, mais à condition de n'en pas exercer les fonctions.

En 1718 on fit entrer l'abbé Dubois dans le conseil des affaires étrangères ; alors ce conseil n'eut plus rien à faire. Dubois devint le seul organe et le seul instrument de la politique du Régent, de ses liaisons avec les cours de Londres et de Vienne, et des grandes tracasseries avec l'Espagne et Albéroni. Ce fut sous ce ministère que fut conclu le traité de la triple alliance.

Dubois, qui depuis est devenu cardinal, était un de ces hommes dont on peut dire bien du mal en toute sûreté de conscience, et dont cependant il y aurait quelque bien à dire. Mais on n'ose s'expliquer sur celui-ci qu'avec timidité, de crainte d'être accusé de se déclarer partisan d'un mauvais sujet. Né dans le dernier ordre de la bourgeoisie de Brive en Limousin, il s'était d'abord attaché au père Le Tellier, confesseur du Roi, qui l'avait mis en état de faire de bonnes études, ensuite à un curé de Saint-Eustache, auquel il eut le bonheur de plaire, et qui, voulant placer dans l'éducation du duc de Chartres, depuis duc d'Orléans et régent, un homme [167] incapable de faire ombrage, procura cet honneur à Dubois. Il ne fut d'abord que sous-précepteur sous un M. de Saint-Laurent dont ensuite il prit la place. Il plut à son élève en flattant ses passions. Mais le vrai coup de partie qui commença sa fortune, fut de déterminer M. le duc d'Orléans à épouser mademoiselle de Blois, bâtarde de Louis XIV et de madame de Montespan, (morte en 1749), malgré la grande opposition et la répugnance de Madame.* [*1. Madame Élisabeth-Charlotte, princesse palatine, mère du duc d'Orléans régent, morte en 1722; Monsieur, frère de Louis XIV, l'épousa en secondes noces, après la mort de madame Henriette d'Angleterre. Madame avait conservé à la cour de France toute la hauteur de la noblesse allemande, et surtout l'horreur des mésalliances.] Dans ces affaires délicates, les intrigans sourds et obscurs sont ceux que l'on emploie le plus utilement : aussi ce fut Dubois qui conclut cette grande affaire. Dubois, continuant à se rendre agréable per fas et nefas à son élève devenu son maître, ayant travaillé à lui procurer des vices plutôt que des vertus, jouit du plus grand crédit dès le commencement de la régence. Ayant d'ailleurs beaucoup d'esprit et de hardiesse, et n'étant retenu par aucunes considérations capables d'arrêter les bons citoyens, il se mit à la tête d'une infinité d'intrigues qui n'avaient pour objet que l'intérêt particulier du duc d'Orléans, et n'étaient point conformes à ceux du jeune Roi et de l'État. Sa conduite était celle de ces âmes viles, mais politiques, qui, quand elles trouvent des obstacles d'un côté, se retournent de l'autre. Il parlait naturellement très-bien lorsqu'il n'était pas embarrassé; mais quand il traitait d'affaires avec des gens dont il n'était pas sûr, il hésitait et bégayait, peut-être [168] pour se donner le temps de penser à ce qu'il avait à répondre. Il mentait beaucoup et était très-faux; mais il ne débitait pas ses mensonges avec autant d'effronterie qu'il les concevait. Capable des plus grandes noirceurs, on venait quelquefois à bout de l'en convaincre; alors il se troublait, rougissait, balbutiait, mais était toujours bien éloigné de se corriger, ni même de se repentir. Ses manières et ses propos faisaient un parfait contraste avec son habit ecclésiastique. Il jurait, blasphémait, tenait les discours les plus libertins et les plus indécens contre la religion. Ce qui doit lui être reproché plus que tout le reste, c'est d'avoir persuadé à son prince que, dans le monde, la piété réelle et la probité ne menaient à rien, et que tout le mérite consistait à parvenir à ses fins en cachant bien son jeu. La conclusion était que la société était nettement partagée en deux classes, les honnêtes gens imbéciles et les fripons utiles. Dans l'alternative, le choix était bientôt fait. Dubois avait même étendu les principes de cette mauvaise éducation jusqu'à la duchesse de Berry, fille du Régent.

Ce fut ce personnage que M. le duc d'Orléans fit secrétaire d'État au département des affaires étrangères, lorsqu'il se vit obligé de rendre a ces charges leurs fonctions.

Les liaisons du Régent avec les Anglais avaient été ménagées par l'abbé Dubois et Canillac avec Stanhope et milord Stairs; mais, Dubois ayant attiré à lui le vrai secret de cette affaire, il n'y eut plus que lui qui pût la suivre. Il était certainement pensionnaire del'Angleterre, c'est-à-dire, des ennemis de l'État et de la religion catholique. Mais comme c'était pour le Régent qu'il cabalait, il ne craignait pas d'être recherché par lui. En 1720, ce [169] digne ecclésiastique eut l'archevêché de Cambray, et l'obtint avec des circonstances que, pour l'honneur de la religion, je n'ose écrire ici.*[*1. Il fut sacré au Val-de-Grâce le 9 juin 1719. Le cardinal de Rohan fut consécrateur, l'évêque de Nantes, Tressan, et le célèbre Massillon, évêque de Clermont, assistans. En 1723 rassemblée du clergé élut à l'unanimité Dubois pour président, afin dit Duclos qu'il ne lui manquât aucun des honneurs auxquels il pût prétendre,et qu'il n'y eût pas dans l'État un corps qui ne se fût prostitué. (Mémoires de Duclos).]

En 1721, il fut fait cardinal, et en août 1722, déclaré premier ministre, quand M. le duc d'Orléans fut obligé de remettre au Roi,du moins en apparence, le timon de l'État. On peut bien croire que le duc d'Orléans ne songeait qu'à faire un premier ministre postiche, et comptait l'être en effet. Cependant, qui sait si Dubois ne serait pas resté premier ministre en cas que le Régent fût mort avant lui? Le contraire arriva, et M. le duc d'Orléans fut obligé de prendre lui-même ce titre. (Dubois mourut le to août 1723, et le Régent le 2 décembre de la même année.)

Le conseil de guerre. établi sous la régence eut pour chef le maréchal de Villars,*[*2. Mort à Turin en 1733, à l'âge de 82 ans.] déjà fameux par des victoires gagnées sur les ennemis, et qui avaient paru relever la gloire flétrie des armes de France. Ce général avait pour défaut d'être vain, présomptueux, ou du moins d'en présenter les apparences; d'ailleurs il avait de la grandeur d'âme, de l'esprit et un talent très-décidé pour la guerre. Mais, quelque brillans que soient ces avantages, ils ne suffisent pas pour faire un bon ministre [170] de ce département. Aussi le Régent, en le plaçant à la tête du conseil, ne lui accorda-t-il qu'une représentation d'éclat et non l'administration réelle. Le maréchal se flattait qu'il aurait la distribution de toutes les grâces; mais on trouva bientôt le moyen de la lui ôter. On décida que cette distribution serait faite en plein conseil. L'aurait été une source de tracasseries épouvantables entre tous les membres. Ils aimèrent mieux travailler chacun avec le Régent relativement aux différens corps sur lesquels ils étaient particulièrement chargés de veiller, et le laisser prononcer. Par ce moyen le Régent se trouva disposer des grâces avec autant d'autorité que l'avait fait Louis XIV. Il ne resta aux conseillers militaires que le soin de rédiger quelques ordonnances et règlemens de discipline; encore, lorsqu'ils proposaient de nouvelles dépenses, se trouvaient-ils soumis à l'examen et à la critique des deux derniers membres du conseil de guerre, gens de robe qui avaient dans leurs départemens la finance de la guerre, les marchés, la distribution de fonds, enfin la véritable besogne de ce ministère. L'un était M. de Saint-Contest, qui avait été long-temps intendant des frontières ; l'autre M. le Blanc, maître des requêtes. Les trésoriers, les commissaires des guerres et les entrepreneurs ne connaissaient que ces deux messieurs. Aussi M. le Blanc se rendit-il bientôt maître du terrain, et dès que l'on rétablit les secrétaires d'état, ce fut lui qui le fut. La forme du conseil de guerre subsista pourtant encore pendant quelques années. Mais M. le Blanc en fut l'âme, et eut le même crédit qu'avait eu M. de Chamillart et même M. de Louvois. Il n'était assurément pas sans talens et sans adresse pour sa conduite personnelle, et il avait de grandes connaissances des travaux du bureau de la guerre. [171] Mais les détails de finance et d'administration militaires devinrent très-délicats au milieu des embarras qu'avaient occasions le système de Law et ensuite le visa. En 1723, M. le Blanc fut déplacé, mis à la Bastille; on lui fit même son procès.

On lui substitua au ministère de la guerre M. de Breteuil, intendant de Limoges, homme doux et souple, mais d'une ignorance extrême. Tout le monde sait qu'un service *[*1. Il s'agit de la subtilité avec laquelle M. de Breteuil, intendant de Limousin, parvint à faire disparaître toutes les traces d'un mariage contracté par le cardinal Dubois avant son entrée dans les ordres. M. de Breteuil est entré une seconde fois au ministère de la guerre après la mort de M. d'Angervilliers, et mourut d'un coup d'apoplexie le janvier 1743. Le comte d'Argenson lui succéda. (Voyez la notice.)] très-essentiel qu'il rendit au cardinal Dubois le mit en place; il se soutint sous M. le Duc par les complaisances infinies qu'il eut pour les personnes en faveur. Mais aussitôt que M. le Duc eût été exilé à Chantilly, il fut obligé de prendre sa retraite, et M. le Blanc rentra en place.

M. le Blanc mourut en 1728. M. d'Angervilliers, intendant de Paris, et qui l'avait été long-temps de la province d'Alsace, prit sa place. M. d'Angervilliers, fils ou petit-fils d'un fameux partisan qui vivait sous le ministère, de M. Colbert, descendu lui-même d'un médecin et botaniste célèbre, a des talens, de l'esprit, des défauts et surtout des ridicules.*[*2. M. Bouin d'Angervilliers, à l'âge de soixante ans, était amoureux de toutes les dames de la cour, et pensait que toutes devaient raffoler de sa bonne mine. Il mourut ministre le 15 février 1740.]

[172] Le conseil de la marine fut composé comme celui de la guerre, et eut le même sort. Le comte de Toulouse en était chef ad honores, le maréchal d'Estrées, président, et il était mêlé de quelques militaires marins et d'anciens intendans de marine qui avaient tous les détails. Un ancien premier commis de M. de Pont-Chartrain, nommé La Chapelle, en était secrétaire. Comme la marine était alors réduite à peu de choses, ce conseil paraissait peu important.

Aussitôt que l'on rétablit les sécrétaires d'état, M. d'Armenonville, qui avait acheté la charge de M. de Torcy, eut les expéditions de ce département. M. de Maurepas reprit la charge des Pontchartrain, ses père et grand-père ; mais il n'eut que les expéditions de la maison du Roi et de Paris, sous les yeux et les ordres de sou beau-père La Vrillière. Cela dura jusqu'en 1722, que M. d'Armenonville fut garde des sceaux, et M. de Morville, son fils, secrétaire d'état de la marine. A la mort du cardinal Dubois, en 1723, celui-ci passa aux affaires étrangères, et M. de Maurepas eut le département entier qu'avait possédé son père avant la mort de Louis XIV. Le jeune ministre de la marine est bien plus aimable que n'était son père, mais encore moins instruit. Il se plaît plutôt à faire des plaisanteries que l'on peut appeler des miévreries de jeune courtisan, que de vraies méchancetés et des noirceurs dont on assure que son père était capable. Mais il a connu de trop bonne heure les douceurs et les avantages du ministère, et il ne paraît pas qu'il sache encore quels en sont les devoirs et les principes. Il n'avait que dix-huit ans lorsque ses commis lui ont dit. "Monseigneur, amusez-vous, et laissez-nous faire. Si vous voulez obliger quelqu'un, faites-nous [173] connaître vos intentions, et nous trouverons les tournures convenables pour faire réussir ce qui vous plaira. D'ailleurs les formes et les règles s'apprennent à mesure que les affaires et les occasions se présentent, et il vous en passera assez sous les yeux pour que vous soyez bientôt plus habile que nous." Cependant il faut convenir qu'on passerait toute une longue vie à travailler sans principes que l'on n'apprendrait jamais rien, et que l'expérience est bien plutôt le fruit des réflexions sur ce que l'on a vu, que le résultat d'une multitude de faits auxquels on n'a pas donné toute l'attention qu'ils méritent.

Depuis quelque temps les détails confiés aux ministres sont immenses. Rien ne se fait sans eux, rien que par eux. Et si leurs connaissances ne sont point aussi étendues que leur pouvoir, ils sont forcés de laisser tout faire à des commis qui deviennent maîtres des affaires et par conséquent de l'État. C'est par la connaissance des formes que les subalternes sont toujours venus à bout de dominer les principaux, et, pour me servir d'une expression populaire, que les garçons sont devenus maîtres de la boutique.

On avait formé en 1716 un conseil du dedans du royaume. Le duc d'Antin en était président. On y avait placé le marquis de Beringhen et le marquis de Brancas, avec quelques conseillers d'État, maîtres des requêtes et conseillers au parlement. Ce conseil devait avoir le même objet de travail que le conseil des dépêches a aujourd'hui. Il ne subsista que jusqu'au rétablissement dessecrétaires d'État, c'est-à-dire au plus trois ans, après quoi M. de la Vrillière reprit le soin des provinces qui lui avaient autrefois appartenu. On confia le reste à MM. d'Armenonville [174] et de Maurepas. Le ministre des affaires étrangères et celui de la guerre n'en avaient point. Ce n'a été que par la suite qu'on leur en a rendu.*[*1. Il n'y avait point sous l'ancien régime de ministre de l'intérieur. Chaque secrétaire d'état avait un certain nombre de provinces dans ses attributions. Ainsi le comte d'Argenson, ministre de la guerre, eut l'Alsace, le Roussillon, Paris, etc.]

Enfin, on joignit à tous ces conseils un de commerce, dont on donna. la présidence au maréchal de Villeroy, l'homme du monde à qui M. le due d'Orléans avait le moins d'envie de donner du pouvoir et de la considération. On lui associa plusieurs conseillers et maîtres des requêtes, avec pouvoir de faire des règlemens pour augmenter et perfectionner les diverses branches de commerce. Quelque intéressantes que fussent les attributions de ce conseil, il en sortit peu de bonnes choses, et il fut même à peu près anéanti dès la disgrâce du maréchal de Villeroy.

Le conseil royal de commerce qui lui a été substitué ne s'assemble jamais; et si l'on a rétabli les intendans de commerce créés sous Louis XIV, et appelé à Paris des députés de chaque ville commerçante, ces intendans et ces députés sont, pour la plupart, des commis du contrôleur général, ou tout au moins ses cliens; ils ne connaissent que lui. La finance et le commerce se sont comme identifiés en France, et roulent sur le même pivot.

Des inconvéniens et de l'utilité des conseils.

Lorsque l'on eut senti l'abus des conseils établis par [175] M. le duc d'Orléans, et que l'on s'aperçut enfin qu'il fallait y renoncer,*[*1. En octobre 1718.] on leur donna une sorte d'extrême-onction en chargeant l'abbé de Saint-Pierre, qui les avait d'abord approuvés, d'en faire l'apologie. Il s'en acquitta en composant un ouvrage qu'il intitula la polysynodie, ou l'avantage de la pluralité des conseils, avec cette épigraphe tirée des proverbes de Salomon : Ubi mulla consilia salus. Il avait raison à un certain point; mais il est obligé lui-même de convenir qu'autant les conseils peuvent être utiles quand ils sont dirigés, que les questions qui leur sont soumises ont été d'avance préparées par l'autorité, et que celle-ci décide souverainement après les avoir consultés; autant sont-ils dangereux, lorsqu'au lieu de leur laisser le soin d'éclairer le pouvoir, on le leur abandonne tout entier. Alors ils dégénèrent en vraie pétaudière; on tracasse, on dispute, personne ne s'entend, et il n'en résulte que désordre et anarchie.

Pourtant de la suppression absolue des conseils, ou du moins de l'oisiveté dans laquelle on laisse languir ceux qui grossissent encore nos almanachs, on doit conclure que l'on ignore en France le parti que l'on en pourrait tirer. Je ne parle point de ces petites affaires particulières dont on amuse actuellement le tapis dans les conseils royaux des finances et des dépêches lorsqu'on les assemble, mais des ordonnances, des règlemens généraux, de tout ce qui fait loi et établit des principes fixes en administration. Les ministres ne sentent pas assez combien il leur serait important d'obtenir des garans pour de semblables règlemens. En les prenant sur eux, ils s'exposent à répondre des difficultés qu'ils [176] éprouvent à l'enregistrement ou à l'exécution. Ils en sont souvent les victimes, et fournissent contre eux-mêmes des occasions de déplacement. Ces règlemens leur serviraient de boucliers contre les demandes injustes; et combien n'est-il pas important qu'ils s'en défendent? Pour une grâce contre règle et raison que le ministre accorde à ses protégés personnels et véritables, il est obligé d'en accorder vingt aux protégés de ses propres protecteurs, à des personnes auxquelles il n'a rien à refuser; alors, quand on le presse, il ne sait que répondre ; s'il refuse aux uns ce qu'il accorde aux autres, il se fait des tracasseries abominables. Un homme sage, en entrant en place, doit s'arranger bien plus pour pouvoir refuser sans se faire beaucoup de tort, que pour pouvoir tout accorder à sa fantaisie. Car, il est bien sûr qu'il n'en viendra jamais à bout ; mais il faut refuser sans humeur, et recevoir, même avec douceur, les demandes les plus déraisonnables, surtout ne pas promettre ce qu'on n'est pas sûr de pouvoir tenir. Hoc opus, hic labor est.

M. d'Argenson, garde des sceaux.

J'ai la conviction que de tous les hommes qui ont été en place de nos jours, aucun n'a mieux ressemblé au cardinal de Richelieu que mon père. Assurément ce grand ministre n'eût point désavoué le lit de justice des Tuileries (26 août 1718). Il suffit de se rappeler les événemens qui y donnèrent lieu. Une révolution affreuse était imminente. Jamais on n'en fut plus près ; il n'y avait plus qu'à mettre le feu aux poudres, suivant l'expression du cardinal Albéroni dans sa lettre interceptée. Le Régent [177] trahi par son propre ministère ; l'opiniâtreté des parlemens, l'inquiétudedes protestans de Poitou, les troubles dé Bretagne; la conspiration de Cellamare, dans laquelle étaient impliquées nombre de personnes de Paris, et dont les fils étaient ourdis à l'hôtel du Maine ; les querelles entre les princes du sang et les légitimés, entre la noblesse et les ducs et pairs, entre les jansénistes et les molinistes ; toutes ces causes de discorde fomentées et soldées par l'argent de l'Espagne: n'est-ce rien que d'avoir sauvé le royaume de cet affreux tumulte et des guerres civiles qu'eût certainement entraînées la résistance d'un prince aussi courageux que l'était M. le duc d'Orléans ?

Depuis la mort de Louis XIV, mon père avait été en butte à tous ces petits seigneurs qui obsédaient l'esprit du Régent. On lui donnait des dégoûts dans sa charge, et pourtant on sait que le Régent lui avait des obligations essentielles qu'il n'eût pu oublier sans se rendre coupable de la plus haute ingratitude. Mon père était informé de tout ce qui se tramait; il en avertissait M. le duc d'Orléans. Celui-ci ne voulut reconnaître la vérité que lorsque les choses furent parvenues à une évidence extrême. Mon père avait attendu M. le duc d'Orléans au Palais-Royal jusqu'à deux heures après minuit. Enfin ce prince, de retour d'une partie de plaisir, lui donna audience, et reconnut à des preuves irrécusables, les dangers de sa position. Il fallait prendre un grand parti. Mou père fut fait garde des sceaux et président du conseil des finances, comme je l'ai dit il n'y a qu'un moment.

Jamais il n'y eut coup d'état plus heureux ni plus hardi que celui par lequel il sauva son prince et sa patrie. Ce [178] fut, suivant l'expression d'un contemporain, une vrai Catitilade dont mon père fut le Cicéron.

Personne ne parlait mieux en public que mon père; moins brillant par une érudition de légiste, que par une éloquence forte de choses, de grandes maximes et de pensées élevées.

Il fallut ensuite réparer les brèches ouvertes par les ennemis de l'état. Nul ne savait mon père propre a l'administration des finances comme il se l'est montré. Mais la qualité d'homme sage, aimant le bien public, ferme, travailleur et bon économe, est de beaucoup préférable à cette maudite science financière qui a perdu la France.

M. le duc de Saint-Simon assure avoir contribué plus que personne à faire entrer feu mon père au ministère; et de là il prend occasion pour se plaindre de ce que celui-ci ne lui a point témoigné toute la reconnaissance qu'il lui devait. Or, que prétendait M. de Saint-Simon? Il voulait que l'on fit le procès à M. le duc du Maine, que l'on fit tomber sa tête, et que l'on donnât à lui, Saint-Simon, la grande maîtrise de l'artillerie; mais mon père, voyant tout pacifié, les bâtards réduits, leurs adhérens punis ou exilés, tout leur parti réprimé, ce qui fut une des grandes opérations de son ministère, ne voulut pas aller plus loin, ni sacrifier la justice à des intérêts particuliers. Voilà pourquoi le petit duc l'a traité d'ingrat, reportant sa haine jusque sur les enfans qui, assurément, n'y peuvent chose au monde.

Mon père n'a jamais été la dupe de Law, et je pense même que, s'il n'eût dépendu que de lui, il eût donné la préférence aux projets de MM. Pâris qui, voulant [179] opposer système à système, avaient un plan d'actions sur les fermes qui devait nécessairement pâlir devant le funeste clinquant des actions mississipiennes. Law et mon père ne s'accordèrent jamais pleinement ensemble. Pourtant mon père fit la faute de remettre au lendemain lorsqu'il reçut l'ordre d'arrêter Law et de l'enfermer à la Bastille, et c'est ce qui décida sa disgrâce. Mon père en fut peu affecté; mais il le fut beaucoup plus lorsqu'il vit que cette défaveur entraînait aussi celle de mon frère, malgré la promesse contraire qu'il avait reçue du Régent.

J'étais intendant de Valenciennes ; je fis grand'peur à Law comme il traversait mon intendance pour fuir à l'étranger. Je le fis arrêter et le retins deux fois vingt-quatre heures à Valenciennes, ne le laissant partir que sur des ordres formels que je reçus de la cour.*[*1. Ce fait, sur lequel M. d'Argenson ne donne point d'autres détails, est ainsi raconté par M. de Monthyon, Particularités et Observations sur les Ministres des finances de France les plus célèbres. Londres, 1812. "Law sortit de France par la voie la plus courte, par Valenciennes; le marquis d'Argenson en était intendant. On vint l'avertir que Law arrivait dans cette ville et allait sortir du royaume; il fut frappé de ce départ imprévu d'un homme qui avait en ses mainstoutes les richesses de l'État, et des conséquences que pouvait avoir son évasion. Incertain s'il devait la favoriser, la dissimuler ou s'y opposer, il courut à la poste, dit à Law qu'étant intime ami de son père le garde des sceaux, il ne pouvait passer dans le lieu de résidence de son fils sans lui donner quelques momens, et qu'il voulait lui faire connaître les beautés de Valenciennes. M. Law distingua très-bien le but de cette attention et l'objet de cette politesse, mais sentit aussi qu'il fallait la prendre pour bonne, et se laissa conduire chez l'intendant qui lui donna un grand souper, et ne le laissa partir que le lendemain, parce qu'il conçut que, puisqu'on n'avait point envoyé après lui, il fallait que sa sortie fût connue et approuvée du Régent."

Il y a dans ce récit deux inexactitudes, rune sur la durée de l'arrestation de Law, l'autre sur les précautions que M. d'Argenson prit avant de le relâcher. Duclos, mieux informé, et qui avait pu connaître ce fait de M. d'Argenson lui-même, s'exprime ainsi, tome 2, page 57, de ses mémoires secrets. "Law partit dans une chaise aux armes de M. le Duc, accompagné de quelques valets de la livrée de ce prince qui servaient d'une espèce de sauvegarde, et à tout évenement muni des passeports du Régent. Cela n'empêcha pas d'Argenson l'aîné, intendant de Maubeuge, de l'arrêter à son passage à Valenciennes, et d'en donner avis par un courrier qu'on lui renvoya sur-le-champ avec la plus vive réprimande de n'avoir pas déféré aux passeports." (Cet événement eut lieu en décembre 1720.)]

RENE LOUIS D'ARGENSON

Ce fut alors que j'eus avec lui une conversation assez [180] longue, dont voici ce que j'ai retenu de plus digne, de remarque. Law me dit : "Monsieur, jamais je n'aurais cru ce que j'ai vu pendant que j'ai administré les finances. Sachez que ce royaume de France est gouverné par trente intendans. Vous n'avez ni parlemens, ni comités, ni états, ni gouverneurs, j'ajouterais presque ni roi, ni ministres. Ce sont trente maîtres des requêtes commis aux provinces, de qui dépend le bonheur ou le malheur de ces provinces, leur abondance ou leur stérilité. De quelle importance n'est-il pas que ceux-ci soient bons ou mauvais ! que l'on s'applique à les bien choisir, à les récompenser ou à les punir !"

Comparez cela à ce qui se passe tous les jours. On les prend par faveur, on les déplace par intrigue ; et les jeunes magistrats, qui aspirent à ces places, savent que l'on ne parvient que par fraude et par injustice.

Feu mon père conduisait les choses de son ministère [181] avec un secret admirable. En voici la preuve : J'avais soupé en ville, je rentrais chez moi à une heure après minuit. Le suisse me dit que M. le garde des sceaux me demandait. Il s'agissait d'écrire quinze lettres circulaires, sur sa minute, à autant d'intendans, et de ne me pas coucher que tout ne fût terminé. Mon frère avait fini sa tâche qui était d'autant, et s'était couché par ordre de mon père. Je pris du café et ne me mis au lit qu'à quatre heures du matin. Il s'agissait d'une augmentation de monnaies qui surprit tout le monde, car on avait fait courir le bruit d'une diminution. Le lendemain cet édit fut publié, et l'on fit porter nos lettres par des courriers.

Ainsi mon père ne s'était point fié à la discrétion de ses commis ; il avait poussé la prévoyance jusqu'à venir s'assurer par lui-même si nous nous étions couchés tous les deux après avoir terminé nos écritures. L'appât d'un bénéfice sûr pouvant être pour tous autres une violente tentation de divulguer ce secret.

Si ce que j'écris ici est destiné à être lu par mes enfans, ils pourront trouver quelque intérêt à connaître les particularités suivantes concernant la fortune de mon père.*[*1. Nous nous fussions conformés aux voeux paternels de M. d'Argenson, et n'eussions point jugé dignes de publicité ces détails presque domestiques, si,de certaines fables trop légèrement accréditées ne nous eussent semblé mériter une réfutation. Nous n'en connaissons point de meilleure que celle-ci.]

Mon aïeul René de Voyer s'était ruiné à l'ambassade de Venise, non pas précisément par la faute de l'emploi, mais par la sienne propre, et nullement encore par des fautes qui dussent lui être reprochées; mais il n'avait [182] pas l'esprit de cour ; il avait des qualités propres à l'ambassade ; une très-belle figure, de l'esprit, du savoir, infiniment de vertus et de courage. Mais il était trop haut, fier, et avec cela d'une dévotion excessive; il déplaisait aux gens du monde et surtout aux ministres près desquels il faut, même aux honnêtes gens, quelque sorte de souplesse. Sans doute que mon bisaïeul,*[*1. René de Voyer, conseiller d'état, ambassadeur à Venise, mort en 1651. Il a écrit plusieurs ouvrages de piété, entre autres un Traité de la Sagesse chrétienne qu'il composa étant prisonnier de guerre à Milan, et qui a été traduit en plusieurs langues.] homme de mérite et propre à tout, possédant non moins de probité que de vraie religion ; sans doute que mon bisaïeul, dis-je s'était mépris en procurant à son fils, jeune encore, une ambassade de cette importance. Loin de l'élever à une situation brillante, elle le ruina effectivement de fortune et de biens. Il négligea de se faire payer de ses dépenses par la cour. Il parut se complaire à être maltraité ; il se brouilla avec le cardinal Mazarin. Ce fut bien pis sous M. Colbert : mêlant la dévotion à tout, il déclama contre les vices des grands ; il déplut même au Roi ; il était conseiller d'état, il y en avait un grand nombre, on fit une réforme, il y fut compris. A peine avait-il trente-deux ans ; il n'obtint aucune pension, aucune grâce, aucune justice.

La religion, qui avait contribué à ses malheurs, lui fut d'une grande ressource; il alla se confiner pour le reste de ses jours dans une de ses terres de Touraine, et, grâces à son économie et à une loyauté à toute épreuve, il parvint à réparer une partie du désordre de ses affaires; il y mourut en 1700. Il avait eu beaucoup d'enfans dont [183]cinq lui ont survécu: Deux filles, l'une carmélite que j'ai connue, l'autre mariée à M. Valory d'Etilly, un chevalier de Malte qui est mort, ce me semble, à Malte, l'archevêque de Bordeaux *[*1. François Hélie de Voyer, mort en 1728.] et mon père.

Mon père naquit à Venise ; il eut la république pour marraine, et pour parrain le prince de Soubise qui voyageait alors en Italie. J'ai une lettre originale de Balzac*[*2. Jean-Louis Guez, seigneur de Balzac, mort en 1655, était gentilhomme du pays d'Angoumois. Ses relations avec la famille d'Argenson furent celles de voisinage et d'une étroite amitié, comme on peut s'en assurer par sa correspondance.] sur sa naissance ; il prophétise une grande illustration au petit Venise. Assurément tout y était bien contraire, quand mon aïeul se fut retiré, comme je l'ai dit, dans ses terres, plus encore quand il eut payé ses dettes.

Mon père ayant achevé ses études à Paris revint en Touraine; il voulait servir, la tendresse paternelle s'y opposa. L'âge gagnait, il était un peu tard pour aborder une autre carrière. Mon père trouva des ressources du côté maternel. M. Houlier, son aïeul maternel, vivait encore ; il était lieutenant général au bailliage d'Angoulême, il proposa de lui résigner sa charge : c'était un des beaux ressorts du royaume. Mon père accepta non sans répugnance, mais ne pouvant se faire au désoeuvrement. Mon père eut de tout temps l'amour du travail, j'en possède des preuves multipliées : remarques sur ses lectures, dissertations sur la politique, extraits historiques, études du droit public et particulier, j'en ai des volumes ; de quoi cela pouvait-il servir à un pauvre gentilhomme campagnard, ou même à un juge de province ? Mais cette [184] charge subalterne était déjà une magistrature. Cependant mon père était recherché par ce qu'il y avait de meilleure compagnie dans la province ; il était de toutes les fêtes, convive aimable et plein d'enjouement, avec cela un esprit nerveux, une âme forte, le coeur aussi courageux que l'esprit, de la finesse dans les aperçus, de la justesse dans le discernement; peut-être ne se reconnaissait-il pas lui-même, il ignorait la portée de son génie. Par fois il éprouvait bien quelques tracasseries de la part de ceux de sa compagnie. On trouvait qu'il passait vite sur les formes pour en venir plus tôt au fond et à l'essentiel, c'est-à-dire à la justice. Il accommodait les procès, épargnait les épices aux plaideurs, il faisait beaucoup de bien ; c'en était assez pour causer le récri de ces êtres mercenaires, entichés des droits, c'est-à-dire des profits de leurs charges.

Mais voici le commencement de la fortune de mon père, élévation qu'il ne dut assurément qu'à lui-même et à ses talens, auxquels il ne manquait qu'un plus grand théâtre pour être généralement reconnus. En 1691 ou 92 on envoya dans les provinces une commission des grands jours. L'un des commissaires fut M. de Caumartin, qui est devenu mon oncle. Quand la commission vint à Angoulême, elle fut frappée au premier abord du mérite du lieutenant général.

Il leur parut bien au-dessus de tout ce qu'ils avaient rencontré dans leur tournée. M. de Caumartin, qui se piquait de connaissances généalogiques, connaissait d'avance notre famille et le rang qu'elle avait tenu en Touraine ; il s'engoua particulièrement pour mon père. M. de Caumartin était allié de M. de Pontchartrain, et jouissait d'un grand crédit près de ce ministre. Il pressa [185] mon père de l'accompagner à Paris. Tous les commissaires se joignirent à lui ; il n'y eut qu'une voix, offres sincères de service. Mon père refusa quelque temps, il n'aimait point les chimères. Pourtant, au bout de peu de mois, une affaire majeure l'appela à Paris et l'y fit séjourner.

M. de Caumartin en profita pour le faire connaître de M. de Pontchartrain, pour lors contrôleur général, et depuis chancelier de France. M. de Pontchartrain reconnut la vérité de ce qui lui avait été dit, et retint mon père près de lui. Il le chargea d'abord, pour l'éprouver, de quelques commissions fort épineuses dont il se tira avec succès. Telle fut celle de réformer les amirautés, de revoir les règlemens de marine, de recomposer le tribunal des prises. Et dans ces affaires de marine, mon père se rendit si capable en peu de temps, que M. de Pontchartrain le borgne ayant été reçu secrétaire d'état en survivance, on lui donna mon père pour instructeur.

Ensuite il eut la commission de procureur général pour la recherche des francs-fiefs et amortissemens. Il y fit des travaux incroyables, et fit rentrer au Roi plusieurs millions, ne s'attirant que respect et éloge de sa justice et de son intégrité, de la part des parties même que l'on recherchait. Mon père se défit alors de sa charge d'Angoulême.

M. de Caumartin lui fit épouser sa soeur, et M. de Pontchartrain approuva ce mariage. Mon père avait quarante et un ans. Il était bien fait, une physionomie plus expressive qu'agréable. Ma mère eût pu faire un meilleur mariage pour la fortune; mais elle refusa tout autre parti dès qu'elle l'eut connu.

[186] Ce mariage et l'obligeance de quelques amis mirent mon père eu état d'acheter une charge de maître des requêtes, sans laquelle, de son temps,

on ne pouvait parvenir à rien. Car il régnait alors des principes d'ordre qu'on néglige beaucoup trop sous le règne actuel. Son heureuse étoile voulut qu'elles fussent à très-bas prix. Mon père recueillit aussi quelques héritages en ligne collatérale. Le vicomte a'Argenson, son oncle, qui fut pendant plusieurs années*[*1. 1657-1660] gouverneur de la Nouvelle-France (ou Canada), lui donna ou assura, en faveur de mariage, la plus grande partie de sa fortune, entre autres son hôtel, vieille rue du Temple, où mon père alla demeurer en 1696.

Ainsi mon père put s'établir, prendre femme et charge. Peu de temps après, il fut question pour lui de l'intendance de Metz. On préféra lui confier la police de Paris, M. de La Reynie s'étant retiré.

On sait comment il s'est acquitté de cette charge, et quels talens il y a déployés. Dans cette place, mon père était véritablement ministre. Il travaillait directement avec le feu Roi, et était avec ce monarque en correspondance continuelle. Il a été dix fois question de l'appeler au ministère; la brigue de cour, la ligue des ministres s'y sont opposées, toujours sous le prétexte qu'on ne saurait trouver personne pour le remplacer à la police de Paris en des temps aussi difficiles que ceux de la dernière guerre.

On l'a cru l'ami des jésuites beaucoup plus qu'il ne l'était en effet. Il les connaissait mieux que personne, et n'a jamais fait grand'chose pour eux. Or ces gens n'aiment [187] point qu'on ne travaille qu'à demi dans leurs intérêts.

Mon père était aussi médiocrement bien avec madame de Maintenon; elle savait l'apprécier; mais il était peu lié avec cette dame. Il était attaché au maître en droiture. Les ministres le craignaient; les courtisans l'évitaient autant qu'il savait se passer d'eux. M. de Basville a été précisément dans la même situation en Languedoc où ses succès l'ont confiné, mais lui ont valu un pouvoir souverain.

M. le cardinal de Fleury affecte aujourd'hui (1736) la plus grande vénération pour la mémoire de mon père. Ce n'est pas que du vivant de celui-ci il n'y eût quelque pique, quelque jalousie entre eux. Mais depuis que le cardinal est entré au ministère, il a eu occasion de reconnaître quels furent les talens de mon père, sa droiture, son intégrité, son amour du bien public; il a connu la distance d'un tel homme d'état à ceux de nos jours ; il le regrette, et donnerait beaucoup pour en trouver de semblables. Il se modèle sur lui. C'est bien faire sa cour que de le citer ; et, ce qui fait à sesyeux le principal mérite de plusieurs de nos conseillers d'État, c'est d'avoir servi sous mon père, et d'en avoir été distingués.

J'ai même entendu son éminence faire l'éloge des qualités de son coeur, et dire en parlant de lui : "Oui, c'était un bon homme et meilleur qu'on ne saurait croire, aimant à rendre service, et qui a obligé bien des gens sans que cela ait été su ni puisse se savoir jamais."

Mon père possédait à la fois la sagesse de volonté et le [188] courage d'exécution. Si le temps et le pouvoir ne lui avaient manqué, il eût exécuté de grandes choses sous la régence de M. le duc d'Orléans. J'ai en main les preuves de ce que je vais rapporter, c'est-à-dire les édits originaux sur parchemin, tels qu'ils allaient être expédiés. Par le premier de ces édits, le Roi faisait défense à quelque ordre religieux que ce fût, de l'un ou l'autre sexe, de recevoir des voeux avant l'âge de vingt-cinq ans accomplis. Le projet avait été d'abord d'établir une différence entre les deux sexes, vu que les filles peuvent se marier à douze ans et les garçons à quatorze. Mais le principe d'égalité prévalut. Ainsi l'on dépeuplait les couvens ou à peu près (ce dont Dieu soit béni), et l'on repeuplait le royaume. Car c'est une vraie folie que cette renonciation à tous les liens de famille. Que devons-nous de mieux à la patrie que de procréer et d'élever des enfans? A peu de gens cette folie eût persisté assez long-temps, pour ne pas prendre quelque engagement autre que ceux de pure dévotion, avant l'âge de vingt-cinq ans. On se fût fait marchand, artisan, ouvrier, etc.

L'autre édit privait l'église de tous droits féodaux, et la réduisait au simple domaine utile de ses possessions. On permettait et même on enjoignait à tous vassaux de l'église de rembourser, suivant une juste estimation, tous droits de vasselage, mouvances, censives, et à l'égard de ceux qui n'eussent pas été en état de faire ce remboursement, le Roi se mettait en leur lieu et place, remboursait l'église en rentes sur la ville, et s'attribuait les profits féodaux. Le même édit assignait l'emploi de toutes les sommes qui fussent provenues à l'église par ce remboursement.

On peut dire que ce seul édit eût prévenu un grand [189] tiers des procès qui se poursuivent aujourd'hui, sans compter les vexations sans nombre que les gens d'église, ordres monastiques, et particulièrement les bénédictins, font éprouver aux pauvres laïques. L'on eût ramené l'église à sa destination primitive qui n'est pas de ce monde, et qui doit être humble et non distraite par des intérêts séculiers.

Cependant, feu mon père, travaillant à ces projets avec le Régent, lui disait : "Monseigneur, soyons justes, mais soyons fermes. Nous allons nous faire des ennemis, sachons les braver. Pour moi, je suis vieux, j'ai peu d'années à perdre, je ne crains pas la mort."

Au milieu du travail immense dont il était surchargé, mon père a toujours été le plus imponctuel de tous les hommes : il ne savait jamais quelle heure il était, et faisait de la nuit le jour et du jour la nuit, selon qu'il lui convenait. Forcé de s'occuper d'une multitude de détails, la plupart très-importuns, mais de différens genres, il les faisait quand il pouvait ou quand il voulait, à bâtons rompus, et coupait on interrompait sans cesse l'un pour l'autre. Mais son génie, également sûr et actif, suffisait à tout. Il retrouvait toujours le bout de ses fils, quoiqu'il les rompît à tous momens, et saisissait successivement cent objets différens sans les confondre.

J'avoue que j'ai admiré ce talent merveilleux sans jamais m'en sentir capable. J'ai mis, autant que j'ai pu, de l'ordre, de la méthode, de la ponctualité dans mon travail, tandis que mon frère a pris le parti d'imiter mon père. Pour moi, j'ai cru qu'il pouvait y avoir de la présomption à suivre cette route quand la nature ne vous la frayait pas. Sans doute l'exactitude est un mérite du [190] second ordre, et qui ne semble appartenir qu'aux subalternes. Mais, lorsqu'on n'est pas certain d'être fort au-dessus d'un ordre méthodique, on court les risques de se trouver bien au-dessous de sa besogne, de perdre et de se déshonorer.

MEMOIRES, 1825.

J'ai dit que M. le duc d'Orléans, régent du royaume, avait eu, du vivant même du feu Roi, de grandes obligations à mon père. A ma connaissance, voici la plus grande de toutes.

Il est bien certain que M. le duc d'Orléans avait intrigué en Espagne lors de son généralat : aussi fut-il rappelé sur-le-champ ; et ce n'est pas pour rien que le vieux Flotte, son valet de chambre, qui vit encore,*[*1. Il n'est mort qu'en 1742, à l'âge de quatre-vingt-dix ans.] fut arrêté et détenu sept ans au château de Ségovie. Le projet de M. le duc d'Orléans était, non pas précisément de détrôner Philippe V, mais de se faire déclarer roi d'Espagne, dans le cas on ce prince se trouverait hors d'état de conserver cette couronne ; et alors il comptait assez sur son propre courage pour la mieux défendre.

J'ai eu récemment la confirmation de ce fait de la bouche de M. le duc d'Orléans actuel, qui se rappelle parfaitement, étant enfant, l'avoir entendu conter dans les plus grands détails par son père, comme il revenait avec lui d'une partie de campagne en tiers avec madame de Simiane.

Or, comme l'observait ce prince en me le répétant: si un tel projet n'était réellement séditieux, il était au moins bien délicat; car on est toujours disposé à faire naître une occasion dont on a l'espoir de profiter soi-même.

[191] Un cordelier *[*1. 1712 — Ce cordelier se nommait Augustin Lemarchand (Voyez Duclos et Saint-Simon.)] qui avait, disait on, connaissance de cette intrigue, fut amené à Paris et mis en sûreté,à la Bastille. Mon père eut commission du feu Roi de l'interroger; mission terrible, et dont il rendait compte directement à Sa Majesté. Je me souviens d'avoir vu fréquemment au logis M. le prince de Chalais, neveu de madame des Ursins, venir le matin prendre mon père pour aller avec lui à la Bastille. Certainement mon père garda la foi qu'il devait au Roi ; mais il tourna la persuasion de telle sorte, que sur cet interrogatoire M. le duc d'Orléans fut sauvé et innocenté. Pourtant Louis XIV marqua toujours de la défiance à ce prince, lui croyant un caractère inquiet et turbulent, et il le prouva bien par son testament, le privant de tout ce dont il pouvait le priver.

RENE LOUIS D'ARGENSON

Mon père m'a raconté que M. le duc d'Orléans se croyait si assuré de son innocence, qu'il voulait absolument se constituer lui-même prisonnier à la Bastille. Mon père lui répondit : "Monseigneur, voilà bien le discours d'un jeune prince; mais, croyez-moi, pour quelque motif que ce soit, un prince du sang ne vaut rien à la Bastille."

Anecdotes diverses sur le temps de la Régence.
Lorsque j'entrai au collége, vers la fin de 1709, M. le duc de Fronsac,*[*2. Depuis duc de Richelieu.] qui avait précisément deux années de moins que moi, faisait son entrée dans le monde.[192] se maria presque aussitôt,*[*1. Avec une demoiselle de Noailles.] se fit meure à la Bastille pour avoir donné de la jalousie au duc de Bourgogne; et j'avouerai franchement que j'étais alors un peu honteux de mon rôle d'écolier, lorsque mon camarade et mon ami faisait déjà tant de bruit à la cour.

Les deux premières fois qu'il fut mis à la Bastille, ce ne fut qu'étourderie ; mais à la troisième, il était bien réellement coupable.*[*2. Mars 1719. M. de Richelieu sortit de prison le 30 avril de la même année, par l'intercession d'une des filles du Régent. Le duc d'Orléans disait hautement qu'il pouvait lui faire couper quatre têtes s'il les avait. Il était particulièrement accusé d'avoir voulu livrerBayonne aux Espagnols. (Mémoires de Duclos.)] Il entretenait des liaisons intimes avec la cour d'Espagne, et en voici la preuve que j'ai sue depuis d'un de ses affidés. Il avait reçu une lettre écrite en entier de la main d'Albéroni, et la gardait si précieusement, qu'elle couchait toutes les nuits avec lui sous son chevet. Cette lettre aurait suffi pour lui faire trancher la tête. Du Chevron, prévôt de la connétablie, étant venu pour l'arrêter avec une trentaine d'archers, entra dans sa chambre comme il était encore au lit. On l'entoure : M. de Richelieu eut assez de présence d'esprit pour dire à Du Chevron qu'il allait le suivre, mais qu'il avait une extrême envie de p...... Effectivement, il prend son pot-de-chambre. Le premier mouvement de ceux qui l'entouraient fut de détourner la tête. M. de Richelieu profite de l'instant, avale le billet sans que qui que ce soit l'ait aperçu, et se laisse arrêter sans résistance.

Je tiens le trait suivant (1697) d'une personne digne de foi, touchant le cardinal Dubois. J'ai dit que le feu [193] Roi s'était servi utilement de cet abbé pour obtenir de M. le duc d'Orléans qu'il épousât sa bâtarde, aujourd'hui duchesse douairière. Quand l'affaire eut réussi par cette médiation, le Roi fit venir secrètement l'abbé pour le remercier, et lui dit de demander ce qu'il voudrait, qu'il l'obtiendrait de sa reconnaissance. L'abbé n'hésita point et répondit : "Sire, en des occasions importantes on ne doit demander à d'aussi grands rois que votre Majesté que des grâces proportionnées à la grandeur du maître. Je vous prie de me faire cardinal." Le Roi, fort surpris d'une prétention semblable, lui tourna le dos, puis revint à lui et insista pour qu'il demandât abbayes ou bénéfices, sûr de les obtenir. L'abbé tint bon pour le chapeau, et n'eut rien.

La même personne m'a conté ce qui suit au sujet de madame de Maintenon. Le Roi avait très-certainement épousé cette dame. Il n'y avait pas apparence de le déclarer ; mais elle ne voulait pas souffrir d'actes contraires à ses droits. C'est une loi, que nul ne peut être couché sur le lit de la Reine que le Roi, quand il s'agirait de la vie la plus précieuse, et de ce qu'il y a de plus grand après Sa Majesté, comme on va le voir. En effet, madame la duchesse de Bourgogne se trouva très-mal chez madame de Maintenon. On n'eut pas le temps de la porter chez elle ; mais madame de Maintenon ne voulut point qu'on la mît sur son lit, et arrangea bien vite des carreaux sur un sopha pour sauver toute atteinte à ses prérogatives.

Le marquise de Nesle,*[*1. 1716. Il avait épousé mademoiselle de La Porte Mazarin dont il eut cinq filles.] dont les filles sont aujourd'hui [194] l'ornement de la Cour, avait brigué la mission d'aller au-devant du czar Pierre, et de lui faire les honneurs de la France, lors du voyage de ce prince au commencement de ce règne. On sait que le marquis se pique d'une extrême magnificence. Il avait si bien pris ses mesures qu'il changeait d'habit tous les jours. Toute l'attention que cette recherche lui attira du czar, fut que ce prince dit à quelqu'un : "En vérité, je plains M. de Nesle d'avoir un si mauvais tailleur, qu'il ne puisse trouver un habit fait à sa guise."

Tandis que M. de Chabot faisait tomber Voltaire dans, un guet-apens (1725), il criait à ses gens : "Ne frappez pas sur la tête, il en peut sortir encore quelque chose de bon."

M. le prince de Conti, apprenant cette aventure, dit que ces coups de bâtons étaient bien reçus, mais mal donnés.

Un joli mot est celui que feu M. le duc d'Orléans répondit au duc de Brancas.*[*1. 1723] Le duc, d'une fort jolie figure, grand ami du Régent, et de toutes ses parties, s'était retiré à l'abbaye du Bec pour y passer le reste de ses jours dans la dévotion, après avoir vécu dans le monde en homme fort dissipé. Le voilà donc tout à coup dévot, et écrivant de sa sainte retraite à M. le duc d'Orléans pour l'engager à l'imiter. Celui-ci ne fit d'autre réponse que ces deux vers d'une chanson de Chaulieu, qu'il inscrivit au bas de la lettre du duc :

> Reviens, Philis, en faveur de tes charmes
> Je ferai grâce à ta légèreté.

[195] Une anecdote que les historiens ne diront pas assez, et peut-être pas du tout, c'est que Philippe d'Orléans, régent du royaume, vers la fin de ses jours, et depuis la majorité du Roi, avait pris Louis XV dans une véritable affection, même aux dépens de son propre fils, M. le duc de Chartres. Il poussait la prévention contre celui-ci jusqu'à l'excès, disant qu'il réunissait tous les défauts de nos princes du sang : la bosse de M. le prince de Conti, la voix rauque de M. le Duc, la sauvagerie de M. de Charolais. Il se disait à lui-même : "Comment, je souhaiterais que mon fils régnât au préjudice de cet aimable enfant qui est aujourd'hui mon maître naturel ? Ah ! que bien plutôt mes voeux soient opposés !"

M. le duc d'Orléans s'était fait premier ministre en titre, depuis la mort du cardinal Dubois. Il portait le portefeuille chez le Roi tous les soirs sur les cinq heures. Le Roi prenait goût à ces conversations, et attendait avec impatience l'heure de ce travail. Le maréchal de Villeroy fut assez sot pour vouloir s'opposer long-temps à ces tête-à-tête, prétendant avoir à ce sujet un ordre exprès du feu Roi. Aussi fut-il disgracié (1722).*[* Il fut arrêté et conduit par des mousquetaires à sa terre de Villeroy et de là à Lyon.
Le duc de Charost le remplaça comme gouverneur du Roi.] Le Roi aimant le travail et la conversation du Régent s'en faisait aisément aimer, car nous avons du penchant pour ceux qui montrent du goût pour nous. Avec cela le Roi était alors d'une charmante figure. On se souvient combien il ressemblait à l'Amour lors de son sacre à Reims, le matin avec son habit long et sa toque d'argent, [196] en costume de néophyte ou de roi candidat. Sa Majesté en parle encore volontiers même aujourd'hui. Je n'ai jamais rien

vu de si attendrissant qu'était alors cette figure. Les yeux en devenaient humides de tendresse pour ce pauvre petit prince échappé à tant de dangers dans sa jeunesse, seul rejeton d'une famille nombreuse, qui tout entière avait péri, non sans soupçon d'en d'empoisonnement.

Le Roi plaisait encore au Régent par son esprit naturel et naïf. Le Roi a certainement beaucoup d'esprit, surtout une heureuse mémoire. Voilà ce que lui ont valu dès lors ses qualités aimables, la préférence que lui accorda le Régent sur son propre fils. Il est vrai que ledit Régent eût gardé l'autorité royale en dépôt tant que cela lui eût été possible, car s'il avait du goût pour le Roi, il en avait encore plus pour l'autorité ; et l'on ne conçoit pas aisément comment il eût abandonné les affaires, d'autant que l'on ne quitte guère ces postes-là. On a toujours à craindre des recherches contre soi et les siens. Peut-être aussi qu'un beau matin il eût abandonné ce pouvoir royal par lassitude, et croyant revivre dans son élève. Conduite généreuse, et qui lui eût fait honneur près de la postérité !

Mort de M. le duc d'Orléans, régent. — Intendance de Valenciennes.
Ce fut le 2 décembre 1722, que M. le duc d'Orléans mourut de mort subite à Versailles. Je lui avais parlé la veille assez long-temps. Il me fit partir dans la nuit même pour mon intendance de Hainaut; et à peine arrivé à Valenciennes, le lendemain sur les huit heures du soir, [197] comme je causais avec M. de Tingry au coin de mon feu, je reçus la nouvelle de la mort de S. A. Royale.

Il me semble le voir encore arrivant de l'Étoile, maison que madame la duchesse d'Orléans s'était accommodée dans le grand parc de Versailles, au milieu des bois. Il faisait un froid rigoureux. Le Régent avait un commencement de rhume qui dégénéra en catarrhe, et l'étouffa subitement. Il avait un gros surtout rouge, et toussait beaucoup; le cou court, les yeux chargés, le visage bouffi. L'activité de l'esprit semblait se ressentir de l'embarras des organes corporels. Il cherchait ce qu'il voulait dire. Il me donna ses ordres, et je m'entretins une demi-heure avec lui. Puis il me souhaita bon voyage. Le lendemain à pareille heure il n'existait plus.

On a remarqué qu'à l'instant où il expirait, les choeurs de l'Opéra chantaient : O destin, quelle est ta puissance! opéra de Thétis et Pélée.

RENE LOUIS D'ARGENSON

C'est moi *[*1. 1720] qui le premier proposai, et mis en pratique la méthode de fournir le grain aux troupes, pour être par les soldats donné à la mouture, et converti en pain. Depuis ce temps on a renouvelé cet essai avec fruit. En arrivant dans mon intendance de Valenciennes, j'y trouvai plusieurs émotions de garnison par l'excessive cherté que causaient les augmentations de monnaie du système de Law. Je voulais faire distribuer du pain aux troupes. Les fours étaient brisés, et les munitionnaires de grands fripons. Je. m'avisai de ne donner que le froment aux soldats. On cria contre cette idée comme on fait contre toute innovation. Les vieux commissaires des guerres disaient que c'était parce que je sortais du
[198] collége, et que j'y avais lu que les Romains distribuaient ainsi le blé à leurs légions. Je laissai dire, je commençai. Le Régent, qui avait bien de l'esprit, et qui adorait les nouveautés, m'approuva. Alors ceux qui m'avaient critiqué me louèrent; le soldat me bénit. Il avait le pain aussi bon qu'il voulait ; il ne redoutait plus la friponnerie du munitionnaire. Le sou payait la mouture, et il y avait encore quelque chose pour boire. Je sais que dans la dernière guerre (de 1733) l'on a pratiqué la même méthode tant que les troupes n'ont point été campées, et qu'elles ont été en marche devant l'ennemi.

L'année suivante (1721) je proposai de prendre un droit sur la sortie des grains. Tout le monde demandait à les faire sortir du royaume pour les vendre aux étrangers qui en manquaient. Les greniers regorgeaient de vieux blés en pouriture. D'après mes avis on vendit des passe-ports, et cela produisit un droit utile au gouvernement.

Dans la même année 1720, j'avais apaisé des séditions pour la cherté du pain, causées par les changemens de monnaie de M. Law. Il n'en coûta au Roi que vingt pistoles. Je fis porter secrètement au marché des blés du magasin royal. Je gagnai deux marchands qui baissèrent les prix de peu de chose à un marché où l'on comptait sur une grande augmentation. Je m'en tins là; à ce marché et aux suivans le prix baissa. On suivait dans le reste de la province le cours de Valenciennes.

Pendant mon intendance, je proposai encore une chose dont l'exécution est demeurée à mon successeur. Ce fut de faire des ponts en bois non encore assemblés. Il fallait refaire les deux ponts de campagne qui sont dans les magasins de Givet; on demandait beaucoup pour [199] cela. Les bateaux périssaient sous la remise. Je pris cette idée des Hollandais, ayant vu à Saardam des flottes entières en magasin, les bois tout taillés et disposés pour être assemblés au besoin. Plus ces bois travaillés vieillissent, et meilleurs ils sont. Je fis un mémoire à ce sujet, et l'exécution était en train quand je revins à Paris.

Arrivée de la reine en France. (Automne 1725.)
Je n'oublierai jamais l'horreur des calamités que l'on souffrit en France, lorsque la reine, Marie Leczinska, y arriva. Une pluie continuelle avait ruiné la récolte, et la famine était encore accrue par la mauvaise administration de M. le Duc. Ce gouvernement, quoi qu'on en ait dit, fit plus de mal par sa négligence que par des vues intéressées. On donna des secours très-coûteux pour faire venir des blés étrangers. Cela ne fit qu'accroître les alarmes, et conséquemment la cherté.

J'étais allé cet automne chez moi, à Réveillon en Brie. N'étant qu'à quatre lieues de Sézanne, j'y fus voir passer la Reine qui y coucha. Je couchai chez M. Moutier, subdélégué, dont les soins furent très-actifs et fort utiles au milieu de cette misère inouïe.

En ce moment, il s'agissait des moissons et des récoltes de toutes sortes qu'on n'avait encore pu amasser à cause des pluies continuelles. Le pauvre laboureur guettait un moment de sécheresse pour les recueillir. Cependant il était occupé d'une autre manière.

On avait fait marcher le paysan pour raccommoder les chemins où la Reine devait passer, et ils n'en étaient que pires, au point que Sa Majesté faillit plusieurs fois se noyer. Ou retirait son carrosse du bourbier à force de [200] bras, comme on pouvait. Dans plusieurs gîtes, elle et sa suite nageaient dans l'eau qui se répandait partout, et cela malgré les soins infinis qu'y avait donnés un ministère tyrannique.

Les chevaux des équipages étaient sur les dents. On avait commandé les chevaux de paysans, à dix lieues à la ronde, pour tirer les bagages. Les seigneurs et dames de la suite, voyant leurs chevaux harassés, prenaient goût à se servir des misérables bêtes du pays. On les payait mal et on ne les nourrissait pas du tout. Quand les chevaux commandés n'arrivaient pas, on faisait doubler la traite aux chevaux du pays dont on était saisi. J'allai me promener le soir, après souper, sur la place de Sézanne. Il y eut un moment sans pluie. Je parlai à de pauvres paysans; leurs chevaux tout attelés passaient la nuit en plein air. Plusieurs me dirent que leurs bêtes n'avaient rien mangé depuis trois jours. On en attelait dix là où on en avait commandé quatre ; jugez combien il en périt. Notre subdélégué commanda dix-neuf cents chevaux au lieu de quinze cents qu'on lui demandait, et par la sage précaution d'un officier qui craint que le service ne manque sous lui.

On fut très-mécontent de M. Lescalopier, intendant de Champagne; tout avait manqué. Les gardes du roi n'avaient eu ni fourrages, ni lits. Le duc de Noailles refusa à cet intendant l'entrée chez la Reine pour lui faire sa cour. Cependant les ordres donnés par ce magistrat étaient à grand bruit, à grands frais pour les peuples de son département, et faisaient beaucoup crier.

A la suite de toutes ces corvées pour la campagne, arrivèrent des ordres de fournir à Paris une certaine quantité de blés, à vingt lieues à la ronde. Le malheureux [201] pays dont je parle y fut compris. Il y avait eu à Paris des séditions sérieuses. Le pain y avait monté plus cher qu'en 1709. Il avait fallu révoquer M. d'Ombreval, bien que cousin de madame de Prie ; car c'était à lui que s'en prenait le peuple. Les premiers ordres de M. Hérault, nouveau lieutenant de police, furent tels que je viens de dire, et eurent un bon effet ; mais il fallait voir la désolation du plat pays. On regardait ces grains envoyés à Paris, comme ne devant jamais être payés. Ils le furent pourtant par la suite.

Justement les trois paroisses dépendantes de ma terre se trouvèrent assez éloignées de Paris d'un côté, de Sézanne de l'autre, pour être exemptes de ces fléaux, et ne furent commandées d'aucune façon. Les habitans pensèrent que c'était uniquement par mon crédit. En effet, il put bien y entrer quelques ménagemens pour moi.

MEMOIRES, 1825.

Quelques particularités sur madame de Prie*
[*1. Madame de Prie était fille de Bertelot de Pléneuf, riche financier, et l'un des premiers commis du chancelier Voisin. Elle mourut à l'âge de vingt-neuf ans, après quinze mois d'exil, le 6 octobre 1727.] et sur la mort de cette dame.

Ce fut dans l'hiver de 1719 que madame de Prie revint à Paris de Turin où son mari était ambassadeur. Je la rencontrais quelquefois dans la maison d'une de mes parentes, où j'allais fréquemment. Je ne crois pas qu'il ait jamais existé créature plus céleste. Une figure charmante et plus de grâces encore que de beauté ; un esprit
[202] vif et délié, du génie, de l'ambition, de l'étourderie, et pourtant une grande présence d'esprit, une extrême indifférence dans ses choix, et avec cela l'extérieur le plus décent du monde. Enfin, elle a gouverné la France pendant deux ans, et l'on a pu la juger. Dire qu'elle l'ait bien gouvernée, c'est autre chose.

Madame de Prie arriva ruinée d'ambassade. Elle s'occupa aussitôt à rétablir les affaires de sa maison, et n'y eut pas mal réussi sans l'excessif désordre dans lequel, elle a vécu.

M. le Duc en devint éperdument épris. Elle ne le fit guère languir. J'ai su beaucoup de détails sur cette liaison dès son origine. Je connus leurs habitudes, leurs allées au bal de l'Opéra ; leur petite maison rue Sainte-Apolline ; leur carrosse gris de bonne fortune, qui avait à l'extérieur tout l'air d'un fiacre, et qui était au dedans d'une magnificence extrême. Je me suis trouvé rarement en relations avec M. le Duc, soit pendant, soit depuis son ministère ; mais je suis porté à le croire honnête homme, ayant surtout grand désir de l'être; du reste assez borné. M. le Duc devint jaloux du marquis d'Alincourt.*[*1. Fils du maréchal de Villeroi.] Il fallut que madame de Prie donnât congé à ce rival au bal de l'Opéra. Tout cela était bien jeune et bien enfant.

M. le duc d'Orléans mourut. M. le Duc fut premier ministre, ou plutôt il n'en eut que le titre. La de Prie et du Verney le tinrent en tutelle. Ce fut madame de Prie qui fit la Reine, comme je ferai demain mon laquais valet de chambre. C'est pitié. Pourtant son crédit échoua contre [203] M. de Fréjus qu'elle voulait éloigner du Roi, mais qui tint bon et se moqua d'elle.

Le croirait-on? cette contrariété la changea totalement, Le chagrin la prit, elle maigrit à vue d'oeil. Les os lui perçaient la peau. Elle devint hideuse, et toutefois, sauf quelques infidélités passagères, M. le Duc n'a pas cessé de l'aimer jusqu'au moment de leur disgrâce commune. Son mari, M. de Prie, demandait à tout le monde avec une affectation vraiment plaisante : "Qu'ont donc de commun M. le Duc et ma femme?"

Mais voici comment devait finir une personne si belle, et dont le sort fut quelque temps si heureux. A peine fut-elle disgraciée, et exilée à Courbe-Épine *[*1. En Normandie] qui était sa terre, qu'elle prit la résolution de s'empoisonner tel mois, tel jour et telle heure. Elle annonça sa mort comme une prophétie. On n'en crut rien. Elle montra beaucoup de gaieté; et que l'on ne dise pas que ce fut une gaieté affectée, elle n'eût pas été capable d'un rôle aussi soutenu. Mais, par une sotte vanité, elle voulut s'illustrer par sa mort et suivre la mode anglaise.

Quoi qu'il en soit, elle réunit à Courbe-Épine tous les plaisirs. Il y vint des personnes de la cour; on y dansa, on y fit bonne chère, on y joua la comédie. Elle même parut en scène deux jours avant sa mort volontaire, et récita trois cents vers par coeur, avec autant de sentiment et de mémoire que si elle eût nagé dans le plus parfait contentement.

Elle prit même un amant, garçon d'esprit, jeune, sage, modeste, et d'une jolie figure, neveu d'un certain abbé de ma connaissance (l'abbé Damfreville), de qui [204] je tiens ce récit. Elle dit à ce jeune homme qu'elle allait mourir, lui précisant l'heure et la minute. Celui-ci n'en crut rien. Il l'exhorta à se désister de ce funeste projet; il y perdit son temps. Jamais rien au monde n'avait été plus fermement résolu. Le moment approchait, madame de Prie annonçait à son amant sa fin comme plus prochaine. Il est vrai qu'elle dépérissait tous les jours. Cependant, on reconnut après sa mort que ce ne fut pas d'un poison lent, mais d'un poison vif et subit qu'elle était morte: Il en faut conclure que des causes naturelles se joignirent à celles de l'art. Mais le corps étant si altéré, l'humeur et l'esprit étaient encore déliés, badins, frivoles, comme au temps de sa plus grande prospérité.

MEMOIRES, 1825.

Elle ne légua à son amant qu'un diamant qui ne valait pas cinq cents écus. Mais elle le chargea, deux jours avant sa mort, de porter à Rouen, sous une certaine adresse très-secrète, pour cinquante mille écus de diamans. Lorsqu'il revint de ce voyage, elle n'existait plus. Elle était expirée au jour et à l'instant qu'elle avait fixés; mais ce qu'elle n'avait pas aussi bien prévu, avec des douleurs telles que la pointe de ses pieds était tournée du côté du talon.

Voilà pour ceux qui apprendront cette anecdote de quoi faire songer à ces pactes avec le diable qui vient à l'heure convenue, vous tordre le cou : il est vrai qu'ici ce furent les pieds.

Alberoni.

Une des fortunes les plus extraordinaires que nous ayons vues de nos jours, a été celle du cardinal Alberoni qui vit encore en Italie (il n'est mort qu'en 1752). On ne saurait le comparer mieux qu'à ce gros joueur [205] (M. Wall)*[*1. M. Wall, Irlandais de naissance, et cousin de M. Wall, ministre d'Espagne à Londres. Cette aventure de l'orange lui arriva au jeu de madame la Duchesse (en 1731), jouant contre mademoiselle de Charolais.] que nous connaissons encore dans Paris, et qui a fait sa fortune avec une seule orange qui lui avait été donnée. Il la mit au jeu contre un écu, hasarda cet écu contre d'autres, et gagna insensiblement une somme considérable. A force de hasarder heureusement, il est parvenu à rassembler une fortune de plusieurs millions. Alberoni mit pour ainsi dire encore moins au jeu, et gagna davantage, du moins en dignité et en réputation. Fils d'un jardinier, il fut d'abord sonneur de la cathédrale de Plaisance sa patrie. Son évêque le prit en affection ; et, lui ayant reconnu de l'intelligence et de l'activité, il le fit son secrétaire, et lui donna un canonicat. Il eut occasion de connaître, dans le Parmesan, le duc de Vendôme, et de lui plaire par des bassesses dont un prêtre italien seul est capable. Le duc se l'attacha, l'amena en France, et de là en Espagne. Vendôme ayant besoin d'un agent sûr et discret auprès de la princesse des Ursins, lui donna Alberoni. Cet Italien, aussi souple en apparence qu'audacieux en effet, persuada à la princesse qui gouvernait absolument l'esprit de Philippe V, pendant que ce monarque était veuf, qu'il fallait lui faire épouser en secondes noces la princesse de Parme. Ce mariage s'accomplit, et la disgrâce de la princesse des Ursins en fut la suite. Alberoni se chargea de conduire la nouvelle Reine. Elle lui procura le chapeau de cardinal.

Il devint son premier ministre, par conséquent celui du Roi son époux. Il déploya aussitôt toute l'étendue de ses vues, tant pour le dehors que pour le dedans de l'Espagne. [206] Il rétablit l'autorité du Roi dans le gouvernement, et s'en servit pour corriger beaucoup d'abus, et commencer des établissemens fort importans qui eussent mérité d'être suivis. La population et le commerce de l'Espagne y étaient intéressés. Il réforma le militaire, et le mit sur un pied plus utile et plus régulier. Il n'avait jamais été que secrétaire d'un général; mais il avait vu les armées d'assez près pour juger de ce qui pouvait y établir l'ordre et la discipline ; et c'est là de quoi doit s'occuper un ministre. Ses fonctions sont de remettre les troupes en bon état aux généraux qui doivent les commander.

Alberoni s'occupa aussi heureusement de l'administration et du règlement des finances. Cet arrangement intérieur était nécessaire pour préparer l'exécution des grandes vues qu'il avait pour le dehors. Elles n'allaient pas à moins qu'à rendre l'Espagne arbitre de l'Europe entière, à lui assurer l'Italie, et à occuper si bien l'Empereur, l'Angleterre et la Hollande (que l'on appelait alors les puissances maritimes), qu'ils ne pourraient l'en empêcher. Pour cet effet, il fit des alliances dans le Nord, et en contracta avec le Turc même. Il intrigua en France contre le duc d'Orléans régent, et afin d'assurer à Philippe V la couronne de Louis XIV, en cas que le jeune roi Louis XV mourût. Mais avec quelque prudence que tant de grandes entreprises fussent conçues et conduites, il y en avait quelques-unes qui se croisaient tellement qu'elles ne pouvaient toutes réussir. La paix se fit entre la France et l'Espagne (1721), et Alberoni en fut victime *[*1. Cette guerre de 1719, pendant laquelle les Anglais agirent de concert avec nous et comme nos alliés, causa la ruine de la marine espagnole, qui ne s'est jamais relevée depuis.]. Il soutint la disgrâce et les [207] persécutions qui en furent les premières suites en grand homme. Il prouva qu'il était victime des circonstances, et non d'aucune faute de conduite qu'il eût commise. Il avait voulu servir ses maîtres, comme Richelieu avait servi le sien. Mais le temps, les lieux, le maître même étaient bien différens.

MEMOIRES, 1825.

Alberoni, tranquille enfin à Rome, obtint la légation de la Romagne, et fit encore parler de lui, en entreprenant une conquête pour le pape comme souverain temporel. Ce fut celle de la petite république de Saint-Marin, village situé à la vue de Rimini sur une hauteur. Cette entreprise eut tout l'air de la parodie des comédies héroïques qu'Alberoni avait jouées en Espagne vingt ans auparavant. L'on doit du moins lui appliquer cette comparaison tirée des jeux d'industrie, qu'un joueur ruiné, quoique habile, se conduit en jouant aux douze sous la fiche, comme il faisait autrefois en jouant au louis le point.

M. le cardinal de Rohan.*
[*1. Armand Gaston de Rohan, cardinal, évêque de Strasbourg, grand-aumônier de France, mourut en juillet 1749, âgé de soixante-quinze ans.]

Selon moi, le plus parfait modèle d'un grand seigneur aimable est M. le cardinal de Rohan. Quoiqu'il n'ait au fond qu'un esprit médiocre, peu d'érudition et de lecture, qu'il n'ait jamais été chargé de grandes administrations, ni traité de suite d'importantes affaires, il a un avantage marqué sur ceux qui ont le plus administré [208] et négocié. Il n'a ni la taille, ni les traits d'un prince fait pour commander les armées. Mais c'est le plus beau prélat du monde; et quand il était jeune, c'était un charmant abbé de qualité. Il a soutenu ses thèses en Sorbonne avec éclat et distinction. On lui faisait sa leçon, mais il la retenait avec facilité et la débitait avec grâce. Ayant obtenu de bonne heure l'évêché de Strasbourg et le chapeau de cardinal, il a été chargé de quelques négociations, tant vis-à-vis des princes allemands, qu'au conclave de Rome. Il s'en est toujours tiré avec aisance et dignité. Assurément si quelqu'un a pu vérifier cette expression singulière et proverbiale, Les gens de qualité savent tout sans rien apprendre, c'est lui. Sa politique a toujours été très-souple. Il s'est accommodé aux temps, aux lieux, aux règnes et aux circonstances. Avec une pareille conduite il aurait pu paraître bas, mais il a su imprimer à toutes ses actions un caractère de noblesse ; de sorte que les sots l'applaudissent et les gens éclairés lui pardonnent. Il s'est, suivant les occasions, déclaré pour la bulle unigenitus, ou a laissé les jansénistes penser ce qu'ils voulaient. On l'a fait entrer au conseil de régence à la fin de l'administration de M. le duc d'Orléans, pour assurer au cardinal Dubois le même rang dont les cardinaux Richelieu et Mazarin avaient joui dans le conseil. On sentait bien que Dubois n'était pas fait pour passer sur une pareille planche après quatre-vingts ans d'interruption. La naissance de M. de Rohan, les dignités dont il était revêtu, indépendamment du cardinalat, l'en rendaient susceptible. Mais il n'y fut que le précurseur d'un premier ministre très-indigne de l'être. Après tout, que pouvait perdre le cardinal de Rohan à [209] cette complaisance? Il s'acquitte des cérémonies d'église, auxquelles sa charge de grands-aumônier l'oblige, de la manière la plus convenable, sans trop affecter de dévotion : aussi ne l'accuse-t-on point d'être hypocrite ; et, sans qu'on puisse lui reprocher d'indécence. Il représente à Strasbourg et à Saverne mieux qu'aucun prince d'Allemagne, et même que les électeurs ecclésiastiques. Sa cour et son train sont nombreux et brillans. Avec cela il conserve cet air de décence qu'ont les membres distingués du clergé de France, et que ceux d'Allemagne et d'Italie n'observent pas. Il est galant, mais il trouve assez d'occasions de satisfaire son goût pour le plaisir avec les grandes princesses, les belles dames et les chanoinesses à grandes preuves, pour ne pas encanailler sa galanterie et n'être pas du moins accusé de crapule. Le cardinal, en parlant quelquefois de lui-même, laisse entendre avec une sorte de modestie qu'il doit avoir quelque ressemblance avec Louis XIV; tant dans la figure que dans le caractère. En effet, madame la princesse de Soubise, sa mère, était très-belle. L'on sait que Louis XIV en fut amoureux, et l'époque de ce penchant se rapproche de l'année 1674 qui est celle de la naissance du cardinal de Rohan. S'il y a quelque vérité dans cette anecdote, on peut ajouter que, né d'un très-grand prince, il est possible que de grands princes lui doivent aussi le jour. Sa politesse avec les particuliers qui viennent le voir, soit dans son évêché, soit à la cour ou à Paris, est certainement plus d'habitude que de sentiment. Mais elle porte si bien le masque ou l'empreinte de l'amitié et de l'intérêt, que même persuadé qu'elle n'est pas sincère, on s'y laisse séduire. Dès que vous arrivez, il semble qu'il ait mille choses à vous [210] dire, à vous confier, et bientôt après. il vous quitte pour courir à un autre. Mais pendant qu'il fait tout ce qui lui plaît, il semble qu'il ne pense qu'à vous laisser le maître chez lui, qu'il vous abandonne, parce qu'il craint de vous gêner et de vous importuner, tandis que ce serait vous qui le gêneriez et l'importuneriez en restant davantage. En un mot, personne ne possède mieux le talent de plaire que le cardinal de Rohan. Mais il n'appartient pas à tout le monde d'user des mêmes moyens que lui. Il n'est pas permis a tout le monde d'aller à Corinthe. Cet ancien adage peut s'appliquer à l'usage de plus d'une qualité aimable. Il y a des gens qui peuvent en négliger quelques-unes, d'autres qui doivent, en employer autant qu'ils en peuvent rassembler. Encore ont-ils bien de la peine à réussir avec toutes les ressources que la nature leur a fournies.

        M. le cardinal de Polignac,* et M. l'abbé de Rothelin.
                [*1. Né en 1661, mort en 1741.].

Je vois quelquefois M. le cardinal de Polignac, et il m'inspire toujours les mêmes sentimens d'admiration et de respect. Il me semble que c'est le dernier des grands prélats de l'église gallicane, qui fasse profession d'éloquence en latin comme en français, et dont l'érudition soit très-étendue. Il n'y a plus que lui qui, ayant pris place parmi les honoraires dans l'Académie des belles-lettres, entende et parle le langage des savans qui la composent. Il s'exprime, sur les matières d'érudition, avec une grâce et une noblesse qui lui sont propres. (On se [211] souvient que M. Bossuet que le cardinal de Polignac, encore abbé, a remplacé à l'Académie française en 1704, a été le dernier prélat français qui eût un rang distingué parmi les théologiens et les controversistes.) La conversation du cardinal est également brillante et instructive. Il sait de tout, et rend avec clarté et grâce tout ce qu'il sait ; il parle sur les sciences et sur les objets d'érudition, comme Fontenelle a écrit ses Mondes, en mettant les matières les plus abstraites et les plus arides à la portée des gens du monde et des femmes, et les rendant dans des termes avec lesquels la bonne compagnie est accoutumée à traiter les objets de ses conversations les plus ordinaires.

Personne ne conte avec plus de grâce que lui, et il conte volontiers ; mais les histoires les plus simples ou les traits d'érudition qui paraîtraient les plus fades dans la bouche d'un autre, trouvent des grâces dans la sienne, à l'aide des charmes de sa figure et d'une belle prononciation. L'âge lui a fait perdre quelques-uns de ces derniers avantages; mais il en conserve assez, surtout quand on se rappelle dans combien de grandes occasions il a fait briller ses talens et ses grâces naturelles. Mon oncle, l'évêque de Blois, qui était à peu près son contemporain, m'a souvent parlé de sa jeunesse. Jamais on n'a fait de cours d'études avec plus d'éclat : non-seulement ses thèmes et ses versions étaient excellens, mais il lui restait du temps et de la facilité pour aider ses camarades, ou plutôt faire leurs devoirs à leur place ; si bien qu'il est arrivé, au collége d'Harcourt mi il étudiait, que les quatre pièces qui remportèrent les deux prix et les deux accessit, étaient également son ouvrage. Etant en philosophie au même collège, il voulut soutenir, dans ses thèses publiques, le système de Descartes qui avait alors bien de la peine [212] à s'établir; il s'en tira à merveille, et confondit tous les partisans des vieilles opinions. Cependant, les anciens docteurs de l'Université ayant trouvé très-mauvais qu'il eût combattu Aristote, et n'ayant point voulu accorder de degrés à l'ennemi du précepteur d'Alexandre, il consentit à soutenir une autre thèse dans laquelle il chanta la palinodie, et fit triompher, à son tour, Aristote des Cartésiens mêmes.

A peine fut-il reçu docteur en théologie, que le cardinal de Bouillon le conduisit à Rome, au conclave de 1689, où le pape Alexandre VIII fut élu. Dès que l'abbé de Polignac fut connu dans cette capitale du monde chrétien, qui était alors le centre de l'érudition la plus profonde et de la politique la plus raffinée, il y fut généralement aimé et estimé. Les cardinaux français et l'ambassadeur de France, jugèrent que personne n'était plus propre que lui à faire entendre raison au pape, sur les articles de la fameuse assemblée du clergé de France de 1682. C'était une pilule difficile à faire avaler à la la cour de Rome ; cependant l'esprit et l'éloquence de l'abbé de Polignac en vinrent à bout; il fut chargé d'en porter lui-même la nouvelle en France, et eut, à cette occasion, une audience particulière de Louis XIV qui dit de lui en français, ce que le pape Alexandre VIII avait dit en italien. Ce jeune homme a l'art de persuader tout ce qu'il veut ; en paraissant d'abord être de votre avis, il est d'avis contraire, mais mène à son but avec tant d'adresse, qu'il finit toujours par avoir raison. Il n'avait pas encore mis la dernière main à cette grande affaire, lorsque la mort du pape le rappela à Rome. Il assista encore au conclave où fut élu Innocent XII, et revint en France l'année suivante 1692.

[213] Environ deux ans après, le roi le nomma à l'ambassade de Pologne dans des circonstances fort délicates. Jean Sobieski se mourait. Louis XIV voulait non-seulement conserver du crédit en Pologne, mais même donner pour successeur au roi Jean, un prince dévoué à la France. Le prince de Conti s'était offert, et Louis XIV avait chargé très-secrètement l'abbé de Polignac de s'occuper du soin de le faire élire, malgré la reine douairière*[*1. Fille du marquis d'Arquien.] qui était française, mais qui, comme de raison, favorisait ses enfans, et en dépit de toute cabale contraire. L'abbé, tenant ses instructions bien secrètes, était arrivé à la cour

de Sobieski un an avant sa mort; il avait enchanté tous les Polonais par la facilité avec laquelle il parlait latin. On l'aurait cru un envoyé de la cour d'Auguste, si on ne l'eût entendu parler français avec la reine qui se laissa séduire par sa figure et son esprit, mais qui ne pouvait pas renoncer pour lu à l'intérêt de sa famille. Sobieski mourut, et la diète générale s'assembla pour lui choisir un successeur.

L'éloquence de l'abbé de Polignac, les promesses et les espérances dont il leurra les Polonais, eurent d'abord tant de succès, qu'une bonne partie de la nation, ayant à sa tête le Primat, proclama le prince de Conti ; mais dans le même moment, les sommes qu'avait répandues l'électeur de Saxe furent cause qu'il y eut une double élection, dans laquelle ce prince allemand fut élu. L'un et l'autre prétendant à la couronne arrivèrent pour soutenir leur parti, et continuèrent d'employer les moyens qui leur avaient d'abord réussi; mais ceux de l'électeur étaient plus effectifs et plus solides. Il avait de l'argent [214] et même des troupes. Au contraire, le prince de Conti, après avoir reçu les honneurs de Roi à la cour de France, aborda sur un seul vaisseau français à Dantzick, et y séjourna pendant six semaines, mais sans avoir d'autres moyens pour faire valoir la légitimité de son élection, que la bonne mine et l'éloquence de l'abbé de Polignac. Ces ressources se trouvèrent bientôt épuisées; le prince de Conti et l'abbé même furent contraints de revenir en France.

Quoique l'on fût trop juste et trop éclairé à la cour de Louis XIV, pour ne pas sentir que ce n'était pas la faute de l'ambassadeur, si sa mission n'avait pas eu un plus glorieux succès, il fut cependant exilé de la cour pendant quatre ans.*[*Dans son abbaye de Bonport.] Il employa ce temps utilement pour augmenter la masse de ses connaissances, qui était déjà si grande. Enfin, en 1702, il fut renvoyé à Rome, en qualité d'auditeur de Rote. Il y trouva de nouvelles occasions de briller et de se faire admirer, et en fut récompensé par la nomination du roi Jacques d'Angleterre au cardinalat

Il était prêt à en jouir, lorsqu'il fut rappelé à la cour de France dans des circonstances très-critiques. En 1710, on l'obligea de se rendre avec le maréchal d'Huxelles à Gertruydemberg, chargé de proposer aux ennemis de Louis XIV, de la part de ce monarque même, de se soumettre aux conditions les plus humiliantes pour faire cesser la. guerre. Malheureusement tout l'esprit et toute l'éloquence du futur cardinal y échouèrent. Enfin, deux ans après, il fut nommé plénipotentiaire au fameux congrès d'Utrecht, et il faut remarquer qu'il [215] était dès lors nommé à Rome cardinal in petto ; mais, quoique tout le monde sût en Hollande qui il était, il ne portait ni titre ni habits ecclésiastiques ; il était vêtu en séculier, et on l'appelait M. le comte de Polignac. Ce fut dans cet état, et sous cet incognito, qu'il suivit toutes les négociations d'Utrecht, jusqu'au moment de la signature du traité; mais alors il déclara qu'il ne lui était pas possible de signer l'exclusion du trône d'un monarque à qui il devait le chapeau de cardinal ; il se retira et vint jouir à la cour de France des honneurs du cardinalat.

Lorsque, après la mort de Louis XIV,*[*1. 1718. M. d'Argenson étant alors intendant de Hainaut, il est probable que c'est de ce moment que date sa liaison avec le cardinal de Polignac.] il fut exilé dans son abbaye d'Anchin en Flandre, ces bons moines flamands tremblèrent en le voyant arriver dans leur monastère ; mais ils pleurèrent et furent au désespoir quand il les quitta, après la mort du cardinal Dubois et du Régent. Ils n'étaient point capables de juger de son mérite en qualité de bel-esprit, ni de rien entendre à son érudition ; mais ils l'avaient trouvé doux, aimable ; et loin de les piller, il avait embelli leur église et rétabli leur maison.

Il fut obligé de retourner à Rome à la mort de Clément XI, et il assista aux conclaves on furent élus Innocent XIII, Benoît XII[et Clément XII. Pendant les deux premiers pontificats, il a été chargé des affaires de France à Rome. Cette ville a toujours été le plus beau théâtre de sa gloire ; l'on eût dit que l'ancienne grandeur romaine rentrait avec lui dans sa capitale. De [216] son côté, quand il en est revenu, il a paru chargé des dépouilles de Rome, assujettie par son esprit et son éloquence, et l'on peut dire au pied de la lettre qu'à son dernier voyage, il a transporté une partie de l'ancienne Rome jusque dans Paris, en plaçant dans son hôtel une collection de statues antiques et de monumens tirés des ruines du palais des premiers empereurs.

Encore une fois, je ne peux voir le cardinal de Polignac, sans me rappeler tout ce qu'il a fait et appris depuis plus de soixante ans ; je reste pour ainsi dire en extase vis-à-vis de lui, et en admiration de tout ce qu'il dit. On trouve que son ton est vieilli aussi bien que sa figure. Il est vrai que son ton est passé de mode. Mais ne serait-ce pas à cause que nous avons absolument perdu l'habitude d'entendre parler de science et d'érudition, que M. le cardinal de Polignac commence à nous ennuyer? Car d'ailleurs personne ne traite ces matières avec moins de pédanterie que lui ; s'il cite, c'est toujours à propos, parce que, comme il a une prodigieuse mémoire, elle lui fournit de quoi soutenir la conversation sur tous les points, quelque matière que l'on traite. Pour moi, qui ai fait mes études, mais à qui il reste encore bien des choses à apprendre, j'avoue que je n'ai jamais pris de leçons plus agréables que celles qu'il donne dans la conversation.

Le cardinal de Polignac a un élève et un ami plus jeune que lui de trente ans, à qui l'on ne peut reprocher par conséquent d'avoir un ton qui soit passé de mode ; c'est M. l'abbé de Rothelin. Il a aussi beaucoup d'esprit, de mémoire et des connaissances moins étendues que celles du cardinal; il a passé plusieurs années à Rome avec lui, et a été deux fois son conclaviste. C'est là qu'il [217] a vu combien l'érudition du cardinal lui faisait honneur : il a voulu marcher sur ses traces, et est parvenu, comme lui, à être de l'Académie française, et honoraire de celle des Inscriptions et belles-lettres. Mais son éloquence n'est ni si naturelle, ni si noble que celle de son maître. Il a plus de vivacité dans la conversation, et la sienne pétille de plus de traits; il tire peut-être davantage de son propre fond, mais il ne sait pas si bien employer ce qui vient des autres et est le fruit de ses études.

Le cardinal a entrepris un grand poëme latin, qu'il intitule l'Anti-Lucrèce, et qui est la réfutation du système des matérialistes. Il en récite des morceaux aux personnes qu'il croit capables d'en juger, et son éminence m'a fait l'honneur de m'en faire entendre plusieurs. Ce sont des tableaux et des descriptions admirables. Pour peu que l'on sache le latin et que l'on se souvienne d'avoir lu les auteurs du siècle d'Auguste, on croit en faire une nouvelle lecture en écoutant ces morceaux-là. Mais un poëme contre Lucrèce, aussi long que l'ouvrage de cet auteur même, et divisé en neuf livres, demande la vie d'un homme pour être porté à la perfection. Le cardinal l'a commencé tard, et il ne peut se flatter de le voir achevé. On assure qu'il veut charger l'abbé de Rothelin d'y meure la dernière main; celui-ci, par vanité, ne refusera point ce travail, et se fera honneur de mettre l'ouvrage de son respectable ami en état de paraître. Mais certainement il faudra pour cela qu'il soit aidé par quelque habile professeur de l'Université; il n'en viendrait jamais à bout tout seul. D'ailleurs quand l'Anti-Lucrèce aura paru, il fera sans doute honneur aux talens du cardinal, à ceux de l'abbé [218] et même à ceux qui l'auront aidé à l'achever. Mais qui est-ce qui, dans le temps présent, voudra lire en entier un poeme latin tout philosophique, de cinq à six mille vers ? A peine voudra-t-on parcourir la traduction que l'on pourra en faire, soit en prose, soit en vers. Le grec est déjà totalement oublié ; il est à craindre que le latin ne le soit bientôt, et que le cardinal de Polignac, l'abbé de Rothelin et un certain M. le Beau, qui s'élève dans l'Université, ne puissent être appelés les derniers des Romains. Les jésuites mêmes commencent à négliger le latin; ils trouvent mieux leur compte à écrire en français ; cela leur fait plus d'honneur et de profit.

La figure du cardinal et celle de l'abbé sont encore plus différentes que la tournure de leur esprit. Celle du premier est belle et noble, et annonce tout ce qu'il est et a été. Si l'on voulait peindre d'idée un grand prélat, un savant cardinal, un sage et digne ambassadeur, un fameux orateur romain, on saisirait les traits du cardinal de Polignac. Au contraire, l'abbé de Rothelin a la physionomie fine, spirituelle, l'air d'avoir la poitrine délicate. Sa figure est agréable, mais tout-à-fait moderne; celle du cardinal est à présent une belle et précieuse antique.

L'abbé de Rothelin s'est attaché à deux genres de curiosité qui tiennent également à l'érudition, les médailles et les livres. Il a déjà des premières une collection considérable, de tout métal et de toutes formes. Ses médailles d'argent montent, à ce que l'en m'a dit, à huit mille, auxquelles il faut joindre trois cents médaillons d'empereurs et quatre cents de villes grecques. Sa suite de médailles [219] en grand et petit bronze est de plus de neuf mille. Si, comme il l'espère, le cardinal de Polignac lui laisse un jour sa collection qui est aussi fort considérable, le cabinet de l'abbé de Rothelin deviendra un des plus beaux et des plus précieux qu'aucun particulier ait possédé en France. Quoique l'abbé soit homme de qualité, assez riche, aimable, et de bonne compagnie, on l'accuse d'aimer les médailles au point que, quand il en trouve une à l'écart, et que personne ne le regarde, il n'hésite point à mettre la main dessus, à la faire passer dans sa poche, et de là dans son médailler. Hors de là, dit-on, il n'est point fripon, il n'est que tracassier. Le cardinal n'a jamais été ni l'un ni l'autre, n'aimant ni la satire, ni la médisance.

Le second des goûts de l'abbé de Rothelin est celui des livres. Sa bibliothéque commence à devenir très-considérable; il la montre volontiers, et avec faste, et fait remarquer aux curieux les ouvrages imprimés que lui seul possède. Il explique en quoi consiste leur mérite, leur rareté, ou les singularités qui les distinguent. Comme il parle communément à des gens bien moins savans que lui, on ajoute foi à tout ce qu'il dit, et on le félicite de posséder de si belles choses qui seront vendues bien cher après sa mort. Quelques gens sensés trouvent qu'il y a du charlatanisme dans cette démonstration, et je suis assez de leur avis.

Il faut distinguer, dans le goût des livres, celui des belles éditions, des chefs-d'oeuvre de typographie. Leur mérite saute aux yeux, et l'on ne peut se refuser à leur donner place dans une riche bibliothèque, surtout quand on est assuré que les éditions sont aussi exactes que belles.

[220] On conçoit aussi que l'on recherche les premiers livres imprimés dans toutes les langues, comme autant de monumens servant à l'histoire des arts et de l'imprimer. Mais il me semble que le prix de tout le reste d'une bibliothéque doit consister dans le mérite intrinsèque des livres et dans l'utilité dont ils peuvent être à leurs possesseurs. Les gens qui savent beaucoup, ou veulent beaucoup apprendre, doivent en avoir un grand nombre de tous genres. Ceux qui n'ont point de si hautes prétentions doivent se restreindre aux livres propres à leur état, et utiles pour leur amusement et leur instruction courante et journalière. Vouloir aller plus loin, c'est abus et folie. Cependant je crois m'apercevoir que cette folie gagne. L'abbé de Rothelin l'a inspirée au comte de Hoym, ministre du roi de Pologne, électeur de Saxe, en France, à qui l'on a persuadé que, quoiqu'il ne fût rien moins que savant, il devait avoir les livres les plus rares en tout genre d'érudition, et les faire magnifiquement relier. M. de Boze, secrétaire perpétuel de l'Académie des Belles-Lettres, s'est aussi mis à avoir des livres d'érudition. Il a persuadé à des ignorans bien riches de faire les mêmes acquisitions sans qu'ils sachent en vérité pourquoi. Du moins M. de Rothelin et M. de Boze peuvent-ils dire le genre de mérite qui les a engagés à rechercher tel ou tel livre. Les raisons en sont quelquefois assez frivoles;

mais enfin ils les savent, au lieu que ceux à qui ces livres passeront après eux les paieront bien cher, par la seule raison que le premier possesseur en faisait grand cas, que sur un catalogue connu ils auront été honorés de l'épithète de livres rares et singuliers, ou que, dans une vente précédente, ils auront déjà été portés à un grand prix.

[221] Je trouvai un jour un de ces bibliomanes qui venait de donner cent pistoles d'un livre rare. "Apparemment, lui dis-je, Monsieur que votre intention est de faire réimprimer cet ouvrage ? — Je m'en garderai bien, me répondit-il, il cesserait d'être rare, et n'aurait plus aucun prix. D'ailleurs je ne sais s'il en vaut la peine.— Ah ! Monsieur, lui répliquai-je, s'il ne mérite pas d'être réimprimé, comment méritait-il d'être acheté si cher?"

En parlant de M. l'abbé de Rothelin, je me suis trouvé insensiblement engagé à traiter de la manie des livres. Je ne sais si ce que je viens de dire ne sera pas par la suite à l'usage de quelques-uns de mes amis, ou de certaines personnes auxquelles je dois le plus m'intéresser. En tout cas je l'ai dit franchement, en fera son profit qui voudra.

Conversation avec le cardinal de Polignac.

Le cardinal de Polignac m'a expliqué d'une manière fort plausible le sujet de sa brouillerie avec le Régent. Il était fort ami de ce Prince au commencement de la régence; et tellement, qu'il fut mandé par lui pour donner son avis sur le traité d'alliance avec l'Angleterre, qui était sur le point de se conclure (en janvier 1717).

Le duc d'Orléans avait commencé par suivre les erremens du feu Roi. Puis l'abbé Dubois, voulant culbuter le ministère pour s'y mettre, lui persuada de s'unir étroitement avec le roi George. Le duc d'Orléans dit au cardinal de Polignac que le Roi était d'une frêle santé, à chaque instant malade, qu'ils perdraient cet enfant-là; que lui, Régent, serait au désespoir ; mais qu'enfin il y voyait toute apparence, et s'y voulait précautionner ; que les renonciations consommées en vertu du traité [222] d'Utrecht l'appelaient à cette belle succession. Qu'à la vérité la loi salique, loi si sacrée et si fondamentale, y répugnait ; mais que lui, tout le premier, jugerait en sa faveur s'il n'y était pas appelé personnellement ; que cela étant, il ne pouvait éviter de suivre cette vocation avec tout le soin possible ; que les renonciations n'étant opérées que par des traités imparfaits, il les fallait renouveler, les réitérer par la paix entre l'Espagne et l'Empereur, et s'assurer, le cas échéant, du secours de ces trois puissances, l'Empire, l'Angleterre et la Hollande.

Le Cardinal répondit : "Monseigneur, vous avez un traité. Pourquoi en voulez-vous deux ? Mais, dois-je vous parler franchement, et vous dire ce que je pense de ce traité avec les puissances maritimes ?" Le Prince le lui permit, et il poursuivit de la sorte: "Sachez donc, Monseigneur, que si ce malheur arrivait, ce serait sur les seuls amis de la France que vous pourriez compter, et non sur des alliances particulières faites uniquement dans votre intérêt. Pensez-vous que les Anglais vous laissassent succéder paisiblement à Louis XV, sans songer à profiter d'une conjoncture aussi favorable à leurs desseins? Lorsque actuellement, déjà, ils intentent un procès aux trois ministres qui ont signé la paix sous la clause des renonciations, mais en laissant les deux couronnes dans la maison de France ? A la mort du Roi, ces trois puissances reprendraient assurément leur idée première, qui était de faire passer la couronne d'Espagne à la maison de Savoie. Le roi d'Espagne les gagnerait en un moment à son parti, ayant un appât à leur offrir aussi séduisant que l'Espagne, si elles voulaient favoriser ses [223] droits sur la France. Et vous, Monseigneur, qu'auriez-vous autre chose a leur proposer que Villers-Cotterets;?"

M. le duc d'Orléans reconnut que le Cardinal avait raison, et résolut de renoncer à cette alliance. Le Cardinal lui fit encore remarquer qui: les Anglais avaient, en attendant, tout ce qu'ils désiraient; qu'en l'amusant ils empêchaient l'étroite union de la France avec l'Espagne, et même excitaient une grande jalousie et une véritable haine entre la cour de Madrid et Paris, et poussaient, par dépit, le roi d'Espagne à ce qu'il n'eût osé, si l'union eût été plus étroite, c'est-à-dire, à fausser son serment de renonciation.

Mais, le soir même, le Régent ayant rapporté cet entretien à l'abbé Dubois, celui-ci se récria qu'il n'y avait qu'un ennemi du prince qui pût parler ainsi, et l'alliance de l'Angleterre fut conclue. Ainsi, l'on réussit à brouiller le cardinal de Polignac avec le Régent, et à le faire passer pour l'agent des plus grands ennemis de ce prince, c'est-à-dire de la cour de Sceaux.

A en croire M. le cardinal de Polignac, qui a beaucoup connu Albéroni, PhilippeV ne songeait d'abord aucunement à revenir en France pour y régner, quelque événement qui pût arriver. Sa piété l'eût détourné d'une entreprise aussi directe contre l'objet de ses promesses, Mais les hommes les plus saints sont sujets à l'influence des passions. Il revint en Espagne de quelle manière le duc d'Orléans se comportait et gouvernait le royaume, son irréligion, la dérision des moeurs. On persuada aisément à PhilippeV qu'il existait pour lui des devoirs supérieurs à la foi jurée. Il est bien difficile de résister à [224] ses penchans secrets, quand la religion même semble les autoriser. Mû par de tels ressorts, Philippe V tourna ses vues vers le trône de France, et ne se choqua plus de propositions qui, peu de temps auparavant, l'eussent révolté. Une bonne intelligence continue entre le Régent et lui, n'aurait peut-être point laissé jour à ces persuasions sous lesquelles succomba la loyauté de ce Prince.

"Mais, ai-je répliqué au cardinal de Polignac, si nous eussions persévéré dans cette parfaite union, nous eussions. couru les risques d'être menés bien loin par le grands projets d'Albéroni." Sur ce point, S. Em. m'a dit savoir que ce ne fut point Albéroni, mais le duc de Popoli, qui conseilla la conquête de la Sardaigne et de la Sicile. "Albéroni, me dit-il, en arrivant au. ministère, reconnut que cette monarchie d'Espagne pouvait être rétablie dans sa splendeur, au lieu d'être ce qu'elle est aujourd'hui, un cadavre sans vie. Mais, avant de songer aux conquêtes, il voulait tirer meilleur parti du dedans; et des revenus d'Amérique. Il travaillait à la marine, il remboursait les dettes, il perfectionnait les autres parties du gouvernement, et voulait attendre une occasion opportune (comme eût été celle d'à présent, 1734), pour attaquer l'Empereur quand il serait occupé par la guerre des Turcs." Le duc de Popoli hâta cette agression par ses discours et ses importunités.

Philippe V. ne manquait pas de prétextes pour témoigner son mécontentement à S. M. I. La cour de Vienne est si perfide et si injuste, depuis que la maison d'Autriche est devenue puissante, que les momens de réconciliation avec elle ne sauraient être ide longue durée. On se rappelle avec quelle mauvaise foi l'Empereur [225] opéra l'évacuation de la Catalogue, comme il viola la neutralité de l'Italie par l'arrestation du grand-inquisiteur Molinez. Ces outrages, faits à la monarchie de Castille, étaient des causes de guerre bien suffisantes ; pourtant, Albéroni fit par deux fois de sérieuses remontrances. A la seconde, Philippe le reprit avec dureté. Il fallut obéir. Albéroni exigea de son maître un billet contenant ses ordres formels, et en même temps il déclara qu'il allait mettre les fers au feu.

Il crut pouvoir s'assurer du duc de Savoie en lui procurant des conquêtes en Italie ; mais, se défiant un peu de la mauvaise foi de cet allié, il proposait de commencer à frais communs par la conquête de Naples et de Sicile, et de revenir ensuite sur le Milanais. Le duc de Savoie prit ombrage, non pas de l'intention, mais du succès, surtout quand il vit que la France était fort loin de vouloir les seconder. Voyant donc qu'il n'y profiterait en rien, qu'il courait même risque de reperdre ce que sa politique artificieuse lui avait procuré lors de la grande alliance, il fit ce qu'ont coutume de faire dans les colléges les écoliers malins appelés pestards. Il alla tout divulguer, espérant gagner quelque chose de la cour de Londres; mais il fut trompé dans son attente, grâce à la fausse politique du cardinal Dubois qui a constamment servi l'Autriche au lieu de la desservir.

Ainsi, Albéroni se trouva chargé seul de l'accomplissement d'un projet dont il s'était efforcé de suspendre l'exécution ; et pourtant il fit de son mieux, soit par intrigue, soit par entreprises militaires. Or, il arrive involontairement en ces sortes d'entreprises qui ne procèdent pas de nous, que nous n'y mettons ni la même précision, ni le même zèle, ni la même persévérance, la [226] que si nous en eussions été les auteurs. Avoir la France contre soi était d'ailleurs un obstacle capital.

Le traité de Londres accrut encore le mécontentement de l'Espagne. Enfin, Alberoni n'eut plus d'autres ressources que d'inquiéter le Régent dans son propre royaume; et c'est à quoi il ne réussit que trop bien, ainsi que nous l'avons dit ci-dessus.

L'abbé de Longuerue.

J'ai fréquenté pendant plusieurs années un homme bien moins aimable que le cardinal de Polignac, mais renommé pour son immense érudition fondée sur sa mémoire qui était, à vrai dire, étonnante. C'était l'abbé de Longuerue. Il est mort en 1732, âgé de plus de quatre-vingts ans. Dès son enfance il avait paru un petit prodige.

RENE LOUIS D'ARGENSON

Louis XIV passant par Charleville, patrie de cet abbé, avait voulu le voir et l'entendre. Il paraissait tout savoir à l'âge où les autres enfans ont à peine idée de quelque chose. Sa réputation s'est soutenue jusqu'à la fin de sa vie, et étant venu d'assez bonne heure s'établir à Paris, il a été consulté comme un oracle sur toutes sortes de matières. Cependant il ne passait pas pour un homme de beaucoup d'esprit. Il n'avait jamais été d'aucune académie. Il était accoutumé à ce qu'on lui fît de grands complimens sur sa mémoire.

Je lui ai demandé une fois comment il faisait pour arranger dans sa tête tout ce qui y était entré, le retenir, et être en état de le retrouver autant de fois qu'il en avait besoin. "Monsieur, me répondit-il, il n'y a sur cela qu'une méthode. Il faut d'abord dans sa jeunesse apprendre les premiers élémens de toutes les sciences, [227] les premiers principes de toutes les langues, et pour ainsi dire l'a, b, c, de toutes les connaissances. Quand on est jeune cela n'est pas fort difficile, d'autant plus qu'il ne faut pas pénétrer bien avant, et que les notions simples suffisent. Quand une fois elles sont acquises, tout ce qu'on lit se case et se place où il doit être; insensiblement la somme des connaissances acquises devient infinie et parfaitement distribuée. Ainsi, m'ajoutait l'abbé de Longuerue, il y a environ cinquante ans que je n'étudie plus rien par méthode. Mais je lis tantôt un livre, tantôt un autre, et de préférence ceux qui peuvent m'apprendre quelque chose de nouveau, ou me rappeler ce qu'on ne peut trop s'inculquer dans la tête. C'est ainsi que je suis parvenu à posséder la nomenclature de tous mes livres. Ma mémoire locale m'apprend l'endroit de mon cabinet ou de mon appartement où je peux les trouver. Ainsi je suis sûr, en cas de besoin, de les indiquer à ceux que je charge de les aller chercher ; ils me les apportent, et j'y trouve toujours la preuve de ce que j'ai avancé de mémoire."

L'abbé de Longuerue a pourtant prouvé qu'il ne faut pas trop se fier à sa mémoire; il a voulu faire un tour de force qui ne lui a pas tout-à-fait réussi. En 1718, on lui soutint qu'il n'y avait rien de si difficile que de faire une description historique de la France qui ne fût ni longue, ni sèche; et il prétendit qu'il était en état de la faire de mémoire, sans consulter aucuns livres, mais seulement à l'aide de quelques cartes qu'il aurait sous les yeux, et qu'il se rappellerait parfaitement quelle était l'origine et l'histoire de chaque province, de chaque ville, des principaux lieux et des principales maisons du royaume.

MEMOIRES, 1825.

En effet, il se mit à dicter à l'abbé Alary qui n'était [228] alors qu'un petit garçon, fils de son apothicaire, trop heureux d'écrire sous lui ; il se mit, dis-je, à lui dicter la Description de la France qui a paru en un gros volume in-folio en 1719. Il en lut des fragmens en manuscrits et des feuilles imprimées à différentes personnes qui ne purent se lasser d'admirer comment de si profondes recherches pouvaient avoir coulé de source et ne lui avoir coûté aucune peine. Mais dès que quelques exemplaires eurent été publiés, on s'aperçut bien que ce n'était pas ainsi que se faisaient les ouvrages exacts. On y reconnut plusieurs erreurs notables et des opinions hardies et hasardées qui ne parurent pas assez bien établies.

L'abbé fut obligé d'y faire faire un assez grand nombre de cartons qui augmentèrent beaucoup les frais de son édition. Il faut remarquer qu'on recherche les exemplaires dans lesquels ces cartons n'ont point été mis, et Dieu sait pourquoi l'on a cette manie ; car la différence de ces exemplaires, c'est que les uns sont fautifs et les autres corrigés. Avec tout cela la Description de la France, par l'abbé de Longuerue, est un livre bon et utile. C'est une histoire de France par provinces, et par conséquent faite sur un plan sur lequel elle n'avait point encore été exécutée. On y trouve comment se sont formés tous les grands fiefs de la couronne, quand et comment ils ont été assujettis à l'autorité du Roi, et enfin réunis à son domaine.

L'abbé de Longuerue avait fait deux histoires, l'une du cardinal de Richelieu, l'autre du cardinal de Mazarin, avec deux tableaux de leurs ministères. Ces deux morceaux sont restés en manuscrit. Ce qu'ils contenaient de plus curieux, ce sont quelques anecdotes que l'abbé tenait de gens qui avaient vécu avec ces ministres et travaillé [229] sous eux. L'abbé me les a souvent répétées et j'en ai écrit plusieurs. Car, en revenant des visites que je lui faisais, je trouvais toujours quelque chose à retenir et à écrire.

RENE LOUIS D'ARGENSON

L'abbé Alary.*
[*1. Pierre-Joseph Alary, né à Paris en 1689, mort le 15 décembre 1770, à l'âge de quatre-vingt-un ans.]

L'abbé de Longuerue a laissé un disciple que je vois très-souvent et qui même est fort de mes amis. C'est l'abbé Alary. Comme il ne lira pas ce que je vais écrire, je vais parler de lui très-naturellement. Il s'est mis à l'abri du mérite de l'abbé de Longuerue, auprès de qui il a passé sa jeunesse, et a laissé croire que, comme à un autre Élisée, cet Élie moderne lui avait pour ainsi dire légué son manteau, son esprit et sa mémoire. Il s'en faut pourtant bienqu'il sache autant que son maître ; il a été reçu de l'Académie française dès 1723, honneur que l'abbé de Longuerue avait dédaigné. Dans la première enfance de M. le Dauphin, l'abbé Alary*[*2. L'abbé Alary avait déjà été employé, sous l'évêque de Fréjus, à l'éducation de Louis XV. (Voyez les Mémoires de Dangeau.)] fut nommé instituteur du prince, c'est-à-dire qu'il fut chargé de lui apprendre à lire lorsque ce royal enfant était encore entre les mains des femmes. Cependant, quand M. le Dauphin a passé entré les mains des hommes, l'abbé Alary n'est point. entré dans l'éducation sérieuse de cet héritier de la couronne. Certains soupçons d'ambition et d'intrigue ont pu lui faire tort.

L'abbé avait formé un petit établissement dont l'histoire, [230] déjà inconnue à bien des gens, sera bientôt oubliée de tout le monde; elle mérite pourtant que je l'écrive.

C'était une espèce de club à l'anglaise, ou de société politique parfaitement libre, composée de gens qui aimaient à raisonner sur ce qui se passait, pouvaient se réunir, et dire leur avis sans crainte d'être compromis, parce qu'ils se connaissaient tous les uns les autres, et savaient avec qui et devant qui ils parlaient. Cette société s'appelait l'Entresol, parce que le lieu où elle s'assemblait était un entresol dans lequel logeait l'abbé Alary. On y trouvait toutes sortes de commodités, bons sièges, bon feu en hiver, et en été des fenêtres ouvertes sur un joli jardin. On n'y dînait ni on n'y soupait ; mais on y pouvait prendre du thé en hiver et en été de la limonade et des liqueurs fraîches. En tout temps on y trouvait les gazettes de France, de Hollande, et même les papiers anglais. En un mot c'était un café d'honnêtes gens.

MEMOIRES, 1825.

J'y allais régulièrement, et j'y ai vu des personnes très-considérables qui avaient rempli les premiers emplois au dedans et au dehors du royaume. M. de Torcy y venait même quelquefois. Cette coterie, qui paraissait si estimable et si respectable, finit d'une façon à laquelle on ne devait pas s'attendre.

Depuis que l'abbé Alary s'est retiré de la cour, il vit tranquillement chez lui, très-assidu aux séances de l'académie française, sans pourtant faire paraître aucun livre. Il possède le prieuré de Gournay-sur-Marne, à quelques lieues de Paris. Ce bénéfice est d'un assez bon revenu, et la maison priorale est dans une position charmante. L'abbé y mène une vie heureuse et même voluptueuse en tout bien et en tout honneur; il y reçoit des femmes aimables et, de bonne compagnie, dont il est [231] le complaisant, et qui, quand il sera bien vieux, voudront bien être les siennes. A mon avis sa façon de vivre est digne d'envie.

L'abbé de Choisy.

La conversation est la consolation et le dédommagement des gens studieux et instruits ; elle délasse des travaux du cabinet, et peut-être qu'en usant alternativement de ces deux moyens de s'instruire, l'un devient aussi profitable que l'autre. Cela est vrai surtout pour la jeunesse qui peut tirer autant de parti de la conversation des gens qui ont beaucoup vu, que des vieux livres chargés de beaucoup de doctrines et de faits. Mais la conversation seule ne suffit pas, parce que ce que l'an y apprend est toujours trop décousu; comme la lecture seule fatigue, lasse et assomme, parce que la plupart des livres fixent trop long-temps l'attention sur le même objet. Je connais un ordre religieux (celui des jésuites) dont je suis loin d'approuver généralement tous les principes, mais dont il est assurément sorti une infinité de bons auteurs. Cette société n'admet, autant qu'elle le peut, que des gens qui aient d'heureuses dispositions. Et, pendant le cours de leurs études, les jeunes pères ont tous les jours quatre heures de conversation avec les anciens qui ont le plus de science, d'expérience et de connaissance du monde. Ainsi, chez les jésuites on devient communicatif, ouvert et aimable, au lieu que dans les autres ordres originairement fondés sur la vie érémitique, les journées se passent en partie à chanter les louanges de Dieu, en partie à étudier dans la solitude, méditer dans la retraite, et écouter les maîtres en silence.

[232] Quand on a pris de bonne heure le goût de s'instruire dans la conversation, ou est charmé de se trouver vis-à-vis des vieillards qui sont capables de vous raconter ce qu'ils ont vu et su de plus intéressant. Il y a une manières d'en profiter et d'éviter les redites auxquelles ils ne sont que trop sujets: il faut les questionner sur les choses qu'ils peuvent savoir, et l'on peut-être très-assuré qu'ils les diront avec plaisir en les promenant d'époques en époques et d'objets en objets à différens jours et sous différens prétextes pour ne les pas fatiguer ; on est sûr de lire dans leur mémoire comme dans un livre tout ce qu'elle contient de curieux.

C'est ainsi que j'en ai usé avec mon parent, l'abbé de Choisy, avec qui j'ai encore vécu pendant les dernière, années de sa vie.*[*1. Il est mort en 1724, à l'age de plus de quatre-vingts ans.] Il faut que je convienne, malgré toute l'amitié qu'il avait pour moi, que ce n'était pas un homme fort estimable. Son âme était faible, et il avait bien plus l'esprit de société que celui de conduite. Mais il parvint à être de l'Académie, et à se faire une sorte de réputation dans cette compagnie, parce qu'il parlait et écrivait bien.

D'ailleurs il n'a paru ni digne d'être évêque, ni d'être employé dans aucune affaire importante; il se sentait toujours de l'éducation efféminée qu'il avait reçue, et n'étant plus d'âge à s'habiller en femme, il ne s'est jamais; trouvé capable de penser en homme. Malgré tous ses défauts, lorsque je l'ai connu étant très-vieux, il était bien bon à entendre. Sa mémoire était remplie d'anecdotes de la cour qu'il avait fréquentée, quoiqu'il n'y eût jamais joué un grand rôle, et de l'Académie, au milieu de [233] laquelle il avait vécu pendant long temps. Il avait assez de goût pour bien juger de la valeur d'un trait et d'un bon mot. Aussi, dans le grand nombre de ceux qu'il avait entendus, les meilleurs lui étaient restés dans la tête, et c'étaient ceux-là qu'il répétait souvent. J'en ai trouvé une partie écrite dans les papiers que l'abbé m'a laissés. Car il me remit tous ses ouvrages entre les mains peu avant sa mort. J'en ai extrait ce qui m'a paru le plus intéressant, et j'en ai formé trois gros volumes ; mais n'ayant pu en refuser la communication à une dame de la famille, curieuse de les lire, elle les garda long-temps et les communiqua à l'abbé d'Olivet. Celui-ci en tira un ouvrage en deux petits volumes, qu'il a fait imprimer en Hollande, sous le titre de Mémoires pour servir à l'histoire de Louis XIV, par feu M. l'abbé de Choisy, de l'Académie française. Il est certain que ces deux volumes contiennent, s'il est permis de s'exprimer ainsi, la fleur de mon manuscrit.

Cependant, on ne voit qu'en abrégé, dans ces mémoires, différens traits qu'il m'a plusieurs fois contés avec détail.

Sa mère était une femme d'esprit ; mais, à ce que je crois, assez intrigante. Elle avait été dans le secret de la conjuration de Cinq-Mars qui finit si tragiquement pour ce jeune seigneur, et pour M. de Thou, son ami. Le fond de cette affaire était une véritable intrigue de femmes ambitieuses et inconsidérées. La princesse Marie de Gonzague, qui depuis a été reine de Pologne, étant amoureuse folle de M. de Cinq-Mars (qui avait déjà fait une assez belle fortune, pour un homme dont la famille n'était que de petits bourgeois de Paris), s'était mis en tête que le grand-écuyer, en seliant avec les [234] ennemis de l'État, pouvait faire trembler le cardinal de Richelieu (déjà malade), et se procurer l'épée de connétable. Assurément on n'imaginerait pas, dans ce temps-ci, de se rendre nécessaire par de pareils moyens ; mais on les croyait bons il y a cent ans Madame de Choisy était dans la confidence de cette folle intrigue, et la princesse Marie de Gonzague l'avait assurée qu'elle ferait son mari garde des sceaux; mais le bonhomme, M. de Choisy, père de l'abbé, ne se doutait pas que sa femme s'occupât si fort de sa fortune. Il était intendant en Languedoc, et fut chargé d'arrêter à Montpellier M. de Cinq-Mars, et de se saisir de tous ses papiers. Il le trouva occupé à en brûler une grande quantité, et c'étaient sûrement ceux qui pouvaient servir à le convaincre. M. de Choisy, par pure bonté d'âme, le laissa achever de brûler tout ce qu'il voulut. "Vous avez raison, monsieur, dit le grand-écuyer, d'avoir pour moi cette complaisance; vous seriez bien fâché de trouver ce que je viens de brûler." En effet, c'étaient des lettres de la princesse Marie, et peut-être de madame de Choisy, leur confidente. Il résulta de cette brûlure, que, quoiqu'on eût des preuves pour condamner M. de Cinq-Mars, ou n'en trouva aucune qui dévoilât l'intrigue de ces dames.

L'abbé m'a bien des fois répété ce dont il dit un petit mot dans ses mémoires; c'est que c'était par un effet de la politique du cardinal de Mazarin, que l'on élevait Monsieur, frère de Louis XIV,*[*1. Philippe I, père de Philippe d'Orléans, régent du royaume, mort en 1701.

RENE LOUIS D'ARGENSON

"Il n'est pas étonnant que le Roi et Monsieur aient été élevés dans l'ignorance. Le cardinal (Mazarin) voulait régner. S'il avait fait instruire ces deux princes, on ne l'aurait plus ni estimé ni employé. Voilà ce qu'il voulait prévenir, dans l'espoir de vivre plus long-temps qu'il n'a vécu. La reine mère trouvait bien tout ce que le cardinal faisait. C'est encore un miracle que le Roi (Louis XIV) soit devenu ce qu'il a été. .... Monsieur a des goûts féminins. Il aime la parure; il a soin de son teint. Il s'intéresse aux ouvrages de femme et aux cérémonies. Il danse bien, mais c'est à la manière des femmes. Excepté en temps de guerre, il n'a jamais pu se résoudre à monter à cheval. Les soldats disaient de lui à l'armée qu'il craignait plus le hâle du soleil et la noirceur de la poudre que les coups de mousquet. Et cela est très-vrai...." (Mémoires sur la cour de Louis XIV et de la régence, par madame Élisabeth-Charlotte de Bavière, duchesse d'Orléans. Paris, 1823.)] de la manière la plus [235] efféminée, qui devait le rendre pusillanime et méprisable, et qui nous paraîtrait, de plus aujourd'hui, étrange et ridicule au dernier point. Madame de Choisy se prêtait à cette extravagance par une suite de son goût pour l'intrigue, et elle fit prendre à son fils la même habitude pour faire sa cour à Monsieur. Quant à ce qui regarde ce prince, on ne peut que hausser les épaules, en voyant le cardinal Mazarin adopter de si pitoyables moyens. Ils furent aussi inutiles que mal imaginés. Monsieur ne fut pas moins brave à la guerre, malgré cette mauvaise éducation, et s'il se trouva toujours fort inférieur à Louis XIV, c'est que la nature l'avait fait tel.

Au contraire, on avait fait tout ce qu'on avait pu pour rendre redoutable Gaston, frère de Louis XIII, et ce n'a jamais été qu'un prince très-méprisable. L'abbé de Choisy conserva tant qu'il put cette impertinente habitude de s'habiller en femme, et l'on sait toutes les folies qu'il fit sous cet ajustement.

[236] Un des manuscrits qu'il m'a laissés, contient son histoire, sous le nom de la Comtesse des Barres. Elle n'a pas encore été imprimée en entier. Dans mon manuscrit, elle est portée à cinq livres, et fou n'en a imprimé que trois; mais je crois que le reste paraîtra; car la même personne qui a laissé publier les mémoires de l'abbé de Choisy a donné des copies de ce morceau-là

En le lisant, tout le monde le trouvera très-bien écrit, contenant des détails voluptueux, peu honnêtes, mais très-agréables à lire. En même temps, on croira cette histoire tout-à-fait invraisemblable. Je puis pourtant certifier qu'elle est très - véritable. Le vieux abbé, long-temps après avoir écrit la vie de David, de Salomon, des histoires édifiantes, celle de l'église, me contait encore ses folies avec un plaisir indicible, et je regardais avec étonnement un homme dont la vie avait été remplie par de si étranges disparates.

En voilà assez sur cet ouvrage qui ne fait pas honneur, à mon parent et ancien ami.

L'abbé de Choisy avait l'abbaye de Saint-Seine, en Bourgogne. Elle n'est pas bien considérable, puisque dans ce moment-ci elle ne passe guère 6,000 livres de rente; mais d'ailleurs il avait le prieuré de Saint-Lô, en Normandie, qui est très-bon, et il était doyen de la cathédrale de Bayeux, même avant que d'être dans les ordres ; tout cela lui composait un revenu de 14,000 liv. de rentes. Il n'entra dans les ordres que pendant son voyage de Siam. On trouve dans le journal de ce voyage que, le 7 décembre 1685, il reçut les quatre mineurs ; que le lendemain 8, il fut sous-diacre ; le 9, diacre ; le 10, prêtre ; le tout par les mains de l'évêque de Metellopolis (in partibus), qui faisait le voyage de Siam avec [237] lui sur le même vaisseau. Au moyen de quoi il partit de France clerc tonsuré, et arriva prêtre à Siam.

Le marquis de Dangeau,*[*1. Philippe de Courcillon.] que l'abbé de Choisy a tant connu, et que j'ai connu moi-même, était en même temps un fameux courtisan et un des beaux-esprits de la cour de Louis XIV. Il fut reçu de l'Académie française dès 1668, et n'est mort qu'en 1721. Ce n'est qu'après la mort du Roi qu'il a osé convenir que, pendant la jeunesse de ce monarque, il était, non-seulement le confident de ses amours, mais qu'il lui prêtait sa plume pour écrire des billets galans à madame de La Vallière. Cette bonne demoiselle se donnait des peines infinies pour y répondre de son mieux, et était enfin obligée de faire corriger ses thèmes par le même marquis de Dangeau. Il était aussi chargé de faire des vers pour le Roi ; et, comme il craignait de les faire trop bons, ils firent peu d'honneur à ce monarque qui enfin renonça à la poésie légitime ou adoptive. On dit qu'un jour Monsieur et Madame ayant disputé ensemble sur une question galante, ils s'adressèrent l'un et l'autre au marquis de Dangeau qui fit pour chacun en secret des vers sur ce sujet, et que le Roi, à qui ils furent montrés, jugea ceux de madame les meilleurs.

RENE LOUIS D'ARGENSON

Tout le monde a entendu parler des mémoires de ce marquis de Dangeau. C'est un journal manuscrit de la cour, depuis 1686 jusqu'en 1720. Je les ai lus tout entiers. Il est vrai qu'ils sont chargés de beaucoup de détails minutieux ; mais on y trouve aussi un grand nombre d'anecdotes intéressantes. S'il ne les a pas écrits jour par [238] jour, on ne peut douter qu'il ne les revit avec sain, et il n'y aurait pas laissé passer des faits absolument faux. On peut dire que, si ce n'est pas là une vraie histoire de la cour de France pendant trente-cinq ans, ce sont du moins de bons matériaux pour la composer .*[*1. Ce qu'il y a de plus intéressant dans ce journal est aujourd'hui connu du public, par les extraits qu'en ont donnés madame de Genlis et M. Lemontey. L'un des manuscrits qui ont servi à ces recherches se trouve encore à la bibliothéque de l'Arsenal. Le Journal manuscrit rie la cour a été continué sous Louis XV, par M. le duc de Luynes.]

L'abbé de Dangeau, frère du marquis, et comme lui de l'Académie française, était intime ami de l'abbé de Choisy. En mourant un peu avant lui, il lui laissa trois ou quatre gros recueils de remarques en tous genres, qui me sont passés avec les papiers de l'abbé de Choisy, et dans lesquels il y a certainement d'excellentes choses ; mais comme l'écriture en est fort mauvaise, je doute fort que j'aie jamais la satisfaction d'en tirer ce qu'il peut y avoir de précieux.

On juge bien que j'ai tous les livres que l'abbé de Choisy a fait imprimer, et qu'il m'en a fait présent en beau papier et en beaux caractères. Je vais dire mon sentiment en peu de mots sur quelques-uns ; car ils sont en grand nombre.

L'abbé de Choisy ne se mit à écrire qu'après qu'il eut cessé tout-à-fait la vie ridicule et singulière qu'il menait. Ce ne fut pas mêmeimmédiatement après. Étant rentré dans Paris, et sous les habits de son état, il se trouva dans le cas des femmes qui ont été galantes et coquettes [239] et ont vieilli; elles ont à choisir d'être joueuses, intriguantes, beaux-esprits ou dévotes. L'abbé de Choisy fit tous ces différens rôles l'un après l'autre. D'abord il joua et perdit presque tout son patrimoine; il ne lui resta que ses bénéfices. Il possédait, entre autres, l'abbaye de Saint-Seine; il s'y retira, et y fit connaissance avec le fameux Bussy-Rabutin, exilé dans ses terres en Bourgogne, qui lui conseilla de renoncer au jeu, et de faire des livres de dévotion écrits d'une manière agréable, et qui se feraient lire par des gens du monde que ces sortes d'ouvrages ennuient ordinairement. L'abbé de Choisy profita de ce conseil : mais ce ne fut que quelques années après. En attendant, il revint à Paris, et se lia avec le cardinal de Bouillon qui, sur le point d'aller à Rome assister au conclave de 1676, lui proposa de venir avec lui et d'être son conclaviste. Il y consentit, et m'a souvent conté des détails de ce conclave assez singuliers, et qui prouvent que ces cardinaux italiens sont de grands maîtres en fait de petites intrigues. L'abbé m'a assuré qu'une grande maladie, qu'il eut en 1683, le fit résoudre à se convertir, et que, depuis ce temps-là, il était dévot de bonne foi. Ce fut à la suite de cette maladie qu'il composa, de concert avec l'abbé Dangeau, un premier ouvrage imprimé qui reparut ensuite en 1685. Ce sont quatre dialogues sur l'immortalité de l'âme, l'existence de Dieu, la providence et la religion. Je ne dirai rien de ce livre qui traite de matières très-sérieuses ; j'avouerai naturellement qu'il m'a ennuyé, quoiqu'il soit bien écrit.

L'année suivante, 1686, il fit ce qu'on peut appeler sa dernière folie. Ce fut son voyage de Siam. Tout le monde connaît le journal qu'il eu a fait imprimer. Dans quelques endroits il est sec, mais souvent il se relève [240] par des traits d'esprit et des détails fort agréables. En général, l'époque de l'arrivée des Siamois en France et celle des ambassadeurs français à Siam, peuvent fournir beaucoup de réflexions philosophiques. C'était une comédie politique, comme il y en a eu plusieurs de ce genre sous le règne de Louis XIV. Elles nous paraissent aujourd'hui bien ridicules ; mais elles contribuèrent à la gloire du monarque et à celle de la nation, inséparables l'une de l'autre. L'abbé de Choisy, à son retour, amusa quelque temps la cour et la ville du récit de son grand voyage. Sa relation imprimée acheva de faire connaître l'auteur, et lui ouvrit l'entrée de l'Académie française en 1687.

Pour parler de suite d'une des occasions où l'abbé de Choisy figura comme académicien, disons que, la dernière année de sa vie, il reçut l'abbé d'Olivet. Son discours fut très-court et très-simple. Le bonhomme était accablé ; mais il s'imposa cette corvée, parce que l'abbé d'Olivet était son ami. Je ne sais si c'est pour cela qu'il m'a dérobé ses mémoires, et qu'il s'est chargé. de les faire imprimer en Hollande.

Enfin l'année suivante, 1724, l'abbé de Choisy mourut, et son successeur, M. Portail, premier président, et M. de Valincourt, directeur, le peignirent tel qu'il était dans les dernières années de sa vie, aimable dans la société, d'un commerce facile, ayant les moeurs douces, des grâces naturelles, l'esprit insinuant et enjoué, officieux, ami fidèle, brillant et plein de saillies dans la conversation, quoiqu'il fût modeste, ne parlât jamais de lui-même et parût s'oublier en faveur des autres. Sa gaieté était douce et tranquille, et les traits de son visage en portaient le caractère. Quant à son [241] mérite, comme il a écrit en plus d'un genre, on l'a loué principalement comme historien, et en effet c'est son plus beau côté.

En 1668, il publia une Interprétation des Psaumes, où les différences notables du texte, hébreu et de la vulgate étaient marquées. Elle était précédée d'une vie de David dans laquelle il comparait ce monarque à Louis XIV. Le livre n'eut aucun succès. Mais la vie de David plut, tant à cause qu'elle était bien écrite, que parce, que c'était le ton à la mode de louer Louis XIV. Aussi fut-elle imprimée seule et suivie peu après d'une Vie de Salomon, faite dans le même esprit de flatterie, et qui fut encore plus admirée, surtout le morceau où il représente Salomon donnant audience aux ambassadeurs des rois des Indes.

Des pensées chrétiennes qu'il fit imprimer en 1690 eurent peu de s'accès ; ce qui ne l'empêcha pas de donner en 1692 une traduction de l'Imitation de Jésus-Christ, dédiée à madame de Maintenon qui était alors tout à la fois dévote et maîtresse déclarée du Roi. Pour faire sa cour à cette dame, l'abbé fit graver à la tête de sa traduction une belle planche où l'on voit madame de Maintenon à genoux au pied da crucifix, et au bas étaient écrites ces paroles tirées de David, Audi, filia, Rex concupiscet decorem tuum. Écoutez, ma fille, le Roi sera épris de votre beauté. Cette application scandalisa tout le monde. On obligea bien vite l'abbé de Choisy à retrancher cette image des exemplaires de son livre qui lui restaient à débiter, après qu'il eut fait présent seulement de quelques-uns. Il n'a pas même voulu me procurer un exemplaire où cette image se trouve. Les bibliomanes l'achèteraient bien cher.

[242] Les critiques que l'on fit de cette traduction déterminèrent l'abbé de Choisy à ne plus écrire que l'histoire, et à mon avis il y a parfaitement réussi.

Car si son style ne paraît pas toujours assez noble pour les sujets qu'il traite, au moins est-il agréable et pur. Il se fait lire avec satisfaction.

Les livres de l'abbé de Choisy dont je conseille la lecture à mes amis et surtout aux dames de ma connaissance, sont : 1°. Deux ou trois volumes d'Histoires de piété et de morale, qu'il convient avoir fait en opposition aux petits contes de fées en vogue à la fin du siècle dernier. Il faut être bien hardi pour vouloir faire lutter ainsi l'histoire avec la fable, si chère à l'imagination des femmes et peut-être des hommes. Cependant il faut convenir que l'abbé de Choisy y a fait de son mieux, et a transporté le style de madame de la Fayette et de madame d'Aunoy dans ses histoires édifiantes et morales. Il y en a en tout vingt et une, et elles sont sinon vraiment belles, au moins charmantes à lire. Il est aisé de se les procurer.

Ce succès encouragea l'abbé i donner les vies de Philippe de Valois, du roi Jean, de Charles V, Charles VI, et enfin celle de saint Louis en 1695. Elles furent très-applaudies à la cour. On les fit lire aux enfans de France comme étant infiniment propres à les instruire. Effectivement rien n'est plus instructif qu'une histoire écrite en des vues utiles, avec sagesse, et parsemée de réflexions morales, présentées en peu de mots, et naissant naturellement des faits. L'abbé de Choisy ne court point après le singulier, et ne présente point comme des découvertes utiles et merveilleuses des faits peut-être inconnus jusqu'à présent parce qu'ils out été négligés, [243] mais d'après lesquels il n'y a aucunes règles de conduite à se prescrire, et dont on ne peut rien conclure pour la connaissance du coeur humain ni même pour celle des moeurs des siècles reculés ; parce que la plupart du temps ce sont des faits extraordinaires et isolés, sans aucun rapport avec les habitudes générales, et que la connaissance des moeurs d'un peuple ne saurait résulter que d'un grand nombre de faits réunis.

Enfin l'abbé de Choisy entreprit une Histoire de l'Église, quoique celles de M. de Tillemont et de l'abbé Fleury fussent déjà commencées. Mais ces trois auteurs ne pouvaient guère se rencontrer. M. de Tillemont avait surchargé la sienne d'une érudition qui, d'un côté, la rend très-estimable, mais, d'un autre, fait qu'elle n'est nullement propre aux gens du monde. D'ailleurs, il n'y a traité que des six premiers siècles de l'église. Celle de l'abbé Fleury avait commencé à paraître dès 1691. Mais il était aisé de voir que, quoiqu'elle fût excellente, et de l'auteur le plus sage et le plus méthodique, elle prenait un tour tel qu'on n'en verrait pas sitôt la fin. Au contraire, celle de l'abbé de Choisy était si abrégée, qu'on pouvait espérer de la voir terminée; et effectivement, quoiqu'il eût plus de soixante ans lorsque le premier volume de son Histoire de l'Église parut en 1703, il en publia le dernier tome en 1723, et l'a poussée jusqu'à l'année 1715. Il. s'en faut de beaucoup que celle-ci soit surchargée d'érudition. On a accusé l'auteur de n'en avoir pas mis assez, de n'avoir pas cité ses autorités, et d'avoir fait, à l'occasion de l'histoire de l'Église, et pour ainsi dire sous ce prétexte, celle de tous les pays du monde chrétien, depuis la naissance de Jésus-Christ. Mais il voulait mettre l'Histoire de l'Église à la portée [244] de tout le monde et il a rempli son objet. Il n'a puisé que dans les meilleures sources, puisqu'il n'a mis que des faits généralement connus. Il ne lui était pas possible d'instruire ses lecteurs des progrès de la religion et des débats qui se sont élevés à son occasion, sans faire l'histoire de tout le monde chrétien. Il n'est point entré dans le détail des controverses, parce qu'il eût immanquablement ennuyé. Mais il n'a jamais manqué d'expliquer très-clairement en quoi consistent les hérésies, à quelle occasion elles ont commencé, quels grands événements elles ont produits, et quand elles ont fini. L'abbé avait des points très-délicats à traiter, tels que les croisades, les conciles de Constance et de Bâle, et les guerres de religion en France; il s'en est tiré avec beaucoup d'esprit et d'adresse. Il n'y a que son dernier volume où l'on peut apercevoir quelques traces de radotage. Mais, d'un autre côté, il a employé beaucoup d'art pour parler du jansénisme.

Il a fait entrer dans ce volume jusqu'à son voyage de Siam. Enfin le résultat est que l'histoire de l'Eglise de l'abbé de Choisy est suffisamment bonne, très-agréable, et peut-être la meilleure que les femmes puissent lire.

L'abbé de Choisy a encore composé en 1706 la vie de madame de Miramion. Cette dame était sa cousine germaine. C'était une excellente raison pour lui d'écrire sa vie; mais le public n'a pas la même raison pour la lire.

MEMOIRES, 1825.

Mémoires du cardinal de Retz.

Je viens de parler des Mémoires de l'abbé de Choisy comme d'une propriété de ma famille. J'en puis dire presque autant des célèbres Mémoires du cardinal de [245] Retz, puisque ce sont mes proches parens qui en ont conservé le manuscrit tel qu'il a été imprimé en 1717. D'ailleurs, j'ose assurer que si ce manuscrit est été perdu, je l'aurais retrouvé tout entier dans les entretiens de mon oncle, M. de Caumartin, évêque de Blois. Ce prélat, dont la conversation m'a fait connaître le ton de celles des beaux esprits du siècle de Louis XIV, avait été, pour ainsi dire, élevé sur les genoux du cardinal de Retz, qui avait eu la permission, peu de temps avant sa mort, de lui résigner l'abbaye de Buzay, que le cardinal lui-même possédait depuis son enfance. Mon oncle l'a conservée jusqu'à sa mort. Mon grand-père maternel, père de l'évêque, était ami intime du cardinal. Ma grand' mère, qui a vécu long-temps, l'avait beaucoup connu. Enfin, j'ai de tous côtés des traditions excellentes sur ce fameux personnage; et je puis assurer, sans me tromper, que c'était un vrai brouillon, un intrigant sans motif et sans objet, faisant du bruit pour en faire, et très-maladroit dans le choix de ses moyens, quoique d'ailleurs il eût bien des qualités brillantes. De tels gens sont très-fâcheux à rencontrer, et très-dangereux à suivre quand ils se mêlent des affaires; mais quand ils en sont tout-à-fait retirés, ils sont quelquefois charmans à entendre.

Ainsi, sur ses vieux jours, le cardinal de Retz se plaisait à se rappeler le bruit qu'il avait fait dans sa jeunesse; et comme il avait une prodigieuse mémoire, il contait avec satisfaction les détails de sa vie turbulente et agitée. Il les a même écrits avec un naturel et une naïveté dont il y a peu d'exemples.

Le manuscrit unique de ces Mémoires, aujourd'hui si répandus, fut trouvé chez les religieuses de Commercy en Lorraine, ville où le cardinal de Retz avait passé quelques [246] années de sa vie, et dont il était même seigneur; non qu'elle dépendît d'aucun de ses bénéfices, main parce qu'elle faisait partie de l'héritage de sa mère, Marguerite de Silly de la Rochepot. Les bonnes filles qui le possédaient n'en connaissaient pas du tout le mérite. Je crois même qu'elles ignoraient la dame à qui il est adressé; je ne le sais pas non plus. Mais ce qu'il y a de sûr, c'est que MM. de Caumartin, mes parens, en étant devenus possesseurs, en confièrent une copie à des personnes indiscrètes ; et ce fut ainsi que parut, au commencement de la Régence, la première édition furtive des 11lé,noires du cardinal de Retz. Le Régent demanda à mon père, qui était encore lieutenant de police, quel effet ce livre pouvait produire. "Aucun qui doive vous inquiéter, Monseigneur, répondit M. d'Argenson. La façon dont le cardinal de Retz parle de lui-même, la franchise avec laquelle il découvre son caractère, avoue ses fautes et nous instruit du mauvais succès qu'ont eu ses démarches imprudentes, n'encouragera personne à l'imiter. Au contraire, ses malheurs sont une leçon pour les brouillons et les étourdis. On ne conçoit pas pourquoi cet homme a laissé sa Confession générale par écrit. Si a on l'a fait imprimer dans l'espérance que sa franchise a lui vaudrait son absolution de la part du public, il la lui refusera certainement." Mon père pouvait avoir raison de penser ainsi sur l'effet que produiraient ces Mémoires, cependant ils en firent un tout contraire.

L'air de sincérité qui règne dans cet ouvrage séduisit et enchanta. Quoique le style n'en soit ni pur, ni brillant, on le lut avec avidité et avec plaisir. Rien plus, il y eut des gens à qui le caractère du cardinal de Retz plut au point qu'ils pensèrent sérieusement à l'imiter; et [247] comme le Coadjuteur n'avait point été dégoûté du personnage de frondeur et de brouillon, en lisant dans l'histoire la mauvaise fin qu'avaient faite les Gracques, Catilina et le comte de Fiesque, de même ses disgrâces ne rebutèrent point ceux qui le voulurent prendre pour modèle, quoiqu'ils eussent peut-être encore moins d'esprit et de talent pour l'intrigue.

On s'en aperçut dès l'année 1718, et le Régent en parla à mou père, devenu alors garde des sceaux. Ou chercha un nouveau remède aux mauvais effets qu'avaient produits les Mémoires du cardinal de Retz. On imagina de faire imprimer les Mémoires de Joly qui avait été son secrétaire. Ils étaient encore dans la bibliothéque de M. de Caumartin, qui eut de la répugnance à les rendre publics, parce que le cardinal y est bien plus maltraité qu'il ne se maltraite lui-même. Mais le Régent voulait achever de décrier le cardinal de Retz, le faire connaître pour ce qu'il était, et dégoûter ceux qui voudrai clan miter.

Les Mémoires de Joly ne produisirent point cet effet. Écrits d'une façon moins attachante que ceux du cardinal, ils révoltèrent contre leur auteur. L'on jugea que c'était un serviteur ingrat et malhonnête qui décriait celui dont il avait long-temps mangé le pain ; au lieu que la franchise du cardinal avait intéressé pour lui. Enfin, quoi qu'on ait pu faire, les brouillons ont continué d'aimer le cardinal de Retz, et de suivre sa marche aux risques de tout ce qui peut leur en arriver ; et personne ne s'est déclaré pour M. Joly.

1724 Histoire des conférences de l'Entresol, tenues chez M. l'abbé Alary depuis -1731.

En parlant de l'abbé Alary, j'ai promis l'histoire du [248] Club de l'Entresol,*[*1. (Voyez les Lettres de Henri de Saint-John, lord vicomte de Bolingbroke. Paris, 1808, tome 3.) — Nous empruntons plusieurs notes à l'éditeur de ces lettres, M. le général Grimoard; mais en rectifiant quelques erreurs dans lesquelles celui-ci est tombé.] dont il a été le fondateur et le président. C'est en 1725 que je fus reçu membre de cette académie, qui existait déjà depuis plusieurs années.

L'abbé Alary logeait à la place Vendôme dans l'hôtel du président Hénault, où il louait un joli appartement en entresol. Telle fut l'origine du nom sous lequel on nous désigna.

L'objet des conférences fut toujours le même; mais le jour, les heures, ainsi que les différens ouvrages qu'on y lut, ayant varié successivement, je rapporterai ici quels ont été ces ouvrages, ces occupations et le nom des académiciens, sans un ordre exact de temps, faute de mémoire, en forme d'annales et avec une confusion inévitable.

Voici d'abord les noms de ceux qui y furent admis:
M. l'abbé Alary, président.
M. de Balleroy, mon cousin.*[*2. Claude-Augustin de là Cour, marquis de Balleroy, cousin et ami du marquis d'Argenson, premier écuyer de M. le duc d'Orléans, nommé gouverneur de M. le duc de Chartres, en mai 1735; il obtint, en1738, le grade de maréchal de camp, et, en 1744, celui de lieutenant général des armées du Roi. Il suivit son élève dans les diverses campagnes auxquelles ce jeune prince prit part, se distingua au siége de Fribourg, et fut exilé en novembre 1744, pour avoir engagé M. le duc de Chartres à se joindre au parti des Princes du Sang lors de la maladie du Roi à Metz et du renvoi de madame de Châteauroux.]

M. de Coigny.*[*3. François de Franquetot, maréchal duc de Coigny, né le 6 mars 1670, conseiller au conseil de guerre sous la régence de duo d'Orléans, maréchal de France en juin 1734, gouverneur général d'Alsace en janvier 1739, créé duc de Coigny en février 1747, mort le 18 décembre 1759.]
[249] Le marquis de Matignon *[*1. Marie-Thomas-Auguste Goyon de Matignon, comte de Gacé, fils du dernier maréchal de Matignon, né le 18 août 1684, brigadier de cavalerie et chevalier des ordres du Roi. Quoique M. de Matignon eût beaucoup d'esprit de société, il est probable qu'il ne se sentit propre ni à la guerre, ni aux affaires, et borna son ambition à vivre avec luxe et en grand seigneur. Il mourut à Paris le 9 juin 1766, dans la quatre-vingt-deuxième année de son âge. Il avait été fort lié avec milord Bolingbroke, comme le prouve leur correspondance.]
Moi.
M. de Champeaux, aujourd'hui commissaire du commerce de France à Cadix.*[*2. Lévesque de Champeaux, résident à Genève, envoyé depuis à Hambourg et près du cercle de Basse-Saxe. Ce fut lui que le marquis d'Argenson employa pendant son ministère aux négociations avec la cour de Turin, en décembre 1745. Il était frère de MM. Lévesque de Burigny, de l'Académie des inscriptions et belles-lettres, et Lévesque de Pouilly, lieutenant élu de la ville de Reims où il fonda un grand nombre d'établissemens utiles, auteur d'un Traité sur les sentimens agréables. (Genève, 1747.)]
M. de Verteillac.*[*3. Gouverneur de la ville de Dourdan en 1754.]
Le comte d'Autry.*[*4. Louis-Joseph de Goujon de Thuisy, comte d'Autry, mort le 9 août 1749, dans la soixante-quinzième année de son âge.]
M. de Plelo, depuis notre ambassadeur à Copenhague.* [*5. Louis-Robert-Hippolyte de Brehant, comte de Plelo, né en 1699, colonel d'un régiment d'infanterie, ministre plénipotentiaire de France en Danemarck, en septembre 1728, ambassadeur près la même cour en 1731, tué devant Dantzick le 27 mai 1734. Il avait épousé Louise Phelippeaux, soeur du comte de Saint-Florentin, duc de La Vrillière, et n'en eut qu'une fille, mariée, en 1740, au duo d'Aiguillon. Le comte de Plelo était fort instruit, et cultivait la poésie avec succès. Il est auteur de plusieurs idylles pleines de grâce, entre autres de celle intitulée : La manière de prendre les oiseaux.]
[250] Le petit Pallu, alors maître des requêtes, depuis conseiller d'état.*[*1. M. Palle, intendant de Lyon, beau-frère de M. Rouillé, ministre de la marine,

intendant des classes et des armées navales pendant le ministère de celui-ci.]
M.de Caraman, gendre du premier président (Portail).*[*2. Victor-Pierre-François Riquet, comte de Caraman, lieutenant général des armées du Roi, mort à Paris le 21 avril 1760, âgé de soixante-deux ans. Son beau-père, le président Portail, mourut en 1736.]
M.de Ramsay, Écossais, auteur du Cyrus.*[*André-Michel deRamsay, né à Daire en Écosse, en 1686, passa en France, s'attacha à l'illustre Fénélon, archevêque de Cambrai, qui le convertit à la religion catholique en 1709. Il obtint ensuite l'ordre de Saint-Lazare, composa plusieurs ouvrages, notamment les Voyages de Cyrus, la Fie de Fénélon, et l'Histoire de Turenne, et mourut à Saint-Germain-en-Laye, le 6 mai 1743.]
Feu M. de Saint-Contest, le père, qui avait été notre plénipotentiaire à Bade et à Cambrai.*[*4. Dominique-Claude Barberie de Saint-Contest, successivement maître des requêtes, ministre plénipotentiaire de France pour le traité de Bade en 1714, et au congrès de Cambrai, conseiller d'état ordinaire, mort le 22 juin 1730, dans la soixante-deuxième année de son âge.]
Monsieur son fils, maître des requêtes .*[*5. François-Dominique Barberie de Saint-Contest, né en janvier 1701, intendant de Pau, puis de Dijon, ambassadeur en Hollande en octobre 1746, ministre et secrétaire d'état des affaires étrangères après la retraite de M. de Puisieux, le 12 septembre 1751, mort à Versailles le 24 juillet 1754.]
[251]L'abbé de Bragelone, doyen de Brioude et de l'académie des sciences.
M.de Lassay, père.*[*1.Armand de Madaillan de Lesparre, marquis de Lassay, chevalier des ordres du Roi, mort à Paris le 20 février 1738, dans la quatre-vingt-sixième année de son âge, auteur de divers mémoires imprimés en 4 volumes in-12.]
Le duc de Noirmoutiers.*[*2. Antoine-François de La Trémouille de Noirmoutiers, duc de Royan, mort à Paris le 18 juin 1733, dans la quatre-vingt-deuxième année de son âge.]
M. de la Fautrière, conseiller au parlement.
Le chevalier de Camilly, ci-devant notre ambassadeur à Copenhague .*[*3. Pierre Blouet de Camilly, chevalier de Malte, ambassadeur de la religion au congrès de Bade en 1714,et à celui de Cambrai en 1723. Il fut aussi ambassadeur de France en Danemarck depuis juillet 1726 jusqu'en avril 1728, et servit dans la marine avec distinction. Successivement grand bailli

honoraire de l'ordre de Malte, chef d'escadre, lieutenant général des armées navales, vice-amiral du Ponent le 1er. mai 1755, il obtint la grand'croix de Saint-Louis le 1er. septembre 1752, et mourut premier vice-amiral de France, à Paris le 2 juillet 1753, âgé de quatre-vingt-sept ans.]
M. Pérelle, conseiller au grand conseil.*[*4. On cite cette réponse de M. Perelle, lorsqu'en 1720 il se prononçait vivement contre l'acceptation de la bulle Unigenitus par le grand conseil dont il était membre. Le chancelier lui demandant où il avait puisé ces maximes : Dans les plaidoyers, répliqua-t-il, de feu M. d'Aguesseau. (Voulant rappeler à celui-ci combien ses sentimens, avant d'être en charge, différaient de ceux qu'il avait adoptés depuis.)]
L'abbé de Pomponne, ci-devant notre ambassadeur à Venise.* [*5. Charles-Henri Arnauld de Pomponne, neveu du grand Arnauld, et fils du marquis de Pomponne, ministre des affaires étrangères sous Louis XIV, né en 1669, aumônier du Roi, ambassadeur à Venise en février 1705, conseiller d'état d'église en novembre 1711, chancelier des ordres du Roi en décembre 1716, enfin, en 1743, membre honoraire de l'Académie des inscriptions et belles-lettres. Il mourut à Paris le 26 juin 1756, dans sa quatre-vingt-septième année.]
[252] L'abbé de Saint-Pierre, de l'académie française, excellent citoyen, auteur du Projet de Paix perpétuelle et de plusieurs autres ouvrages pour la gloire de la nation et le bonheur des peuples.
Il y eut encore feu M. d'Oby, avocat général au grand conseil. Quand M. le Duc fut exilé en 1726, et que le ministère changea, M. Horace Walpole, alors ambassadeur d'Angleterre, demanda à être entendu à l'entresol. On le lui accorda; il s'assit, nous harangua plus de deux heures, pour nous persuader qu'il était à propos que la France restât dans les mêmes liaisons avec l'Angleterre que par le passé. Puis il se retira et chacun en dit son avis.
L'abbé Franquini, envoyé du grand-duc de Toscane, demanda vivement à être des nôtres. Il a plusieurs qualités qui le méritent, et entre autres celle d'aimer la nation et de lui être plus agréable qu'aucun autre étranger. Mais cette qualité même d'étranger l'a exclu.
M. d'Angervilliers avait demandé son admission parmi nous; il était agréé lorsqu'il fut choisi pour vaquer à des occupations plus importantes, mais plus orageuses. Je veux parler de sa nomination au ministère de la guerre.
Voici maintenant de quoi chacun fut chargé, et sur quoi nous lûmes peu ou beaucoup suivant le plus ou le moins de zèle qui nous animait.

MEMOIRES, 1825.

[253] M. l'abbé Alary, travaillait à une histoire germanique qu'il a plus avancée qu'il ne l'avancera par la suite. Cette histoire est laborieusement recherchée dans les sources, et d'un style noblement orné. On a lu à la conférence ce qu'il y en a de fait. Il s'était encore chargé de répondre aux questions sur les nouvelles, comme nous allons dire lus loin. Je fus d'abord chargé du droit public en général, sur quoi donnai des sommaires de matière dès la seconde séance où assistai ; mais, comme cela se trouvait trop étendu, on dit que ce serait la mer à boire, et l'on me restreignit au droit ecclésiastique de France que j'ai assez avancé, et sur lequel j'ai fait un grand nombre de lectures. Je fis l'éloge de M. de Saint - Contest quand nous perdîmes ont académicien. Je lus aussi beaucoup d'autres mémoires fugitifs sur le gouvernement, tels que des objections aux divers systèmes politiques de l'abbé de Saint-Pierre. Enfin, j'étais chargé, concurremment avec M. l'abbé Alary, d'un travail courant qui ne commença qu'à la troisième année de l'Entresol. On faisait sur les gazettes de Hollande l'extrait des nouvelles les plus importantes, ou qui méritaient des éclaircissemens. J'envoyais ma feuille deux fois par semaine à l'abbé Alary. Il y trouvait des marques et des questions en marge auxquelles il satisfaisait à mesure extrêmement bien ; et ces réponses composaient déjà un gros volume dont j'ai rédigé les tables analytiques.

M. de Ramsay nous lut son Cyrus et les corrections la nouvelle édition.

M. de Champeaux faisait l'Histoire anecdotique des traités de paix, depuis la paix de Vervins.

M. de Baleroy travaillait aussi à l'Histoire des traités [254] depuis la même époque. Ces deux ouvrages étaient fort avances.

MM. de Coigny, de Matignon, de Lassay, de Noirmoutiers, de Saint-Contest père, de Camilly, de Pomponne et Pérelle, étaient des espèces d'honoraires qui écoutaient, nous aidaient de leurs lumières et de leur expérience, et suivaient nos assemblées avec beaucoup de curiosité et d'assiduité.

M. de Verteillac était de la création. C'est un homme de bon sens, qui met de la suite à ce qu'il dit. Il s'était chargé d'un travail sur les gouvernemens mixtes : il avait déjà fini la Suisse, la Pologne, etc., et a terminé par la Moscovie.

M. d'Autry faisait pareillement la description des gouvernemens d'Italie, et a commencé par lire quelques fragmens de traduction d'auteurs italiens sur cette histoire en général.

M. de Plelo nous a lu le commencement d'une belle Dissertation sur le gouvernement monarchique et sur les autres formes de gouvernement.

M. Pallu, maître des requêtes, a commencé l'Histoire de nos finances.

M. de Caraman, que son beau-père, le président Portail, désira que nous eussions à nos conférences, avait entrepris l'Histoire du commerce pour laquelle sa vocation provenait sans doute du canal de Languedoc, dont il est principal actionnaire. Il a fait quelques lectures de morceaux qui, selon toute apparence, contenaient peu d'idées à lui.

M. d'Oby projetait une Histoire des États-Généraux et des Parlemens. Mais il mourut peu de temps après sa réception.

[255] M. de Saint-Contest fils a été chargé. de l'Histoire universelle très-moderne, à ne commencer qu'à la. paix de Ryswick. Notre dessein, en lui conseillant ce travail, avait été d'apprendre par lui mille anecdotes politiques sur les derniers temps, que son père savait ou devait savoir, et qu'il lui aurait communiquées. Mais le fils, plus lent à écrire qu'à penser et qu'à lire, n'a jamais fait de son ouvrage qu'un essai de tableau des affaires de l'Europe quand on entama les négociations de Ryswick. Ce prélude promettait beaucoup.

L'abbé de Bragelone, qui sait à fond une infinité de choses, qui est doué d'une mémoire exacte et fidèle, et particulièrement instruit en fait de généalogies, devait nous donner plusieurs anecdotes de l'histoire généalogique des maisons souveraines.

M. de la Fautrière nous a lu, à différentes fois, de longs et magnifiques morceaux d'une Histoire des finances et du commerce, dont il n'est encore qu'à l'introduction. Personne ne regretta qu'il eût enlevé cette tâche à MM. de Caraman et Pallu; car cet essai faisait un corps d'ouvrage excellent, étant rempli d'une infinité de traits et de maximes sublimes, tant sur le droit public que sur la science du gouvernement.

Enfin, M. l'abbé de Saint-Pierre fournissait à lui seul pour les lectures, plus que tous les autres membres de l'Entresol. Il se trouvait là comme en un pays que l'on a souhaité long temps et inutilement de voir, et où l'on se trouve enfin. Ses systèmes, qui sont connus du public, ne respirent que bureaux de découvertes, que conférences politiques. Il a depuis long-temps embrassé, de toutes ses forces, cette science de la philosophie pratique si cultivée chez les Grecs par les Platon, les Dion de [256] Syracuse, si inconnue, et presque insultée parmi nous. Dans un Age fort avancé, avec des applaudissemens médiocres du public, il se console par la vue de l'avenir, et s'encourage à persévérer dans ses recherches et dans ses découvertes, qui le promènent dans toutes les parties du gouvernement. Il nous communiquait donc tous ses ouvrages non imprimés, demandait des objections par écrit, et y répliquait constamment avec alitant d'exactitude que de persévérance, toujours satisfait de ses propres solutions, quoiqu'il se pique de ne pas abonder dans son sens.

Telles étaient les occupations de chacun de nos académiciens. Voici comment les choses se passaient dans nos conférences, et comment le temps s'y distribuait :

On s'assemblait une fois par semaine tous les samedis. On était, ou l'on devait être en place à cinq heures, et l'on y restait jusqu'à huit. L'hiver, chacun s'en retournait chez soi avec une nouvelle curiosité.

L'été, on allait en corps se promener aux Tuileries sur les terrasses, ou dans, quelque allée couverte, et à l'écart, pendant les grandes chaleurs, confabulant volontiers de ce qui nous venait d'occuper plus sérieusement.

C'est là que, seuls en paix, errant parmi les bois,
Nous voyons à nos pieds les favoris des rois.*[*1.La Fontaine, Philémon et Baucis.]

Nous gagnions souvent les Tuileries à pied, M. l'abbé Alary ayant toujours été logé à portée de cette promenade, surtout lorsqu'il demeurait sur la place Vendôme d'où nous entrions aux Tuileries par le passage des Feuillans.

[257] La conférence, qui durait trois heures, était divisée en trois parties assez égales.

La première comprenait la lecture de mes extraits de gazettes, la réponse aux questions, et la conversation curieuse sur les nouvelles publiques, les raisonnemens, les conjectures politiques, les éclaircissemens que nous fournissaient principalement nos anciens ambassadeurs. Nous avions toujours un grand atlas sur la table pour suivre la position locale des événements. Le chevalier de Camilly qui a voyagé dans les quatre parties du monde, avec beaucoup de connaissances déjà acquises et d'esprit de curiosité ; feu M. de Saint-Contest qui avait manié les plus grandes affaires de négociations dans deux congrès, dont les traités servent aujourd'hui de base à la politique; ces deux messieurs, dis-je, brillaient infiniment, comme on peut le croire, dans cet entretien plein de charmes.

La seconde heure était consacrée à suppléer, par la conversation, aux nouvelles écrites. On débitait sans aucune réserve, et avec une entière confiance, tout ce qui se disait dans le monde sur les affaires de quelque importance. Jamais cette partie de la conférence n'a cessé d'être soutenue et animée. Car la première avait mis la curiosité et le raisonnement dans une grande action ; et l'on a toujours eu de la peine à terminer cette causerie, pour donner place au troisième exercice.

Celui-ci consistait à lire, à peu près tour à tour, et pendant une heure, les ouvrages des académiciens sur les matières déduites ci-dessus. On observera qu'il arrivait souvent de substituer à la lecture de nos ouvrages des relations qui conduisaient à notre objet, des traités conclus récemment et que chacun s'efforçait d'avoir de [258] la première main. Plusieurs s'étaient ingéniés pour avoir des correspondances en pays étranger. On avait des nouvelles d'Espagne par M. de Champeaux, celles du Nord par M. de Plélo depuis qu'il fut parti pour son ambassade. M. l'abbé Alary en recevait de Rome. Je m'étais ménagé une correspondance à Florence et une autre à Bruxelles pour les nouvelles des Pays-Bas.

Il est encore à remarquer que souvent les académiciens sortaient de leur département pour lire quelques morceaux qu'il leur avait pris en gré d'écrire sur différentes matières. J'ai déjà dit que cela m'était arrivé plus d'une fois. Nous lûmes entre autres vingt et une lettres d'un auteur connu, qui contenaient une histoire abrégée de la Régence, et qui firent un plaisir infini à tout le monde. Enfin l'emploi d'un des gardes de la bibliothèque Royale donna occasion à l'abbé Alary d'apporter à l'Entresol quelques manuscrits que nous lûmes pour remplir les vides, quand les académiciens n'avaient pas assez travaillé en leur particulier pour remplir le temps des séances. Nous lûmes notamment un manuscrit sur les états-généraux.

MEMOIRES, 1825.

Malheureusement en ce pays-ci l'on tourne tout en ridicule. Les meilleures choses sont sujettes à la critique, et à la pire de toutes les critiques, le travestissement et la moquerie. Les gens du monde, même honnêtes, ont voulu devenir petits-maîtres, et excellent à blâmer ce qui est sérieux et bon. Il faut vivre pour soi, il ne faut voir les bonnes actions qu'en songe dans les héros de roman et de théâtre i et dès qu'on veut pratiquer, ou se mettre sur la voie de pratiquer ce qu'on admire encore de loin, cela est traité de radotage. C'est par de semblables maximes que l'on avait dit légèrement [259] de nous que nous réglions l'État, que nous nous mêlions de choses où nous n'avions que faire, que nous étions un bureau de nouvellistes. La vérité est que nous embrassions cette matière avec plus de modestie que peut-être il n'appartenait à l'acquit qu'avaient déjà le corps et plusieurs de ses membres. Nous raisonnions hardiment; nous ne concluions que sobrement, et avec une hésitation qui nous laissaient libres pour admettre des raisonnemens plus démonstratifs. Outre cela, nous étions ce qu'on appelle fort communicatifs entre nous, qualité essentielle et qui est l'âme de pareilles sociétés: elle vient de la confiance et de l'estime réciproques, d'une liaison où le coeur a autant de part que l'esprit. Elle tourne au profit commun.

Ce fut moi-même qui demandai l'admission de l'abbé de Saint-Pierre, qui est un si bon citoyen et duquel on peut dire comme d'Astrée :

> Que sa félicité ne peut être parfaite
> Que le ciel n'ait rendu tous les mortels heureux:

L'abbé de Pomponne en fut outré pour je ne sais quelle pique arrivée autrefois entre eux à l'hôtel de Torcy; cela fut au point que l'abbé de Pomponne jura de ne plus mettre les pieds chez nous; il y revint pourtant, et il n'en fut plus question.

Je m'apercevais déjà de plusieurs autres causes plus sérieuses qui devaient tôt ou tard amener notre disgrâce. Sous un gouvernement aussi ombrageux que le nôtre, plusieurs de nos démarches étaient des fautes réelles. Notre président, l'abbé Alary, se faisait trop une sorte de trophée d'avoir été le fondateur et le chef de cette [260] aimable assemblée. Il en parlait partout. J'enrageais, voyant que nous cachions si peu nos plaisirs. Je disais :

Contentons-nous-en pour nous-mêmes, faisons-nous oublier. Il est très-vrai que tout le monde savait nos jours, et que le samedi au soir, dans les bonnes maisons de Paris, où la plupart d'entre nous allions souper, on nous demandait : Quelle nouvelle? car vous venez de l'Entresol. Cela nous déplaisait au possible. Cependant on se livrait malgré soi à la conversation, et il se trouvait que l'on abondait en nouvelles et en bons raisonnemens de toutes sortes; et les auditeurs de dire : C'est. donc lia ce que pense l'Entresol de tel événement? Pareille question me fut faite a Versailles par M. le Chancelier. C'était à propos de la mort de la Czarine. Je lui répondis si sèchement, qu'il ne m'a plus questionné depuis. Je me tuais de recommander à nies collègues la même modération et discrétion sur le nom même de notre société. Je leur disais : Un beau matin le gouvernement nous signifiera l'ordre de cesser toute réunion.

L'abbé Alary est rentré dans son appartement de la bibliothéque du Roi, l'hiver dernier ; nos assemblées s'y sont tenues, et cela nous a donné bon air. On nous avait arrangé au-dessus de la première pièce de cet appartement un véritable entresol qui nous rappelait notre premier établissement. Nous trouvions fort convenable que notre société fût logée dans une maison royale comme les autres académies. Nous nous croyions transportés à cet âge d'or de l'Académie française que nos anciens académiciens regrettent tant, lorsque le cardinal de Richelieu vint les en tirer pour leur imprimer le sceau de l'autorité royale. Il semblait que cette portion d'occupations à laquelle nous nous étions dévoués, ayant été oubliée lors [261] de la création de, toutes les académies royales, il fût réservé à M. le cardinal de Fleury d'imiter et de surpasser même le cardinal de Richelieu en donnant à la nôtre la même fixité. Dès lors la comparaison eût consisté au plus ou moins d'utilité, et à la préférence qu'il convient d'accorder à savoir bien sa langue où à s'occuper des moyens de rendre les peuples heureux.

On sait qu'il y eut une académie politique au Louvre, établie du temps de M. de Torcy ; mais. elle n'a pu durer, pour plusieurs inconvéniens qui s'y rencontrèrent dès sa naissance, dont le plus choquant fut encore l'indiscrétion ; mais dont le réel était le peu de goût des académiciens qui n'avaient en vue que leur fortune, tandis que nous autres n'étions guidés que par l'intention gratuite de bien faire. Son éminence nous avait réellement pris en gré : elle parlait fréquemment de nous ; elle ne manquait pas une occasion de s'informer de nos occupations, du travail de chacun des nôtres, du plus ou moins de talent qu'il faisait augurer; elle témoignait des égards tout particuliers à nos académiciens les plus distingués. Rien ne contribua plus à procurer à M. de Plélo l'ambassade extraordinaire de Danemarck, que la réputation qu'il s'était faite parmi nous : aussi l"s succès qu'il obtint dans cette mission rejaillirent-ils sur la société dont il avait fait partie.

Cet été l'abbé Alary fut nommé instituteur des enfans de France. Il accepta, par des vues étrangères à l'ambition, cet emploi dont il se fût fort bien-passé. Il devint par-là résident à Versailles ; mais une des conditions de son marché, sur laquelle M. le cardinal le prévint de lui-même, fut que cela n'interromprait point l'Entresol. Pour cet effet, il avait congé de venir régulièrement a il [262] Paris tous les samedis, de tenir l'Entresol chez lui ; puis il s'en retournait le dimanche.

Ce fut alors que l'on commença à la cour à lui dresser des embûches. Ses ennemis, envieux de la faveur dont il jouissait, le rendirent suspect à cause de l'Entresol, et l'Entresol à cause de lui.

On dit qu'il publierait chez nous tout ce qu'il apprendrait à Versailles, et l'on nous dépeignit comme gens indiscrets et dangereux.

J'oubliais encore de rapporter que quelque temps auparavant il nous avait été proposé de recevoir parmi nous un certain magistrat clerc dont je tairai le nom, sorte de favori du premier ministre, qui fut déclaré suspect tout d'une voix. On prétend que ce refus, malgré tous les ménagemens dont nous fîmes usage, ne contribua pas peu à nous rendre moins agréables ; d'autant que de certaines personnes s'intéressaient au candidat.

Enfin, je ne puis passer sous silence, parmi les causes de notre séparation, la conduite imprudente de l'un de nos collègues, qui sans doute ne cherche plus à acquérir le mérite d'être secret depuis qu'il a fini son temps d'ambassade. L'abbé. de Pomponne sait beaucoup, a infiniment d'esprit; mais il n'est pas le maître de ses idées; il n'a pas plus de tête qu'une linotte. Il nous disait des choses d'un mystérieux singulier selon lui, nous recommandait le plus grand secret, puis il allait les répétant à qui voulait l'entendre. Il voyait beaucoup d'étrangers et leur citait à tous propos notre manière de voir. Il disait : Je vois en tel lieu de véritables hommes d'état. Ils disent ceci, ils pensent cela. Tantôt il nous portait aux Dues, tantôt il nous déprimait avec humeur. Et cette humeur ne provenait que d'amour-propre, selon qu'il [263] croyait avoir brillé à nos conférences, ou que tout le monde n'y avait pas été de son avis. L'abbé de Pomponne a toujours eu beaucoup d'accès près de son éminence, avec laquelle il est lié depuis longues années. Il a son franc parler devant elle, et je ne doute pas que dans ses momens de fougue il ne nous ait souvent cités suivant son habitude. Il faut avouer que ses citations ne devaient pas toujours plaire ; car nous frondions parfois bien ouvertement. Rien au surplus ne doit être imputé à trahison : l'indiscrétion seule a tout fait.

L'abbé de Pomponne avait contracté l'habitude de parler à nos conférences avec une impétuosité pétulante qui diminuait la liberté et la douceur de nos communications. Ce fut particulièrement à l'occasion de la pragmatique impériale qu'il se déchaîna, trouvant que le roi de France ne prenait pas des mesures assez promptes ; et il exhala mille invectives contre les étrangers. Cela fut su. Qu'en arriva-t-il? Les ministres étrangers coururent chez M. le Cardinal et chez M. le Garde des sceaux, et lui dirent : Qu'est-ce donc que cet Entresol qui bidule si hautement votre conduite, et dont il sort de tels mémoires? Que cela fût vrai ou non, le premier mouvement fut de dire : De quoi se mêlent-ils ? Qui les a chargés de ce soin ?

Enfin, cet automne, M. de la Fautrière,*[*1.En septembre 1732, M. de la Fautrière fut emprisonné par ordre du cardinal à Salins en Franche-Comté.
L'abbé Pucelle, conseiller à la grand'chambre, célèbre par la véhémence de ses opinions, fut exilé à son abbaye de Corbigny, près Château-Chinon.
M. Titon, conseiller à la cinquième chambre des enquêtes, fut enfermé au château de Ham, etc.] qui a [264] beaucoup d'esprit, de savoir et de courage, se distingua dans l'assemblée des chambres du parlement. Il alla de pair avec l'abbé Pucelle. Cette circonstance acheva de nous donner un vernis d'opposition à la cour.

Au commencement de l'automne, le dernier samedi où l'Entresol fut tenu à la bibliothéque du Roi, l'abbé Alary revint de Versailles, comme il n'y avait encore que trois de nous d'arrivés. Il nous dit : "J'ai le poignard dans le coeur; M. le Cardinal m'a dit hier: Dites à vos messieurs de l'Entresol qu'ils prennent garde à leurs discours, que des étrangers même sont venus s'en plaindre à moi." Nous convînmes aussitôt de tenir ce discours extrêmement secret, même à ceux de nos confrères qui n'étaient pas encore venus. Je fus d'avis de continuer, en étant beaucoup plus circonspect sur les affaires présentes: On trouva plus à propos d'interrompre, et de prendre le prétexte des vacances. Ceux d'entre nous qui voyaient davantage M. le Cardinal et M. le Garde des sceaux eurent soin d'éviter toute conversation sut l'Entresol, de peur qu'on ne leur dît en particulier les mêmes choses qu'à l'abbé Alary.

Cependant l'abbé de Saint-Pierre proposait vivement de renouer des conférences où l'on ne s'occuperait d'aucune affaire du temps; mais seulement d'examiner les projets politiques, ou d'en proposer d'autres avec démonstration par corollaires, éclaircissemens, objections et réponses. Non content de cela, il prétendit faire approuver son projet par M. le Cardinal, et, au lieu d'y réussir, il nous attira cette prohibition que nous avions voulu éviter avec tant de soin.

Voici quelle fut en effet sa correspondance avec [265] Cardinal, correspondance qui avança si fort le terme de notre rupture.

L'abbé de Saint-Pierre est en possession d' envoyer à S. Ém. des Mémoires sur les affaires du temps; et chaque fois S. Ém. lui en accuse réception avec bonté et exactitude. On a cru que l'ennui et l'impatience du Cardinal avaient rejailli sur l'Entresol ; on s'est trompé, on a outré cette idée de déplaisante et d'humeur. Il estcertain, comme on va le voir, que S. Ém. écrit à l'abbé de Saint-Pierre, et lit ses Mémoires. L'abbé de Saint-Pierre prétend même que certainement on va créer une commission pour réformer les impositions, et cela sur ses avis. Tant y a-t-il, que dans une de ses lettres d'envoi il parla de l'Entresol, et reçut une réponse qui contenait le passage suivant:

"A l'égard de vos assemblées, dans votre Entresol, je ne peux vous dissimuler qu'on en faisait un si mauvais usage, par les nouvelles qui s'y débitaient, que les étrangers eux-mêmes s'en sont plaints ; et vous devez convenir que ces sortes de choses sont souvent très-pernicieuses."

Autre réponse de M. le cardinal.
Versailles, 11 août 1731.
"Je vois, monsieur, par votre lettre d'hier, que vous vous proposiez, dans vos assemblées, de traiter des ouvrages de politique. Comme ces sortes de matières conduisent ordinairement plus loin que l'on ne voudrait, il ne convient pas qu'elles en fassent le sujet. Il y en a beaucoup d'autres qui ne peuvent avoir les mêmes conséquences, et qui ne sont pas moins dignes [266] d'attention. Ainsi, supposé que vous jugiez à propos de continuer vos assemblées, je vous prie d'avoir attention à ce qu'il n'y soit point parlé de choses dont on puisse avoir sujet de se plaindre."

Pour le coup le bon abbé y renonça, se trouvant bien et dûment éconduit, et reconnut qu'il nous avait attiré une défense expresse de recommencer avec qualification et définition de tout ce que nous pouvions entreprendre. Enfin, le comble fut mis à nos infortunes. Notre situation fut divulguée. Toute la cour sut la mésaventure de l'Entresol. Les uns en badinèrent, prétendant que nous avions pénétré les secrets de l'État; les autres déchirèrent le ministère, et dirent qu'il se permettait une véritable inquisition. Il y eut des brocards de toutes sortes lancés dans le public. Le duc de Noailles, qui affectait en ce temps-là de désirer lier connaissance avec moi, m'accablait de questions sur la vraie cause de notre interdiction, à quoi je répondis ce que je voulus. Je ne me couchais pas un seul jour sans me dire : "Il va nous être décerné demain un brevet de l'ordre de la calotte;"*[*1. Plaisanterie fort à la mode en ce temps. On donnait un brevet du régiment de la Calotte à quiconque était signalé par quelque déconvenue. On sait ce mot d'un courtisan, connu pour en faire partie, à Louis XIV. Le monarque lui demandait quel jour il ferait défiler sa troupe devant lui. — Sire, il n'y aurait personne pour la voir passer.] par bonheur pourtant il n'y en eut pas.

J'avais, depuis long-temps, mon petit projet tout formé. Il ne s'agissait que d'un point, qui était d'éviter, comme je l'ai dit, que le cardinal ni le garde des sceaux m'intimassent le même ordre, et ne me marquassent la même volonté qu'à nos deux abbés Alary et Saint-Pierre. Jusque-là je pouvais alléguer cause d'ignorance de cette [267] bizarre prohibition. Cependant, la Saint-Martin arrive, et tout le monde se retrouve à Paris. Alors ceux de nous qui avaient depuis long-temps leur dessein formé se réunissent, et décident qu'il fallait profiter du silence qui avait été gardé, à leur égard, de la part du ministère; qu'on pouvait établir de nouvelles conférences dont on exclurait ceux qui avaient moins su se taire. Nous convînmes de garder un grand secret dans le public, et surtout devant les exclus, sur l'existence du nouvel Entresol. Pour mieux dépayser nos espions, nous prîmes d'autres jours, savoir le mardi une semaine, et le mercredi l'autre. Il est vrai que, par cette mesure, l'abbé Mary ne pouvait venir aux assemblées; mais c'était beaucoup de le conserver parmi nos membres titulaires. On convint encore de s'assembler tantôt chez l'un, tantôt chez l'autre des académiciens.

Il s'est tenu trois assemblées dans ce goût-là ; la première, chez moi ; la seconde, chez l'abbé de Bragelone; la troisième et dernière, chez M. de la Fautrière ; mais deux incidens achevèrent de dissiper ce reste d'Entresol. Il venait de se passer grand tumulte au parlement ; en sorte qu'on ne douta pas que la maison de M. de la Fautrière ne fût espionnée par des ordres supérieurs ; le second fut, qu'étant attaqué de conversation par M. le garde des sceaux, ce ministre exigea de moi la promesse formelle qu'on ne s'assemblerait plus, ni directement, ni indirectement. Vous entendez bien ce que je veux dire, ajouta-t-il, ce qui signifiait incontestablement que l'on savait tout, et qu'il serait inutile de ruser davantage.

Tout ce que ce ministre a pu me dire alors et depuis contre nos assemblées se réduisait à ceci : Que nous étions une Académie politique ; qu'il ne convenait pas [268] qu'un pareil établissement existât sans que le gouvernement y participât, pour en régler les matières ; qu'on ne pouvait alléguer que c'était une société d'amis qui conversaient entre eux librement, puisque des jours périodiques, un assez grand nombre de membres, le bruit que leurs occupations faisaient dans le public. et un travail réglé, dénotaient une véritable académie politique ; qu'enfin celle du Louvre, établie sous M. de Torcy, ayant été dissoute sur de fortes considérations, il ne convenait qu'au gouvernement seul de la rétablir.

Il y avait bien des choses à rétorquer qui eussent été sans réplique, comme l'approbation formelle que le cardinal et M. le garde des sceaux lui-même avaient donnée à notre société, s'en entretenant vingt fois avec nous et nous louant de notre zèle.

Mais M. le garde des sceaux me parut si bien informé que nous nous rassemblions malgré sa défense, qu'il me répéta par deux fois : Est-il bien certain, monsieur, que cela soit fini? Me le promettez-vous ? Ce fut ainsi qu'il me contraignit, pour ainsi dire, à lui engager ma parole d'honneur, et dés lors il fallut y renoncer absolument jusqu'à des temps meilleurs.

Pour ce qui est de l'utilité d'une pareille société, l'on en peut juger par ce que j'ai dit du département que chacun avait embrassé. Pour peu que l'on raisonne, on trouve aisément quelle est l'excellence de son objet. Il est surprenant que tant de sciences soient cultivées en Europe, tandis que le droit public manque d'écoles. Pourquoi la théorie n'a-t-elle point lieu à l'égard des sociétés générales, comme pour les avantages des sociétés particulières? On prétend aux emplois publics, et l'on ne peut s'y rendre capables qu'en se jetant d'abord dans [269] la pratique ; car voici la mode qui s'est introduite en France de nos jours; on dit : "Quand je serai ambassadeur, quand je serai élevé au ministère, j'apprendrai ma charge."

Il doit exister encore un dépôt en originaux des manuscrits qui se sont lus à l'Entresol ; c'est M. l'abbé Alary qui en est chargé.

Que ceux-là donc qui apprendront qu'il a existé un Entresol, et qu'il n'est plus, ne s'imaginent pas que le moindre dégoût parmi ses membres, ou le plus léger penchant à dégénérer, ait contribué à faire languir et à interrompre ensuite l'établissement. Tous ceux qui l'ont composé peuvent attester comme moi que nous n'avons jamais été plus engoués de notre société que quand elle a cessé de s'assembler. C'était, pour ainsi dire, notre vocation naturelle qui nous y entraînait tous. Je souhaite que le ministère ait ordonné notre dissolution sans remords. Mais que notre siècle ne soit pas toujours privé d'une sage résipiscence ! les plus courtes fautes sont les plus pardonnables.

Mort de M. de Plélo.
Ces sociétés libres laissent dans l'esprit de bien doux souvenirs. Elles établissent des liaisons pour la vie ; et je ne puis songer, sans répandre quelques larmes, à la fin tragique de l'un de ceux qui avaient fait l'ornement de notre académie.

MEMOIRES, 1825.

Ce fut au mois de mai 1734 que M. Plélo, ambassadeur de France en Danemarck, se fit tuer devant Dantzig par un coup de tête follement entrepris; mais soutenu avec grand courage. Il s'agissait de sauver le roi Stanislas assiégé dans cette ville. Nous ne lui avions envoyé [270] qu'un bien faible secours de trois bataillons, tout-à-fait disproportionné à la nature de l'entreprise.*[*1. Les Russes étaient au nombre de trente mille. M. de Plélo n'avait que quinze cents hommes.

Après sa mort, Lamothe capitula, sous condition d'être conduit avec sa troupe dans un port neutre. Mais, sous prétexte que ce port n'était point désigné, on les conduisit prisonniers de guerre en Livonie.] Nos troupes, commandées par M. de Lamothe, vieil officier d'infanterie, avaient trouvé la besogne impossible; elles revinrent à Copenhague pour y attendre du renfort. M. de Plélo, qui avait sans doute conseillé cette expédition, le réprimanda. On tint conseil chez lui ; il voulut qu'on revînt à la charge ; un officier lui répondit qu'il était bien aisé de commander une chose impossible dans la sûreté de son cabinet. Là-dessus sa tête partit ; car il était dans la force de l'âge, un tempérament robuste, une tête bretonne.

Il est mort criblé de quinze coups de feu. Il était retourné trois fois à l'assaut, ruisselant de sang, cherchant à ranimer nos soldats qui se rebutaient de l'inutilité de leurs efforts.

Le vieux Lamothe était perdu de réputation si cette tentative eût réussi.

Le ministère a trouvé ici que M. de Plélo avait trop pris sur lui en quittant son poste sans ordre. Il lui fallait réussir ou mourir ; car il n'avait nul moyen de revenir honorablement sur ses pas.

Le cardinal de Fleury répondit assez sèchement à la Reine qui lui vantait cette action, lorsque l'on ne connaissait encore que son départ de Copenhague : Il hasarde sa vie et sa fortune. "Oh, pour sa fortune, reprit [271] la Reine, je m'en charge, quel que soit le succès." Ce fut comme une situation bien pathétique dans un drame ou dans une tragédie. Chacun était dans une angoisse mortelle. Cependant on était loin de prévoir cette affreuse catastrophe. Certes, je n'avais pas cru faire mes derniers adieux à M. de Plélo, quand il partit pour le Danemarck. J'ai plusieurs lettres de lui, qu'il m'écrivit de Copenhague, et qui sont fort spirituelles : je les garde précieusement.

On retrouve en ces temps-ci tout le brillant de la valeur française; et pins que jamais, comme l'a dit Voltaire dans sa Henriade :

>Des courtisans français tel est le caractère.
>La paix n'amollit point leur valeur ordinaire;
>De l'ombre du repos ils volent aux hasards.

Nos jeunes gens si frêles, si chétifs, si amollis par le luxe et le raffinement des plaisirs, n'en ont que plus de mérite à s'exposer volontairement aux chances de la guerre ; tandis que nos pères, demi barbares et fortement constitués, ne faisaient que s'abandonner à la fougue d'une impétuosité brutale.

Malheureusement, c'est rarement pour le bien de la patrie que nous combattons : nos guerres sont toutes d'ambition et de vanité ; mais, quels que soient les motifs qui nous mettent les armes à la main, nos militaires se comportent en héros. C'est une ardeur inouïe, et dont nos généraux ne profitent peut-être pas assez pour obtenir de plus grands succès.

[272] Disgrâce de l'abbé Alary.*
[*1. Juillet 1734.]

Depuis long-temps l'abbé Alary était fatigué de la place d'instituteur, proprement maître à lire de M. le Dauphin. Il aspirait au rang de sous précepteur ; pour le moins à celui de lecteur du Dauphin, qui est la troisième place dans l'éducation. Celle de précepteur en chef eût été le comble de ses voeux.*[*2. Elle fut donnée à l'ancien évêque de Mirepoix, et celle de sous. précepteur à l'abbé de Saint-Cyr.] Par malheur, la naissance manquait excessivement. L'abbé Alary était assuré de madame Dangeau, une des meilleures et des plus vieilles amies de S. Em. Il comptait aussi sur madame de Lévis, autre favorite; mais surtout, et avec raison, sur ses travaux et ses succès dans la place qu'il a remplie près des enfans de France. Et en effet, si l'on n'avait en vue, comme cela devrait être, que la réussite en toutes choses, quoi de mieux que de choisir pour les plus grandes places ceux qui se distinguent dans les inférieures ? L'abbé Alary s'y était pris avec le Dauphin et Mesdames de France d'une manière supérieure; il rendait aimable ce qu'il leur montrait, et avec le goût qu'il leur inspirait, le progrès était sensible.

Mais on a su donner au cardinal des impressions fâcheuses contre mon ami. L'abbé a l'air affairé, de la légèreté, de l'indiscrétion même dans les propos et les démarches. On a fait croire à S. Ém. qu'il se mêlait d'intrigues, ce qui n'est pas. On a dit que l'abbé Alary voyait trop d'étrangers, et leur parlait trop ; on a répété à ce propos tout ce qui s'était dit de notre petite académie [273] politique de l'Entresol. L'abbé était ami intime de M. de Plélo, et avait été chargé par lui de ses complimens à la Reine quand il partit pour s'aller faire tuer devant Dantzig. De quoi va se mêler, disait-on, un petit instituteur? Imprudence, faute de courtisanerie, fidélité en amitié, tels furent ses crimes. Belle leçon de la morale qui doit se pratiquer à la cour !

Cependant un matin, l'abbé Alary ayant un commencement de fièvre, monte chez S. Em. pour s'expliquer sur les bruits qui courent que l'on va nommer un précepteur autre que lui (l'abbé Couet, hypocrite et fourbe dangereux) ; il expose qu'on le déshonore; met ce qui s'appelle le marché à la main, est pris au mot et avec rudesse. Voilà où ont abouti toutes les cabales et l'ambition de mon pauvre ami.

Le lendemain, quand sa disgrâce fut connue, tout le monde s'est tourné contre lui. On l'a dit intrigant, impertinent; le cardinal lui-même, tout honnête homme qu'il soit, n'a point essayé de disculper celui qu'il venait de congédier ; il a dit que l'abbé lui avait parlé avec insolence; qu'il se mêlait de trop de choses.

On ne pardonne jamais à ceux que l'on a offensés, disent les Italiens: aussi l'abbé a-t-il renoncé à la cour pour autant que ce ministère durera.

Il s'est d'abord retiré à son bénéfice de Gournay-sur-Marne; mais l'évêque de Luçon et moi l'avons décidé à se montrer à Paris, afin de faire cesser les bruits qui ont couru de son exil, bruits qui fort souvent se réalisent, quand on se soustrait soi-même au monde. L'abbé était encore bien attristé de son aventure ; mais depuis, ses amis, madame de Sully, madame de Flamarens, le comte de Brancas Cereste et moi, l'avons remis sur le train [274] de son ancienne société indépendante et philosophe où se trouve le vrai bonheur.

Il a repris son Histoire d'Allemagne à laquelle il travaille présentement.

Histoire du droit public ecclésiastique français.*
[*1. Londres, 1737, 2 volumes.]

Je vais m'expliquer ici sur la part que j'ai à ce livre, qui fait en ce moment*[*2. Mars 1750.] grand bruit, vu les démêlés survenus entre la cour et l'église. Plus de la moitié de cet ouvrage est de ma composition. En effet, je me trouvais en 1725 d'une conférence ou petite académie avec quelques amis; on la nommait Entresol. Chacun y avait un district pour composer et, lire des mémoires à tour de rôle : j'eus pour ma part celui qui fait le titre de ce livre.

Ma vocation provenait de ce que, revenant alors d'intendance, j'eus au conseil le bureau des affaires ecclésiastiques sous l'abbé Bignon. Je cherchai à m'y distinguer par mon application et mon travail. Ce bureau ecclésiastique était en quelque sorte le parlement des parlemens, à cause des affaires de la constitution qui nous attiraient quantité d'évocations et les causes les plus importantes de cette espèce.

J'étais jeune et ardent, je me pénétrai des droits du Roi sur l'église et du peu de fondement de ceux du pape. Tels sont les principes qui font la base de ce traité, et sur lesquels peut-être même dépasse-t-il le but. Après avoir composé près d'une bonne moitié de ce travail (dont les mis au net sont chez l'abbé Alary), et avoir [275] amassé la majeure partie des matériaux du surplus, je fus accablé d'affaires et de commissions, et je tournai mes études du côté de la politique étrangère.

En ce temps-là le père de La Mothe, qui avait été mon préfet au collége des Jésuites, fut très-mécontent de son ordre. On l'avait envoyé procureur de la petite maison d'Hesdin. Il me demanda de l'ouvrage ; je m'avisai de lui donner celui-ci pour le terminer; je lui envoyai mes minutes et une petite bibliothéque de livres à ce sujet. Il poursuivit donc mon travail et m'en adressait des copies au fui. et à mesure. Je les raccommodais à ma manière, et en faisais usage dans mes lectures à l'Entresol.

MEMOIRES, 1825.

Puis ledit père de La Mothe s'enfuit en Hollande, et y vécut plusieurs années sous le nom de M. de La Hode. Sous ce nom il a donné plusieurs ouvrages, entre autres celui-ci tel qu'il a paru, et nonobstant mes remontrances.

Plusieurs personnes m'en ont parlé, et je n'ai pu absolument nier ma participation à quelques amis qui l'ont redit à d'autres. Il y a bien des principes hasardés et des réflexions Maussades que je désavoue; mais aussi beaucoup de vérités dignes d'être connues du public. La royauté et l'épiscopat y sont canonisés, les prétentions de la cour de Rome réduites à leur juste valeur, les libertés de l'église gallicane défendues avec force.

L'attention publique s'attache à ces questions depuis la querelle élevée par le contrôleur général Machault,*[*1. M. de Machault échoua dans ses tentatives contre les immunités du clergé et des pays d'états. Il réussit pourtant à anéantir quelques corporations moins puissantes, telles que l'Hôtel-de-Ville de Lyon et le royaume d'Yvetot. Voltaire avait pris parti dans cette grande querelle, et écrivit pour le ministère un. pamphlet intitulé : La voix du peuple et du clergé.] [276] au sujet de l'imposition des biens du clergé. Je sais qu'il s'autorise de mon livre, et prétend y avoir puisé une partie de ses idées. D'autre part, Rome et le clergé sont outrecuidés. Il a été question de le faire condamner par la Sorbonne. On m'a bien mal entendu, si l'on a cru faire de moi l'apôtre de l'autorité despotique.

M. de Moncrif, de l'Académie française.*
[*1. François-Augustin Paradis de Moncrif, né en 1687, mourut en 1770, âgé de quatre-vingt-trois ans.]
Lorsque Moncrif eut intention de faire imprimer le livre qu'il a intitulé, de la Nécessité et des moyens de plaire, il vint chez moi m'en faire la confidence. "Mon cher Moncrif, lui ai-je dit, rien de si aisé à traiter que le premier point de ton discours; tout le monde le sent, tout le monde a le désir de plaire ; mais on se trouve bien embarrassé sur les moyens d'y parvenir. Il est même assez difficile et assez délicat d'indiquer, les véritables ; ils dépendent d'un grand nombre de circonstances qui les font varier, pour ainsi dire, à l'infini." Là-dessus je suis entré en des détails dont j'ai mis ailleurs quelques-uns par écrit. Après m'avoir bien écouté : "Monsieur, m'a-t-il répondu humblement, je ferai usage des sages réflexions que vous venez de me communiquer,

mais le plan de mon ouvrage n'est pas tout-à-fait dirigé dans le même esprit que vous me proposez." —"Ton ouvrage est donc déjà fait?" lui ai-je répliqué. "Oui, monsieur." Effectivement, assez peu de temps après, il me l'a apporté tout imprimé, bien relié et en grand papier. Je l'ai lu, et cette lecture m'a fait [277] souvenir d'un mot d'un homme d'esprit de mes amis. Je me promenais avec lui dans une grande bibliothéque, et nous étions au milieu d'une multitude de livres, de philosophie spéculative, de métaphysique et de morale. "Voici, me dit-il, des milliers de volumes dont le plus grand nombre est à supprimer et le reste à refondre." Celui de Moncrif est d'autant plus dans le dernier cas, qu'il est d'ailleurs très-froidement écrit : aussi est-il ennuyeux, quoique très-court ; il finit par des contes de fées trop forts pour des enfans et trop froids pour les autres.

Moncrif a dit lui-même que le merveilleux ne pouvait être agréable que par la manière dont il est présenté ; qu'autrement l'invraisemblance rebute et ennuie. Ses contes sont la meilleure preuve de cette vérité.

Sa vie toute entière en est une, qu'en voulant plaire à tout le monde, on ne saurait éviter de se faire des ennemis.

On écrit, en ce moment,*[*1. 1739.] l'Histoire des hommes illustres de la république des lettres. J'ai grand'peur que l'on n'y comprenne pas celle de Moncrif, de l'Académie française, auteur de plusieurs ouvrages imprimés. Il me prend donc envie d'y suppléer en y fournissant moi-même quelques matériaux. Voici ce que je connais de lui.*[*2. Les Oeuvres de Moncrif ont paru en 1761, 4 volumes in-12.]

Les Chats, in 8.., ouvrage qui lui a donné du ridicule bien injustement. Le tort a été de l'annoncer comme un livre; ce n'était qu'une plaisanterie de société.

Les Moyens de plaire, dont il y a déjà deux éditions.

Les Mille et un quarts d'heure.

[278] Une comédie italienne qui a mal réussi: Le conte de Titon et de l'Aurore, fort joli, plusieurs romances, quelques autres pièces de vers agréables.

La mère de Moncrif était veuve d'un procureur appelé Paradis qui, après avoir acheté une charge de secrétaire du Roi, manqua et se réfugia au Temple comme lieu exempt. Il mourut, laissant sa femme et deux enfans dams la misère. Heureusement madame Paradis était femme d'esprit; elle sut en tirer parti pour se soutenir et élever ses deux fils.

Par la protection de mon frère, l'un est devenu officier subalterne, et enfin commandant. d'une petite place. L'aîné obtint les principales affections de sa mère qui, pour l'introduire dans le monde, fit les derniers efforts pour le bien vêtir. Elle l'envoyait aux spectacles dans les places destinées aux plus honnêtes gens, et où il pouvait faire d'utiles connaissances.

Moncrif était reçu en certaines assemblées du Marais; l'abbé Nadal le produisit à l'hôtel d'Aumont; il y fit quelques pièces de vers qui réussirent. M. d'Aumont l'emmena dans son ambassade d'Angleterre; il en revint la mémoire remplie de cent anecdotes anglaises ce qui le rendait fort agréable dans les sociétés où il racontait les, singularités et les ridicules des Anglais.

C'est moi qui le fis connaître à mon frère. Moncrif l'a charmé par sa conversation spirituelle, et s'est fort bien trouvé de cette connaissance. Car mon frère en a fait son complaisant et son secrétaire, sur le pied même le plu honnête.

Moncrif a l'esprit orné des belles-lettres françaises par la lecture, l'émulation de composer et la fréquentation des auteurs. Il est naturellement doux, toujours de votre [279] avis et y ajoutant encore. Il s'occupe le matin dans son cabinet, et voit du monde le reste de la journée. Cette vie philosophique est aujourd'hui celle des hommes les plus recherchés, surtout s'ils sont garçons, sans suite, sans ambition, et de bonnes moeurs. Alors on paierait volontiers pension pour les avoir et les bien nourrir, en quantité de maisons opulentes de la ville et de la campagne, où l'on ne cherche que des complaisans et des hommes de compagnie, comme la Reine a ses dames de compagnie.

RENE LOUIS D'ARGENSON

Ce qui fait que Moncrif n'est pas aimé généralement dans le monde, c'est qu'il lui a fallu passer par divers échelons, depuis la bourgeoisie renforcée jusqu'aux gags de condition, et enfin aux grands seigneurs et aux princes; et ayant contracté des obligations envers ses premiers amis qui l'ont ensuite produit plus haut il lui a fallu les négliger pour plaire aux autres, ce qui a été pris de leur part en grande insulte. Ils ont dit : Moncrif ne nous croit plus dignes de lui. Et l'amour-propre y étant grandement intéressé, on cherche à dénigrer celui que l'on croit qui vous méprise.

Ensuite avec les gens de haut étage, au milieu desquels il vit, il se montré. d'une circonspection ridicule ; vous ne lui feriez pas dire du mal de la lune, crainte de s'attirer des affaires.

J'ai dit que mon frère lui avait fait tous les biens qui ont dépendu de lui. De tout temps il eut logement chez lui au Palais-Royal, et en use encore parfois quand il soupe dans le quartier de Richelieu. Il mérita aussi les bontés de madame du Belloy qui demeure au Temple. Il fut admis chez monsieur et madame de Guise, ainsi que chez madame de Bouillon, leur fille. M. le comte de [280] Clermont, prince du sang,*[*1. Frère de M. le duc de Bourbon.] ayant eu alors une grande, longue et triste passion pour cette dame, Moncrif en fut le confident.

S. A. Sérénissime lui donna le beau titre de secrétaire de ses commandemens. Moncrif eut la feuille des bénéfices dépendans de ce prince abbé. Il est vrai qu'il ne proposait aucun sujet que de l'aveu de certaines demoiselles de l'opéra.

Il fut même proposé à Moncrif de se faire abbé, afin d'avoir des benéfices; il eut trop de conscience, ou peut-être trop de crainte du ridicule pour accepter.

M. de Clermont avait été malheureux en amour. Ce prince est naturellement d'un caractère sombre et violent. Moncrif lui conseilla la distraction, et sur cet avis le prince se mit à entretenir la petite Gossin de la comédie française ; il la quitta peu après pour Quoniam, et celle-ci pour Camargot.

Madame de Bouillon devint furieuse, et depuis ce temps Moncrif a été fort mal venu sur le quai des Théatins.

Mais ce qui fut pis encore, il se perdit chez son altesse sérénissime, et voici comment cela se raconte. Ce prince prétendait obtenir le commandement de l'armée d'Allemagne, il devait en être fait généralissime. M. de Belle-Isle eût été son premier lieutenant général, et en réalité il eût tout fait. Tout cela se passait sous le ministère de M. le garde des sceaux (Chauvelin) qui y eût accédé. Mais Moncrif comprit que soit maître allait faire une mauvaise affaire, qu'il se ruinerait à cette campagne de 1734, en frais de représentation, et se donnerait un grand [281] ridicule par la réunion incompatible de ces deux qualités de général en chef et de prélat.*[*1. Moncrif n'avait pas mal auguré. M. de Clermont se conduisit, dans la guerre de sept ans, de manière à justifier ses pressentimens.]

On assure donc que Moncrif, par pur intérêt pour la personne du prince, eut recours à madame la Duchesse, afin d'empêcher son fils de faire une telle sottise, et la sottise n'eut effectivement pas lieu. Que l'on juge de la délicatesse d'une telle manoeuvre. Il est certain que Moncrif, rentrant un soir chez son prince, trouva chez le suisse un ordre formel de ne plus approcher de la maison.

Ce qui a confirmé dans la pensée que l'énigme devait s'expliquer comme j'ai dit, c'est que depuis ce moment madame la Duchesse accueillit Moncrif chez elle, et qu'il a présentement dans cette maison logement et table. M. de Clermont s'en est plaint, et a demandé une explication. Madame sa mère a fait répondre que tant que l'on ne saurait pas dans le public la cause de ce congé, on ne pouvait l'interpréter que comme une simple lassitude, et qu'elle voulait le penser ainsi.

Mon frère l'a bien dédommagé de ces petits désagrémens, puisqu'il l'a fait lecteur de la Reine, et secrétaire général des postes.

Parmi le grand nombre de plaisanteries qui courent sur le compte de Moncrif, on a prétendu qu'il avait appris à faire des armes, et était même parvenu à se faire recevoir maître d'escrime. Ce qui le fait croire, c'est qu'étant déjà lecteur de la Reine, et par conséquent à la cour, il fut question de son âge ; on voulut prouver qu'il [282] était plus vieux qu'il ne paraissait l'être, et on allégua sa réception dans le corps des maîtres en fait d'armes. M. de Maurepas voulut s'en assurer, et, ayant eu occasion de lire la liste des membres de cette communauté, qui demandaient le renouvellement de leurs priviléges, il trouva en effet le nom de Paradis à la tête. Il demanda aux syndics ce qu'était devenu ce maître. La réponse fut que depuis très-long-temps il avait disparu, et avait sans doute renoncé au métier. Le ministre qui, comme tout le monde sait, aime assez les petites malices, n'eut rien de plus pressé que de conter cette anecdote au Roi. D'après cela, Moncrif devait avoir quatre-vingts ans. Le roi Louis XV, en ayant beaucoup ri, trouvant un jour Moncrif chez la Reine, lui dit : "Savez-vous, Moncrif, qu'il y a des gens qui vous donnent quatre-vingts ans ? —Oui, Sire, répondit-il, mais je ne les prends pas." Pour moi, je ne crois pas que Moncrif ait été maître en fait d'armes; c'aurait été plutôt son frère, à qui sa mère n'avait pas trouvé d'autres talens pour se produire dans la société que celui-là qui n'est pas fort social.

Moncrif a été reçu à l'Académie française sous les auspices de M. le comte de Clermont, et tandis qu'il demeurait chez ce prince. Il ne manqua point de satires contre lui. Ce vilain abbé Desfontaines l'a pris dans une grippe affreuse. Roy, poete satirique, lança contre lui une pièce de vers fort méprisante. Moncrif s'en vengea bien; car, rencontrant Roy, un soir après soupé, il le reconnut à la clarté de son flambeau, et lui donna force coups de canne sur les épaules et coups de pieds dans le ventre. Roy lui disait en les recevant : "De grâce, Monsieur des Chats, faites paie de velours."*[*1. Ces plaisanteries sur le compte de Moncrif étaient fort à la mode. On cite entre autres celle du comte d'Argenson, ministre de la guerre, auquel il demandait la succession de .Voltaire à la place d'historiographe. Tu veux dire historiogriffe, répartit le ministre.]

[283] Le vrai talent de Moncrif est. le style épistolaire, pour lequel il a une facilité singulière ; il a hérité ce talent de sa mère, madame Paradis. Cette dame avec de l'esprit, de la lecture, un style agréable et du manége, s'était procuré, un assez joli revenu. Sur la fin du règne de Louis XIV, on mettait dans les intrigues plus de prétentions à l'esprit qu'on ne fait de nos jours. On écrivait des billets galans qui exigeaient des réponses du même genre ; et

l'on jugeait de l'ardeur du cavalier par l'énergie des lettres qu'il faisait remettre secrètement. De même l'amant calculait ses espérances d'après le ton de la réponse. Les brouilleries et les racommodemens se conduisaient de la même manière. Madame Paradis se consacra au genre épistolaire. Connue de plusieurs dames de la galante cour de Louis XIV, elle leur prêtait sa plume pour faire d'agréables avances, ou de tendres réponses; et ce ne fut pas en pure perte pour sa fortune et l'avancement de son fils.

Mon frère, ayant fait un voyage en Touraine, fit une connaissance particulière et intime avec une demoiselle de cette province. De retour à Paris, il en reçut des lettres galantes auxquelles, par honnêteté, il devait des réponses. Il chargea Moncrif de les faire ; et celui-ci s'en acquitta en digne fils de madame Paradis, et lui épargna même la peine de les copier. Mais ce qu'il y eut de plus plaisant dans la suite de cette correspondance, c'est que mon frère étant devenu ministre, et cette demoiselle ayant passé de l'état de fille à celui de femme, elle eut occasion [284] pour quelque affaire d'écrire à son ancien amant, et fut bien étonnée de ne trouver dans les réponses de mon frère, ni l'ancien style de ses lettres qu'elle avait conservées, ni même son écriture. Elle put apprendre ainsi que les ministres, et ceux qui sont destinés à le devenir, ne font pas toujours par eux-mêmes ce qui leur fait le plus d'honneur.

Madame la marquise de Lambert.

Je viens de faire une perte bien sensible*[*1. Juillet 1733.] en madame la marquise de Lambert, morte à l'âge de quatre-vingt-six ans. Elle était depuis long-temps mon amie. Les savans et les honnêtes gens ne perdront de sitôt sa mémoire. On peut lire entre autres son éloge dans le Mercure galant. On a imprimé d'elle, sans sa participation,*[*2. OEuvres de madame la marquise de Lambert. Paris, 1785, 2 volumes in-12, nouvelle édition.] les Conseils d'une mère à son fils et à sa fille et des Sentimens sur les femmes. Ces ouvrages contiennent un cours complet de la morale la plus parfaite, à l'usage du monde et du temps présent. Quelque affectation de précieux, mais que de belles pensées, que de sentimens délicats ! Comme elle parle bien des devoirs des femmes, de l'amitié, de la vieillesse, de la différence entre la considération et la réputation ! C'est un livre à relire toujours.

Il y avait quinze ans que j'étais de ses amis particuliers, et qu'elle m'avait fait l'honneur de m'attirer chez elle. Sa maison était honorable pour ceux qui y étaient admis. J'y allais régulièrement dîner les mercredis, qui [285] étaient un de ses jours. Le soir il y avait cercle? on y raisonnait, sans qu'il y fût plus question de cartes qu'au fameux hôtel de Rambouillet tant célébré par Voiture et Balzac. Elle était riche, faisait un bon et aimable usage de sesrichesses, du bien à ses amis, et surtout aux malheureux. Élève de Bachaumont, n'ayant jamais fréquenté que des gens du monde et du plus bel esprit, elle ne connut d'autre passion qu'une tendresse constante et presque platonicienne.

Elle m'avait voulu persuader de me mettre sur les rangs pour une place à l'Académie française, honneur qu'elle avait la bonté de penser me convenir. Elle m'assurait le suffrage de ses amis qui étaient en grand nombre à l'Académie. On a même essayé de tourner en ridicule ce qui est une chose très-réelle; c'est que l'on n'était guère reçu à l'Académie, que l'on ne fût présenté chez elle et par elle. Il est certain qu'elle a bien fait la moitié de nos académiciens actuels. J'ai appréhendé l'éclat, l'envie et la satire des beaux-esprits aspirans à ces places, soit parmi les auteurs, soit chez les gens du monde ; la corvée d'une harangue en public, tant de fadaises, de lieux communs à débiter ! Et probablement ayant laissé mourir madame de Lambert sans accepter son offre, une occasion si belle ne se présentera plus. J'en ai perdu jusqu'à la tentation, et pour long-temps, Dieu merci !

>MM, de Vendôme. Réflexions sur quelques changemens survenus dans lei moeurs du vivant de l'auteur.

Je suis assez vieux pour avoir connu M. le grand-prieur de Vendôme, frère cadet du célèbre duc de Vendôme, dont il possédait toutes les bonnes qualités ainsi que [286] tous les défauts, mais dans une moindre proportion. Il en est résulté qu'il s'est acquis moins de gloire que son aîné, et que sa mémoire sera moins révérée de la postérité ; mais, dans le monde et dans la société, M.
le grand-prieur a mieux réussi que son frère, duquel j'ai entendu conter, par des témoins oculaires, des traits de cynisme tellement singuliers, que je les rapporterais ici s'ils n'étaient encore .plus dégoûtans qu'ils ne sont risibles. C'est pour avoir applaudi à ces saloperies de M. de Vendôme*[*1. M. de Vendôme donnait ses audiences sur sa chaise percée. Lors de la guerre

d'Italie, le duc de Parme lui ayant envoyé l'évêque de Borgo pour traiter d'affaires importantes, celui-ci s'en retourna furieux et confus d'une pareille réception. Alors le duc de Parme eut recours à l'abbé Alberoni qui se montra beaucoup moins susceptible, et fit même des plaisanteries qui plurent tellement au général français, qu'il le prit à son service. (Mémoires de Saint-Simon.)] qu'Albéroni fit sa fortune ; tant il est vrai que l'on y parvient par toutes sortes de moyens, et les prêtres italiens ne sont rebutés par aucun.

Il est bien certain que lé duc de Vendôme portait, surtout à la fin de ses jours, le libertinage, la malpropreté et la paresse à un excès si prodigieux, qu'il est inconcevable que ces défauts ne lui aient pas fait plus de tort. Au milieu de la cour de Louis XIV; tantôt galante, tantôt dévote, il ne se cachait pas de se livrer aux plaisirs les plus sales et les plus coupables ; et Louis XIV, qui sentait combien il avait besoin de lui, n'osait lui reprocher un genre 'de débauche qui, dans torts les temps de son règne, aurait pérdu tout autre. On bravait hautement dans la petite cour d'Anet ce dont tout lé monde eût rougi à Versailles.

Ceux qui ont servi sous lui dans ses campagnes d'Italie, [287] m'ont assuré qu'il avait manqué plus de vingt fois les plus belles occasions de battre l'ennemi, par pure paresse, et qu'il s'était mis autant de fois dans le risque de faire écraser son armée par sa négligence ; mais heureusement ceux qui commandaient sur les ailes ou les derrières étaient plus attentifs et plus vigilans.

Il n'y a personne qui n'ait entendu parler de la fraîcheur de M. de Vendôme, expression dont on se sert encore pour désigner une marche faite: dans la plus grande chaleur du jour. Elle ne vient que de ce que M. de Vendôme annonçait toujours le soir qu'il partirait le lendemain de très-benne heure ; mais que, le moment arrivé, il restait si long-temps, dans son lit;, qu'il ne lf mettait jamais en marche qu'aux environs de midi, même dans les temps et les pays. les plus chauds.

Aussi, le plus grand avantage qu'il mît sur le prince Eugène était de dérouter tous les calculs de celui-ci, parce que lui-même n'en faisait aucun. Comme il ne partait ni à jour ni à point nommé, aucun espion ne pouvait avertir du moment où il se mettrait en marche ; comme il ne tenait point de conseil avec. ses officiers-généraux, on ne payait jamais ce qu'il voulait faire. Il entrait en campagne sans plan fixe, et s'embarrassait fort peu de ceux que la cour lui indiquait; ainsi, l'on pouvait bien dire que ses desseins étaient impénétrables. Son audace et son coup d'oeil dans les grandes opérations réparaient tout. En effet, dans les momens décisifs et critique, il se relevait, pour ainsi dire, semblait appeler à lui tout son génie, prenait des partis également sages et vigoureux, et montrait plus d'héroïsme et d'intelligence que le prince Eugène, son rival dans l'art de [288] la guerre, n'en aurait eu peut-être en pareille circonstance.

Le grand-prieur avait fait ses premières armes en Candie contre les Turcs, sous son oncle, M. de Beaufort qui y termina sa vie orageuse. Il n'avait que dix-sept ans lorsqu'il revint de cette expédition qui lui servit de caravane ; et depuis il se distingua dans la conquête de la Hollande, et les campagnes qui furent terminées par les traités de Nimègue et de Riswick. Il fut blessé à la bataille de la Marsaille, et fait lieutenant-général en 1693. Il servit avec son frère, et quelquefois sous lui, mais seulement jusqu'en 1705 ; montrant la même bravoure que son aîné, les mêmes talens pour la guerre ; peut-être même en avait-il davantage, car il était moins opiniâtre et moins paresseux ; mais il ne commandait pas en chef; par conséquent, les succès de son frère ne contribuèrent point à sa gloire. Qui sait pourtant à quel point il y eut part, et, si ses conseils eussent été suivis, si: M. de Vendôme n'en eût pas obtenu davantage !

Le libertinage du grand prieur n'était pas moins grand que celui de son frère, quoiqu'à de certains égards ses goûts fussent un peu plus honnêtes. Les plaisirs le firent manquer à son devoir et à se trouver à la bataille de Cassano,*[*1. Gagnée par son frère sur le prince Eugène.] en 1705. Il fut disgracié, se retira à Rome, et passa quelques années à voyager en Italie. Le Roi voulut le priver de ses bénéfices ; il les remit lui-même de bonne grâce, et on lui conserva une pension. Ayant été fait malheureusement prisonnier par les impériaux en traversant le pays des Grisons, il ne put rentrer en France qu'en 1712, la même année que son frère mourut [289] en Espagne. Peut-être la faute qu'il avait commise six ou sept ans auparavant lui épargna-t-elle bien des chagrins et des embarras. Du moins ne fut-il témoin, ni de la campagne de 1708 où son frère se conduisit assez mal et perdit par sa faute le combat d'Oudenarde, ni de sa fin malheureuse à Vinaros en

MEMOIRES, 1825.

Catalogne. On sait qu'il y mourut d'indigestion; mort, en effet, peu digne d'un héros, mais d'ailleurs assez bien assortie avec ses habitudes et son genre de vie.

Après avoir triomphé des adversaires de Philippe V, à Villa-Viciosa en 1710, et fait coucher le jeune Roi sur le plus beau lit qui eût jamais été dressé pour un souverain, puisqu'il était composé des drapeaux de ses ennemis, le duc de Vendôme s'était bientôt lassé de l'enthousiasme des Espagnols et des honneurs que leur roi pouvait accorder à sou libérateur (le titre d'Altesse, la prééminence sur tous les grands d'Espagne, enfin les mêmes distinctions dont avait joui autrefois le fameux don Juan d'Autriche). Il s'ennuya de toutes ces grandeurs espagnoles ; et laissant la cour de Madrid et l'armée sous la conduite de ses lieutenans-généraux, il se retira dans un bourg de Catalogne appelé Vinaros. Là, entouré d'un petit cercle de complaisans et de débauchés, il se livra tout à son aise à tous les genres de volupté qui lui étaient chers; il se gorgea de poisson qu'il aimait à la fureur, fût-il bon ou mauvais, bien ou mal accommodé. Il but du vin épais, capiteux, fumeux, et gagna enfin une forte indigestion, ou plutôt une maladie, suite d'indigestions répétées, dont la diète et l'exercice auraient pu être le véritable remède. On le traita d'une façon tout-à-fait contraire à son état, et bientôt il se trouva sans ressources. Alors, les plus honnêtes d'entre [290] ses courtisans l'abandonnèrent; les autres se mirent à piller ses meubles et ses équipages, et l'on prétend que, quelques momens avant d'expirer, voyant ses derniers valets prêts à enlever et à se partager ses couvertures, ses draps et ses matelas, il leur demanda, en grâce, de lui laisser au moins rendre les derniers soupirs dans son lit. Il n'avait que cinquante-huit ans quand il mourut.*[*1. 1712.] La princesse des Ursins, qui était alors toute-puissante auprès du roi d'Espagne, fit ordonner qu'on porterait son corps dans le tombeau des rois, à l'Escurial. On lui fit, tant en France qu'en Espagne, les plus superbes oraisons funèbres. Elles ont servi à tromper la postérité sur son compte, et aucun historien, que je sache, ne s'est encore soucié de la désabuser.

Le grand Prieur lui survécut quinze ans, et se trouva ainsi le dernier de la maison de Vendôme; mais il avait fait ses voeux dans l'ordre de Malte. Son frère avait été marié à une princesse de Condé;*[*2. Marie-Anne de Bourbon Condé, morte en 1718.] mais, content de m'être point ébloui par l'éclat de cette alliance, il ne s'était nullement occupé du soin de donner des neveux au grand Condé, ni de perpétuer la race illégitime de Henri IV. Le grand Prieur, de son côté, ne songea qu'à jouir en véritable épicurien de l'augmentation de sa fortune. Il fit cependant encore une fois trêve à ses plaisirs en 1715, pour voler au secours de Malte, qui était menacé d'un siége par les Turcs. Il fut déclaré généralissime des forces de son ordre : c'est la seule fois qu'il ait eu ce beau titre, et un commandement en chef. Malte ne fut point assiégé, et le grand Prieur revint dans sa délicieuse retraite du Temple, où il est mort en 1727.

[291] Il fut regardé, sur la fin de ses jours, comme un aimable voluptueux, et vécut, jusqu'à l'âge de soixante-douze ans, entouré de gens d'esprit qui s'amusaient avec lui, et l'ont regretté. Je l'ai souvent vu au Temple; j'ai eu pour amis des gens de sa société, et j'en connais encore quelques-uns qui passent pour être de bonne compagnie; au lieu, que si M. de Vendôme eût vécu plus long-temps, et que la paix eût été faite, ses talens, ou plutôt sonbonheur à la guerre fussent devenus inutiles à l'État; son genre de vie et sa crapule révoltante auraient fini par le rendre méprisable à tous les honnêtes gens ; et, quelque grand seigneur et grand général qu'il fût, personne n'eût voulu vivre avec-lui.

Le grand Prieur avait, comme son frère, de l'esprit naturel sans culture; mais il en tirait meilleur parti. Il faisait quelquefois assaut de vers avec l'abbé de Chaulieu, et le marquis de La Fare. Je n'ai point connu celui-ci, qui mourut en 1712; mais j'ai quelquefois causé avec l'abbé de Chaulieu, qui n'est mort qu'en 1720, à l'âge de quatre-vingt-sept ans. Je l'ai vu, à la cour de madame la duchesse,du Maine, amoureux de mademoiselle de Launay, sa femme de chambre, à présent dame de compagnie de la princesse, sous le nom de baronne de Staal.*[*1. Elle est morte en 1750.] L'abbé de Chaulieu en était vivement épris, quoique aveugle ; et assurément madame de Staal était bien faite pour inspirer une telle passion ; car, si elle n'a .;damais été ni jolie, ni appétissante, en récompense personne n'a plus d'esprit qu'elle. Voltaire, que nous appelions autrefois Arouet, a été aussi de la société du grand Prieur de Vendôme, et dès lors je l'ai entendu appeler [292] ce prince, l'Altesse chansonnière, avec ce ton d'aisance qu'il a toujours pris avec les grands seigneurs .*[*1. C'était dans cette société que Voltaire disait avec tant de grâce : Sommes-nous tous princes ou tous poëtes?]

MEMOIRES, 1825.

Le grand Prieur fut long-temps amoureux de mademoiselle Rochois, fameuse actrice de l'Opéra ; et cet amour lui fit honneur, par comparaison avec le genre de débauche qu'avait adopté son frère. De même il paraissait propre en comparaison de son aîné. Cependant, il y avait, sur la fin de ses jours, bien de la négligence dans son ajustement. Il prenait beaucoup de tabac d'Espagne, et en avait d'excellent. Sa seule tabatière était une poche doublée de peau, et destinée à cet usage. Il y fouillait à pleines mains, et se barbouillait le nez du tabac qu'il en tirait. Une bonne partie tombait sur son habit, qui en était toujours horriblement chargé; et l'on prétend que ses valets de chambre faisaient d'assez gros profits à racler le tabac de dessus ses vêtemens. Ils le mettaient dans des boites de plomb, et le vendaient comme fraîchement arrivé d'Espagne.

A l'occasion du grand Prieur de Vendôme et des personnes de sa société que l'on nommait à plus d'un titre les Templiers, je dirai que c'est un éloge dû à la bonne compagnie de nos jours, de convenir qu'elle a du moins abdiqué l'ivrognerie et l'a abandonnée aux artisans et aux laquais.

Ce n'est point le seul changement que je remarque dans la manière de vivre de mes contemporains. Notre siècle s'est adouci sur une infinité d'articles. On jure moins, on ne blasphème plus de sang-froid et de gaieté de coeur. [293] On parle plus bas et avec plus de calme, on ne médit plus avec chagrin et humeur de son prochain, on craint les conséquences, on est devenu circonspect; et, de peur que les simples tracasseries ne dégénèrent en querelles sérieuses, on les évite autant qu'on peut. Peut-être, convenons-en tout bas, sommes-nous devenus un peu poltrons; mais, quand on a le malheur de l'être, le vrai moyen de ne le pas paraître, c'est d'éviter les affaires, et pour cela il faut les voir venir de loin. Nos aïeux étaient assurément braves et hasardeux, mais nous sommes beaucoup plus sociables. On n'est plus exposé parmi nous qu'à de légères tracasseries, à des plaisanteries que l'on peut aisément souffrir lorsque l'on sait y répondre. Nous cous dévorions autrefois comme des lions et des tigres; à présent nous jouons les uns avec les autres comme de jeunes chiens qui mordillent, ou de jolis chats dont les coups de griffe ne sont jamais mortels.

On a renoncé à bien des propos insipides et de fade galanterie, surtout à la gloire des bonnes fortunes. Je ne sais trop si les moeurs y ont gagné, car d'autre part on s'est rejeté dans la débauche des courtisanes. Du moins a-t-on trouvé dans ces engagemens passagers plus de liberté, de repos d'esprit, et en vérité les frais en sont moins coûteux. On n'est pas plus économe aujourd'hui u'on ne l'était autrefois; mais le luxe a changé d'objet, et s'est tourné en dépenses d'agrément, de propreté, de convenance; on a renoncé aux dorures, aux broderies, aux tapisseries de haute-lice, etc.

Il y a cinquante ans le public n'était aucunement Gueux de nouvelles d'état. Aujourd'hui chacun lit sa gazette de Paris, même dans les provinces. On raisonne à tort et à travers sur la politique ; mais on s'en occupe. La [294] liberté anglaise nous a gagnés; la tyrannie en est mieux surveillée ; elle est obligée du moins à déguiser sa marche et à entortiller son langage.

Ce qui nous reste à désirer, sous le rapport de la peuplade et de l'égalité des richesses, tient aux défauts des lois plus qu'à ceux des moeurs.

MM. de Belle-Isle.*[*1. 1736.]

Nous voyons à présent en France marcher à grands pas vers la plus brillante fortune, un homme qui en entrant dans le monde avait tout contre lui, mais dont l'étoile a surmonté tous les obstacles. On peut lui appliquer cette devise fastueuse qu'avait prise son grand-père, M. Fouquet : un écureuil grimpant sur un globe avec ces mots latins : Quo non ascendet? "Où ne montera-t-il pas?" Le surintendant déchut bientôt de sa prétention : celui-ci paraît être plus assuré de la sienne. Personne ne met plus de suite et d'activité dans tout ce qu'il entreprend. On sentira mieux tout le prix de sa conduite, ou plutôt de la force de son étoile, quand on saura d'où il est parti. Son père n'était que le second fils du surintendant, et n'entra dans le monde qu'après la disgrâce de ce ministre. La haine que Colbert avait inspirée à Louis XIV contre le nom de Fouquet empêcha le marquis de Belle-Isle de parvenir à rien. Cependant il trouva moyen d'épouser une fille de grande naissance qui, à la vérité, n'avait aucun bien. Elle était de la famille de Lévis, soeur du duc de ce nom. Sa famille se brouilla avec elle à cause de son mariage, et fut long-temps sans vouloir la voir. [295] Les nouveaux mariés allèrent vivre près l'évêque d'Agde, frère cadet du surintendant disgracié. Ce prélat fut d'une grande ressource à sa famille.

MEMOIRES, 1825.

Ce fut dans cette espèce de retraite que naquit le comte de Belle-Isle d'aujourd'hui,*[*1. En 1684.] son frère que l'on appelle le Chevalier, et plusieurs soeurs. A la mort de l'évêque d'Agde, il fallut bien que monsieur et madame de Belle-Isle revinssent à Paris chez la benne madame Fouquet,*[*2. Elle était petite-fille du célèbre président Jeannin, ministre sous Henri IV.] veuve du surintendant. Elle vivait encore, pratiquant toutes sortes d'oeuvres de charité qui la faisaient regarder comme une sainte. Elle mourut, et laissa d'abord monsieur et madame de Belle-Isle et leurs enfans mal à leur aise. L'île de Belle-Isle, dont ils portent le nom, était la plus mauvaise terre du monde, rapportant peu, et étant pour ainsi dire séquestrée entre les mains du Roi qui y tenait garnison. Cependant M. de Belle-Isle d'aujourd'hui a su tirer un grand parti de sa posé session, ou pour mieux dire de ses prétentions sur cette île. En entrant dans le monde il fut destiné à la guerre, et il ne pouvait assurément pas commencer cette carrière avec les mêmes avantages que les gens de qualité. Mais il trouva des ressources dans le nom de sa mère et dans le crédit de ses parens maternels. Il obtint un régiment de dragons, servit dans l'armée de Flandres, et se trouva dans la ville de Lille assiégée par les ennemis et défendue par le maréchal de Bouflers. Il s'attacha à ce général, et bientôt devint son bras droit. vaut été blessé grièvement d'un coup de feu au travers de la poitrine, [296] le maréchal obtint pour lui le grade de brigadier, préférence à d'autres qui le demandaient, entre autres marquis de Maillebois,*[*1. Depuis maréchal de Maillebois, et dont le fils est devenu gendre du marquis d'Argenson. (Voyez la notice.) Le maréchal de Maillebois n'était pas homme du monde, mais il possédait à fond l'art militaire. Le maréchal de Villars, sons lequel il avait servi, disait de lui : Que s'il n'avait pas inventé la poudre, il ne la craignait pas. On remarqua que, par un hasard assez singulier, cette rivalité des deux familles se trouvait figurée sur les lambris da château de Vaux, où l'on voyait un écureuil (emblème des Fouquet) poursuivi par une couleuvre (emblème des Colbert).] fils de M. Desmarest, contrôleur général des finances, et neveu de M. Colbert. Ce fut la première victoire que la famille Fouquet obtint sur celle de Colbert, depuis la disgrâce du surintendant. Enfin le maréchal de Routiers continuant de le protéger, il fut pourvu, même avant la mort de Louis XIV, de la place de mestre de camp général des dragons, qui faisait l'objet de l'ambition des plus grands seigneurs de la cour. Le Roi étant mort, M. de Belle-Isle s'est conduit pendant tout le cours de la régence avec une suite et une adresse inconcevables, ne perdant pas de vue un seul instant l'objet de son ambition et de sa fortune. Il ménagea tout le monde dans les temps de troubles et de factions, se rendit utile aux uns et aux autres. Je l'ai vu faire sa cour à mon père et gagner ses entours. Il ne s'engoua point du système de Law, et ne s'embarqua pas comme tant d'autres, qui parurent d'abord en tirer des richesses immenses, et finirent par se ruiner. Après la culbute de cet aventurier et de son système, M. de Belle-Isle recueillit le fruit de sa prudence.

[297] Pendant la petite guerre d'Espagne de 1719 il afficha un grand zèle pour le Régent contre un Roi petit-fils de Louis XIV; et ce zèle lui valut d'être fait maréchal de camp et gouverneur d'Huningue. Il contribua à déterminer le Régent à donner le titre de premier ministre cardinal Dubois. Mais la mort lui enleva bientôt ce personnage, qui d'ailleurs était incapable d'avoir pour lui de la reconnaissance. M. le Blanc était ministre de la guerre; M. de Belle-Isle sut se rendre maître de son esprit et de son département. La mort du duc d'Orléans lui fit enfin éprouver un échec.

Le duc de Bourbon s'empara du premier ministère sans que M. de Belle-Isle pût saisir l'instant cules moyens de l'empêcher. M. le Blanc fut arrêté; on voulut lui faire son procès.*[*1. L'arrestation de M. le Blanc eut pour motif la faillite de la Jonchère, trésorier de l'extraordinaire des guerres, dont on l'accusa d'être complice. M. de Séchelles, maître des requêtes, et qui a été depuis intendant des armées et contrôleur général, en 1755, fut impliqué dans la même affaire. Le parlement rendit un arrêt très-favorable à M. le Blanc et à ses co-accasés (1724).] M. de Belle-Isle même fut enfermé à Bastille. L'année suivante il fut exilé, et persécuté, pendant tout le ministère de M. le Duc, par des gens dont il est à présent le meilleur ami. Mais enfin M. le Duc fut déplacé, et les ennemis de M. de Belle-Isle enfermés et exilés à leur tour. Le cardinal de Fleury vint en place. Il avait été ami intime de la duchesse de Lévis, tante de M. de Belle-Isle, qui profita de cette liaison pour gagner la confiance de ce nouveau premier ministre. Il y réussit.

M. le Blanc reprit sa place, et M. de Belle-Isle continua [298] d'avoir tout crédit dans le département de la guerre, jusqu'à la mort du secrétaire d'état.*[*1. 1728.]

Il sentit que, ne pouvant pas avoir la même influence sous son successeur (M. d'Angervilliers), le meilleur parti qu'il pût prendre était de servir à la guerre. Il fut fait lieutenant-général et commandant de Metz et des Evêchés, et fit grand étalage desarrangemens avantageux pour l'État qu'il prenait dans son nouveau commandement. Il eût voulu que tous les chemins et tout le met commerce de l'Europe vinssent aboutir à Metz, et rendre cette place la métropole de l'univers; car c'est ainsi qu'il s'emporte sur tous les projets qu'il a conçus.
Au commencement de la guerre de 1733, il s'empara de Trèves qui est une ville-ouverte, et fit sonner haut l'utilité de cette conquêtes Colle de Philishourg ne roula pas sur lui, quoiqu'il servît bien à siége. *[*2. Il faut ajouter qu'il prit le fort de Trarbach en le pétardant, et qu'a Philisbourg il hasarda l'attaque d'un ouvrage qui n'était pas mûre, et qui réussit par un bonheur inespéré.]

Il a été nommé. chevalier des ordres du roi en 1735, et, de ce moment, le cardinal a pris ses conseils pour la conclusion de la paix. Ce vieillard s'est peut-être imaginé qu'il lui avait l'obligation d'avoir acquis la Lorraine, parce que M. de Bellé-Isle a insisté sur l'importance de cette acquisition, proposée par d'autres. Plaise au ciel qu'après avoir applaudi à un bon parti il ne lui en fasse pas par la suite prendre de plus mauvais! Quoi qu'il en soit, il y a toute apparence que la fortune de M. de Belle-Isle n'en restera pas où elle en est déjà.*[*3. M. de Belle-Isle a été fait maréchal de France en février 1740; duc et pair héréditaire de Vernon en 1748 ; en mai 1756, il entra au conseil d'état; fut ministre de la guerre en 1758; et est mort le 6 janvier 1761.] Quoiqu'il [299] n'ait rien fait, pour ainsi dire, que d'intriguer, on le croit très-capable d'être un grand général et même un grand ministre. Cela est possible ; mais il faut convenir que l'on n'a jusqu'ici récompensé en lui que le mérite présumé.

Il est grand et maigre ; son tempérament a paru jusqu'à présent délicat, son estomac faible, sa poitrine attaquée. Depuis la blessure qu'il reçut au siége de Lille, il paraît obligé à de grands ménagemens de santé, et les observe en effet, lorsque les circonstances ne le forcent pas à y renoncer; mais, dès qu'il se sent animé par le désir de s'acquérir de la gloire et de faire réussir un plan d'ambition ou d'intrigue, l'activité de son âme lui fait trouver des forces que lui refuse la faiblesse de son corps; il travaille continuellement, ne dort point, lasse les secrétaires les plus infatigables, dictant à plusieurs à la fois ; enfin, il est tout de feu, dévore tout et résiste à tout. Il fait marcher à la fois plusieurs intrigues, ne perd pas de vue un seul de ses fils, et a soin qu'aucun ne se croise. Dans un siècle où l'exacte probité, le mérite réel et les vues sages et solides ne sont point les meilleures recommandations, un homme qui sait user à la fois de souplesse et de jactance ne peut manquer de réussir. La preuve cependant que ses idées ne sont bien ni bien lumineuses ni réellement grandes, c'est que son style est faible et même plat, qu'il n'écrit ni purement ni fortement, et qu'il n'a pas même d'éloquence en parlant; mais il paraît toujours assuré du succès; il en répond [300] sans hésiter, et il persuade d'autant plus, qu'on croit qu'il n'y met point d'art. Il sait encore mieux faire valoir ce qu'il a fait que ce qu'il veut faire. Quand on a suivi ses avis, si l'on s'en trouve bien, on croit lui en avoir obligation; si l'on s'en trouve mal, on s'en prend à soi-même. Si M. de Belle-Isle parvient à être chargé d'une grande administration, il est à craindre que son goût excessif pour les détails et pour les projets de toute espèce ne le porte à en adopter beaucoup dont il ne pourra suivre l'exécution en entier, et qu'il n'aura pas le temps de rectifier. Il aimera certainement les aventuriers, l'étant un peu lui-même, et ne distinguera pas toujours ceux qui peuvent lui être véritablement utiles d'avec les autres.

M. de Belle-Isle a épousé, en 1729, une demoiselle de la maison de Béthune, bien faite, assez jolie, et telle qu'il la fallait à un homme comme lui. Tantôt coquette avec beaucoup d'art, d'adresse et de décence; tantôt dévote; toujours cajoleuse sans bassesse, spirituelle sans prétentions. Son mari, qui connaît également ses vertus et ses défauts, affiche un grand attachement pour elle; et effectivement n'ayant d'autre passion que l'ambition, il n'a d'autre maîtresse que sa femme qui seconde ses vues. La coquetterie de la femme et l'ambition du mari réussissent également, parce qu'ils partent de source et ne coûtent rien à ceux qui les emploient.

Le chevalier de Belle-Isle, frère du comte,*[*1. Né en 1693.] a, suivant les gens qui les ont le plus pratiqués l'un et l'autre, plus de vues, d'étendue et de solidité dans les projets que son frère; mais il a bien moins de liant, de souplesse, [301] et de moyens de séduire et de persuader. Il a peut-être plus de connaissance de l'art de, la guerre, de la politique et de

MEMOIRES, 1825.

l'administration; mais il ne sait pas aussi bien faire valoir ce qu'il fait et ce qu'il imagine. Leur ambition est en commun, et le chevalier a la bonté de ne prendre dans les grands succès qu'une part de cadet; mais on prétend que, toujours caché derrière son aîné, il lui est d'une grande utilité, et qu'il lui manquerait beaucoup si quelque événement imprévu venait à les séparer.

Le chevalier travaille aux mémoires du comte, rectifie ses plans, préside à l'arrangement des affaires domestiques; tout est chez eux indivis. Le chevalier, étant d'une meilleure santé, se livre plus aux plaisirs que l'aîné, mais il ne perd pas pour cela un instant dans la conduite de leur ambition et de leurs intrigues communes. La meilleure affaire que les deux frères aient faite a été l'échange qu'ils firent, sous la régence, de la misérable île de Belle-Isle contre le comté de Gisors, celui de Vernon, et les forêts de Lions et des Andelys. M. de Belle-Isle a un fils aîné,*[*1. M. de Gisors, tué devant Creveldt, le 23 juin 1758, à l'âge de vingt-cinq ans. Il y commandait les carabiniers. Il avait épousé mademoiselle de Nivernais.] né en 1732, qui sera un jour tout aussi grand seigneur que l'eussent été son grand-père et son père, si M. Fouquet fût mort en place avec autant de pouvoir que le cardinal Mazarin.

M. de Belle-Isle s'est fait une habitude de cacher l'extravagance de ses plans sous un air empesé de sagesse et même de flegme. Cependant, le feu de l'imagination est attisé intérieurement par la contrainte. Vous voyez une statue droite et immobile vous proposer la dévastation [302] des empires, l'agitation tes républiques, et vous conduire, par des conséquences raisonnées, aux troubles les plus dangereux pour l'État qui les poursuivrait selon ses moyens. C'est le plus grand défaut de son caractère de ne pas savoir s'arrêter; il ne voit de perfection que dans l'infini.

C'est ainsi que, chargé simplement de conduire l'élection d'un empereur qui ne fût pas de la maison d'Autriche, il n'a rien su imaginer de mieux que de contre-venir à la pragmatique Caroline, et de réduire l'héritière d'Autriche au seul royaume de Hongrie, projet que l'exécution a démontré impossible.

J'ai quelquefois entendu de M. de Belle-Isle des mots qui m'ont fait frémir. Rien de si aisé, disait-il un jour devant moi, que de culbuter d'un trait de plume la puissance russe dans la mer. En vérité il y a de quoi trembler, en voyant un peuple frivole et aventureux comme le nitre se livrer à de tels conducteurs.

Sully.

Je puis me vanter d'avoir fait connaître le mérite de M. de Sully à beaucoup de gens qui n'appréciaient pas ce ministre d'Henri IV tout ce qu'il valait. Ses mémoires ont été écrits sous le titred'Économies royales, par quatre de ses secrétaires qu'il avait conservés après sa retraite, et qui faisaient partie de sa nombreuse cour. Quoique ces mémoires contiennent d'excellentes choses, qui nous font bien sentir quelle part Sully a eue à la gloire et au bonheur du règne d'Henri IV, ils sont mal écrits, incohérens et chargés de calculs et de détails peu agréables. On estime particulièrement une édition in-folio, que l'on a appelée les V verts, parce qu'il y en a de cette [303] ;couleur au titre de chaque volume ; mais cette édition n'est recherchée que par rapport à quelques anecdotes sur des maisons qui ont demandé qu'on les supprimât dans les éditions postérieures. J'ai engagé, au moins indirectement, un homme d'esprit, et qui écrit bien, à rédiger les mémoires de Sully et à les rendre plus agréables à lire.*[*1. Les Mémoires de Sully, rédigés par M. l'abbé de l'Écluse, ont paru en 3 volumes in-4°., en 1747.]

Je suis persuadé que quand on connaîtra mieux ce grand homme, on sera saisi du même enthousiasme que moi. J'en suis devenu passionné, j'ai fait encadrer son portrait; je l'ai placé devant mon bureau pour l'avoir continuellement sous les yeux, et me rappeler ses traits, ses principes et sa conduite. J'approuve la manière noble et simple dont il a fait sa fortune par les meilleures voies. En servant bien son maître il devait lui plaire ; en lui plaisant, il devait obtenir des grâces considérables et très-lucratives ; mais il n'a jamais sucé le sang du peuple; il n'a jamais rien reçu des étrangers pour trahir son prince et sa patrie. On ne peut pas dire qu'un homme qui ménagé à son Roi trente-six millions d'épargne, après avoir soutenu tant de guerres extérieures et intérieures, lait fait des déprédations en finance. J'aime jusqu'à sa retraite : elle fut aussi belle et aussi noble que les moyens par lesquels il parvint à la fortune. Il avait une maison nombreuse, vivait en prince dans ses terres et ses châteaux, était respecté de ses pareils, et faisait vivre ses anciens serviteurs. Je ne vois rien dans tout cela que de très-louable. Il devait figurer conformément aux titres qu'il rivait acquis, après les Avoir mérités. Il se rappelait le [304] bien qu'ilavait fait, et aurait voulu en faire encore à l'État ; mais il ne s'en tourmentait pas. Un ministre hors de place n'est plus étourdi parle bourdonnement des flatteurs qui veulent l'engager à accorder des grâces injustes, et il peut juger de sang-froid et en paix la conduite de ses successeurs, les bons ou mauvais succès qu'ils éprouvent. Il n'est plus sur la scène, mais il reste dans sa patrie ; le théâtre n'est pas si loin de lui qu'il ne puisse bien décider des talens des acteurs.

J'aime jusqu'à la manière dont (politiquement parlant) Sully entendait sa religion. Il était calviniste et sans doute de bonne foi, mais bien éloigné d'être ni fanatique, ni rebelle ; même après la mort, de Henri IV, il refusa de se, mettre à la tête du parti des Huguenots dès qu'il fut question de révolte. On n'exigea point de lui le sacrifice de son opinion en matière de dogme; mais aussi il ne fit jamais servit cette opinion de prétexte pour troubler le repos public, ni même le sien. Son premier métier fut celui de soldat et d'ingénieur, et les premières sciences qu'il étudia furent celles de la guerre, de l'artillerie et des fortifications. Il les apprit bien, et en les pratiquant il ne perdit jamais ce sang-froid et cet esprit de combinaison aussi nécessaires à la guerre que dans l'administration des finances et dans la politique. Il fut sans doute long-temps sans soupçonner qu'il. était destiné à être ministre d'état et surintendant des finances. Mais, ne nous y trompons pas, les principes de la politique n'ont pas besoin d'être étudiés long-temps : quand on a l'esprit fait pour les grandes affaires, on a bientôt surpassé ses maîtres en ce genre d'étude; d'ailleurs, on achève de s'instruire en pratiquant. Quant à l'administration des finances, c'est une affaire des calcul. Il faut [305] arriver avec des vues, et bientôt on parvient à savoir au juste ce qu'il y a à gagner ou à perdre à les suivre. Mais il faut surtout posséder des principes constans et invariables, et se les être faits avant d'entrer en place ; car il n'est plus temps de tâtonner quand une fois on est chargé de l'administration la plus importante.

On a reproché à M. de Sully d'être dur. Mais qui sait s'il l'était par caractère ou par une espèce de nécessité que lui imposait celui de son maître Henri IV ? Ce prince, le meilleur qui ait jamais été, était faible, souvent amoureux, accoutumé d'ailleurs à chercher des expédiens et des ressources, tels qu'on les peut trouver au milieu des guerres civiles, et à récompenser ses partisans en leur accordant le pillage des biens de ses ennemis. Si Sully l'eût laissé faire, il eût gâté plus de besogne que celui-ci n'aurait su en accommoder. Il fallait bien que Sully fût négatif, puisque Henri IV était généreux, et qu'il fallait mettre des bornes à sa générosité. En fait de dispositions et de grâces, il faut toujours que le Roi et le ministre s'entendent pour paraître difficiles l'un ou l'autre; en bonne règle, ce devrait être le maître : mais, quand il ne veut point se charger de ce rôle, il faut bien que son ministre le fasse. Le moyen que l'un et l'autre y soient moins embarrassés, serait qu'ils convinssent entre eux de principes certains dont ils ne s'écarteraient jamais ; car si une fois ils y manquent, on ne cesse de les tourmenter pour les grâces les plus injustes, et on leur sait mauvais gré des refus les mieux motivés.

Le caractère de M. de Sully tenait un peu de celui de Caton. Mais il n'y a qu'à lire ses Mémoires, pour voir que sa fermeté catonienne était fondée sur le véritable intérêt de l'Etat, et qu'il n'y mettait ni humeur, ni méchanceté. [306] Il paraît même qu'il était sensible, et plusieurs passages de ses Mémoires le prouvent incontestablement.

Sully avait fort peu étudié avant et pendant que dura sa vie active, soit militaire, soit politique. Il se mit à lire après sa retraite. Mais ce fut moins, dit-il, pour orner son esprit, que pour perfectionner sa raison. Il protégeait et récompensait les gens de lettres : mais il avait avec eux fort peu de fréquentations familières. Il écoutait tous les conseils qu'on voulait lui donner : mais il n'en regardait aucun comme des inspirations infaillibles; il ne les adoptait qu'après y avoir mûrement réfléchi. Et comment, lui, qui résistait si souvent et si fortement aux ordres de son maître, se serait-il soumis aveuglément à d'autres? Il mit le plus grand ordre dans ses affaires personnelles, et dit lui-même que l'on doit juger de la façon dont un ministre conduira celles de son maître, par la façon dont il conduit les siennes.

La nature l'avait doué d'une constitution forte et d'une excellente santé. Son visage était majestueux, doux et agréable. Il n'avait pas même écrit sur son front cette sévérité qui entrait dans sa conduite; preuve qu'elle ne lui était lias bien naturelle, et qu'il ne la devait qu'aux circonstances. Il était sobre, dormait peu, supportait toutes sortes de fatigues ; celles de la guerre l'avaient accoutumé à celles du ministère.

La réputation de Sully n'a pas été, comme je l'ai dit au commencement de cet article, d'abord aussi grande qu'elle méritait de l'être; mais elle n'en sera que plus brillante et plus solide quand, toutes les préventions particulières et personnelles étant dissipées, on jugera sou ministère par les grands effets qu'il a produits. C'est sous lui que [307] les finances ont commencé à être réglées, le commerce étendu, la population augmentée.

La lecture des Mémoires de Sully m'a souvent fait naître cette pensée, que pour bien gouverner des Français, il faut un phlegme, une persévérance, une ténacité de vues qui se rencontrent bien rarement chez notre nation inconstante et légère. Qu'étaient Sully et M. Colbert? De bons Flamands, des Hollandais renforcés, gens de peu d'esprit, de nulle imagination, mais à idées saines et correctes, ne s'en départant jamais. Remarquez encore comme ces généraux allemands cenduisent merveilleusement nos armées. Cette rudesse du Nord est bien préférable (pour tout ce qui tient aux vertus du commandement) à la turbulence du midi, à cette fourberie italienne qui a gagné notre politique. Le trop d'esprit a gâté nos affaires, le bon sens peut seul les réparer.

M. le cardinal de Fleury.*[*1. 1736.]

Nous avons en France un premier ministre qui possède une partie des vertus de M. de Sully. Ses principales qualités paraissent cependant n'être que dans un degré inférieur ; mais peut-être cette différence est-elle uniquement due à celle de leur état et des circonstances dans lesquelles ils se sont trouvés. L'un était militaire, l'autre est ecclésiastique. Sully avait vu de près, et avait éprouvé tous les malheurs de la guerre civile et des troubles intérieurs; il avait eu à rétablir partout l'ordre et l'économie; celui-ci n'a qu'à maintenir l'ordre déjà sagement [308] établi. Enfin, Sully éprouvait des contradictions de la part de son maître, et, se croyant obligé d'y résister, il n'en était que plus attentif à n'opposer que le bien public à l'autorité, qui, à cela près, doit être décisive,

M. le Cardinal n'éprouve aucune opposition, si ce n'est sur de misérables objets; je suis persuadé qu'il résisterait à de plus fortes, et c'est peut-être un malheur pour lui qu'il n'en ait point essuyé de plus grandes.

Sully fut le ministre de la nation parce qu'il l'aimait, qu'il sentait qu'elle avait besoin d'être soulagée, et qu'il, fallait réparer ses pertes et la faire jouir du bonheur sous un bon roi. Richelieu, au contraire, fut le ministre: brillant et redouté d'un roi dont il établit l'autorité absolue, parce qu'elle lui était confiée, et résidait entre ses mains. M. le cardinal de Fleury est à la fois le ministre du Roi et de la nation; avec le temps on lui rendra justice comme à Sully. On lui refuse d'avoir un vaste génie; mais nous sommes dans un temps où l'on peut se passer de ceux de cette trempe. Du moins, ne peut-on lui refuser l'esprit aimable, un grand usage du monde et de la cour, de l'aménité, de la politesse, même une galanterie décente, et qui ne contrarie aucun des caractères graves dont il est revêtu. Ses qualités ministérielles sont la justesse d'esprit, la solidité dans les vues et les intentions, la franchise et la bonne foi vis-à-vis des étrangers, une politique assez adroite, mais qui n'est point traîtresse. Il sait se démêler des pièges que lui tendent les courtisans sans user de moyens perfides et machiavélistes. Il a soin de ne hasarder aucune dépense mal à propos, mais surtout de ne point mettre la nation en frais pour courir après des idées chimériques ; il met beaucoup de modération et de désintéressement dans ses [309] dépenses personnelles;*[*1. Sa succession ne valut pas dix mille écus. (Mémoires de Duclos.)] il évite le faste, et trouve beau et plus noble de se mettre au-dessus. Sa conduite à cet égard est l'égide qu'il oppose à ceux qui voudraient l'engager à leur faire des grâces extraordinaires qui ne serviraient qu'à nourrir leur luxe. Enfin, ce ministre semble fait pour assurer le bonheur dont nous jouissons, sans l'altérer; et c'est tout ce que nous pouvons désirer, car la France est à présent au point de pouvoir dire : Que les dieux ne m'ôtent rien, c'est tout ce que je leur demande.

M. de Chauvelin, garde des sceaux.
Sous les yeux du Cardinal s'élève un nouveau ministre dont il n'est pas encore aisé d'apprécier au juste le mérite et les talens, parce qu'il ne gouverne point en premier, et que, travaillant dans le secret avec un supérieur, il est difficile de démêler auquel des deux on doit le succès de beaucoup d'affaires. Il n'est encore qu'au rang de ce qu'on appelait sous le cardinal de Richelieu, les sous-ministres. Mais, s'il en est réduit à servir les idées d'autrui, ou, tout au plus, à les perfectionner; on peut croire, vu l'étendue de ses connaissances et son application au travail, que ce sera un

homme supérieur, si son autorité augmente au point de n'être gênée que par celle du Roi, qui, jusqu'à présent, ne paraît pas fort embarrassante.

Il a le département des affaires étrangères, sans avoir jamais été employé dans aucune ambassade ; mais il connaît le monde par la géographie et l'histoire ; les cours de l'Europe par des relations sur lesquelles il peut [310] compter ; et, en vérité, quand on a l'esprit et le discernement nécessaires pour juger les hommes et apprécier; leurs intérêts, même ceux du jour et du moment, on peut se passer d'avoir beaucoup voyagé. Quel est le ministre des affaires étrangères qui a pratiqué toutes les cours? Ceux qui ont été le plus employés, n'ont que de vieux mémoires sur celles où ils ont été employés anciennement. M. de Chauvelin est magistrat et garde des sceaux; et comme il a rempli les fonctions de la magistrature avec distinction et application, il connaît bien les lois et les formes du royaume ; c'est eu cela qu'il est très-utile à M. le Cardinal qui n'a jamais été à portée de les étudier. Il l'éclaire sur ces objets, et qui sait jusqu'à quel point il le guide?

M. le chancelier d'Aguesseau, vertueux et savant, est un peu obscur et se décide difficilement; il faut un homme qui prenne son parti promptement, mais régulièrement. Communément parlant, les grands magistrats seraient de bons ministres : ils travaillent, ils, écoutent, ils décident. Ils saisissent le point de la difficulté, et celui qui doit fixer leur opinion; ils connaissent les principes et savent les appliquer, et un ministre a-t-il autre chose à faire?

Note de l'éditeur*[*1. M. de Paulmy]. L'auteur avait écrit les deux articles précédens en 1736; mais n'étant mort que vingt ans après, il a eu le temps, en les relisant, de faire des réflexions fondées sur des évènemens postérieurs; elles se trouvent dans son manuscrit sur urge feuille à part, et l'on ne sait pas précisément en quelle année elles ont été écrites. Les voici :

[311] Triste dénoûment du ministère de M. le cardinal de Fleury.
A la fin de l'année 1736, tous les éloges que je viens de faire de M. le cardinal de Fleury et de M. de Chauvelin, les espérances que j'avais conçues du bien qui devait résulter de leur accord, étaient vrais et justes. J'écrivais, comme je fais encore aujourd'hui, pour moi seul, et tout au plus pour mes enfans après ma mort, ce que je voyais, ce que je croyais, ce que je pensais, sans préjugé et sans intérêt de tromper personne. Le Cardinal venait de

conclure une paix qui procurait au Roi la Lorraine, province d'une richesse et d'une ressource immenses, sans qu'il en eût presque rien coûté à la France. Notre militaire s'était distingué; nous avions eu des succès partout, quoique nos généraux eussent fait quelquefois de grandes fautes. Notre royaume n'était pas à beaucoup près épuisé d'hommes et d'argent, ainsi qu'il l'a été depuis. La France était calme au dedans et glorieuse au dehors .*[*1. La paix conclue en 1735 ne fut définitivement signée qu'en 1738. Les duchés de Lorraine et de Bar furent cédés au roi Stanislas, en compensation du trône de Pologne, pour être, à sa mort, réunis à la France. Il n'en coûta qu'une pension de trois millions au duc de Lorraine jusqu'à la mort du grand-duc de Toscane, auquel il était appelé à succéder.]

Mais les courtisans jouèrent un tour de leur métier au garde des sceaux, ou plutôt à M. le Cardinal dont les six dernières années de sa longue vie se sont cruellement ressenties. On lui persuada que l'héritier désigné de sa place se lassait d'attendre, brûlait du désir de posséder [312] son héritage, et était capable de lui donner des dégoûts pour l'obliger à le lui abandonner. Le Cardinal, qui peut-être peu de jours avant d'entrer au ministère ne l'ambitionnait pas, craignit de le perdre dix ans après l'avoir obtenu; tant il est vrai que l'on s'accoutume aisément au pouvoir suprême. Il chercha à approfondir si ce qu'on lui avait dit était vrai, et je crois bien qu'on lui en donna quelques preuves; cela n'était pas fort difficile. Mais il oublia qu'il avait plus de quatre-vingts ans, qu'un second lui devenait de jour en jour plus nécessaire, et que, sans cet appui, il allait être le jouet des intrigues; que dans le courant même des affaires ordinaires, il n'aurait plus personne qui lui indiquât des expédiens et dont il pût faire ce qu'on appelle son bras droit. Il s'imagina qu'il se vengeait d'un traître, et il perdit un homme qui lui était nécessaire:*[*1. Février 1737.] il fit un coup d'éclat qui prouvait sort crédit sur l'esprit du Roi, mais personne n'en doutait. Le Roi n'avait jamais eu avec M. de Chauvelin une seule conversation tête à tête. Sa tournure même ne lui convenait pas; sa familiarité, ses éclats de rire, le ton de ses plaisanteries, lui déplaisaient à l'excès. Mais les courtisans,. plus fins que le premier ministre, sentirent que comme le Cardinal pouvait tout obtenir du Roi ; d'un autre côté ils pourraient dorénavant tout obtenir du premier ministre, même ce qui était le plus contraire au bien de l'Etat et à ses principes.

MEMOIRES, 1825.

L'empereur Charles VI n'avait fait de si grands avantages à la France, que pour s'assurer la garantie de cette puissance pour sa pragmatique sanction, c'est-à-dire pour l'acte qui assurait l'intégrité de ses états à sa fille [313] aînée. Le Cardinal l'avait promis, et la réputation de vertu et de bonne foi dont il avait joui jusqu'alors, avait tranquillisé l'empereur sur l'effet de cette promesse ; aussi Charles VI mourut-il en 1740, dans la douce persuasion que sa fille et son gendre hériteraient de toutes ses couronnes, et que si quelqu'un voulait les troubler dans cette possession, la France elle-même les défendrait. Il n'y avait que la reine d'Espagne qui n'était pas très-contente de n'avoir pas eu un établissement en Italie pour son second fils (Don Philippe). Quelqu'injuste que fût cette prétention, il eût été possible de la satisfaire, sans entre-prendre d'anéantir la nouvelle maison d'Autriche. Mais celui qui aurait pu arranger cette affaire en habile et sage politique, était exilé à Bourges. Des négociateurs ou plutôt des intrigans, plus dangereux et moins délicats, troublèrent la tête d'un premier ministre de quatre-vingt-six ans, et la ruine de la maison d'Autriche fut résolue.

On la lui fit regarder comme si aisée qu'il aurait eu à se reprocher d'avoir manqué une aussi belle occasion d'effacer presque jusqu'à la mémoire de la prétention de Charles-Quint à la monarchie universelle. On lui dit qu'il serait comptable envers la postérité, s'il négligeait d'en profiter. Le pauvre Cardinal en fut si persuadé qu'il ne disputa plus que sur les grands frais dans lesquels cette entreprise jetterait la France. Il craignit qu'elle n'épuisât ses épargnes, et ne dérangeât son système d'économie. On lui fit entendre que la France en serait peut-être quitte pour se montrer seulement, ou du moins qu'il en coûterait peu d'hommes et peu d'argent. Il se laissa séduire, il donna beaucoup plus qu'il ne voulait, beaucoup moins qu'il ne fallait, et il mourut décrié aux yeux de toute l'Europe, trahi par une partie de ses alliés, haï de l'autre, [314] ayant manqué de se concilier ceux dont il devait le plus s'assurer, tels que le roi de Sardaigne. Il laissa la France dans la plus grande détresse, et engagée dans une guerre par mer, sans avoir pris aucune mesure pour l'empêcher ni la soutenir.

Solon disait à Crésus que nul ne pouvait se dire heureux avant sa mort; ne pourrait-on pas dire également que l'on n'est jamais sûr d'être jusqu'à la fin de ses jours habile politique, sage, ni même vertueux ?

Fragmens historiques concernant le ministère du cardinal de Fleury.
Si M. le Cardinal n'a fait jusqu'ici aucun établissement pour le bien public qui mérite d'être cité, il ne faut point l'attribuer au défaut de volonté de sa part; j'ai même la certitude qu'il a quelquefois employé jusqu'à des dix heures de travail par jour avec certains donneurs d'avis qui avaient à lui proposer des arrangemens assez praticables sur la taille, sur les monnaies et sur la compagnie des Indes. J'ai vu des lettres de rendez-vous et des observations par écrit de S. Em. ; mais, quand il en fallait venir à l'exécution, une défiance habituelle lui faisait rejeter le bon comme le mauvais, par paresse ett1 timidité. Il faut absolument des esprits forts et entreprenans, mais surtout justes, pour gouverner.

Le Cardinal a cru qu'il suffisait, pour bien administrer la finance, d'appliquer aux affaires. publiques une maxime dont il s'était bleu trouvé dans ses affaires particulières. Il avait remarqué qu'il retirait davantage de ses bénéfices en bissant faire les fermiers, en ne haussant [315] point le prix des baux, qu'ainsi il était payé plus exactement et mieux. Aussi n'a-t-il presque rien changé au bail des fermes générales, et s'est constamment interdit toute augmentation, lors même qu'il eût été facile d'en obtenir; mais cette manière d'agir a eu l'inconvénient d'attribuer tout pouvoir aux gens de finance, et d'en faire les véritables possesseurs du royaume.

Un ministre étranger m'a dit avec raison que la France perdrait à la mort du cardinal de Fleury, une réputation de modération et de douceur qui lui a servi peut-être plus qu'on ne le pense de son vivant; car, au milieu même de l'appareil guerrier, le Cardinal a toujours montré un empressement à faire la paix qui nous a valu plus que deux armées. Il est certain que, quelque effort qu'il ait fait à plusieurs reprises pour paraître redoutable, il n'a jamais pu parvenir à faire penser qu'il prît les choses au sérieux.

Le chef-d'oeuvre de la politique de S. Ém. a été d'organiser une sorte d'espionnage parmi les chargés d'affaires étrangers. Ce sont les ministres du second ordre qui lui servent d'agens prés de ceux des grandes puissances, puis ils viennent tout lui rapporter. Le Cardinal affecte de caresser ces petits ministres ; il n'y en a aucun qui ne se flatte d'être son ami particulier. Il les traite avec familiarité, leur fait part mystérieusement de quelques secrets des grandes cours, même de celle-ci ; puis ils se vantent chez eux de faire ici de grands progrès : la confiance entraîne l'indiscrétion. MM. Sorba (Gênes), Franquini (Toscane), Vanhoey (Hollande), et particulièrement le Portugais Mentez, sont les plus avant dans l'intimité du premier ministre.

[316] Un des spectacles les plus ridicules du temps où nous vivons, est sans contredit le petit coucher du cardinal de Fleury. Je ne saisoù S. Ém. a pris cette prérogative de sa place, et cette convenance de son poste dans lequel, possédant il est vrai une pleine autorité, elle n'a pourtant extérieurement que le titre de ministre d'état, tout comme le maréchal de Villars. Chaque soir donc, la cour entière, gentilshommes et roturiers, oisifs et gens d'affaire, attendent à leur poste. S. Ém. rentre en son cabinet; puis, on ouvre la porte, et vous assistez à sa toilette de nuit tout entière. Vous lui voyez passer sa chemise de nuit, puis une assez médiocre robe-de-chambre, peigner ses cheveux blancs que l'âge a fort éclaircis. Vous l'entendez raconter quelques nouvelles du jour, assaisonnées de plaisanteries bonnes ou mauvaises auxquelles l'assistance ne manque pas d'applaudir. L'abbé de Pomponne, qui a beaucoup de crédit sur l'esprit du Cardinal, lui eu a fait, dit-on, des remontrances, lui répétant quelques-unes des plaisanteries quicourent à ce sujet. S. Ém. n'en a pas cru devoir tenir compte, imaginant apparemment que le public a grande impatience de sa vue, et qu'il ne lui serait pas possible de céder en tout autre instant à ce désir, sans faire tort aux grandes affaires dont elle est chargée.

La Reine avait à coeur d'obtenir une compagnie de cavalerie pour un officier qu'elle protégeait. M. d'Ansgervilliers (ministre de la guerre), auquel elle en fit la demande, répondit qu'il ne pouvait rien sans le consentement du cardinal. La Reine s'adressa donc à celui-ci. Le Cardinal fait des difficultés, prend une mine renfrognée, et finit par éconduire la Reine. Le soir môme [317] elle s'en plaint au Roi : "Que ne faites-vous comme moi, répond sa Majesté ! je ne demande jamais rien à ces gens-là." Louis XV se regarde précisément comme un prince du sang disgracié, n'ayant aucun crédit à la cour.

Le Roi s'est mis subitement à faire de la tapisserie. Cette détermination a été prise tellement à l'improviste, que c'a été un chef-d'oeuvre de courtisan de l'avoir satisfaite avec cette promptitude. On eut recours à M. de Gesvres dont cette occupation est la capitale. Le courrier qui alla de Versailles à Paris chercher ce qu'il fallait, métier, laine, aiguilles, ne mit que deux heures un quart à aller et venir; voilà qui va bien rehausser le crédit de M. de Gesvres ; sujet de triomphe également pour le Cardinal, comme montrant à quel point sa présence est nécessaire au royaume.

Comme il est reçu de ne pas manquer une occasion de dire quelque platitude, quelqu'un a dit au Roi : " Sire, le feu Roi n'entreprenait jamais deux siéges à la fois, et voilà que votre Majesté en commence quatre." (Voulant parler des siéges de tapisserie). Pour ma part, je suis convaincu que ce désintéressement des affaires générales n'est qu'apparent, et que l'on y doit plutôt chercher une satire secrète du peu de part que le premier ministre laisse au Roi dans le gouvernement de son royaume.

Ayant été plus à portée de connaître M. de Chauvelin, ci-devant garde des sceaux, pendant les dernières an, nées de son ministère, il me reste quelques mots à ajouter au portrait que j'ai tracé de lui.

M. de Chauvelin naquit. cadet de famille de robe ; un frère aîné, renommé par son mérite, l'éclipsa d'abord [318] dans le monde. Ce n'est guère que depuis la mort de ce frère, que M. de Chauvelin s'adonna à des études sérieuses. Les belles-lettres, les bons airs et les chevaux avaient occupé une partie de sa jeunesse. Encore aujourd'hui, malgré les graves magistratures qu'il a remplies, il a la prétention d'être adroit à tout exercice, aux armes, à cheval, à la chasse, au jeu de l'hombre, au chant, à la danse ; aucun talent agréable ne lui est étranger ; mais, en même temps, il a pris les. manières et l'attitude d'un bon et ancien magistrat de race, grave et mesuré, ne soupant point et n'ayant, point de maîtresse.

Feu M. de Harlay lui avait légué ses nombreux et rares manuscrits sur le droit public. M. de Chauvelin mit quelque adresse à tirer parti de cet avantage, les mettant en ordre, en dressant des tables et affectant de passer les nuits à ce genre de travail. J'ai vu une analyse raisonnée de tous les traités de paix écrite en entier de sa main, et qui ne l'a point quitté pendant toute la durée de son ministère, ayant habitude d'y recourir dans la conversation à chaque difficulté notable qui se présentait.

Bientôt il n'y eut qu'une voix pour dire que M. de Chauvelin avait fait une étude approfondie du droit public ; qu'il en savait plus que tous les ministres sur l'objet de leurs charges. La famille d'Aumont, dont il est allié, donnait du poids à cette recommandation. Le cardinal, alors M. de Fréjus, cherchait un adjoint qui pût l'aider à soutenir le fardeau des affaires sous lequel il craignait de succomber. Ce fut le maréchal d'Huxelles qui proposa M. de Chauvelin, et eut, pour ainsi dire, permission d'en faire un homme d'état, de l'initier au secret des affaires étrangères, si toutefois l'élève d'en savait pas plus que le maître.

[319]Les Fleuriaux*[*1. M M. d'Armenonville et de Morville.] venaient d'être dépossédés, M. le chancelier rappelé de Fresnes,*[*2. Août 1727.] mais sans lui rendre les sceaux. Le parlement, flatté du choix d'un garde des sceaux pris dans son sein, ne se fit point prier pour enregistrer ses lettres - patentes, et fit volontairement ce qui jusque - là n'avait pu s'obtenir qu'en un lit de justice. Jamais on n'avait encore vu un garde des sceaux si bien avec son chancelier. A ce sujet, M. de Chauvelin m'a dit souvent, en plaisantant, que pour obtenir et accord, il ne lui en avait coûté que deux choses : céder le pas dans les cérémonies publiques, et faire donner au chancelier un exempt et deux hoquetons; car, autant M. d'Aguesseau est - il pointilleux pour ce qui tient à l'extérieur de sa charge, autant est-il indifférent sur le fait de l'autorité.

Cet heureux début ne fut point de longue durée. La position du garde des sceaux devint pénible. Notre vieux cardinal, il faut en convenir, a beaucoup des défauts du caractère d'une femme : il aime les caresses et les cajoleries ; il est jaloux à l'excès de l'attachement qu'on lui porte. Une bagatelle suffit pour lui faire oublier les plus longs services. Prompt à se faire un mérite de ce qui nous arrivait d'heureux, il rejetait sur son second tous les torts de la mauvaise fortune. Enfin, après onze années d'un dévouement sans exemple, quel fut le salaire de M. Chauvelin? Privé de son rang, de sa dignité, de sa fortune, il n'a pas tenu à son Éminence qu'il ne perdît jusqu'à l'honneur, s'il y eût eu moyen de le déshonorer. On assure que le projet du Cardinal était [320] de le renfermer dans un château fort, et que le bon esprit du Roi s'y est seul opposé. Certes, il faut qu'il ait eu les mains bien pures pour être sorti victorieux de toutes les recherches qui ont été faites depuis son exil, et qui n'ont abouti qu'à la confusion de ses accusateurs.

A mon avis, le seul reproche qu'on puisse lui faire, c'est un excès d'ambition, non pour lui-même, mais pour sa patrie. Il eût été meilleur ministre sous Louis XIV que sous le règne actuel ; il eût voulu la gloire de la France, fût-ce aux dépens de son repos; et rien n'est plus contraire à la politique un peu bourgeoise du Cardinal qui demande la paix à tout prix, sans s'inquiéter si nous l'achetons par l'humiliation et le mépris de nos voisins.

Le traité de Séville*[*1. Traité d'alliance offensive et défensive avec Espagne et Sardaigne, auquel accédèrent les puissances maritimes. Ce traité assurait à don Carlos l'héritage de Parme et Toscane, au roi de Sardaigne le Milanais.] sera dans l'histoire un monument de l'administration du garde des sceaux ; et l'on ne peut savoir tout ce que nous en eussions obtenu, si, flatté du facile honneur de rétablir le repos de l'Europe après avoir été le premier à le troubler, le cardinal ne se fût empressé d'y contrevenir par celui de Vienne de 1735. Les remontrances de M. de Chauvelin contre cette paix précipitée furent la première cause de sa disgrâce. S'il y en eut d'autres plus secrètes, il est probable qu'elles demeureront à jamais couvertes d'un voile impénétrable.

Quoi qu'il en soit, il est douteux que nous soyons [321] destinés à le revoir à la tête des affaires.*[*1. La mort du Cardinal fut pour M. de Chauvelin l'occasion d'une aggravation de peine. Il fut envoyé à Issoire, puis à Riom en Auvergne. De retour à Paris, en 1747, il ne reparut jamais à la cour. de Chauvelin mourut à Paris le 1er. avril 1762, à l'âge de ante-dix-huit ans. Son fils unique avait. été tué en duel pendant exil.] Le Cardinal s'y opposera tant qu'il vivra; et son empire est tel sur l'esprit du Roi, que, suivant toute apparence, il gouvernera ce royaume encore après sa mort par les choix qu'il aura dictés. Grâces à lui, S. M. est persuadée que le parti janséniste reçoit aujourd'hui ses dictées de Bourges; et je sais, pour ma part, que rien n'est plus contraire, et qu'on n'y respire que le tolérantisme et la paix des consciences.

De tels motifs ne sauraient effacer de ma mémoire nos entretiens de Grosbois ; la bonté avec laquelle, nous promenant dans ce beau parc, M. le garde des sceaux se plaisait à causer longuement avec moi de mes études, de mes lectures, aussi-bien que des affaires publiques ; l'accès qu'il me donnait chaque jour, à tonte heure, dans sa bibliothéque, aux archives des affaires étrangères qu'il avait mises à ma disposition; me répétant sans cesse de le regarder comme un père, et l'étant en effet pour moi. Ce que je puis avoir d'idées saines en politique, c'est eu partie à lui que je les dois ; et, du lieu de son exil, il vient encore de m'écrire qu'une de ses consolations dans son malheur, était de me savoir mieux connu et d'y avoir contribué.

[322] État de la France vers la fin du ministère du Cardinal.*[*1. Février 1739.]

Le mal véritable, celui qui mine ce royaume et ne peut manquer d'entraîner sa ruine, est que l'on s'aveugle trop ici sur le dépérissement de nos provinces. Ce qui en circule est traité d'exagération, et personne que je sache ne s'est encore avisé d'en rechercher l'origine. J'ai vu, depuis que j'existe, la gradation décroissante de la richesse et de la peuplade en France, et tous les observateurs de bonne foi conviennent avec moi que la dépréciation subite des monnaies opérée par M. le Duc en a produit les premiers symptômes. Mais il y a loin de ce qui était alors. A ce que l'on voit aujourd'hui. On a présentement la certitude que la misère est parvenue généralement à un degré inoui. Au moment où j'écris, en pleine paix, avec les apparences d'une récolte, si non abondante, du moins passable, les hommes meurent tout autour de nous, dru comme mouches, de pauvreté et broutant l'herbe. Les provinces du Maine, Angoumois, Touraine, Haut-Poitou, Périgord, Orléanais, Berry, sont les plus maltraitées; cela gagne les environs de Versailles. On commence à le. reconnaître, quoique l'impression n'en soit que momentanée.

Il y a long-temps que je m'aperçois du danger qui nous menace, et c'est peut-être moi qui donnai le premier l'éveil, au retour d'un voyage que je fis dans mes terres, il y aura bientôt deux ans. J'ai dit et je pense encore que cet état ne tient point à des circonstances passagères, et que si une mauvaise année a pu rendre le mal plus sensible, [323] les racines en sont pins avant qu'on ne croit. J'ai proposé ailleurs des moyens de rendre l'activité à nos campagnes de les soustraire à la tyrannie financière qui les épuise;*[*1. Traité de la Démocratie.] mais le montent n'est point favorable aux nouveautés.

Les familiers du Cardinal lui ont persuadé que ce sont des contes répandus par le parti Chauvelin pour discréditer son ministère. M. Orry n'a foi qu'aux rapports des financiers, qui naturellement ont intérêt à lui cacher la vérité. Il regarde les intendans qui lui parlent avec plus .de franchise, précisément comme des curés ou des dames de charité, qui exagèrent les tableaux de la misère par une compassion mal placée. Aussi a-t-il dégoûté tous ses intendans; aucune voix ne s'élève plus entre le trône et le peuple : le royaume est traité comme un pays ennemi frappé de contributions. On ne songe qu'à faire acquitter l'impôt de l'année courante, sans penser à ce que l'habitant pourra payer encore l'année d'après.

Il est vrai que tous nos raisonneurs sont en défaut; il n'y a point eu de disettes marquées. Ce n'étaient tout au plus que des demi-années en certaines provinces, et des récoltes satisfaisantes en d'autres. Mais partout on reconnaît le manque d'argent, le manque de moyens pour acheter des vivres. Avec cette pauvreté, les grains et les vivres renchérissent, on ne fait plus travailler. Cependant les impôts sont exigés avec rigueur, la taille est poussée fort haut. Le contrôleur général a montré au Cardinal une abondance dans les recettes qui lui a valu des complimens.

Enfin se sont élevées quelques voix, celles des principaux [324] magistrats, même des plus politiques : M. Turgot*[*1. Prévôt des marchands.] à qui cette opposition a fait honneur; M. de Harlay*[*2. Intendant de Paris.] qui a fait suspendre la réparation des chemins par corvées. Madame la duchesse de Rochechouart* [*3. Morte à Tours en 1753, et révérée comme une sainte par les pauvres de cette ville.] douairière écrivit une lettre pathétique au Cardinal. M. de La Rochefoucauld revenant d'Angoumois en fit autant. M. l'évêque du Mans vint de son diocèse toucher barre à Versailles, uniquement pour dire que tout s'y mourait. Le bailly de Froulay, qui a beaucoup d'accès à la cour, est aussi venu du Maine confirmer cette déposition. Ces rapports ont causé quelques momens d'effroi, mais on n'en a pins reparlé. Un de mes collègues au conseil d'état, avec qui j'ai souvent occasion de m'entretenir, me disait l'autre jour : "Monsieur, tout ceci est la faute du chancelier d'Aguesseau. Depuis qu'il a si fort restreint la compétence des prévôts de la maréchaussée, il est devenu impossible de faire arrêter ces mendians. On a beaucoup trop tardé à prendre ce parti, et c'est ce qui les a multipliés à ce point."

MEMOIRES, 1825.

Il est certain que la misère actuelle des provinces fait plus de tort à ce royaume, que la malheureuse guerre de Turquie n'en a pu faire à la maison d'Autriche, quelle que soit la joie secrète que nous avons éprouvée en apprenant ses revers.

La Normandie, cet excellent pays, succombe sous le poids des impôts et sous les vexations des traitans; les fermiers sont ruinés, et l'on n'en peut trouver. Je sais [325] des personnes qui sont réduites à faire valoir des terres excellentes par des valets.

Le duc d'Orléans porta dernièrement au conseil un morceau de pain de fougère que nous lui avions procuré.*[*1. Le comte d'Argenson était alors chancelier de ce prince.] A l'ouverture de la séance, il le posa sur la table du Roi, disant : Sire, voilé de quoi vos sujets se nourrissent.

Cependant M. Orry vante l'aisance où se trouve le royaume, la régularité des paiemens, l'abondance de l'argent dans Paris, et qui assure, selon lui, le crédit royal. Il se complaît dans l'amour que lui portent les financiers; il est vrai que plus il y a de pauvres, plus ces gens-là deviennent riches. Ils sont reçus, accrédités partout, et ne contribuent en rien aux charges publiques.

L'évêque de Chartres a tenu des discours singulièrement hardis au lever du Roi et au dîner de la Reine. Le Roi l'ayant interrogé sur l'état de son diocèse, il a répondu que la famine et la mortalité y régnaient; que les hommes broutaient l'herbe comme des moutons ; que bientôt on allait voir la peste, ce qui serait pour tout le monde (y compris la cour, voulait-il dire). La Reine lui ayant offert cent louis pour les pauvres, le bon évêque a répondu : "Madame, gardez votre argent; quand les finances du Roi et les miennes seront épuisées, alors V. M. assistera mes pauvres diocésains, s'il lui s reste quelque chose." On répond à tous ces récits que la saison est belle, que la récolte promet beaucoup. Mais je demande ce que la récolte donnera aux pauvres. Les blés sont-ils à eux? La récolte appartient aux riches [326] fermiers qui, eux-mêmes, dès qu'ils recueillent, sont accablés de demandes de leurs maîtres, de leurs créanciers, des receveurs de deniers royaux, qui n'ont suspendu leurs poursuites que pour les reprendre avec plus de dureté.

On a beaucoup blâmé M. de Chauvelin de ce qu'à Bourges il donnait l'aumône à une multitude de pauvres, et de ce qu'il avait un chirurgien habile qui les allait panser; on a dit que c'était par ostentation, car la pensée la plus à la mode chez les partisans du Cardinal, c'est que la misère présente n'est rien, que le tableau en est exagéré par les Chauvelinistes. Et si M. de Chauvelin n'eût point donné d'aumônes, on eût pris texte sur la dureté de son coeur.

Dimanche dernier,*[*1. Septembre 1739.] le Roi, allant à Choisy par Issy, pour y visiter le Cardinal, traversa le faubourg Saint-Victor. Cela fut su : le peuple s'amassa et cria, non plus vive le Roi, mais misère, famine, du pain ! Le Roi en fut mortifié ; et, arrivant à Choisy, il congédia les ouvriers qui travaillaient à ses jardins; ce qu'il fit par bonté d'âme, se scandalisant de faire aucune dépense extraordinaire tandis qu'il régnait une misère semblable. Il écrivit le soir même au Cardinal ce qui lui était arrivé, et les ordres qu'il avait donnés. Le Cardinal lui répondit sur-le-champ, loua son bon coeur, mais lui représenta qu'il devait reprendre ses ouvriers, parce que ce serait leur ôter tout moyen de subsistance. Le Roi est depuis ce moment d'une tristesse et d'un accablement qui font pitié.

[327] Le même conseiller d'état dont j'ai parlé ci-dessus, et qui vient de faire un séjour de deux mois dans le Perche où sont situées ses terres, m'a dit n'y avoir vu qu'un tas de coquins qui ne veulent point travailler, et que l'on perd en leur faisant l'aumône. Il a persuadé tout de bon au ministère que c'est une habitude de paresse qui corrompt les moeurs des provinces. C'est ainsi que j'ai entendu accuser de pauvres enfans, sur lesquels opérait un chirurgien, d'avoir la mauvaise habitude d'être criards.

D'après ses conseils, on va faire travailler aux routes, non plus par corvées, mais moyennant salaire; et nos ministres et satrapes y trouvent en attendant leur compte, faisant faire, de belles avenues pour arriver à leurs châteaux. Ils disent que c'est semer pour recueillir; car en même temps l'on va presser le recouvrement des tailles, afin de reprendre d'une main ce que l'on donne de l'autre. Tels sont ceux qui ont part à la direction des affaires: durs, tyranniques, heureux de leur sort, jugeant celui des autres par le leur propre ; juges de Tournelle, habitués à voir de sang-froid disloquer les membres des suppliciés.

Toute misère provient de fainéantise, et les impôts, tels qu'ils sont, ne sont pas suffisans. Ces bourreaux de ministres pensent aiguillonner l'industrie et corriger les moeurs par la nécessité de payer de gros subsides. Il y a longtemps que j'entends débiter cette maxime cruelle, fondée sur ce qu'on croit avoir observé de la fainéantise en quelques terres qui se sont maintenues franches (ce qui ne provenait que de la facilité de faire la fraude), et du travail dans les pays soumis aux plus durs impôts. On ne voit pas que cet aiguillon a déjà dépassé le but, et est [328] devenu scie ou coutelas, et que le labeur est découragé dés que l'augment d'impôt dépasse de beaucoup l'augment de profit par le labeur. Assurément il faudrait suivre une marche contraire à celle que l'on semble adopter : asseoir par abonnement la cote de chaque paroisse, et déclarer, une fois pour toutes, que cette cote pourra bien être diminuée par la suite, mais augmentée jamais ; qu'il est permis de travailler, peupler, s'accommoder impunément.

Peu importent mes idées, dira-t-on peut-être, ce sont celles de nos gouvernans qui importent davantage, et ce n'est malheureusement que trop vrai. On a imaginé, afin de répandre l'argent dans Paris, de donner de grandes et ridicules fêtes pour le mariage de l'Madame Première avec l'infant don Philippe; comme s'il n'y avait pas cent emplois plus utiles pour le pauvre peuple à faire de l'argent amassé dans les coffres royaux; à commencer par une réduction sur les tailles si vivement désirée.

Mais nos ministres sont enchantés de leurs belles opérations, tant ils se croient supérieurs aux événements, et maîtres du mal par le remède !

Ces dépenses et ces profusions du Cardinal, à l'occasion du mariage de madame Louise-Elisabeth, dépenses si peu conformes à son caractère connu de parcimonie, même de lésinerie, en d'autres circonstances, reposent sur un vieux conte du ministère de M. Colbert qui a bien souvent lassé ma patience. On assure donc que le feu Roi, voulant donner un carrousel, redoutait l'économie de M. Colbert. Point du tout; celui-ci commanda le carrousel beaucoup plus beau que le Roi ne l'avait même [329] souhaité; mais il le fit annoncer long-temps à l'avance. Cela attira quantité d'étrangers : de là de grandes consommations, et des droits dont les fermiers-généraux profitèrent. Ils payèrent le carrousel, et le Roi eut encore cent mille écus de bénéfice par-dessus le marché.

Ces sortes d'épigrammes en politique sont fort du goût de nos Français superficiels, paresseux de penser et d'approfondir. Ils en restent là, croyant avoir mis à bout toute étude de la science sociale, quand ils ont parlé circulation, quand ils en ont seulement nommé le mot. J'ai déjà répondu que cette belle fête de M. Colbert, était précisément la similitude d'une vieille comtesse ruinée, qui a quitté ses terres pour tenir une maison de jeu et qui donne à souper avec l'argent des cartes.

Tous ces petits esprits qui nous gouvernent se croient de très-grands hommes en copiant cet admirable trait de M. Colbert.

> Non tali auxilio, toque defensoribus istis,
> Tempus eget.

On loue encore M. le cardinal d'en user comme ces Romains dans le Capitole, qui jetaient du pain par les fenêtres pour prouver qu'ils en avaient de reste, tandis Fils en manquaient en effet. Cela pouvait être utile dans &ne place assiégée dont il s'agissait de faire lever le siége; mais que nous importe aujourd'hui une fausse réputation ? Par qui sommes-nous menacés ? Nos voisins nous laissent en paix, et depuis longues années, chaque fois nous avons eu la guerre, avec eux, c'est que nous ames leur avons cherché querelle.

Mais la misère du dedans nous épuise. C'est donc à [330] nous que nous voulons en imposer, et nous ne nous en imposons assurément pas. Au contraire, le peuple des provinces regarde comme une injure à lui faite la joie de la cour et la gaieté de la capitale.

Le nombre des pauvres dépassera bientôt celui des gens qui peuvent vivre sans mendier.*[*1. Novembre 1740.] Dans la ville de Châtelleraut, on a obligé chaque bourgeois à entretenir à ses frais un pauvre. La population est de quatre mille âmes, et sur ce nombre, il s'est trouvé dix-huit cents pauvres.

MEMOIRES, 1825.

On n'ose plus sortir dans les rues de Paris dès sept heures du soir, et partout les Suisses font la patrouille à la place du guet. Le pain est maintenu à cinq sous moins un liard, grâce aux exactions que l'on exerce sur les malheureuses provinces. On craint à chaque instant des révoltes générales. Dans plusieurs villes, les habitans ont dit que tant qu'il leur resterait des bâtons et des fourches, ils empêcheraient bien qu'on n'enlevât leurs grains. On s été obligé de couvrir le froment d'avoine, et d'employer d'autres ruses pour tromper leur surveillance.

Le duc de La Rochefoucauld a dit au Roi, que Sa Majesté ignorait peut-être en quel état étaient ses provinces; que cela passait toute idée, que tout était fardé ici ; que le ministère ne travaillait. qu'à déguiser le mal, et à feindre l'abondance dans Paris ; mais que dans les provinces où y avait tant de détresse l'an dernier, on était au double misérable cette année, et que celles qui étaient le mieux l'an passé, étaient à présent à l'égal des autres. [331] A cela Sa Majesté a répondu qu'elle le savait fort bien, qu'elle savait même que son royaume avait diminué d'un sixième depuis un an. Le Cardinal en est aussi convenu; et, comme quelqu'un lui parlait de la possibilité d'une guerre étrangère, son éminence répondit avec son ton doucereux, que ce serait impossible, vu que l'on manquait d'hommes en France.

Il est positif qu'il est mort plus de Français de misère depuis deux ans, que n'en ont tué toutes les guerres de Louis XIV.

Comme on plaisante ici sur les choses les plus sérieuses, il court un épigramme sur le Cardinal dont je n'ai retenu que le trait. La France est un malade que, depuis cent ans, trois médecins de rouge vêtus, ont successivement traité. Le premier (Richelieu) l'a saigné ; le second (Mazarin) l'a purgé; et le troisième (Fleury) mis à la diète.

Le comte d'Argenson, ministre de la guerre.
Mon frère, que j'aime tendrement, parce qu'il a bon coeur, et auquel je souhaite une haute fortune, parce s'il la mérite, a cependant, sur bien des points, une manière de voir différente de la mienne. Je lui ai dit vent : "Méfiez-vous des cabales de la cour. Croyez-moi, le parti le plus sage est de rester spectateur de ces débats, et d'en attendre paisiblement l'issue ; c'est

même quelquefois le plus utile. Sur une terre aussi ingrate, rarement celui qui sème est assuré dé recueillir. A s'y aventurer, le moindre risque, selon moi, c'est la Bastille. Le pire est la perte de son bonheur et de son, repos. Immoler soi heureux à soi grand. Quelle folie !"

[332] Mon frère a beaucoup d'esprit; il possède une facilité rare pour concevoir et pour s'énoncer; il a de la hardiesse, du courage, surtout une indifférence complète pour ce qui émeut et intimide lis autres ; le goût du grand, le désir de se rendre illustre.

Il n'est point susceptible de haine : le sentiment que l'on nomme rancune, et qui généralement est la marque des esprits faibles, n'eut jamais accès dans son coeur. La bile ne s'allume point chez lui. S'il a peu de plaisirs sensibles, du moins ses peines sont légères. Il a les passions douces ; son ambition tient de la nature de ses humeurs. Ceux qui ne le connaissent point l'en croient dévoré, ils se trompent ; il ne se tourmente pas l'esprit pour si peu. Habile à saisir les imperfections de chaque chose et de chacun, il s'est fait une habitude de pénétrer les ressorts cachés des plus grands événements.

Il a des goûts de curiosité que je n'ai jamais connus. Il aime les sciences de pur agrément, la physique, la géométrie, la chimie, l'histoire naturelle. On sait que c'était aussi la passion du Régent qu'il a plus fréquenté que moi dans sa jeunesse. Dans l'étude des lois, il a préféré la science du palais aux grands principes. de la législation, la jurisprudence à la justice.

Ce fut, sans doute, cette connaissance rare chez un homme du monde, qui lui gagna l'affection du chancelier d'Aguesseau; du reste, mon frère a la mémoire la plus heureuse que je connaisse, et, s'il s'est attaché jusqu'ici A briller par la superficie, il saura le fond des choses quand il voudra s'en donner la peine.

La première charge qu'il ait remplie a été l'intendance de Touraine, en 1721. Les princesses de France et d'Espagne la traversèrent lors du double mariage. Mon [333] frère se mit à la tête de la noblesse de cette province, et s'acquitta de leur réception avec succès; il n'a gardé qu'un an cette intendance, et ne fut pas fâché, je pense, de se rapprocher de la cour.

MEMOIRES, 1825.

A deux reprises différentes il eut la lieutenance de Paris; la première fois, sous le ministère de mon père; la seconde, sous celui du cardinal Dubois.

Le Régent mourut au moment de sa plus haute faveur, et le ministère de M. le Duc suspendit quelque temps ses espérances ; mais étant demeuré chancelier du duc d'Orléans actuel et chef de son conseil, cette charge devint entre ses mains un petit ministère. Il trouva l'apanage de cette maison dans un extrême délabrement. Feu M. le Régent avait eu toute sa vie pour maxime de négliger complétement ses affaires personnelles, pour ne paraître `occupé que de sciences et des études de l'homme d'état. Ce n'était pas ainsi que pensait M. de Sully, que Henri IV prit pour premier ministre, d'après le bon état où il trouva sa terre de Rosny, s'écriant : Ventre saint-gris, celui qui gouverne si bien ses affaires, gouvernera yen aussi les miennes.

Mon frère eut à réparer l'effet de cette négligence, et s'en acquitta habilement, paya les dettes, assura les rentrées. Il faut convenir qu'un maître chaste, dévot, sans nul goût dispendieux, économe par nature, lui facilita beaucoup cette besogne. Lui ayant succédé moi-même cette charge (du 1er. janvier 1741 jusqu'en mai 1744), j'en puis parler avec connaissance de cause. Peut-être à place me fussé-je préservé de certaines dépenses d'éclat, telles que les embellissemens de Saint-Cloud, qui sortaient des principes de modération qu'il s'était lui-même prescrits.

[334] Les agrémens de sa société plurent à M. le duc d'Orléans, et il devint ami du fils le plus pieux, après avoir été favori d'un père qui ne l'était guère ; mais cette petite cour du Palais-Royal est pire cent fois que la ville de province la plus tracassière. Mon pauvre frère y eut bien des désagrémens, et moi aussi j'en sais quelque chose.

Heureusement pour lui il a trouvé moyen d'en sortir honorablement. D'abord, de son libre choix, M. le chancelier d'Aguesseau le désigna pour directeur de la librairie, lorsque les sceaux lui furent rendus.*[*1. 1737.] Mon frère avait déjà, sous M. de Chauvelin, le bureau des affaires contentieuses de la librairie. M. d'Aguesseau, qui avait plusieurs membres de sa propre famille (trois fils et deux beaux-frères) auxquels ne manquaient certes ni l'intelligence, ni surtout la bonne volonté pour remplir cette charge, préféra mon frère à tous, et étendit même ses attributions. Cette commission, qui serait de peu d'importance en des temps ordinaires, en a beaucoup en celui-ci, où les affaires de religion occupent si vivement les esprits.

Aussi mou frère s'est-il trouvé dès cet instant en relations directes avec M. le cardinal de Fleury, et celui-ci, depuis la disgrâce de M. de Chauvelin, se trouvant fort au dépourvu dans son ministère (un des plus médiocres peut-être qui se soient jamais rencontrés), a vu dans mon frère l'homme qu'il fallait pour lui rendre de l'éclat. Il l'a appelé, en 1739, à la présidence du grand conseil, et, en août 1740, à l'intendance de Paris.

De là mon frère n'a plus qu'un pas à faire pour entrer [335] au conseil des ministres. Tout l'y porte ; la réputation que jeune encore il s'est acquise, ses amis, ses formes naturellement aimables et séduisantes. Nul doute qu'il y déploiera de vrais talens et accomplira de grandes choses. Ses qualités brillantes sont de nature à imposer silence, même à ses ennemis. Verrons-nous enfin un ministre, abandonnant les erremens vicieux de ses prédécesseurs, attaquer les abus dans leur source, et non avec cette petitesse de vues qui n'est qu'un aliment à de nouveaux abus pires que les anciens? Mon frère n'est point au-dessous d'une si noble entreprise.

Mais je voudrais que dès à présent il s'adonnât davantage à l'étude de l'histoire. Elle lui présenterait de grands modèles, tandis que la cour ne lui en a offerts que de très-petits. Il s'est fait violence en quelque sorte pour se rabaisser jusqu'à eux ; en voici un exemple. Mon frère est naturellement propre au secret, au mystère même le plus impénétrable ; mais il est à ce point esclave du bon air et du goût d'imitation que, voyant M. de Maurepas indiscret, il se pique de l'être comme lui.

Enfin on nous a bien jugés l'un et l'autre, en disant que je prenais les hommes comme ils devraient être, et lui comme ils sont.

La Reine. Le duc d'Orléans, de Sainte-Geneviève.
Lorsque mon frère fut envoyé à Rastadt négocier le mariage de la feue duchesse d'Orléans, et qu'on lui fit l'abord quelques difficultés, il revint en

France par Strasbourg, et y vit le roi Stanislas et sa fille. A son retour à Versailles où il était venu prendre de nouveaux ordres, il dit mille biens de la princesse Leczinska, la [336] mettant fort au-dessus de la princesse de Bade qu'il était allé demander, et suggéra ainsi la première idée de son élévation au trône. Tel est le motif de l'amitié dont l'a toujours honoré le roi Stanislas, et la Reine elle-même.

La Reine regrette quelquefois de n'être pas simple duchesse d'Orléans comme elle a failli l'être, au lieu de devenir reine de France. "Convenez, dit-elle, que nous eussions mené une vie délicieuse. Tandis que mon époux eût été à Sainte-Geneviève, moi je serais allée aux Carmelites."

Il arriva même un jour que la Reine s'entretenant fort longuement avec M. le duc d'Orléans, sans que l'on pût entendre le sujet de leur conversation, tout à coup on vit ce prince se jeter à genoux, et faire un acte d'adoration, comme pour demander pardon à Dieu des pensées qui se présentaient à son esprit. La Reine se plaît à rappeler cette anecdote et la conte fort gaiement.

Au sujet de M. le duc d'Orléans actuel,*[*1. Mort en 1752.] je dois ajouter un mot sur l'espèce de folie dont assez généralement, mais peut-être à tort, on croit ce prince atteint. J'ai vécu cinq années dans sa familiarité la plus intime, et jamais il n'a cessé de me témoigner une bonté à toute épreuve. (Je n'en dirais pas autant de madame sa mère, ni de sa soeur madame de Chelles,*[*2. L'abbesse de Chelles, seconde fille du Régent.] quoique j'en sois à me demander ce qui m'attira leur courroux).

M. le duc d'Orléans a toujours été outré en tout. Je tiens de M. de Clermont, son premier écuyer, que dans [337] sa jeunesse le mauvais exemple l'entraîna. Il se livra à ses passions sans choix ni discernement, sans nul ménagement pour sa santé. Plus tard il voulut se mettre à la tête des housards et faire une guerre de carabin. Il aima la chasse jusqu'à la fureur. Enfin, s'étant adonné à la dévotion, le rôle dont il a fait choix a été celui de père de l'église et d'anachorète.

Les connaissances qu'il a acquises sont peu communes, et moins encore chez un prince. Il sait à fond la théologie, et l'a puisée aux sources mêmes, dans l'étude des langues orientales. Mais ce n'est pas assez pour lui d'être saint, il faut qu'il sanctifie les autres. Il pense que Dieu l'a appelé à la conversion des hommes, et n'aurait garde de manquer à sa vocation. Au fait, j'ai lu des traités de controverse composés par lui, et j'avoue qu'autant que je me puis connaître en ces sortes de matières,*[*1. A sa mort, M. le duc d'Orléans légua ses manuscrits aux jacobins, comme dépositaires de la doctrine de saint Thomas, pour quelle il manifestait une vénération particulière. Les jésuites furent très-piqués de cette préférence. Le duc d'Orléans fonda également Sorbonne une chaire de théologie hébraïque, afin, disait-il, que hérétiques ne fiassent pas les seuls qui étudiassent la Bible en langue originale.] je les ai trouvés pleins de sens et d'une dialectique serrée. Sa conversation répond à ses écrits, ses discours sont graves, sentencieux, éloquens même. Il est vrai que parfois il tombe en des goûts de minutie et de puérilité qui contrastent avec sa manière d'être habituelle. Il passera des journées entières à Sainte-Geneviève, à disputer avec des pères érudits sur le vrai sens d'un passage hébreu ou chaldéen, sur la ponctuation d'un verset la Bible, sur la situation du paradis terrestre. Il va [338] faire lecatéchisme aux enfans avec les prêtres de Saint-Étienne, et suit les moindres processions.

Le duc d'Orléans est fils d'une mère de beaucoup d'esprit, mater Gracchorum grande supercilium. Le quartier de Mortemart*[*1. Madame de Montespan était née Mortemart.] se reconnaît en elle.

Lui-même a de la hauteur, il tient à n'être point dominé. Il est on ne peut plus sensible sur le droit conventionnel à la couronne fondé par le traité d'Utrecht, au préjudice du droit de naissance de la ligne espagnole. La vraie cause de sa retraite de la cour et des conseils*[*2. 1741.] a été le refus qu'il essuya de madame Henriette, seconde fille du Roi, pour son fils le duc de Chartres.*[*3. Sur ce refus, M. le duc de Chartres épousa la princesse de Conti.] Ce mariage, en rapprochant du trône la branche d'Orléans, devenait pour l'Europe une nouvelle garantie aux renonciations de Philippe
V. Le duc d'Orléans y attachait un grand prix; il fut outré dans cette occasion des procédés du Cardinal, et jura de ne plus reparaître à la cour tant que vivrait ce premier ministre.

MEMOIRES, 1825.

Sur de tels sujets nul ne raisonne mieux que lui, ni avec plus de chaleur; et si parfois on l'a entendu tenir des propos moins sensés, plutôt que de l'attribuer à un dérangement d'esprit véritable, j'aimerais à n'y voir que la conséquence d'une excessive retraite, peut-être d'une humeur de goutte qui se promène en lui et se porte a la tête, ou bien encore de la privation de femmes, qui produit cet effet chez des hommes d'un tempérament ardent, mais contenu par la religion.

[339] Il est certain qu'il n'a jamais voulu croire à la mort des personnes qui lui avaient été chères ; ceci tient à des idées particulières sur la métempsycose. Je l'ai éprouvé moi-même à l'occasion de la mort de l'abbé d'Houteville, son bibliothécaire; car, m'ayant demandé les harangues qui furent tenues à l'Académie lors de la réception de son successeur, et, m'étant empressé de les lui procurer, il dit que je l'avais trompé, que je les avais fabriquées pour me jouer de lui.

Un certain chevalier de Béthune,*[*1. On attribue au chevalier de Béthune l'Histoire de Charles VI, 9 volumes in-12, qui a paru sous le nom de mademoiselle de an.] de l'Académie des belles-lettres, a eu quelque part à son éducation et lui donna des leçons de métaphysique. M. le duc d'Orléans m'a plus d'une fois recommandé la lecture des mémoires de ce fou savant et spirituel mais dont l'esprit trop vif dépassé le but qu'il veut atteindre. Or, ce chevalier de Béthune avait imaginé un système de métempsycose renouvelé de Pythagore, et accommodé tant bien que mal à la doctrine du christianisme. M. le duc d'Orléans s'en est pénétré, et il est convaincu que les âmes vertueuses ne s'absentent que momentanément de la terre pour y reparaître sous d'autres formes : ni Louis XIV, ni Henri IV, ne sont morts à ses yeux. Mesdames de Gonaut et d'Alincourt ne le sont pas non plus. Et cela a été jusqu'au point de cesser d'aller à confesse au curé de Saint-Paul, parce que ce curé avait essayé maladroitement dissiper l'illusion du prince.

[340] De l'amour-propre; des objets de l'abbé de Saint-Pierre. Sentimens de l'auteur sur la querelle des molinistes et des jansénistes. — Affaire de l'Université.*[*1. 1739]

Je me suis souvent examiné pour savoir au juste ce que j'ai d'amour-propre et de quelle nature il est. Au fait, tout le monde en a; c'est comme la bile et le fiel, humeurs fâcheuses, mais nécessaires, qui ne doivent point dominer en nous, mais dont l'absence totale nous ferait périr. Il nous faut de l'amour-propre, ne fût-ce que pour veiller à notre propre conservation. Il nous en faut pour alimenter cette source de toute émulation que le Créateur a mise en nous, l'envie d'être distingués entre nos pareils, l'amour de la louange, la crainte du blâme. Les honnêtes gens, les bons citoyens s'aiment ; mais ils s'aiment en tout bien et tout honneur, et jamais en des vues coupables. "Il faut absolument s'aimer soi-même, me disait un homme d'esprit de mes amis ; mais il faut s'aimer comme on aime une honnête fille que l'on veut épouser, et non comme une malheureuse créature que l'on ne cherche qu'a corrompre."

Celui qui s'aime vertueusement, et qui a l'âme belle et grande, aimera en outre sa patrie, les progrès de son art, et la perfection de ce qu'il entreprend. Cette seconde partie de nos affections est ce que l'on nomme amour pur, faculté de l'âme que l'on aurait tort de nier ; car nous l'avons presque tous, et ceux qui ne l'ont pas sont des monstres. Pourquoi donc les théologiens nous l'ont-ils refusé envers Dieu, lors de l'hérésie de M. de Cambrai? Dieu se montre si aimable pour nous ; pourquoi n'y aurait-il [341] pas quelque chose de désintéressé dans les actes que nous lui adressons, indépendamment de ce que nous arrache l'espérance ou la crainte? Certes, nous aimons les pauvres quand nous les assistons secrètement; un amant aime sa maîtresse par delà les désirs de la volupté ; un bon cocher aime ses chevaux d'une affection qui dépasse le mercenaire devoir.

Ici, je crois reconnaître la pierre de touche de l'amour-propre. Comment traitez-vous la chose dont vous êtes chargée Est-ce en homme qui rapporte tout à lui, à son avancement, à son bien-être, ou aimez-vous le bien pour le bien lui-même ? Désirez-vous que votre charge soit bien remplie, quand il ne vous en reviendrait rien, quand nul n'en aurait connaissance ? Ceux qui n'aiment qu'eux, travaillent au jour le jour, vont au plus pressé, à ce qui est le plus apparent ; ils font ouvrage de montre et voilà tout. Telle est la pratique reçue de nos jours, et ce qui fait que les grands hommes sont si rares. Ce n'est pas ainsi qu'en usa mon père, constamment occupé de son devoir et jamais de sa fortune, chose que ses enfans pourront attester mieux que personne.

MEMOIRES, 1825.

J'avais commencé cet article en disant que je parlerais de moi; mais où donc ai-je pris tout ce que je viens de dire de l'amour-propre, de ses avantages et de ses dangers, si ce n'est dans ma propre étude et dans ma conscience ?

L'avouerai-je ? s'il y a quelque chose de bon en moi, est un effet de ma paresse. Rien ne me coûte autant que de feindre ; j'aime mieux tout bonnement être, que de me donner bien de la peine à paraître ce que je ne serais pas. Je préfère aimer mon pays et mes amis, plutôt [342] que, n'aimant que moi, témoigner aux autres des sentiments qui ne seraient pas dans mon coeur.

Je me suis fait une réputation assez singulière, et qui commence à percer dans le public. On sait que de longue main je me suis appliqué à réfléchir sur les affaires d'état. En même temps, mon goût pour la retraite m'a donné de la rareté. Je passe assez généralement pour un être curieux, bizarre; j'attire l'attention de gens avec lesquels je n'eus jamais aucune relation, et qui mettent de l'importance à me connaître.

Sans aucun désir ardent de changer ma position actuelle, je me suis quelquefois surpris à bâtir des châteaux en Espagne. Ils m'amusent et ne me tourmentent pas : ce sont des rêves agréables qui ne me réveillent jamais en sursaut, et ne me donnent point le cauchemar.

Mon bon ami, l'abbé de Saint-Pierre, rêve aussi qu'il réforme l'état. J'ai un peu plus de droit que lui pour faire de pareils rêves. Il écrit ses songes et les fait imprimer. Je suis tenté .d'écrire aussi les miens; mais je réponds bien qu'ils ne verront pas le jour de mon vivant. Premièrement, parce que je ne crois pas encore le monde bien disposé à faire usage de ce que j'imagine pour son bien ; secondement, parce que l'exemple de l'abbé de Saint-Pierre m'effraie. Avec les meilleures intentions possibles, il a ouvert plusieurs avis qui mériteraient d'être suivis ; mais il a attaqué de front les idées généralement reçues. Il a proposé des moyens peu praticables, pour parvenir à des fins heureuses; il a annoncé ses idées d'un ton emphatique, et a cru que pour être bien entendu, elles avaient besoin de mots nouveaux [343] et d'une ortographe extraordinaire. Tout cela a jeté du ridicule sur ses écrits et sur sa personne. Plus estimé à l'étranger qu'il ne l'est en France, ce n'est qu'en passant pour un fou et pour un radoteur, qu'il s'est dérobé à la haine de ceux qui étaient intéressés au maintien des abus qu'il voulait détruire. On ne peut pas dire qu'à certains égards, il ne méritât pas ces reproches, même cette dérision. Mais assurément, il était possible de tirer meilleur parti de ses idées sur plusieurs objets, et de mettre à profit son radotage. Bel exemple pour ceux qui voudraient publier encore des projets de réforme ! mais doit-il effrayer tout-à-fait un,bon citoyen? Non : du moins ne m'empêchera-t-il pas de penser et même d'écrire, au moins pour moi, ce que je crois qu'il y aurait de mieux à faire.

On m'a fait entendre que je passais pour janséniste, et que cette opinion me portait préjudice à la cour. Je vais m'expliquer ici, et l'on verra jusqu'à quel point je mérite ce reproche. Je commencerai par un aveu.

Je me sens porté pour les persécutés. Toutefois je les haïrais, si par quelque coup du sort, difficile à prévoir il est vrai, ils devenaient persécuteurs à leur tour.

Mais voici ma profession de foi, que je crois très-saine et digne de fortune quant au dogme, très-hérétique et digne de disgrâce pour ce qui touche à la politique actuelle.

Sur le premier article, je pense qu'un laïc doit être soumis à l'église, au pape, au plus grand nombre des évêques, et, qu'en conséquence, la constitution*[*1. La bulle unigenitus.] est [344] bonne ; qu'elle est reçue suffisamment, qu'elle l'est purement et simplement ; que les instructions pastorales y sont un bon commentaire, un sûr préservatif d'abus ; qu'un laïc ne doit point s'immiscer en ces querelles de théologie, ni même un ecclésiastique du second ordre ; qu'il doit se soumettre aveuglément à ses pasteurs qui sont faits pour enseigner le dogme, et au gros de l'église qui ne peut faillir. Enfin, si l'on me demandait à moi mon adhésion personnelle, je n'hésiterais pas à la donner. Mais pour ce qui est de la politique, mon métier étant celui de magistrat et d'homme d'état, je pense que d'exiger des acceptations forcées de la constitution est tout-à-fait impolitique ; qu'il faut laisser les consciences en repos ; qu'il est mal de pousser les jansénistes à bout, comme on fait ; que l'on devrait laisser mourir l'hérésie de sa belle mort, et, en attendant, n'arrêter sa propagation que par la prédication et la douceur ; que ce moyen serait plus efficace que les persécutions conseillées par les molinistes. Je voudrais témoigner mon profond mépris à ceux qui conseillent de telles horreurs, et les bannir des avenues de Versailles.

Je crois plus, impolitique encore de s'en prendre à des corps, et d'enfreindre leurs priviléges.*[*1. La persécution contre l'université ne fut point la seule qui signala le ministère du cardinal de Fleury. La Sorbonne fut privée de cent et quelques docteurs accusés de jansénisme, mais réputés d'ailleurs pour leurs lumières et leur érudition. Aussi disait-on que, depuis cette épuration, la Sorbonne nouvelle n'était que la carcasse de l'ancienne.] Que l'on réprime les individus qui troublent l'ordre ; que l'on ôte les armes des mains des jansénistes les plus fougueux; que l'on exclue ceux-ci des grâces et des faveurs de la [345] cour, à la bonne heure; mais qu'on s'en tienne là. Qu'on ne veuille pas hâter par violence l'extirpation de l'hérésie; que l'on parvienne, s'il est possible, à la faire oublier : telle est la marche qu'il eût fallu tenir constamment envers le calvinisme en France. Faute de la suivre, on a fait naître des guerres funestes ; et l'on fait aujourd'hui tout ce qu'il faut pour occasioner des troubles sérieux au sujet du jansénisme. Si pareil malheur arrivait, les molinistes fourbes et ambitieux qui abusent de la faiblesse de notre ministère, auraient seuls à se le reprocher.

A Dieu ne plaise que le parti janséniste me semble aujourd'hui le seul digne de louanges ! Non ; je lui préfère celui de la modération, de la sagesse, du tolérantisme enfin et de la justice; celui qui repousserait des conseils la fadeur et l'hypocrisie jésuitiques.

Au surplus, le reproche de jansénisme n'a rien que d'honorable, puisqu'il nous est commun avec nos meilleurs citoyens ! Je ne rangerai point dans ce nombre l'abbé Pucelle,*[*1. L'abbé Pucelle était neveu du maréchal de Catinat. Il mourut en 1745, à l'Age de quatre-vingt-dix ans.] si odieux à la cour; mais M. de Chauvelin, ci-devant garde des sceaux, et sûrement aussi feu mon père, que l'on crut faussement dévoué aux jésuites, mais qui sut bien les réprimer quand il en fut temps.

Notre gouvernement actuel s'efforce de plaire à Rome par des victoires extérieures remportées sur les jansénistes. On ne voit pas qu'à force d'oppressions et d'injustices, on grossit leur nombre à vue d'oeil. On les stimule, on les irrite à plaisir, on les contraint à se liguer [346] pour leur défense : c'est ainsi que l'on a soulevé la paroisse de Saint-Roch, en changeant tous ses prêtres, à commencer par les vicaires ; puis vint l'affaire du Calvaire dont on dispersa et révoqua les supérieurs majeurs. L'affaire de l'Université est plus grave. De celle-ci j'ai une connaissance particulière, y ayant moi-même un peu participé, et voici de quelle manière.

On sait que l'Université de Paris a intenté appel de la constitution au futur concile. Il s'agit d'annuler cet appel; et, dans ce but, l'abbé Galliande est parvenu à gagner le plus grand nombre des jeunes bacheliers de la faculté des arts. Par menaces, promesses ou autrement, il les a portés à s'engager à faire révoquer l'appel, si on leur donne entrée dans les assemblées pour l'élection des intrans ou électeurs du recteur. Or, ce recteur doit être l'abbé de Ventadour,*[*1. Depuis cardinal de Soubise.] neveu du cardinal de Rohan. Si c'était en temps ordinaire, et par amour pour les belles-lettres, que cet abbé visât au rectorat, comme son oncle y avait aspiré dans sa jeunesse, assurément rien de plus louable; surtout s'il en résultait quelques grâces, quelques fondations, quelques restitutions de droits à l'Université de Paris, au lieu de laisser cette fille aînée de nos rois crottée, suivant l'expression d'Henri IV. Mais il n'en est pas ainsi : il s'agit, au contraire, de porter atteinte à ses privilèges, et de procurer à l'abbé de Ventadour un mérite près la cour de Rome, qui lui vaudra la coadjutorerie de Strasbourg et le chapeau de cardinal.

Notez que ces jeunes gens si entreprenans sont presque tous de la nation de Normandie. Il y eut donc réclamation [347] à l'assemblée d'octobre 1738, où l'on continua au rectorat M. Piat. M. le Chancelier eut la faiblesse de rendre un arrêt qui défendait aux membres de l'Université de plaider en parlement, ordonnait que les mémoires aient apportés au conseil, le communiqué des requêtes nommait deux commissaires pour porter leur avis à sa majesté. Cette évocation a fait le plus mauvais effet dans le public, et le parlement en a adressé de vives remontrances.

Les commissaires nommés*[*1. Mars 1739.] furent M. de Fortia et M. Machault-d'Arnouville nous a été adjoint en troisième comme commissaire rapporteur. Cette affaire té examinée chez moi, l'ancien de la commission, et ois convenir que je rencontrai dans MM. de Fortia et Machault fils toute l'équité possible. Le premier, duquel je l'eusse moins attendu, convint que le tout avait fort mal engagé par la cour.

Dans notre rapport au Chancelier, nous démontrâmes l'arrêt de règlement de 1670, qui exclut des suffrages au-dessous de trente ans, est une mesure fort sage, qui constamment observée. Ce n'était assurément pas ce l'on attendait de nous.

Le lendemain, chez le Cardinal, nous eûmes de noues bordées a essuyer. M. Hérault nous apprit des es sublimes, telles que celles-ci : "Que les droits particuliers doivent céder aux vues supérieures; en sorte qu'un juge ne doit point se faire scrupule de condamner à mort un innocent, dès qu'il peut prévoir qu'il en doit résulter un grand bien général." Ce bien [348] général est en ce moment que, d'ici à deux mois, l'appel au futur concile soit anéanti.

M. Hérault appelle cela notre défection, et dit hautement : "Voilà ce que nous vaut M. le Chancelier avec ses formes : vouloir nommer des commissaires en matière d'administration !" (car c'est ainsi qu'en toutes choses, les torts retombent sur le pauvre M. d'Aguesseau). "Comme juges, ajoute M. Hérault, les commissaires ne pouvaient juger que suivant les lois existantes et les règles du conseil; et pour ce qui est de M d'Argenson, je sais qu'il a déclaré ne rien entendre aux lettres de cachet, et autres mesures exceptionnelles." M. de Maurepas, toujours plaisant dans ses reparties, nous a dit : Je vois bien, Messieurs, que vous donnez à gauche.

La décision a été remise, quoique le temps pressât, puisque, l'élection doit avoir lieu le 2 de ce mois; il est, probable que ce délai a pour objet de faire intervenir les lettres de cachet.

Comme il était à prévoir, l'arrêt du conseil a été rendu contrairement à notre avis, et il s'en est suivi l'élection de l'abbé de Ventadour, et en définitive la révocation pure et simple, sans restrictions, ni conditions. On n'a pas d'idée des manoeuvres pratiquées pour en venir là : on a fait recevoir maîtres-ès-arts, un grand nombre de jeunes gens pauvres aux frais du Roi, pour leur procurer voix à l'élection. Quatre-vingt-deux des plus dignes membres de l'Université ont signé une protestation très-amère.

RENE LOUIS D'ARGENSON

Parmi les signatures, on lit les noms les plus respectables, tels que ceux des savans Rollin, Coffin, etc. *[*1. Coffin, successeur de Rollin au rectorat de l'université de Paris, mourut en 1748. Le curé Bouettin lui refusa les sacremens comme janséniste. Ce refus devint le signal de la grande querelle entre le parlement et le clergé.] On [349] tremble pour eux, et ils ont tout a craindre de la vengeance de la cour.

Quels principes dirigèrent le marquis d'Argenson durant son ministère .*[*1. Nous avons cru devoir insérer ici cet article, quoiqu'il ne soit pas écrit par M.d'Argenson lui-même, mais sur ses notes et par un de ses secrétaires.]

M. d'Argenson eut toujours en vue de rétablir cette réputation de bonne foi qui, suivant lui, n'eût jamais dû abandonner notre nation. "La couronne de France, disait-il, aujourd'hui si grande, si arrondie, si favorablement située pour le commerce, doit préférer une bonne réputation à toutes acquisitions nouvelles ; elle ne doit plus viser qu'à une noble prépondérance en Europe qui lui assure repos et dignité. Toutes nos maximes politiques doivent donc se réduire aux plus strictes lois de la morale et de la générosité, relever le faible, abaisser les tyrans, faire du bien, empêcher le mal, ne faire aux autres que ce que nous voudrions qui nous fût fait à nous-mêmes, enfin ne régner dans le monde civilisé que par la justice et les bienfaits." Il lui semblait démontré que, par une telle conduite, la France parviendrait à une grandeur, à une abondance, dont il y eut jusqu'ici peu d'exemples dans l'univers.

Pénétré de ces maximes, M. d'Argenson ne les a peut-être pas assez déguisées ; il les porta jusqu'à l'exagération. [350] Le siècle et la nation n'y sont point accoutumés; l'on prit facilement pour manque d'habileté ce qui n'était que le fruit de longues réflexions. Cependant il avait pour excuse le besoin qu'a notre nation d'être pour ainsi dire réhabilitée, la guerre qu'il s'agit aujourd'hui de terminer provenant d'infractions formelles à des traités obligatoires et à des garanties jurées. En effet, les acquisitions que nous procura le traité de 1738 ne sont, aux yeux de l'Europe, que le prix de notre adhésion à la pragmatique Caroline.

On a honte, en vérité, de plaider une aussi mauvaise cause que celle de notre agression contre l'objet de nos garanties; nous le sommes point faits pour cette conduite fausse et subtile, ni pour ces paroles mensongères ; il faut les laisser à ces petits princes qui ne peuvent se délivrer de l'agression des grands que par des usurpations subtiles. Le cardinal Mazarin a malheureusement transplanté la duplicité italienne en France : mais cotre terroir s'y refuse. Les jésuites, qui élèvent notre jeune noblesse, l'accréditent encore à la cour; mais des rois vertueux tels que furent Louis XII et Henri-le-Grand, tel que désire l'être le Roi régnant, tel que le promettent les heureuses dispositions du Dauphin, de vrais rois français doivent toujours penser qu'ils élèveront mieux la grandeur nationale par la franchise que par la finesse. Aussi M. d'Argenson n'avait-il d'autre réponse, lorsqu'on l'avertissait de la défection de quelques-uns de nos alliés, que celle ci : Le Roi aime mieux être trompé que de tromper, et ce propos, dont il pratiquait le sens à la lettre, a plus profité aux affaires que toutes les. subtilités de Machiavel, de Mazarin ou. des Jésuites. C'est la franchise seule qui nous a conservé de son temps l'alliance de la [351] Prusse, nous a fait acquérir celle de Saxe et de Danemarck, et qui surtout a maintenu la neutralité de l'Empire dans une guerre contre l'Empereur, ce que M. d'Argenson regardait avec raison comme un coup de maître.

Autre scandale pour les courtisans : M. d'Argenson disait qu'il n'ya pas ou qu'il y a peu de mystères d'État. Il prétendait que si l'on n'avait que de bonnes vues, on pourrait négocier tout haut ; qu'un État pouvait se conduire comme un honnête homme dans le monde, qui, après avoir bien pourvu à sa sûreté et à ses affaires, accroît sa considération par l'utilité dont il est à ses concitoyens, et se rend arbitre de leurs différens en n'évoquant jamais que la justice.

"Ce n'est point, disait-il, en habile politique qu'il faut conduire les affaires du royaume; c'est en particulier éclairé sur les règles de l'honneur et du devoir ; il ne faut montrer à ses voisins ni peur ni avidité. Le maître d'un aussi grand État que le nôtre n'a aucun motif d'éprouver ni l'une ni l'autre de ces passions. Si nous agissions ainsi, toute l'Europe recourrait naturellement à notrearbitrage. Sûreté et honneur sont tout ce qu'il faut à un État comme à un particulier, et le plus homme de bien y fera mieux que le plus subtil."

Malheureusement, il nous est venu depuis quelques nées, d'Angleterre, une méthode qui a achevé de tout r à la justice et à la morale dans l'art de négocier. C'est de ne plus rien persuader que l'argent à la main. Tout se réduit en calcul, et nous n'entendons plus d'autre langage de la part de nos meilleurs amis que celui-ci : Si vous ne nous payez, nous nous tournerons contre vous. [352] Ce qu'il y a de pis encore, c'est que nous sommes assez dupes pour lecroire.*[*1.État des subsides fournis par la France aux puissances étrangères pendant l'année 1748. A la Suède 1,800,000 liv. Saxe 2,000,000 Bavière 800,000 Gènes 5,000,000 Danemarck   1,800,000 Palatin 600,000 Cologne   600,000 Pensions au prétendant et à son fils. 1,800,000 Autres pensions à l'étranger 600,000

TOTAL. 15,200,000 liv. Le traité connu sous le nom d' Union fédérale de Francfort, en vertu duquel le roi de Prusse recommença la guerre en 1744, coûta vingt-huit millions à la France. La seconde défection de ce prince nous acquitta de toute obligation ultérieure. Parmi ces dépenses, plusieurs paraissaient exagérées au marquis d'Argenson, d'autres tout-à-fait inutiles. Il se serait fait fort, avec une manière d'agir franche et loyale, de nous conserver les mêmes alliances à moins de quatre ou cinq millions. Le reproche d'économie outrée dans les dépenses de son département, c'est-à-dire d'opposition à tout gaspillage inutile, fut une des causes de son déplacement. Ce fut lui cependant qui conclut les alliances de Saxe, de Danemarck et de l'électeur de Cologne. Ce dernier prince était devenu, suivant l'expression de M. d'Argenson, le plus habile souverain de l'Europe. Effectivement, il prenait des deux mains; touchant d'une part notre subside pour le maintien de la neutralité de l'Empire, de l'autre une pension de l'Angleterre pour l'entretien de quelques soldats.]

Cependant les avantages de la bonne foi percent toujours au travers de l'intrigue et de la fourberie. On préfère notre alliance à moindre prix à celle de Londres ou de Vienne, avec de plus gros subsides; nous exigeons [353] moins, nous paons bien et sans chicanes ; nous ne demandons point le troupes, pour expatrier des pères de famille loin de leurs foyers. Au fond, que l'on examine bien nos desseins politiques. Nous voulons la liberté germanique, l'affranchissement de la puissance russe dans le nord et dans la Pologne, autant de liberté de commerce que les Anglais y voudraient d'usurpation et de monopole. Nous nous égarons quelquefois par la vivacité de l'imagination française, mais aux traités de paix nous revenons ordinairement à l'équité.

M. d'Argenson voyait souvent à Paris M. de Torci, ancien ministre du feu Roi. Sa Majesté lui avait permis de confier à M. de Torci les affaires les plus secrètes de l'état, de le consulter autant qu'il le jugerait à propos. Quand M. d'Argenson le citait au Roi, son avis avait beaucoup de poids, sa Majesté n'aimant rien tant que de suivre l'esprit et les usages de Louis XIV. Néanmoins, M. d'Argenson ayant un jour proposé au Roi d'appeler au conseil

M. de Torci, comme un personnage fort considéré parmi les étrangers, et dont le seul nom mettrait les flaires en crédit, sa Majesté répondit, suivant l'ancienne prévention qu'on lui avait inspirée dès sa jeunesse, qu'il était frère du chef des Jansénistes,*[*1. L'évêque de Montpellier.] et,qu'il l'était un lui-même.

M. de Torci avait l'habitude de répéter qu'il attribuait les fautes et les disgrâces arrivées de son temps, au de crédit qu'avait eu le ministre des affaires étrangères. Les autres départemens avaient toujours été plus écoutés que le sien. M. de Louvois pour la guerre, puis département des bâtimens, enfin le confesseur et les [354] jésuites qui poussèrent à l'expulsion totale des calvinistes et des jansénistes, l'emportèrent successivement dans la volonté de Louis XIV, et tout y céda. Ce prince n'aimait pas à se livrer tête à tête à des raisonnemens politiques. Le travail avec le ministre qui en était chargé était toujours fort abrégé, et l'on renvoyait au conseil les plans et les idées de cette direction. Là, les autres ministres l'emportaient aisément sur lui, et il ne lui restait qu'à obéir. M. de Tord en concluait que le ministère des affaires étrangères n'était à lui seul qu'une tête sans bras et sans forces, organe d'une raison impuissante et sévère qui s'oppose à tout et ne surmonte rien.

M. d'Argenson ne tarda pas à s'assurer par lui-même de la vérité de cette assertion. Il s'aperçut bientôt que les affaires les plus graves étaient entièrement à la merci de ce qu'on appelait le comité. Ce comité était un conseil d'état qui se tenait sans le Roi chez le cardinal de Tencin. Il avait pris naissance dans les dernières années du cardinal de Fleury, après la disgrâce du garde des sceaux Chauvelin. Le cardinal de Fleury, trop faible pour les fonctions du premier ministre, faisait débattre toutes les questions par ce conseil préparatoire. A sa mort, le comité se tint chez le cardinal de Tencin, qui avait le premier rang parmi les ministres. Le maréchal de Noailles en fut nommé membre, et contribua surtout à y porter le désordre. Le maréchal parlait haut et ne souffrait pas la moindre contradiction. Il s'emportait à chaque parole, et changeait d'avis à toutes les séances. M. de Maurepas lançait quelques bons mots au travers des discussions, et donnait ses épigrammes pour maximes d'état indubitables. Le cardinal de Tencin consultait Moréri sur chaque notion la plus commune qu'il ignorait, ce qui revenait [355] souvent. Pour le malheureux secrétaire d'état des affaires étrangères, s'il n'avait pas d'aussi bons poumons que ceux qui tenaient le dé, ou s'il manquait de leur effronterie, il demeurait à peine le greffier de leurs sottises.

M. d'Argenson attendit au premier méchant parti qui fut pris contre son avis, et il n'attendit pas long-temps. Il le fit remarquer au Roi, ainsi que l'inconstance, l'indifférence pour l'État, la variation de principes, la légèreté, l'inconséquence des membres du comité. Mais il eut soin de garder pour le dernier, le moyen le plus persuasif.

C'était une anecdote du règne de Louis XIV qu'il tenait encore de M. de Torci. Celui-ci prétendait n'avoir jamais essuyé de duretés du prince qu'en une seule occasion. Il avait alors des disputes aigres et fréquentes avec les autres ministres, surtout avec M. Voisin. Un jour il s'avisa de proposer au Roi des comités préparatoires. "Sire, dit-il, nous fatiguons votre Majesté, et nous y consommons le temps du conseil. Qu'elle nous permette de discuter, chez le plus ancien de nous, toutes ces questions épineuses, et nous ne porterons ici qu'un a voeu commun." Le vieux monarque rougit, et, apostrophant M. de Torci, lui dit : "Qu'est-ce donc que ceci ? Me croit-on déjà trop vieux pour gouverner? Qu'on a ne me propose jamais chose semblable."

Ce court apologue fit un grand effet. Sa Majesté ne tient jamais contre les exemples qu'on lui cite de son bisaïeul. Deux ministres ayant demandé un comité pour corriger une instruction que le ministre des affaires étrangères venait de lire, sa l'Majesté se leva et dit:

MEMOIRES, 1825.

"M. d'Argenson aura le temps de changer à ce mémoire [356] quelques mots que j'ai remarqués, et m'en rendra compte." Depuis cela, plus de comités et beaucoup de rage.

Cela enhardit M. d'Argenson à porter au travail du Roi quantité de choses essentielles, et surtout d'importantes vérités qui pénètrent difficilement jusqu'au trône. Ses tentatives auprès du Roi eurent plus de bons succès que de mauvais. Plusieurs projets qui ont été goûtés par sa Majesté, tels que l'alliance de Sardaigne, la neutralité de l'Empire, et le second mariage du Dauphin avec la princesse de Saxe, furent ignorés du conseil jusqu'à leur entière exécution. Le Roi le laissa faire, l'encouragea, lui recommanda même de garder le silence près de ses collègues. Cette confiance intime s'accrut surtout au voyage de Fontainebleau, en 1746 ; et M. d'Argenson paraissait plus près du premier ministère que d'une retraite forcée. Mais l'intrigue de cour a de grandes ressources, et la vertu est souvent vaincue par les triomphes qui devraient la soutenir.

Dès le premier conseil d'état où assista M. d'Argenson, le Roi tint à ce ministre un discours sur l'autorité qu'il lui confiait. Il déclara que désormais les ministres étrangers ne devraient plus conférer qu'avec lui seul, et qu'il ne fallait plus en agir comme par le passé. Véritablement sa Majesté lui montra toute sorte de confiance pour ce qui concernait sa charge. Mais la connexité que les autres départemens avaient avec le sien y apportait souvent des limites.

Pendant les deux campagnes que M. d'Argenson et son frère. firent avec le Roi,*[*1. 1745 et 1746.] ils jouèrent tout-à-fait [357] le rôle de premiers ministres. A la première, le maréchal de Noailles était en tiers ; mais à la seconde, et lors de la prise d'Anvers, le maréchal était en Espagne, et MM. d'Argenson composaient à eux seuls tout le conseil du Roi.

M. le Chancelier s'adressait de préférence au ministre des affaires étrangères, pour demander au Roi des décisions ou des éclaircissemens sur des articles qu'il n'avait pas suffisamment entendus dans les apostilles de sa Majesté.

M. d'Argenson était d'une extrême assiduité au travail. Il était levé tous les jours à cinq heures du matin. A neuf heures il était au courant, le bureau nettoyé de tout papier. Le Roi l'a souvent loué de ce bon ordre, disant que c'était ainsi que l'on travaillait sous le feu Roi. M. d'Argenson écrivait en entier quantité de lettres essentielles et délicates, et l'on peut dire que, pendant ses deux années de ministère, il est plus sorti d'écritures de ses bureaux que pendant six de ses prédécesseurs. En même temps, les commis furent moins fatigués de travail sous lui, que d'une oisiveté inquiète et troublée sous autres. Il écrivait en outre des mémoires, des récapitulations pour le Roi, des projets, des plans pour sa propre conduite et pour ses avis au conseil. Le lundi au soir, il travaillait avec le Roi, et préparait ses questions et réponses pour l'audience des ambassadeurs le mardi. La dimanche et mercredi se tenait le conseil d'état, et ce n'était pas une petite affaire que de préparer le matin ce qu'il fallait déclarer ou taire.

Si ses envieux l'ont accusé de malhabileté ou d'indiscrétion, jamais accusation n'a porté plus à faux que celle-là. On ne peut estimer les causes que par leurs effets. [358] Quand les plans politiques de M. d'Argenson ont prévalu, on s'en est bien trouvé. On a vu qu'ils étaient bons. On les a loués et poursuivis depuis sa retraite du ministère. A l'égard du secret, du mystère, je n'ai jamais connu personne à qui il en coûtât moins de le garder. Vrai et sincère, il aimait à exposer les choses comme il les voyait. Il parlait avec abondance de ce qui l'affectait et de ce qu'il voulait persuader aux autres. Il lui en coûtait beaucoup de simuler. Mais il savait taire ce qui eût détourné de la persuasion à laquelle il voulait parvenir.

Une des premières démarches de M. d'Argenson avait été de demander au Roi des éclaircissemens sur deux points fondamentaux qui lui importaient particulièrement dans le cours de ses travaux. D'abord, s'il était vrai, comme quantité de courtisans le lui avaient assuré, que le Roi eût une prédilection passionnée pour l'Espagne, qui allât jusqu'à faire courir les risques d'une disgrâce à quiconque dirait la vérité, et servirait bien l'État en offensant la cour de Madrid. Sa Majesté l'assura qu'elle était incapable de ces sortes d'entêtemens, qu'elle savait combien la reine d'Espagne était déraisonnable, et de quel degré d'utilité ou d'incommodité nous pouvait être l'Espagne dans le cours de cette guerre. Sa Majesté ajouta qu'elle n'avait signé que malgré elle .le traité de Fontainebleau de l'année 1743, qu'on nous y engageait à des conquêtes impossibles en faveur de l'Espagne ; mais que, pour la persuader, on lui avait répété sans cesse qu'elle allait rester sans alliés, qu'elle ne pouvait s'acquérir que l'Espagne seule à ce titre, et qu'il fallait se l'attacher à quelque prix que ce fût.

M. d'Argenson assura bien le Roi que tant que Philippe V [359] vivrait, et que sa femme gouvernerait, il serait impossible de conclure une paix générale de concert avec l'Espagne, parce que dans cette cour on ne proportionnait jamais la fin avec les moyens, qu'on n'y songeait qu'à ses intérêts propres, grossièrement, durement, sans égard pour ceux des autres ; que tout y cheminait par des conseils d'orgueil, d'avidité, de vengeance ; qu'il fallait se résoudre secrètement à traiter la paix sans cet allié; mais que, faisant ses affaires du mieux que l'on pourrait, avec des intentions pures, on ne ferait part des conditions à l'Espagne qu'après leur conclusion bien assurée, quelque chose qu'elle pût en dire ou faire.

Il faut observer que, si cette prédilection du Roi pour l'Espagne a été portée depuis beaucoup plus loin que ne semblaient l'annoncer les premières paroles de sa Majesté, le Roi, comme les autres hommes, peut être souvent ébranlé par les idées des autres, contre les siennes propres et ses connaissances éprouvées. Vingt suffrages cachés qui l'entourent aux heures où il est le moins en garde, font plus d'impression qu'un ministre appliqué n'en peut détruire dans la conférence sérieuse qu'il obtient avec peine une fois par semaine. Madame sa fille, infante d'Espagne, lui écrit chaque ordinaire de très-longues lettres, et le Roi lui répond de même.

Le maréchal de Noailles et M. de Maurepas sont dévoués à un système d'obéissance aveugle à la cour d'Espagne. L'ambassadeur Campo Florido avait souvent de longues conversations avec le Roi, sans l'intervention t, du ministre des affaires étrangères; ce qui ne fût jamais arrivé au temps du feu Roi. Il entrait même dans la familiarité de sa Majesté.

La seconde demande que M. d'Argenson adressa au [360] Roi fut de savoir s'il voulait la paix promptement, et avec quel degré d'impatience. Il proposa même à sa Majesté de réfléchir davantage, et de lui donner par écrit des instructions dont il n'eût pas à s'écarter. Le Roi lui écrivit effectivement plusieurs lettres, dont voici la première.

RENE LOUIS D'ARGENSON

23 décembre 1744.

"Je vous envoie mon ultimatum pour la paix. Ne disons point que nous voulons la paix ; mais désirons-la, comme le plus grand bien, pourvu qu'elle puisse durer long-temps. Attendons ce qu'ou nous dira, et ne négocions rien sur cela présentement avec nos alliés. Le Roi de Prusse ne veut plus rien de nouveau pour lui ; et pour les deux autres (la reine d'Espagne et son mari), il faudra bien qu'ils en passent par ce que nous voudrons pour leur bien. Si l'an nous prise aujourd'hui, c'est que l'on nous craint. Ne faisons mine que de vouloir faire la plus vigoureuse guerre. Il n'y aura jamais que cela qui puisse amener la paix que je désire autant et plus que nul autre."
(Sur un papier séparé était ceci.).
"Ci-dessous mon ultimatum; mais je veux que tout vienne des autres. Ne rien dire et écouter est ma volonté. Que l'Empereur soit Empereur sans confirmation, n'en ayant pas besoin, mais d'une simple reconnaissance de la reine de Hongrie qui est la seule qui ne le reconnaisse pas ;"
"2°. Son rétablissement en entier dans la Bavière ;"
"3°de la cession, pour lui et ses descendans, l'Autriche antérieure;"
[361] "4°. Cession, à l'Infant don Philippe, de la Savoie et du comté de Nice, par le roi de Sardaigne, en l'indemnisant du côté du Milanais, et Final restant aux Génois;"
"5°. Restitution, par la France, des places. de Flandre, à condition qu'il lui sera permis de faire ce qu'elle jugera à propos pour la sûreté de Dunkerque;"
"6°. La France et l'Espagne étant contentées par les articles ci-dessus, il est juste que l'Angleterre jouisse du vaisseau de. permission, et qu'on lui renouvelle le traité de l'Asiento et je me porterai volontiers médiateur sur le reste des difficultés."

Le dessein de M. d'Argenson paraissait être d'exercer le Roi à travailler par lui-même aux affaires ; et l'on peut dire qu'aucun de ses ministres n'y est parvenu mieux que lui; les étrangers mêmes s'en aperçurent. Quand le sieur de Champeaux revint de Turin, à la fin de 1745, pour rendre compte de sa négociation, il eut une conférence d'une heure et demie avec le Roi, à Choisy. Il fut extrêmement surpris d'entendre le Roi parler d'affaires avec intelligence, finesse et activité. Le sieur de Champeaux reconnut que M.

d'Argenson n'y mettait qu'un art heureux et innocent, présentant à propos les points de discussion, les commentant, puis se retirant, pour ainsi dire, pour laisser parler le prince, et lui laisser exprimer tout ce qu'il avait sur le coeur. Louis XV a l'esprit bon et juste; il ne s'agit que de le mettre en mouvement, et de lui retrancher à la fois la flatterie et la censure. Telle était la véritable passion du ministre: de faire ressortir en toutes choses les bonnes qualités du Roi, de faire rouler sur lui le travail, de lui en attribuer tout l'honneur. On a accusés le cardinal de Fleury d'avoir pratiqué tout le contraire, et les collègues de [362] M. d'Argenson ne cherchaient visiblement qu'à augmenter les faibles du monarque pour en profiter.

M. d'Argenson proposait au Roi, pour véritable moyen de paix (en cas que sa Majesté la désirât sérieusement), une heureuse et prévoyante défensive de toutes parts, une vigoureuse résistance qui fit perdre l'envie de nous entamer aux plus furieux de nos ennemis, et fit triompher l'opinion des pacifiques dans les cours étrangères. Tel fut son système, en prenant le timon des affaires, et il n'en suivit point d'autre, s'accommodant du reste aux divers événements et aux volontés du Monarque. Le cardinal de Fleury l'aurait bien secondé, s'il eût encore vécu; et M. d'Argenson regretta plusieurs fois la mort du Cardinal, quoiqu'il eût eu personnellement à s'en plaindre durant les dernières années de sa vie. Mais, depuis que le Roi gouvernait, disait-on, par lui-même, sa Majesté n'écoutait avec plaisir que ceux qui avaient intérêt à s'avancer par la guerre. Louis XV est plus hasardeux qu'on ne croit. Il place son honneur à ne point démordre de ce qu'il a une fois entrepris. Il répète souvent ce mot, dans ses conseils : Qui ne hasarde rien n'a rien. Il s'ennuie des longues argumentations politiques ; il écoute les sophismes courts et déguisés en propos de sagesse et d'honneur.

Pourtant voici quel était le raisonnement de M. d'Argenson : "Nous avons voulu ruiner la maison d'Autriche ; cela pouvait être politique de notre part, quoique assurément ce ne fût pas équitable. Quoi qu'il en soit, nous n'avons pas profité du moment où l'on n'était point en garde contre nos forces. On nous a repoussés, on nous a ramenés chez nous. On prétend aujourd'hui en Europe nous entamer et nous abaisser, pour nous [363] mettre hors d'état de tenter désormais de pareilles entreprises. Toute l'Europe conjurée contre nous peut nous mener loin à la longue. Une paix prochaine vaut assurément mieux qu'une guerre sans fin et sans utilité. Nous l'aurons indubitablement, cette paix, en nous défendant bien et n'offensant personne sur de nouveaux frais. Augmentons nos forces, diminuons les injures, faisons en sorte que nos ennemis nous reconnaissent redoutables à la défense, sages et justes à l'attaque, qu'ils entrevoient le calme, qu'ils le désirent eux-mêmes, que par-là leurs peins sentent mieux le malaise d'une guerre prolongée etc dispendieuse. Il en résultera ce que l'on appelle fin par lasse guerre; on s'accoutumera à cette idée du repos, et l'indolence s'en suivra nécessairement chez nos ennemis; on en viendra à une sorte d'armistice de fait qui en amènera un formel et de droit ; gardons bien ce que nous tenons, nous avons déjà conquis de quoi faire bien des arrangemens honorables à la paix générale."

Il faut observer que nous possédions dès lors*[*1. 1744] d'assez belles conquêtes, dont nous eussions pu garder une partie, et dont le reste eût servi de prix à la paix, quand nos ennemis se fussent lassés d'une guerre inutile ; ce que nous avons gagné depuis du côté des Pays-Bas compense à peine ce que nous avons reperdu en Allemagne et les malheurs de la guerre maritime. Nous avions encore Louisbourg en Amérique, ainsi nous étions parfaitement intacts de toutes parts. Le roi de Prusse avait conquis la Silésie : nous avions pris Furnes, Ypres, Menin, Courtrai en Flandre, Fribourg en Allemagne; nous occupions [364] l'Autriche antérieure dans le cercle de Souabe que nous destinions à l'Empereur; celui-ci avait recouvré toute la Bavière jusqu'à Passau, mais cette possession n'était que précaire, faute de nous être assurés d'Ingolstadt ; l'armée du maréchal de Maillebois occupait la Franconie du côté de, l'Italie; nous possédions la Savoie, les Espagnols y avaient une forte armée aux ordres du comte de Gages, général renommé. Nous pouvions encore nous y promettre des conquêtes heureuses, en agissant, comme disent nos vieux guerriers, de manière à ne pas mettre le pied gauche en avant, que le droit ne soit bien assuré.

Assurément une prompte paix eût été certaine dès le commencement du ministère du marquis d'Argenson, si l'on eût entièrement écouté ses conseils. L'année suivante,*[*1. 1746.] on les suivit à l'égard de l'Allemagne; nous ne fîmes aucun mal, aucune menace à l'Empire, et au grand étonnement de tout le monde, il en résulta, sans traité, une neutralité complète;. elle a persisté et s'est même fortifiée de plus en plus, malgré les menaces et la rage de la cour de Vienne.

Mais, si le Roi était animé du désir de la paix, il l'était plus encore de l'amour de la gloire ; on voit, par la lettre que nous venons de citer, qu'il ne pensait qu'à la plus vigoureuse guerre. Une circonstance particulière avait encore accru cette disposition : le Roi venait de perdre la duchesse de Châteauroux; il avait besoin de dissipation, il désirait quitter promptement Versailles ; c'était courir risque de lui déplaire que de le contredire sur ce point.

Aussi lorsque M. d'Argenson ouvrit l'avis d'une guerre [365] purement défensive, il fut très-mal reçu; sa majesté lui répondit qu'il n'entendait rien à la guerre, de quoi le ministre convint naturellement; qu'une défensive était ruineuse en ce que l'on mange son propre pays, tandis que par l'offensive on mange le pays ennemi ; que nous pouvions aujourd'hui attaquer directement la reine de Hongrie par les Pays-Bas; que cela effraierait les puissances maritimes.

M. d'Argenson répliqua : "Pourquoi donc effrayer ? Cessons les injures, diminuons les craintes, et nous ramènerons la paix. Nous plaidons, comme on dit au Palais, les mains garnies ; gardons bien ce que nous avons, notes lasserons l'ennemi ; il ne conçoit l'espoir de nous entamer que par nos nouvelles entreprises; elles commettent tout au hasard." (Et que fût-il arrivé en et quelques mois plus tard si nous eussions perdu la taille de Fontenoy, comme elle le fut réellement pendent deux heures ? C'en était fait de ce royaume.) "La erre défensive, exercée par une grande puissance mme la nôtre, ne compromet rien, et assure tout ; feu Roi s'y renferma heureusement après les défaites Ramillies et de Malplaquet, et en tira de grands avantages; à plus forte raison quand on a de la supériorité et que l'on offre la paix."

Cependant ces paroles firent peu d'impression sur l'esprit du Roi. Mais M. d'Argenson crut pouvoir dive tout haut une partie de ce qu'il pensait sur les moyens d'obtenir la paix, en ne parlant que de justice et de repos universel que le Roi voulait faire régner en Europe. Il disait souvent aux ministres étrangers : "Oui, la France désire la paix et même avec passion. Nous la voulons à des conditions justes et raisonnables; si on nous la refuse, [366] nos ennemis, verront de reste que nous savons faire la guerre, et nous avons des moyens propres à les faire repentir de leur témérité."

Il semblait à M. d'Argenson que sa patrie jouait un beau rôle par ce propos, et, l'effet ayant répondu à ses déclarations, l'on commença à considérer beaucoup ce ministre dans les cours étrangères; on l'y connaissait pour un honnête homme plus que pour un négociateur fin et délié, et l'on disait publiquement à l'étranger qu'il ne lui manquait que plus de crédit à sa cour pour réussir davantage.

Bientôt on ne rappela plus que M. d'Argenson de la paix, et son frère, M. d'Argenson de la guerre ; le Roi lui-même les distinguait par ces deux surnoms, et chacun se complaisait fort dans le sien.

> Récit de l'origine, des progrès et de la rupture de la négociation de Turin.*[*1. Années 1745, 1746 et commencement de 1747.]

Je ne pense pas qu'il se fût traité, depuis bien longtemps en Europe, une plus grande affaire que celle par laquelle commença l'année 1746, la seconde de mon ministère. Il fut question de former une république ou association éternelle des puissances italiques, comme il y en a une germanique, une batavique, une helvétique. Ce n'est point un équilibre parfait qui forme ces républiques, ou, pour mieux dire, ce n'est pas l'égalité intérieure qui les maintient. L'égalité est impossible entre les puissances comme entre les hommes, par la grande raison qu'il y a toujours dans le monde inégalité de talent [367] et d'activité; cependant, l'égalité doit être le point où vise la sagesse commune et politique. Par suite de ce principe, dont on se rapproche le plus qu'il est possible, on ne voit plus dans le monde de ces grandes révolutions qui changeaient la face de l'univers. Un reste de barbarie maintient encore pour un temps l'ardeur des conquêtes et des nouvelles acquisitions; mais, dans quelques siècles, les princes reviendront d'un goût si abusif pour eux-mêmes. Les conquérans sont les querelleurs de la société civile ; chacun les fuit et les chasse. Les puissances se liguent contre les princes ambitieux ; on s'assure puissamment contre les voisins inquiets et dangereux; ou, s'ils reculent leurs frontières de quelques cantons, ils s'épuisent en dedans et laissent leurs successeurs en proie à leur faiblesse et à l'envahissement des autres princes. L'antique barbarie ne subsiste ne plus que par l'injustice des désirs. Mais les arts, ont fait de si grands progrès en Europe pour la discipline militaire et la correspondance politique, s'opposent de toutes parts à l'exécution de ces desseins violens tyranniques. Que chacun conserve ce qu'il possède, que les grands États se soutiennent par la police intérieure, qu'ils se préservent d'être entamés par des voisins plus forts, mieux gouvernés et ligués ensemble : c'est le meilleur conseil qu'ils puissent suivre; mais qu'ils cessent de chercher à s'étendre davantage, s'ils ne veulent être partagés.

La maison d'Autriche a subi ce sort, et plus encore celle qui lui succède par alliance.*[*1. La maison de Lorraine.] Lors de l'abdication Charles-Quint, le partage de sa monarchie devint [368] nécessaire. Philippe II perdit sept provinces des Pays-Bas, et ses successeurs le Portugal.

La monarchie espagnole, en changeant de maison souveraine, a perdu l'Italie et le reste des Pays Bas. La seconde branche autrichienne, qui vient de s'éteindre en Allemagne, est remplacée par celle de Lorraine; mais, à cet échangé, elle perd déjà la Silésie et quelques portions du Milanais, après avoir sacrifié les deux Siciles à l'établissement de la pragmatique.

Des pertes plus inestimables encore, ce sont celles du dedans, la faiblesse, l'épuisement des trésors de la pensée, des dettes contractées, le sang des peuples, des campagnes incultes, les arts transférés ailleurs. Les grands Etats deviennent ainsi sages par nécessité, et spectateurs par impuissance. L'Espagne en est réduite à cette situation, et s'en relèvera difficilement ; notre France y court à pas précipités; et quelle force aurait par elle-même la monarchie autrichienne, sans l'argent des puissances maritimes, qui, depuis le commencement de ce siècle, ont pris pour principe de soutenir contre la France leur tyrannie commerciale à l'aide de la tyrannie terrienne de la maison d'Autriche?

L'Italie est, depuis trois siècles, l'un de ces théâtres d'ambition et de conquêtes, où viennent se consumer les efforts des grandes puissances. Les empereurs d'Allemagne y établirent leur pouvoir, et le virent s'anéantir suivant les temps. Charles VIII y montra la valeur et la légèreté françaises ; Louis XII et François Ier. y éprouvèrent encore de plus grands revers.

Les Vénitiens en furent un moment les tyrans ; mais ce temps dura peu, et leur ambition causa leur perte et leur faiblesse actuelle.

[369] Nous y avons: voulu conserver quelques citadelles, quelques postes, pour prendre part au désordre, sous le prétexte de défense et d'équilibre. Ce n'est pas là ce qu'il eût fallu faire.

Il faudrait concentrer les puissances italiques en elles-mêmes, en chasser les étrangers; il faudrait montrer l'exemple de n'y rien prétendre; et si quelques princes étrangers y règnent encore. faire en sorte qu'ils devinssent tout-à-fait Italiens; qu'ils ne pussent hériter ailleurs ; et, s'ils préfèrent d'autres successions qui leur surviennent, qu'ils abandonnent alors, à des successeurs désignés l'état qu'ils possèdent en Italie, et que cette option, cette incompatibilité, soit une loi fondamentale de toute domination en Italie. Soyons les promoteurs de cette règle, employons-y la force et la sincérité. Empêchons les troubles et la tyrannie; nous en avons les moyens ; soutenons les faibles et les opprimés ; nous sommes assurés que nos seules menaces auront l'effet des plus grandes victoires. Nous y gagnerons pour nous honneur, repos, sûreté.

Voilà sur quoi j'avais fait des réflexions et des recherches pendant le ministère de M. Chauvelin. Il m'avait, par une confiance particulière, fait part de ses desseins quand il commença la guerre de 1733. Il gagna la cour de Turin; il voulait chasser les Autrichiens d'Italie, et les en chassa effectivement. L'Infant don Carlos eut les Deux-Siciles, royaume à l'extrémité de l'Italie, et qui ne peut s'étendre sans troubler ce continent. Le roi de Sardaigne devait avoir le Milanais. J'avais proposé que l'on ajoutât à ce projet de partage le rétablissement du gouvernement républicain à Florence, après l'extinction [370] des Médicis.*[*1. Jean Gaston, dernier grand-duc de cette famille, mourut sans enfans en 1737.] Cela fait, l'Italie restait tranquille pour l'éternité. La couronne de Naples devait être incompatible avec celle d'Espagne. Si le roi de Naples y parvenait, un de ses frères, ou un de ses fils puînés, lui succédait. Le roi de Sardaigne, revêtu du reste de la dépouille autrichienne, n'aurait pu s'étendre ailleurs. Au moindre mouvement qu'il se fût donné pour attaquer la plus petite principauté du voisinage, il eût ouvert le champ à des guerres qui lui eussent été fatales ; les Français, les Autrichiens, les Espagnols fussent rentrés en Italie, et y auraient exercé leurs anciennes prétentions. Cela fait, M. de Chauvelin était d'avis que nous donnassions la garantie de la pragmatique sanction Caroline pour le reste des états d'Allemagne, avec une décision sincère de l'exécuter.

Mais deux choses s'opposèrent à la réussite de ce plan, l'extravagance et la mauvaise foi de la reine d'Espagne, la faiblesse et les incertitudes du cardinal de Fleury.

La monarchie d'Espagne, ayant toute sa force et ses volontés réunies dans la seule tête de la Reine, voulait un grand établissement pour l'Infant don Carlos ; après lui pour un second, et même pour un troisième Infant. La Reine en voulait un pour elle-même, où elle régnât pendant son veuvage, et dont elle pût disposer arbitrairement après sa mort. Un grand d'Espagne, qui est au fait des décisions du conseil de Madrid, m'a dit encore qu'il faudrait tôt ou tard que le Portugal fût réuni à l'Espagne, mais que le prince du Brésil ayant eu l'honneur d'épouser une infante, il serait messéant de le laisser sans [371] souveraineté, et qu'ainsi il lui faudrait préparer un établissement avant de commencer la conquête du Portugal; voilà plus d'établissemens que l'Italie n'en peut supporter. Si ces décisions sont raisonnées, il y entre sans doute la conquête des états du roi de Sardaigne, en le réduisant à la seule Savoie, qui est en deçà des Alpes.

Véritablement la nation espagnole s'est dépeinte plus qu'elle ne l'a pensé dans son excellent roman de Don Quichotte, et j'ai cru plus d'une fois, pendant de tels entretiens, entendre ce modèle de la chevalerie raisonner sur la possession de l'île qu'il doit infailliblement conquérir.

Voilà donc l'Italie entière, en même temps convoitée par l'Espagne, réputée par la maison d'Autriche de son domaine et de sa mouvance, et que le conseil de Turin, par une conduite fourbe et secrète, ne désespère pas d'absorber petit à petit. Mais, plus ces desseins se croisent et se traversent, plus nous devons penser que nous les ferons avorter l'un par l'autre, et qu'il en résultera ce calme durable auquel notre politique doit tendre perpétuellement ; et, certainement rien n'est si facile à l'exécution, quand le Roi sera bien servi par un ministère uni et raisonnable, et surtout quand la cour ne sera point admise dans ses desseins.

La cour d'Espagne a une malheureuse influence sur la être, et sur nos ministres courtisans. M. de Chauvelin voulait le bien, mais prétendait entendre la cour. Il usa de grands ménagemens envers l'Espagne. Il favorisa établissement de l'Infant. Il leurra en promettant plus qu'il ne voulait et ne pouvait tenir. Ces mécomptes perdent les ministres plus que la dureté des refus. La [372] fureur succéda. A la bienveillance, et il se perdit principalement par où il prétendait se sauver.

Il y a long-temps que je me suis fait ce principe en politique. Vivons avec la cour d'Espagne comme avec un parent d'humeur différente de la nôtre. Défendons-le quand on l'opprime, mais gardons-nous d'épouser aveuglément toutes ses querelles. Répondons froidement à ses demandes injustes, et soyons assurés qu'elle y mettra plus de réserve, dès qu'elle n'aura plus la persuasion de nous trouver à ses ordres chaque fois qu'il s'agit de réparer ses fautes.

J'ai vu des mémoires bien exacts des forces qui peuvent concourir à chasser les Autrichiens d'Italie, et à y établir un partage durable. Je soutiens que la France seule, avec le roi de Sardaigne, saisissant bien le moment, y réussira avec facilité toutes les fois qu'elle voudra l'entreprendre. La cour de Vienne ne tient pas ordinairement plus de dix à douze mille hommes de troupes réglées en Italie, surtout quand elle a de l'occupation ailleurs.

A quoi donc nous servirait l'Espagne dans ce dessein? L'établissement de don Carlos était un ancien projet conçu par le cardinal Dubois. Il fallait y donner cours dans une opération générale comme celle-ci ; mais on aurait dû se garder de l'avancer ni de l'étendre. Le traité de Séville fut une cajolerie de M. de Chauvelin à la reine d'Espagne. On envoya au grand-duc l'Infant son successeur, pour s'assurer davantage de sa succession. On y joignit un corps de troupes espagnoles. Ainsi voilà l'Espagne admise progressivement au grand dessein de chasser les Autrichiens d'Italie. De là vinrent toutes les traverses et les seuls obstacles, comme je les ai trouvés [373] à ma seconde entreprise pour le même objet.

La passion de dévorer l'Italie aveuglait tellement la reine Élisabeth Farnèse, qu'elle a toujours mis à égalité la puissance autrichienne et celle du roi de Sardaigne. Tout ce qui s'oppose à ses vues lui semble monstrueux, et également ennemi des deux couronnes. Elle ne conçoit pas comment nous pouvons nous lier avec ce prince. Elle le hait avec fureur, parce qu'elle le trouve pour rival. Née princesse italienne, elle a épousé la crainte qu'ont de lui les petites puissances d'Italie.

La célèbre rivalité entre les maisons de France et d'Autriche a disparu de ses yeux. Elle préférerait la pleine possession de toutes ses prétentions, qu'acquérerait la maison d'Autriche, à un canton de plus qui serait accordé au roi de Sardaigne. C'est à cette manie qu'elle a tout sacrifié. Elle n'a songé qu'à nous tromper et à refuser son concert de sincérité avec la cour de Turin.

Ainsi le traité de partage des états autrichiens en Italie, par lequel on cédait le Milanais au roi de Sardaigne, fut bien signé en 1733, entre les cours de France et de Sardaigne ; on le signa aussi avec des restrictions entre les cours de France et d'Espagne; mais nul traité ne fut signé entre Espagne et Sardaigne. De 1à vinrent les subterfuges et le mauvais accord entre ces trois alliés. Le temps pressait. M. de Chauvelin, ne pouvant faire autrement, crut cimenter mieux les traités par leur exécution qu'en négociant davantage. Les armées de France étaient à sa disposition, avantage que je n'ai pas eu et qui m'a bien manqué.

Rien au monde n'était si facile que de chasser les Allemands d'Italie en un mois de temps. Les Espagnols y mirent obstacle. Étant de mauvaise foi sur l'article du [374] Milanais, ils allèrent d'abord à la conquête du royaume de Naples qui leur fut facile, pendant que nous fermions les portes de l'Italie. Cependant le roi de Sardaigne, qui voyait qu'on le trompait, hésita à pousser l'aventure, et cette hésitation faillit nous être fatale. Les Autrichiens accoururent en grand nombre il fallut essuyer le sort de deux batailles,*[*1. Batailles de Parme et de Guastalla gagnées par les maréchaux de Broglie et de Coigny.] nous les gagnâmes. Les Espagnols réussirent dans la conquête de Naples, se joignirent à nous, et alors, par une seule marche sans combattre, nous repoussâmes les Allemands par delà le Tyrol.*[*2. Ils n'occupaient plus en Italie que le seul fort de Mantoue.]

L'entreprise était achevée, lorsque des brigues de cour culbutèrent, à Versailles, le dessein et le ministre. On persuada au vieux Cardinal, que les puissances maritimes allaient nous, déclarer la guerre ; que M. de Chauvelin voulait s'éterniser, qu'il le trompait, qu'il pouvait faire une paix avantageuse, ce qui était vrai, mais la paix est-elle glorieuse quand on manque à ses amis? Les brigues de Vienne et de Londres parvinrent dans le cabinet de Versailles. A l'aide des mauvais Français, on rendit tout à la maison d'Autriche, excepté Naples, et deux petits cantons du Milanais *[*3. Navarre, Tartane et les fiefs des Langhes.] qui furent cédés au roi de Sardaigne. M. de Chauvelin fut disgracié.

Une seconde entreprise est plus difficile qu'une première, quand elle rencontre les mêmes obstacles. Ainsi le roi de Sardaigne a connu, en cette première occasion quel était notre gouvernement, et quelle confiance il devait avoir en nous. A la mort de l'empereur Charles VI, [375] il nous tâta, et reconnut le Cardinal pour tergiversateur et ennemi du grand plus que jamais. Il connut bien l'attaque résolue contre la maison d'Autriche, mais que ce ne serait qu'un feu de paille tant que le Cardinal vivrait. Et, à sa mort, il vit les affaires entre les mains d'un ministère tout espagnol, M. Amelot, gouverné par M. de Maurepas et par l'ambassadeur d'Espagne Campo-Florido. Il savait toute l'influence d'Espagne sur notre cour; que si cette influence cessait quelques instans, elle reprendrait peu après avec plus de force qu'auparavant. Il en conclut donc toute l'impossibilité d'e se lier avec nous, que nous participerions à la haine et à l'envie de la reine d'Espagne contre lui, et qu'il n'y avait rien à faire que de se servir de nos avances pour tirer de nos ennemis le plus de concessions qu'il pourrait. C'est ce qui a produit le traité de Worms par la médiation des Anglais. Il a conduit une double négociation avec la France et l'Angleterre, jusqu'à celle qu'il avait adoptée d'avance.

Quelque défiance que je doive avoir de mon travail, et quelque facilité que j'apportasse à convenir que j'aie été trompé, je ne puis dire cela de ma négociation avec la cour de Turin; car pourquoi nous aurait-elle trompés en cette occasion, puisque par l'événement elle n'y a rien gagné? Mais la peur a tout fait. Le roi de Sardaigne connaît notre cour; il y a d'excellens espions; nous les souffrons à l'hôtel de Carignan : ils sont très-clairvoyans, l'instruisent de tout ce qui se passe ici. Il a su que mon crédit était fort inférieur à celui qu'avait eu M. de Chauvelin ; il a vu l'éloignement d'Espagne à adhérer à ce,traité, et que cet éloignement était souillé et encouragé, par nos courtisans et par nos ministres. Il ne perdait pas [376] de vue ce qui lui était arrivé en 1755. Alexandrie était aux abois; les Autrichiens accouraient en Italie; il pouvait se trouver sans alliés, ou à la merci de nouveaux alliés faibles et infidèles. Certainement, s'il m'avait cru plus autorisé, il ne se serait pas jeté dans de telles défiances; mais si on les entend bien, on ne peut pas l'en blâmer avec équité. Voici en peu de mots ce qui s'est passé dans cette négociation.

Le roi de Sardaigne fit avec le Roi un partage équitable des états de la maison d'Autriche en Italie ; la plus grosse part lui était donnée, celle qui suivait à don Philippe, le reste aux Vénitiens, au duc de Modène, et le roi de Sardaigne rendait du sien aux Génois.

Ce partage et ses articles étaient tels, qu'ils écartaient pour toujours les guerres d'Italie; ils fondaient une république, ou association italique, avec une diète continuellement assemblée, à l'instar de l'association germanique.

Cet arrangement fut d'abord signé en forme de préliminaires à Turin, puis il y eut traité en forme établissant un armistice. Ce traité fut signé à Paris, et, en conséquence de l'un et de l'autre instrument, plusieurs lettres furent écrites réciproquement de la propre main des rois de France et de Sardaigne, ce qui doit être réputé pour plus valable qu'une ratification formelle.

La reine d'Espagne fut deux mois et demi avant d'accepter ce traité ; elle fit pendant ce temps la plus violente résistance; enfin elle l'accepta, presqu'au moment on il se rompait par nécessité à Turin.

Le roi de Prusse fit sa paix pendant ce temps. L'armée autrichienne, qui agissait contre lui, fit une marche avec une promptitude dont il y a peu d'exemples, et arriva en Italie pour contenir le roi de Sardaigne. Ce prince [377] nous faisait dire chaque jour qu'il était entraîné, qu'il ne pourrait bientôt plus résister, si la France n'obligeait l'Espagne à acquiescer au traité. Enfin il entra en défiance, non de la bonne foi du roi de France, mais du crédit de la cour d'Espagne sur la nôtre. La citadelle d'Alexandrie se trouvait à toute extrémité; et, n'ayant plus que quelques jours à tenir, elle touait au pouvoir des Espagnols ; on lui indiquait les moyens de la délivrer; il sut que M. de Montai était mal sur ses gardes dans Asti.

RENE LOUIS D'ARGENSON

La tentative réussit en peu de jours et passa même les espérances ; neuf bataillons français furent faits prisonniers sans coup férir. Le reste de la campagne ne fut plus qu'une déroute en Italie. La reine d'Espagne y fit agir son armée contre toutes les règles de la guerre, de la politique et de la raison, voulant garder par entêtement ce qu'on devait abandonner par nécessité pour sauver le reste. Depuis cela, le roi de Sardaigne ne fut plus le maître de reprendre avec nous aucune sorte de négociations.

En vain aurait-on pris en France une de ses filles pour M. le Dauphin, quand celui-ci devint veuf; il ne fut lus au pouvoir du roi de Sardaigne de se retirer des mains de la reine de Hongrie et des Anglais, leurs forces et leurs dépenses en Italie n'ayant pas moins pour objet de le contenir lui-même que de s'opposer aux desseins la France et de l'Espagne.

Dès l'hiver de 1745, il avait été question de négocier avec le roi de Sardaigne. Le personnel des ministres entre pour beaucoup dans ces négociations secrètes. M. Amelot avait été connu à Turin comme l'organe de M. de Maurepas, et celui-ci comme dévoué à l'Espagne. On y détestait le ministère de France; un nouveau ministre [378] pouvait y inspirer de la confiance ; on m'y connaissait par madame de Carignan et par M. de Chauvelin, que l'on savait m'avoir appelé aux affaires étrangères. Ainsi tout y était bien disposé ; les passions et l'acception des personnes influent puissamment dans les affaires depuis que les monarchies sont devenues despotiques.

Véritablement, j'étais vivement persuadé que la plus grande erreur où nous ayons pu tomber avait été de nous brouiller avec le roi de Sardaigne dans nos guerres avec la maison d'Autriche. Il est à cette maison en Italie ce que le roi de Prusse lui est en Allemagne. Il ne peut s'agrandir qu'à ses dépens. Ce n'est que l'avidité insatiable de l'Espagne, et nos complaisances peu raisonnées qui nous l'ont aliéné. Que ce soit lui ou un autre qui démembre l'énorme puissance autrichienne, cela nous est indifférent. On a beau nous menacer de ce voisin, on a beau citer le cardinal d'Ossat sur les petits louveteaux de Savoie, et dire qu'il faudra fortifier Lyon si le roi de Sardaigne devient si puissant; ce sont là des préventions de la haine et des inspirations de l'Espagne. Il y a encore bien loin de sa puissance à le nôtre. C'est la seule maison d'Autriche qui nous est dangereuse. Il faut bien avoir des voisins, et que peut-il arriver de mieux que de voir accroître les petits aux dépens des grands ?

Mais plaçons-nous au conseil de Turin ; n'a-t-il pas tout à craindre de la maison de Bourbon, maîtresse de la France, de l'Espagne, du royaume de Naples et de Sicile. Qui peut soutenir que ce petit roi de Piémont, maître d'une île de rochers, et même encore du Milanais, puisse jamais de gaieté de coeur entreprendre sur des princes français? Ne le troublons pas lui-même. Il n'appellera alors à sou secours ni les Allemands, ni les Anglais. [379] Il ne peut redouter que nous, et n'aura jamais de menaces à nous faire. Mais, établissant un second infant en Italie, de combien ses justes craintes ne doivent-elles pas être augmentées? Ainsi je tenais pour principe, qu'on ne pouvait donner pour ainsi dire un à don Philippe, qu'on ne donnât trois au roi de Sardaigne. Et ce n'était pas là le compte de l'Espagne.

Du malentendu qui s'en était suivi on en était passé jusqu'à la folie excessive de lui vouloir faire. la guerre, pour le réduire à nos injustes desseins. On voulait même prendre sur lui par conquête l'établissement de don Philippe. Il est des cas où un État doit s'enterrer sous ses ruines plutôt que de rien céder. Celui-ci était tel pour le roi Sardaigne. Je l'ai vu réduit à la dernière extrémité, et il n'aurait certainement point plié si on lui avait, non-seulement promis la restitution de la Savoie, mais encore la cession du Milanais, et une juste réduction pour l'établissement de don Philippe. Soyons justes, et nous avancerons nos négociations. La force et la supériorité les armes ne peuvent servir qu'à éclairer la justice a raison dans les opérations politiques.

Plein de ces principes, je perfectionnai peu à peu le plan qui me paraissait le meilleur. Je ne fis point de difficultés de faire des pas vers la cour de Turin, et plus nos armes faisaient des progrès, plus les caressés et les avances me parurent dignes du Roi mon maître. Je me proposai surtout un grand secret, et tout ce qui s'est passé sur cette affaire n'a été pénétré de personne jusqu'à son entière publicité.

Il faut savoir que le gouvernement et le conseil de Turin n'ont plus les qualités de netteté, de décision, de fermeté et de grandes vues qu'avait le roi Victor. On y [380] a bien les mêmes principes. Tout y est en grand ordre, le travail est bon et assidu ; mais on y fait cas de la petite finesse italienne. On y préfère volontiers quelque bien médiocre obtenu par lenteur et fourberie, à un plus grand bien que la franchise et la promptitude auraient procuré par l'évidence. Le roi de Sardaigne se pique de religion et de probité ; il n'y a manqué que par la fauté de ses ministres et des principes nationaux. Il y a des factions dans son conseil. M. d'Ormea mourut. Le ministre de la guerre a des momens de crédit qui l'emportent sur la raison d'état. Enfin la crainte déguisée en prudence prévalut en cette grande entreprise, et malheureusement parti le plus sûr parut être aux Piémontais de se liguer pour toujours avec nos ennemis. Il faut peu pour les y porter, il faut beaucoup pour les ramener à nous.

Voilà ce que j'éprouvai. Je m'abouchai deux fois avec. le sieur de Moutgardin, conseiller de commerce du roi, de Sardaigne,et qui paraît chargé à Paris des affaires de la maison de Carignan. Nos conversations furent assez concluantes, mais ne furent suivies d'aucun effet. Madame de Carignan me demanda une entrevue ; mais elle affecta clans tout ceci de ne pas paraître dans les secrets d'état. On crut à la cour de Turin qu'elle passait ici pour trop intrigante, et qu'elle n'était pas toujours sûre de sa discrétion.

Cependant le progrès de nos armes fut éclatant et solide. La reine de Hongrie, occupée de son attaque de la Silésie, avait ses principales forces en Bohême, et négligeait par nécessité les affaires d'Italie. Elle n'y avait pas quinze mille hommes. Les Anglais, très-embarrassés des affaires d'Écosse, voyaient tomber leur crédit, et payaient mal les subsides du roi de Sardaigne. L'état de [381] Piémont était désolé, nos contributions excessives, le malheur des peuples sans bornes. Le maréchal de Maillebois, d'accord avec le comte de Gages, comme l'étaient le prince Eugène et Marlborough pendant la guerre de succession d'Espagne, poussait ses conquêtes avec rapidité. Mais les Espagnols abusèrent bientôt de la victoire. Ils avaient plus de troupes que nous en Italie. Le conseil de Madrid voulut faire la loi. On s'étendit trop loin en descendant le Pô. La reine d'Espagne voulut prendre possession en son nom de Parme et de Plaisance. On passa le Pô, et l'on couronna l'Infant à Milan. Par-là on négligea les conquêtes qui nous auraient assuré la communication avec la Provence. On laissa derrière soi plusieurs places méridionales des états de Sardaigne, qui auraient préservé les Génois de tous les malheurs que l'Espagne leur a causés en prétendant les défendre.

L'Espagne présomptueuse se crut conquérante sans nous, et ne mit plus de frein ni de raison à ses désirs. On n'y voulut point croire possible le moindre retour de fortune. C'était une fureur ambitieuse, et des cerveaux vides et brûlés qui disposaient des affaires.

C'est à cela qu'on doit attribuer la révolte de toute l'Espagne contre nous, quand on apprit le traité solide et modéré que j'avais conclu avec le roi de Sardaigne. On voulait bien traiter avec ce prince, mais de façon que son humiliation fût entière, qu'il perdît au lieu de gagner, et que tout se ressentît en faveur de l'Espagne d'une supériorité qui n'était que momentanée.

Ce fut donc au commencement du voyage de Fontainebleau,*[*1. 1744.] que le roi de Sardaigne m'adressa exprès et [382] très-secrètement le sieur de Montgardin, pour me témoigner l'envie qu'il avait de traiter avec moi, ne se fiant, qu'au Roi seul et à son ministre des affaires étrangères. Je n'hésitai pas à lui envoyer un homme de confiance plutôt que d'en attendre un de sa part. Je sais combien cette avance accélère les choses dans une cour timide et méfiante.

Je proposai au Roi M. de Champeaux, son résident à Genève, et séjournant à Turin depuis long-temps . C'est la candeur même, jointe à une grande étendue de connaissances, plein d'idées qu'il ne faut que rectifier et modérer, sage et désintéressé, mon ancien ami de vingt ans. Il a fait merveilles dans cette commission et a mérité récompense. Tout ce que je lui ai donné d'instructions; de pleins pouvoirs et de chiffres, fut de ma main, cette négociation devant être d'un très-grand secret. Il se travestit en abbé, et se nomma l'abbé Rousset.

Dans mon instruction, je décrivais quels maux avait causés, en Italie, la prétendue supériorité des empereurs d'Allemagne sur ce continent. Le temps paraissait venu de l'éteindre, et de déclarer les puissances italiques dé franc-alleu, et d'une pleine indépendance. Ou leur prescrivait l'association nécessaire pour maintenir leur liberté à l'avenir, en empêchant tout étranger d'y dominer. Les princes des maisons étrangères, qui s'y trouvaient souverains, devaient se regarder désormais comme Italiens, et être exclus de toute souveraineté étrangère qui leur adviendrait. Ils devaient, dans ce cas, opter pour l'une ou pour l'autre, et abandonner la souveraineté italiennes à celui qui leur serait désigné pour successeur, soit par le traité, soit par convention de la diète italique. Cette condition exclusive était l'âme du partage des biens autrichiens [383] dont il s'agissait. La France, l'Espagne et le roi de Sardaigne, avaient l'honneur de cet arrangement. On abolissait jusqu'à la dénomination de saint empire romain dans toute l'Italie. La moindre république, le moindre fief, devenait aussi libre de tout souverain étranger que les plus grandes puissances d'Italie. La maison de France y sacrifiait ses droits sans réserve.

Et certes, si le roi de Sardaigne eût pensé avec plus de hauteur, il eût embrassé ce système avec plus de chaleur et moins de défiance; il ne s'en fût pas découragé si facilement. Mais on ne saurait pénétrer l'âme de ceux avec qui l'on traite. Il vit bien que le Roi et moi procédions de bonne foi et avec grand zèle. Mais il connut d'abord quelle serait l'opposition d'Espagne, et il poussa fort loin son opinion de l'ascendant d'Espagne sur notre cour. Ainsi il alla bride en main sur cet affranchissement général. Il y gagnait, à proportion de son petit État, plus que n'a jamais fait aucun conquérant ; car il s'assurait fortement ce qu'il gagnait. Il obtenait le Milanais et devenait le chef des princes d'Italie. Il y était à peu près ce qu'ont été les empereurs de la maison d'Autriche en Allemagne; plus aguerri, plus puissant que les autres princes, il aurait eu le principal ascendant à leur diète; il n'aurait trouvé que trop d'occasions pour se fortifier encore. L'indépendance féodale qu'il acquérait sur les empereurs d'Allemagne était en pur gain pour lui ; car il n'aurait pas trouvé les Allemands moins disposés à le secourir contre nous si nous y avions jamais donné lieu. Ainsi le lien de féodalité, si vanté pour son appui, n'a jamais été qu'un mauvais prétexte. La peur et la défiance se sont seules mises en avant dans le cours de la négociation. Tout le monde y gagnait. L'Empire même y eût [384] applaudi. Son tyran seul l'eût regretté et eût été furieux de cette perte.

Le pape Jules II a dit avec raison que l'Italie ne redeviendrait jamais heureuse et florissante, qu'elle n'eût chassé les barbares, c'est-à-dire les étrangers, hors de chez elle. Tôt ou tard, cela doit arriver, à en juger par l'évidente et par la raison ; mais le temps n'en est donc pas encore venu.

Quant au partage, il était ménagé avec une générosité et une prévoyance admirables. Je le vanterai avec d'autant plus de plaisir, que c'est l'ouvrage entier du Roi, et c'est peut-être le seul ouvrage de son règne qui soit bien à lui. Le Roi est bon géographe, il a présentes à l'esprit toutes les situations topographiques; il trouve plutôt sur une carte le point demandé qu'aucun de ceux avec lesquels il travaille; il a l'esprit naturellement juste, il ne s'agit que de le faire sortir de l'assoupissement, de l'indécision et de la timidité. J'eus ce talent eu plusieurs affaires, je le plaçai sur les bonnes voies, et il y courut mieux qu'un autre. Je ne l'avais jamais vu tel que lorsqu'il écouta le rapport que Champeaux lui fit à Choisy sur la première négociation de Turin. Il ordonnait en maître ; il discutait en ministre. Sa Majesté écrivit beaucoup de sa main sur ce partage, m'envoya chercher souvent sur de nouvelles idées qui lui étaient venues. Je travaillais les nuits avec Champeaux pour y faire mes objections, et pour mettre tout en règle et en forme. Ainsi se fit son instruction; je laissai à Champeaux quelques-uns de ces papiers écrits de la main du Roi. Ils firent merveille, ou pour mieux dire ils firent tout, quand il les montra au roi de Sardaigne sur la fin de sa négociation. Ce prince, voyant que tout était véritablement l'ouvrage et la volonté du [385] Roi, y souscrivit subitement par respect, comme eût fait un sujet par obéissance. Que de grandes choses feraient les princes, s'ils voulaient d'une volonté propre et indépendante des courtisans et des flatteurs !

Voici la note du Roi, que Champeaux montra le dernier des quatre jours qu'il fut à Turin, et qui décida le roi de Sardaigne à faire ce que nous voulions, voyant que le Roi son cousin pensait et agissait par lui-même.

"Je trouve bon que Champeaux aille à Turin, qu'il soit bien déguisé, car il doit être connu dans ce pays-là, et qu'il n'y demeure que quatre jours ; après quoi a toute négociation sera rompue. Si l'on n'accepte pas le premier projet, voilà ce qu'on peut y suppléer :"

"Au roi de Sardaigne sera le Milanais qui est à la rive gauche du Pô, et à la droite jusqu'à la Scrivia; à a l'Infant toute la rive droite depuis et compris l'état de a Parme, le Crémonais (le fort de Gera d'Adda rasé), et la partie du

Mantouan qui est entre l'Oglio et le Pô ; a celle par delà à la république de Venise, et ce qui est a à la rive droite du Pô au duc de Modène, avec l'éventualité du duché de Guastalla, et aux Génois la principauté d'Oneille avec Final et le château de Serravalle." (Parafé Louis.)

Le sieur de Champeaux, sous le nom d'abbé Rousset, fit une très-grande diligence, et trouva ses passe-ports à point nommé. On le logea à la cour dans une chambre secrète où il conféra avec M. de Corseigne, premier ministre, avec le roi de Sardaigne et avec le duc de Savoie, héritier présomptif sans lequel le roi de Sardaigne ne conclut rien de capital.

Je lui avais fixé quatre jours pour negocier, et il n'en prit pas davantage. Les deux premiers jours, on battit la [386] campagne, le troisième on s'éloigna, le quatrième on était encore plus exigeant, les chevaux étaient à la chaise pour partir à minuit ; le quatrième jour finissant, Champeaux tenant rigueur, on conclut, on rédigea, et on signa en deux heures de temps.

Le roi de Sardaigne insista davantage sur l'affranchissement de l'Italie, et l'abolition du saint empire romain. Cet article et celui d'une association ou diète italique, devaient, disait-il, être une suite du traité de partage, et auraient effrayé inutilement les puissances intéressées; mais quand les Allemands n'auraient plus eu de domaines ni de troupes en Italie, comment y auraient-ils pu soutenir leur féodalité? Elle tombait d'elle-même; il donnait l'exemple de plusieurs semblables vasselages éteints par la cessation de fait de toute prestation de foi.

La cession d'Oneille aux Génois le blessait infiniment: mais on lui donnait le Milanais. Il faisait de nouvelles remontrances; mais il cédait si le Roi y persistait.

Champeaux revint avec ces préliminaires qui avaient été signés doubles*[*1. Le 26 décembre 1745.] par M. de Corseigne, et par lui comme fondé de pouvoir de France.

Presque en même temps arrivèrent les pleins-pouvoirs de M. de Montgardin, pour signer l'armistice entre les trois couronnes. Montgardin ne pouvait rien changer à ses pouvoirs, et nous y trouvâmes à redire qu'ils

MEMOIRES, 1825.

n'établissaient aucune relation entre l'armistice et les préliminaires. On en envoya ensuite de relatifs, et ce retardement fut cause que l'armistice ne fut signé que le 17 février suivant.

Le roi de Sardaigne proposa de signer le traité tout de [387] suite. Il en envoya un projet qui était impliqué d'une multitude d'articles sur le commerce. Cela ne pouvait aller si vite sans un examen plus sérieux. Noue ne pensâmes qu'au point capital, qui était le partage de l'Italie, et la cessation de toute hostilité entre les Gallispans*[*1. Français et Espagnols combinés.] et les Piémontais, en nous réunissant ensemble pour chasser promptement les Autrichiens hors d'Italie.

Il y avait une grande difficulté : c'était le siége de la citadelle d'Alexandrie ; nos armées la bloquaient depuis long-temps, et elle était aux abois. Mais, suivant nos conventions, c'était le commandant espagnol de la ville, qui devait prendre possession de la citadelle, et y commander. Accordant l'armistice, il fallait lever le siège. Le roi de Sardaigne jouissant de cette réalité, pouvait nous tromper ensuite, et nous nous exposions à un éternel reproche de la part de l'Espagne. J'avoue que je n'ai rien vu de si embarrassant que le parti à prendre sur cela. Mon frère y trouva l'expédient de ne laisser entrer de rafraîchissemens à Alexandrie que pour huit jours, et ainsi de huitaine en huitaine, jusqu'à ce que nous eussions obtenu le consentement d'Espagne au traité de Turin.

L'Infant était à Milan, il fallait l'en faire déguerpir, et mettre le roi de Sardaigne en possession ; mais la plus fâcheuse des difficultés était que nos troupes se trouvaient fort inférieures en nombre à celles d'Espagne. Cela nous ôtait le ton de commandement, et l'Espagne savait s'en prévaloir. C'était le contraire, en 1734 et 1735. Ce fut assurément mal à propos que l'on conseilla au Roi de porter toutes ses troupes en Flandre, [388] afin d'y briller davantage. Tel n'avait point été mon avis. Nous avions besoin de plus de troupes en Italie, non-seulement contre nos ennemis, mais plus encore pour ne pas obéir aux caprices de nos amis.

Cependant ils fallait faire adhérer l'Espagne au traité que nous venions de conclure avec la Sardaigne. Nous nous portions fort pour elle. Il fallait la faire revenir de volontés injustes et déraisonnables, et la forcer à être heureuse. Nous n'avions que la voie de la négociation et celle de l'abandon. On se trompe souvent dans la prévoyance des effets de la menace et de la feinte. Les plus entêtés et les plus hardis la bravent, et nous jettent dans la confusion. Si j'avais été plus le maître, j'aurais poussé l'abandon, en cas de refus, jusqu'où il pouvait aller, et j'aurais exécuté la résolution d'abandonner une entreprise qu'on ne voulait pas commettre à la sagesse. J'eus à traiter avec le Roi : je proposai de donner à l'Espagne quatre jours pour délibérer sur l'acceptation ou le refus du traité de Turin. Le Roi me répondit qu'il ne fallait lui donner que deux jours. J'assurai sa Majesté que, si l'Espagne persistait dans son refus, le maréchal de Maillebois déclarait qu'il retirait son armée en France, et que nos troupes n'auraient pas fait deux marches en arrière que l'Espagne se rangerait à la raison. Le Roi le résolut ainsi ; mais depuis, quand l'affaire fut déclarée, sa Majesté eut de grands scrupules d'abandonner l'Espagne ; et ceux de ses conseillers qu'elle entendit en particulier sur cette affaire., l'en détournèrent; de sorte que j'ai un billet de sa Majesté, qui me marque qu'il ne faudra jamais en venir là, et que, pour rien au monde, il ne faut abandonner l'Espagne en halle. Ainsi, voilà les menaces à faire réduites à la vanité et au mensonge ; ce [389] qui ralentissait l'exécution du traité, et inspirait une juste défiance au roi de Sardaigne. Malheureusement cette défiance était telle, que l'on craignait à Turin que la cour d'Espagne ne reprît son ascendant ordinaire sur la nôtre, et que le roi de Sardaigne ne fût plus sacrifié encore en cette affaire qu'aux préliminaires de 1735.

Cependant je me disais : Voici de nouveaux solliciteurs qui surviennent de l'exécution du traité. Les Autrichiens arrivent à force en Italie. Ils vont y détruire notre supériorité. La reine d'Espagne le sentira bientôt, et les ennemis mêmes l'auront contrainte à accepter incessamment ce qu'elle refuse à présent. Je ne voyais donc pas par où cette grande affaire pouvait manquer. Il me semblait que la Providence y concourait visiblement encore plus que mes mesures, je me trompais : la gloire d'affranchir l'Italie pour toujours n'est pas sans doute réservée à notre âge. La folie de la reine d'Espagne a surpassé toute prévoyance humaine. L'Espagne n'a pas voulu voir le danger, lorsqu'il était le plus lumineux et le plus évident.

Peu de jours après le retour dû sieur de Champeaux, il arriva deux choses : l'une, que le prince Édouard Stuart perdit du terrain en Écosse ; l'autre, que le roi de Prusse fit sa paix avec la reine de Hongrie. Je crus devoir faire écrire par Champeaux à M. de Corseigne, pour demander au roi de Sardaigne si ces deux événements ne changeaient rien au traité du 26 décembre; et si les nouveaux secours qu'en pourrait tirer sa Majesté sarde ne lui donnaient point la volonté de rentrer dans ses premiers engagemens avec nos ennemis. J'envoyai cette lettre par un exprès. La réponse fut que sien ne ferait changer le roi de Sardaigne à l'égard de [390] notre alliance, qu'il était trop content de sa réconciliation avec le Roi son neveu; qu'il fallait perfectionner ce traité, mais surtout presser l'Espagne d'y accéder.

Mon travail et mon embarras augmentaient. Je proposai deux fois au Roi de porter l'affaire au conseil, et sa Majesté me le refusa toujours, disant qu'elle avait des raisons pour ne pas la confier à d'autres ministres qu'à moi; qu'il y en avait parmi eux qui pensaient d'une certaine façon sur l'Espagne.

Dès que tout fut réglé et signé avec le roi de Sardaigne, j'expédiai un courrier à l'évêque die Rennes pour faire part du traité à leurs majestés catholiques ; j'y joignis un projet de traité ne contenant autre chose que les préliminaires mis en forme, et de longues instructions contenant tous les argumens dont notre ambassadeur pouvait se servir pour réussir. Le Roi écrivit une lettre au roi d'Espagne, pour lui dire ses raisons en peu de mots. Sa Majesté l'exhortait à l'acceptation la plus prompte ; et, en cas de refus et d'obstination, lui faisait entrevoir le parti fâcheux qu'il serait obligé de prendre, celui de l'abandon de toute l'entreprise. Ce courrier fit grande diligence.

Cette nouvelle fut reçue à Madrid comme l'un des plus grands. malheurs qui auraient pu tomber sur la monarchie de Castille. Elle fut d'abord ébruitée, tout se couvrit d'un sac de cendres. L'orage fut affreux contre les Français. L'évêque de Rennes essuya les plus gros mots dont la reine est prodigue en sa colère; mais il n'avait que deux fois vingt-quatre heures pour renvoyer son courrier, il le renvoya avec un refus net d'adhérer au traité.

Sans perdre de temps, leurs majestés catholiques dépêchèrent ici une ambassade extraordinaire et solennelle; on en chargea le duc d'Huescar qui a cinq grandesses, [391] l'un des capitaines des gardes, et riche de six cent mille livres de rente, enfin tout ce qu'il y a de plus grand en Espagne. Il fit une extrême diligence pour ses apprêts, ses instructions et son voyage. Aussi toute son instruction consistait-elle à dire qu'il venait s'opposer au traité de toutes ses forces, qu'il n'y apportait aucune modification, et que jamais l'Espagne n'y consentirait. Le reste du temps qu'il fut ici, et quand il eut répété une douzaine de ces propos, il fut au bal et à l'Opéra, et se levait fort tard, voulant profiter du carnaval.

Il commença par s'aboucher avec quelques-uns de mes amis qu'on lui indiqua, et m'envoya des émissaires pour me promettre pour moi une grandesse de la première classe, si je déférais à l'Espagne et si je rompais le traité de Turin : je n'ai jamais parlé au Roi de cette offre méprisable. Nous eûmes une longue conversation chez moi à Paris, on je n'entendis que les propos déraisonnables qu'on lui avait soufflés, à son départ de Madrid. On n'écoutait aucune de mes réponses ; cependant on me ménageait quelquefois, on m'offrait la révocation de Campo-Florido, s'il m'avait déplu; on affectait même avec grossièreté de le maltraiter devant moi; mais il ne s'agissait point de tout cela.

Dans le cours de cette négociation, M. d'Huescar m'offrit, avec des mystères affectés, comme de lui-même et craignant le désaveu,, de retrancher quelque chose au roi de Sardaigne sur le Milanais, et de donner à l'Infant jusqu'à l'Ombro.

Je répondais à tout cela que l'Espagne n'avait qu'à négocier à Turin ces modifications; que de ce côté-ci le Roi avait donné sa parole et sa signature définitivement, et qu'il n'y avait plus rien à refaire ; que même c'était sa [392] Majesté qui avait prescrit tous les articles du traité; que la justice et des vues supérieures y avaient présidé, et qu'il s'agissait de bannir une bonne fois les Allemands et les guerres funestes d'Italie.

M. de Maurepas, poussé du même zèle pour l'Espagne, me tâta aussi pour augmenter l'apanage de don Philippe. Le duc d'Huescar, qui tenait de l'Espagne la copie des traités, en instruisit tous nos ministres, et ils ne l'ont sue en détail que par l'Espagne.

Quelle injure cependant faisions-nous à l'Espagne en travaillant à son bonheur, en la couvrant de gloire solidairement avec nous, et en procurant à don Philippe un patrimoine libre et considérable, tel que peu après on n'a eu qu'à le regretter ?

Je ne finirais point, si je voulais dépeindre les agitations que ceci causa à la cour. A la première nouvelle que Campo eut du traité, l'on était à Marly; mon courrier pour Madrid était parti depuis trois jours. M. de Maurepas en avertit le premier M. de Campo ; cet ambassadeur vint pleurer dans le cabinet du Roi, on l'entendait hurler. Le Roi lui répondit avec dignité ; mais sa Majesté avoua trop tôt l'affaire. Le lendemain elle la déclara au conseil, où la consternation fut terrible.

Je fis partir le sieur de Champeaux pour rassurer le roi de Sardaigne sur ces contradictions et ces mouvemens de l'Espagne. Il est vrai que tout concourait à détruire notre ouvrage. En vain tant de biens et d'agrandissemens étaient-ils donnés à sa Majesté sarde ; si l'Espagne persistait dans ses refus, nous n'avions de réel à offrir de notre part que d'abandonner la partie; en ce cas, le roi de Sardaigne retombait dans son premier état, avec le ressentiment de plus de ses premiers alliés qui l'en eussent [393] puni, et l'Espagne se fût peut-être accommodée avec eux dans cette vue. Cependant je voulais que Champeaux accélérât la perfection du traité, et conclût des mesures militaires provisoires.

Je lui associai mon gendre, le comte de Maillebois, et je le destinai à l'ambassade de Turin. Ce fut lui qui signa chez moi à Paris, le 12 février, quelques jours avant son départ, le traité d'armistice revêtu des pleins-pouvoirs du Roi. Son instruction fut concertée avec mon frère, elle était plus militaire que politique ; il s'agissait de pourvoir à l'exécution de l'armistice, en agissant d'abord sans les Espagnols, si leur opiniâtreté continuait, et de chasser les Allemands si le projet s'exécutait.

Le comte de Maillebois partit beaucoup plus tard que je ne voulais; il trouva les passages des Alpes obstrués par la neige, et fit route fort lentement. Cependant A Turin, on comptait les momens de l'accession d'Espagne ; on savait que cette négociation reculait au lieu d'avancer. L'ambassade solennelle du duc d'Huescar, ses prouesses à notre cour, la fureur allumée contre moi, les promesses de ma disgrâce, les mouvemens de nos courtisans et ministres dévoués à l'Espagne, l'ébruitement prématuré du traité; tout cela inquiétait fort la cour de Turin.

Sitôt après la paix de Dresde, la reine de Hongrie fit faire à trente mille hommes de ses troupes une marche dont il y a peu d'exemples ; cette armée faisait dix lieues par jour; elle entra dans le Mantouan, et de la Lombardie, en six semaines. Un tel renfort fit la loi au roi de Sardaigne. J'en avais des avis journellement par Venise. J'avais beau en montrer les états à la cour d'Espagne, [394] l'aveuglement était au comble ; on ne voulait rien voir, et l'on répondait toujours que les deux couronnes seraient maîtresses du monde, si elles voulaient redoubler d'efforts ; mais bientôt l'on vit qu'elles ne seraient pas maîtresses de conserver un pouce de terre en Italie, quelques efforts qu'elles y aient faits.

Le roi de Sardaigne était découvert par ses anciens alliés ; il ne savait plus que dire au prince de Lichtenstein, général autrichien, qui l'obsédait dans son palais, tandis que Champeaux était caché dans un grenier. Il jouait avec ses alliés la comédie la plus difficile; on le pressait de commencer les opérations de la campagne ; on était déjà au mois de mars; son ministre de la guerre montrait des ressources et des projets qu'il disait immanquables ; il avait son parti à la cour et dans le conseil, on nous y accusait de mauvaise foi. Le roi de Sardaigne croyait cependant devoir rendre justice au Roi ainsi qu'à moi; il a vu jusqu'au dernier moment notre bonne foi ; mais à la vérité bien des traverses qui sont inévitables quand le ministère est divisé, et quand l'autorité n'est pas en garde contre l'intrigue.

Le roi de Sardaigne en était à se justifier des deux côtés. Il nous expliquait son manquement à ses anciens alliés, parce qu'ils avaient fait infraction à leur traité en ne le secourant pas; mais il disait que l'affaire changeait, qu'ils lui envoyaient des secours suffisans. Il leur disait qu'il n'était pas encore assez en forces pour agir, et de tout ceci je ne puis pas dire qu'il ait été de mauvaise foi, et qu'il n'ait pas répondu absolument à ce qu'il devait au Roi. Sa Majesté lui avait écrit la première de sa main pour lui marquer qu'elle lui rendait toute son amitié : la correspondance s'était rétablie entre ces deux princes on [395] n'oubliait rien pour le rassurer, mais les effets ne répondaient point aux désirs.

MEMOIRES, 1825.

Le maréchal de Maillebois restait immobile à Tortone. Les contributions s'exigeaient toujours. Alexandrie était si pressée ; qu'il n'y avait pas pour deux jours de chats et de rats à y manger. J'eus permission du Roi d'avertir le maréchal de notre traité, et des termes où nous en étions avec l'Espagne. Je voulais qu'il n'entreprît rien d'officiel, mais qu'il fût sur ses gardes.

Mon frère lui écrivit aussi par le Comte de Maillebois, et sa lettre lui inspirait encore plus de confiance sur la paix prochaine. On a prétendu, mal à propos, que ces lettres inspirèrent à notre général une sécurité fatale.

Mais je me crois assuré qu'il n'a rien fait en cela qu'il n'eût fait sans le traité de Turin, et sans la connaissance qu'il en eut peu de jours avant la surprise d'Asti. Nous tenions beaucoup de pays avec peu de troupes. Les Espagnols avaient fait cette mauvaise disposition malgré le maréchal ; l'extravagante ambition de la reine d'Espagne, et une fatale imprudence qui nous a toujours conduits dans cette guerre, y avaient présidé. On s'était accoutumé à n'avoir affaire qu'à faible partie. On avait beau dire que les ennemis étaient en forces dans le Tyrol ; l'Infant avait fait sa pointe à Milan. Il avait fait passer le Pô à la majeure partie de ses forces. Les derrières étaient dégarnis, sans cavalerie ni magasins. Enfin le Moment était venu d'être payé de son imprudence.

Il est vrai qu'une fatalité a conduit, par des circonstances singulières, notre déroute d'Italie. M. de Montai, premier lieutenant général de notre armée, est un brave militaire ; mais d'une imprudence extrême. Il ne songe [396] à rien, et n'est capable de pourvoir à rien. Il avait passé l'hiver à Asti, ville ouverte, avec neuf bataillons, et n'avait songé qu'à boire et à dormir. Il n'avait pas imaginé d'y faire le moindre fossé, la moindre palissade. Le maréchal de Maillebois se tranquillisait également à Tortone; son fils, plus inquiet que lui, eut été mieux au camp qu'à la cour.

Ce fut dans ces circonstances, que le comte de Maillebois arriva le 10 mars à Rivoli, à la porte de Turin. On lui envoya deux des principaux ministres de Turin et le sieur de Champeax. On lui signifia qu'il venait trop tard. On lui déclara net que, deux heures du matin, les troupes piémontaises marcheraient pour secourir Alexandrie. On ne cacha rien des circonstances de ce plan au comte de Maillebois, sachant bien qu'il n'avait, ni les moyens, ni le temps de les mander à son père. Il disputa sur le traité. Il voulut prendre sur lui d'en modifier quelques parties. Il ne persuada rien. Champeaux vit bien que tout était perdu, On renvoya le comte de Maillebois hors de l'état de Sardaigne en moins de temps qu'il n'y était entré.

Le succès surpassa les espérances de la cour de Turin. M. de Montal avait reçu une lettre du maréchal de Maillebois qu'il interpréta mal. Le maréchal lui ordonnait positivement de tenir bon dans Asti, lui mandant qu'il marchait à son secours. Mais c'était M. de Montal à juger qu'il n'avait pas le moyen de tenir quatre, heures. En effet, il se rendit sans coup férir; lui et neuf bataillons furent faits prisonniers de guerre. Le maréchal de Maillebois marchait avec de l'infanterie et du canon. Il arriva, mais le vent ne portait pas, et la garnison qui capitulait n'aperçut ni n'entendit rien. Le maréchal [397] avait envoyé demander à l'Infant un secours de cavalerie, les Espagnols le refusèrent.

Le roi de Sardaigne écrivit au Roi une lettre de sa main, le lendemain de la surprise d'Asti ; il s'excusait de cette démarche offensive depuis leur réconciliation, sur la nécessité de se délivrer du danger que courait Alexandrie de tomber entre les mains des Espagnols, assurant sa Majesté que leur traité n'en tenait pas moins. Rien ne parut plus surprenant que cette lettre. Il est vrai que, dans le moment où elle fut écrite, le roi de Sardaigne ne comptait pas notre perte aussi certaine : aussi la suite fut-elle bientôt de ne nous plus offrir qu'une ridicule médiation pour la paix.

Le reste de l'année ne fut qu'une déroute entière des Gallispans en Italie. Le découragement de nos généraux et de nos troupes, l'affaiblissement de notre armée qu'on ne voulut pas renforcer, les folies de la reine d'Espagne, la mort de Philippe V, la mésintelligence entre les Français et les Espagnols, la prudence inactive d'un nouveau règne en Espagne, qui ne voulut plus rien mettre au hasard; telles furent les causes de la perte totale de l'entreprise, et de la ruine des Génois.

Mais une fatalité plus singulière est, que deux jours précisément avant la surprise d'Asti, le 8 mars, la reine d'Espagne fut enfin persuadée de la bonté du traité de Turin. Elle envoya chercher l'évêque de Rennes, et lui dit :

MEMOIRES, 1825.

"Nous n'avons pas dormi de toute la nuit, le Roi et moi. Nous n'avons fait que raisonner du traité que le Roi très-chrétien a conclu sans nous avec le roi de Sardaigne, et de la fermeté qu'il a apportée à le soutenir; nous cédons enfin, nous voulons bien l'exécuter."

[398] Le courrier qui fut dépêché m'apporta cette nouvelle à Versailles, deux jours après celle de la surprise d'Asti, et de la rupture du traité par un événement militaire si funeste, et si fatal en toutes ces circonstances.

L'ambassadeur d'Espagne avait souvent dit au Roi que Philippe V désirait avoir près de lui un ambassadeur extraordinaire, pour lui confier, bien des choses, et qu'il convenait que quelque grand seigneur, ou même quelque ministre du conseil, fût chargé de cette commission. Les choix ne pouvait rouler que sur le cardinal de Tencin, les maréchaux de Noailles ou de Belle-Isle.

L'ambassadeur Campo - Florido tramait toutes sortes d'intrigues à sa cour comme à la nôtre. M. de Maurepas l'écoutait plus favorablement que moi. L'évêque de Rennes avait des envieux, chacun convoitait son ambassade.

L'envoi d'un, ambassadeur extraordinaire, projet sur lequel le Roi revenait souvent dans ses entretiens avec moi, me parut à moi-même présenter quelques avantages, lorsque je sus, par les dépêches de l'évêque de Rennes, que leurs majestés catholiques se radoucissaient et allaient consentir au traité de Purin. La personne du maréchal de Noailles répondait précisément à celle du duc d'Huescar, qui est capitaine des gardes comme lui. De plus, il était de l'ancienne connaissance de Philippe V, dont le plus grand plaisir est de causer de sa jeunesse, et des plaisirs de la cour de France avec d'anciens amis.

Le maréchal s'en mourait d'envie. Quant à ses vues politiques, on ne saurait lui attribuer plus de décision, plus de plans fixes qu'aux vents et aux jeux de la nature. Il voulut méditer lui-même son instruction. En trois conférences [399] que j'eus avec lui, je lui vis douze systèmes opposés. Quand il fut nommé, il parlait de l'exécution entière du traité de Turin; quand il partit, il ne s'agissait plus que de réduire le traité de Fontainebleau à ce qui était possible seulement.

Mais, sur cette seconde vue, il donnait une carrière immense à la légèreté de ses idées. Il ne respirait que vengeance contre le roi de Sardaigne, qui n'avait voulu traiter qu'avec moi seul, et avait refusé l'intermédiaire des autres ministres du conseil.

Toute son affaire, durant son ambassade, fut de flatter la reine d'Espagne, au lieu de lui montrer la vérité avec force. Il se félicita d'avoir fait changer plusieurs articles au traité de Fontainebleau; et ces changemens, comme le marqua le Roi lui-même en plein conseil, consistaient à y substituer des entreprises plus difficiles encore que le premier projet.

Les événements devenaient de plus en plus fâcheux en Italie. Les peuples d'un esprit bouillant, comme sont les Français et les Espagnols, se ressentent plus que d'autres des effets du découragement ; tandis que les Allemands, fermes et avantageux, profitent de leurs succès avec une dureté et une soudaineté dont rien n'approche. Les Autrichiens surtout excellent en cette lâche et utile qualité de poursuivre à outrance leurs ennemis vaincus.

Il n'y avait de moyen de rétablir les affaires que d'envoyer sur-le-champ de puissans renfort au maréchal de Maillebois; mais on en était bien éloigné. La campagne de Flandre allait commencer : on flattait le Roi des plus brillantes conquêtes à la tête d'une armée de cent vingt mille hommes. Il n'y avait pas une brigade de trop suivant les flatteurs, et les favoris.

[400] Un autre remède du ciel eût été de rendre la reine d'Espagne plus sage, plus modérée; de lui persuader que nos malheurs venaient de sa faute; qu'il fallait revenir sur ses pas, ne conserver que ce que l'on pouvait défendre; arrêter la fougue des vainqueurs, et suspendre leurs progrès.

Il arriva précisément le contraire : l'art se joignit à la nature pour accroître nos pertes. On vit nos deux malheureuses armées conduites, pour toute boussole, par l'entêtement d'une femme. La reine d'Espagne voulut qu'on gardât Parme, quoiqu'il en pût coûter. M. de Castelar, dépositaire de ses intentions secrètes, désobéit par ordre supérieur, à M. de Gages, son général. Il se fit enfermer dans Parme avec dix mille hommes, et s'en sauva par miracle. Toute l'armée demeura, par les mêmes ordres, à Plaisance. Le prudent maréchal de Maillebois présenta vainement les plans les plus sûrs. Il voulait se maintenir à Tortone, Voghera et Pavie, couvrant ainsi l'état de Gênes ; mais les instructions de Madrid étaient contraires.

On proposa au Roi, ou d'abandonner l'Infant, ou de sacrifier son armée à le défendre. Sa Majesté n'hésita pas à se ranger au second parti. On ne nous en sut pas plus de gré. Il fut même question d'arrêter prisonniers, comme traîtres, tous les Français qui se trouvaient dans l'armée espagnole. Malgré cela, nos troupes marchèrent au secours de l'Infant. Le maréchal de Maillebois, par les plus belles manoeuvres de guerre, le délivra et le ramena. Nous livrâmes des combats d'où nous sortîmes avec perte ; mais nous parvînmes à notre but de nous retirer, avec nos bagages, dans l'état de Gênes.

C'est ainsi que devait se terminer une entreprise qui promettait une issue plus glorieuse.

[401] Dès l'abord, on m'avait fait entendre que j'avais encouru les ressentimens de l'Espagne, que tôt ou tard j'en serais victime ; que l'affection particulière que le Roi me témoignait ne me pourrait sauver. Je répondis à ceux qui me tenaient ce propos, eu retournant ainsi ce vers d'Athalie :

Je crains Louis, cher Abner, et n'ai pas d'autre crainte.

Mais que l'on sache à quel point la prévention et l'intrigue avaient changé subitement la manière de voir de notre monarque. Les affaires allant de mal en pis en Italie, les Espagnols mettant sur notre compte une fuite qui ne provenait que de leur faiblesse, de l'entêtement de leur Reine à garder Parme, puis Plaisance, puis la rive gauche du Pô, je proposai une seconde fois de renouer avec le roi de Sardaigne. J'en remis un mémoire au Roi, et j'ajoutais en le terminant : On ne saurait trop couper dans le vif quand il s'agit du salut de l'État.

Sa Majesté m'a répondu par ce billet, du 3 juillet 1746 :

"Je prévois bien une partie des mêmes maux que vous ; mais ils sont trop outrés. Il ne faut pues que nous touchions la corde du roi de Sardaigne avec leurs Majestés catholiques ; et, s'il le faut absolument, il faudra que cela passe par le maréchal de Noailles. Après ce qui s'est passé cet hiver, vous ne devriez pas me proposer de faire les premières avances au roi de Sardaigne. Si l'on vous parle, écoutez ; mais jusque-là, il faut plutôt songer ès l'écraser qu'à le supplier. Dans les circonstances présentes, je remets à l'arrivée du maréchal de Noailles à écrire au roi d'Espagne. J'en ai lâché quelque chose dans une lettre que j'ai écrite à la reine d'Espagne, pour elle toute seule."

[402] Depuis que Ferdinand VI est monté sur le trine, il suit une politique différente de celle de son père ; mais le changement qui en est résulté ne paraît nullement favorable à nos armes. M. de Gages avait l'estime et la confiance des deux armées, jointes à une grande réputation par toute l'Europe comme militaire ; il s'entendait parfaitement avec M. de Maillebois, et cet avantage était immense. M. de la Mina, qui l'a remplacé, est un véritable Espagnol par sa haine contre les Français, ne doutant de rien, indocile à toute remontrance. Telles sont aujourd'hui*[*1. 1748.] ses instructions secrètes : il a ordre de ménager excessivement ses troupes, de ne les exposer jamais; aussi, l'on peut dire que, depuis qu'il a pris possession du généralat, l'armée espagnole n'est pas plus utile à la cause commune que si elle était de carton. Le conseil de Madrid raisonne ainsi : "Il ne reste plus qu'une vingtaine de mille hommes de toutes les forces de la monarchie de Castille ; les provinces sont dépeuplées, et dans l'impossibilité de les recruter. Conservons bien ce précieux débris; gardons-nous de l'aventurer; voyous ce que produiront les promesses des Français pour l'établissement de don Philippe, mais ne commettons plus rien au hasard."

Grâce à cette politique, M. de Maillebois s'est trouvé réduit à la plus faible armée qui ait jamais été chargée d'une grande entreprise. Elle n'était que de douze mille fantassins effectifs ; ni lui ni moi n'avions eu le crédit de la faire augmenter. Il manquait de tout ; il était desservi à la cour; on s'en prenait à lui de nos mauvais succès; enfin, il fut révoqué avec dureté, sans nulle récompense [403] pour ses longs et utiles services, en des temps heureux comme dans l'adversité. Dès ce moment, je dus prévoir ma propre disgrâce.

MEMOIRES, 1825.

A peine M. de Belle-Isle eut-il été nommé à son commandement, qu'il obtint quarante-deux bataillons et tout ce qu'il fallait pour la défense de la Provence. Je ne prétends pas assurément lui contester l'honneur qui lui en revient ; mais il est permis de penser que de Maillebois mieux secondé s'en fût acquitté avec un égal succès.

Ainsi s'appliquent à notre temps, comme à celui où ils furent composés,*[*1. 1701] ces vers de l'abbé Régnier :

> Le destin de l'Espagne est toujours de nous nuire.
> Et le siècle à venir aura peine à juger
> S'il nous a plus coûté de la vouloir détruire
> Ou de la vouloir protéger.

De l'étude et de la lecture. — Choix d'une bibliothèque. — Livres favoris ---- Manière de travailler de l'auteur.

Je reviens avec plaisir à l'objet favori de mes réflexions, parce que c'est celui de mon goût et de mes amusemens chéris, l'étude et la lecture. Il y a deux sortes d'étude et de travail de cabinet. L'unetient à l'État et aux fonctions que l'on est obligé de remplir; ainsi, le magistrat doit étudier les principes généraux de la jurisprudence, et donner sa principale attention aux affaires soumises à sa décision. Il faut que l'administrateur, de quelque genre que soit l'administration dont il est chargé, étudie les principes de l'objet confié à ses soins, et eu fasse l'application à mesure que l'occasion [404] s'en présente. Le simple père de famille même est obligé de travailler à ce qui peul conserver ou augmenter sa fortune, de régir son bien, de compter avec lui-même et avec les autres. Ce sont là des études et des travaux nécessaires; il n'est pas permis de les négliger. Mais il y a un autre genre d'études qui est de pur agrément, libre dans son objet, et qui peut servir de délassement aux travaux du premier genre; il y a même des gens assez heureux pour n'avoir à s'occuper que de ces études-là. Les dames surtout, si elles ont le bonheur de se plaire à la lecture, ne peuvent trop s'y livrer; en y mettant un peu d'ordre, et choisissant leurs livres, elles y trouveront des ressources infinies contre l'ennui, et une source abondante d'instruction.

La vie, pour toute personne qui veut être honnête et aimable, est une étude continuelle. On s'instruit dans la société en vivant et conversant avec les gens dont les propos sont bons à entendre et à liter ; on apprend à saisir et à éviter le ridicule des autres. Mais cette étude de la société ne peut pas remplir tous les momens de la vie; elle éprouve souvent des interruptions forcées, plus longues qu'on ne voudrait. C'est alors qu'il faut se livrer à l'étude dans la solitude, c'est-à-dire à la lecture. Encore faut-il savoir lire de manière à en faire son profit; car les lectures sans méthode, sans choix et sans goût, sont en pure perte pour la culture de l'esprit ; elles servent tout au plus à remplir quelques momens de vide et d'ennui excessifs ; et, quand on lit ainsi, quoiqu'on ait beaucoup de mémoire, on n'apprend rien, et l'on ne retient rien.

Pour moi, voici quelle est ma méthode pour lire avec fruit des livres de tous genres, étrangers à mon état. [405] Premièrement, je me rappelle les notions de toutes les sciences que j'ai reçues dans ma jeunesse ; ensuite, je vois sur laquelle de ces sciences je veux prendre des connaissances plus étendues. Je ne les cherche pas dans les livres didactiques, dans les traités faits précisément pour apprendre. De pareilles lectures formeraient une étude trop approfondie, trop applicante, et ne pourraient certainement pas délasser des gens qui quitteraient pour elles d'autres études sérieuses. Mais je recherche les livres qui soutiennent l'histoire de chaque science, les progrès qu'elle a faits dans les différens siècles, et la suite raisonnée des auteurs et des artistes auxquels elle doit ses progrès. Je suis persuadé qu'avec cette seule étude historique des sciences et des arts, un homme du monde peut apprendre tout ce qu'il en veut savoir, et qu'on ferait une fort bonne encyclopédie, en réunissant l'histoire de chaque science et de chaque art, et montrant comment les unes dérivent des autres, et les relations qu'elles ont ensemble.

Mon usage, pour les livres dont le sujet me parait intéressant, est d'en faire une première lecture, après laquelle j'asseois mon jugement général sur l'ouvrage. Ensuite, si je trouve qu'il en vaut la peine, j'en fais une seconde la plume à la main. J'extrais ce qu'il contient de meilleur, et ce qui me parait le plus neuf, et je critique les principales erreurs dans lesquelles l'auteur me paraît être tombé. Telle est ma méthode pour les livres de science et d'histoire. Quant à ceux de simple littérature, poésie, romans, facéties, etc.,

MEMOIRES, 1825.

genre de livres qu'il ne faut pas s'interdire, car il est de ressource contre l'ennui et l'uniformité des livres plus sérieux, je ne les extrais pas ; mais je me contente, après les avoir lus, d'écrire [406] en peu de mots ce que je pense de chacun, afin d'éviter, à ceux tentés de les lire après moi, la peine de s'embarquer avec un auteur qui ne pourrait ni les amuser ni les intéresser. Il n'y a pas de livres si frivoles dans lesquels je ne trouve quelquefois des traits dignes d'être mis à part. Si la récolte est peu abondante, du moins elle est précieuse.

Je ne sais d'autre manière de juger les pièces de théâtre que par l'impression qu'elles m'ont faites, et je me garde bien d'examiner ensuite si elles sont ou non conformes aux règles de l'art. A mon avis, il n'y a qu'une attention à faire; c'est de voir s'il y a une sorte de vraisemblance dans les intrigues et dans les caractères. Si les premières sont intéressantes et les derniers piquans, alors je trouve la pièce bonne. Si elle est bien écrite en vers ou en prose, c'est un avantage de plus ; niais ce n'est jamais là le vrai mérite de l'ouvrage.

J'ai relu Don Quichotte vingt fois dans ma vie. Il est tel de nos vieux romans que je ne me lasserai point de relire. J'aime les peintures de moeurs dans les romans, comme dans les estampes celle des modes. J'aime ces auteurs qui me décrivent les usages de leur temps, peu soucieux, il est vrai, du temps où vécut leur héros. Ainsi Scûdéri, dans Cyrus, me fait connaître le ton des hôtels de Longueville et de Rambouillet, lieux que j'affectionne et où j'aurais voulu vivre. J'aime les alcôves et les balustrades. Je recherche les dessins de Bercy et de Meulan.

Ce n'est ni l'art ni la difficulté surmontée qui m'attachent et que j'admire. Mon esprit n'est point si curieux [407] de l'esprit des autres ; mais mon imagination aime les images. Il me semble qu'à la lecture de nos vieux romanciers, le bonheur me pénètre par tous les pores.

Les auteurs sont naturellement d'honnêtes gens, peu versés dans l'intrigue. Ils écrivent par besoin de communiquer leurs pensées. Rarement ils montent à la tribune pour prêcher le mal. Le mal est plus discret que cela. Les gens de lettres sont communément gens de bien, et l'on gagne à les pratiquer.

RENE LOUIS D'ARGENSON

Je suis grand extrayeur et notateur ; et les remarques que j'ai faites sur mes lectures composent déjà plusieurs gros volumes. Elles ne seront pas inutiles à mon fils, s'il veut jamais former le catalogue raisonné de sa bibliothéque.

Que nos jeunes gens se pénètrent bien de cette maxime, qui est exactement vraie, que plus on lit plus on a d'esprit. Ce sont les idées nouvelles que la lecture nous suggère, les réflexions qui nous les rendent propres, qui augmentent nos lumières, nous donnent à penser, étendent nos spéculations, forment notre expérience; en sorte que, qui a beaucoup d'esprit, en aurait plus encore s'il avait lu davantage.

Celui qui n'a jamais lu et ne lit jamais est assurément In ignorant, sujet à dire des absurdités qui font qu'on se moque de lui. L'usage du monde, et les conversations même des gens d'esprit, ne mettent point un pareil homme à l'abri du ridicule. Mais aussi, qui n'a fait que lire et étudier, et n'a jamais fréquenté le monde et la bonne compagnie, devient un pédant lourd et impoli, et dit aussi, des absurdités dans un autre genre. Car, de [408] même que le monde n'apprend pas tout sans les livres, ainsi les livres ne sauraient suppléer à l'usage du monde. L'abbé de Longuerue, dont j'ai tant vanté la mémoire et l'érudition, était lui-même pédant et impoli. L'on assure que Hugues Grotius, un des plus savans hommes du dernier siècle, et qui fut ambassadeur en France, il y a environ cent ans, était le plus mauvais ambassadeur qui eût existé. Comme il ne connaissait point nos usages, il ne comprenait rien à ce qui se passait à la cour. Il ne fréquentait que des pédans de l'Université, qui ne pouvaient l'instruire de la manière dont il devait se conduire auprès du Roi, des reines, des princes et des ministres. Il puisait ses nouvelles dans les plus mauvaises sources ; mais il les écrivait aux États généraux en beau latin : car il ne savait écrire, ni en français, ni même en hollandais. On se moquait de lui et de sa femme à la cour de France, et personne ne lisait son ouvrage si admiré de nos jours, et qui contient en effet d'excellentes règles de droit naturel et publie ; mais où l'on ne saurait jamais apprendre comment on se doit comporter dans une négociation délicate. Ainsi, pour faire des livres également utiles et agréables, il faut savoir mêler l'usage du monde à l'étude. C'est par-là qu'ont réussi Saint-Évre mont et Fontenelle. Il y a déjà long-temps que celui-ci m'a avoué qu'il ne lisait plus. " J'ai rempli mon magasin, me disait-il, il est juste à présent que je débite ma marchandise."

Cependant on nous dit que Bayle n'avait point l'usage du monde. Mais il avait tant de connaissances et tant d'esprit, qu'on ne s'aperçoit point, en le lisant, de ce qui lui manquait. Oh ! que cet homme-là devait être heureux en composant son Dictionnaire et ses Nouvelles de la Republique [409] des Lettres ! Il passait d'objets en objets, et jugeait de tous avec liberté, supériorité et aisance. Son Journal est le meilleur qui ait été et sera peut-être jamais fait; tous les livres y sont extraits, jugés, approfondis de main de maître. Si nous pouvons espérer d'avoir un pareil journal, ce doit être l'ouvrage d'une société bien composée et dirigée par un protecteur éclairé. Qui l'établirait rendrait un grand service aux sciences et aux lettres. Il ramènerait tous les auteurs à la bonne voie, leur apprendrait comment il faut traiter des sujets que l'on manque la plupart du temps, et leur montrerait les défauts de leurs compositions aussi-bien que de leur style. Je ne sais si nos académies seraient bonnes pour se charger de ce travail, chacune en leur genre. Une seule compagnie ne suffirait certainement pas. On trouvera peut-être quelque jour dans mes papiers un plan raisonné de cette réformation de journaux, et des réflexions sur l'utilité extrême dont ils pourraient être, pour composer l'histoire des progrès de nos connaissances, la plus intéressante de toutes celles que l'on peut écrire.

J'ai une bibliothéque assez nombreuse, mais je l'ai toute composée de livres à mon usage. C'est un luxe déplacé et blâmable à un certain point, que d'avoir plus de livres que l'on n'en peut lire ou consulter. Cependant c'est le plus beau, le plus noble, et par conséquent le plus excusable de tous les luxes. J'avoue que si je pouvais en avoir un, ce serait celui-là. Mais du moins faut-il savoir à quoi peuvent servir aux autres les livres dont on ne se sert pas soi-même, et il est absurde et ridicule d'en posséder qui n'ont d'autre mérite que d'être rares et introuvables. Quant aux livres dont le mérite ne consiste [410] que dans la beauté de l'édition et la magnificence des reliures, c'est encore un luxe; nais on peut le pardonner à ceux qui sont assez riches pour ne pas manquer d'acquérir un bon livre, dans l'espérance d'en avoir un beau. Autrement ce serait imiter cet homme qui, s'étant ruiné en cadres, se trouva trop pauvre pour acheter des tableaux.

Quand une bibliothèque est bornée, il faut qu'on reconnaisse à sa composition quel est l'état du propriétaire. Il serait ridicule qu'on ne trouvât que des poésies et des romans dans celle d'un magistrat, et qu'on n'aperçût dans celle d'Un militaire, ni Polybe, ni les commentaires de César.

Les études sérieuses demandent à n'être point troublées par les soins domestiques, ni les inquiétudes pour l'avenir. C'est à cause de cela que l'état monastique est le plus propre à l'étude, parce que ceux qui s'y consacrent sont toujours sûrs de ne manquer de rien, ni dans le moment même, ni dans le cas où ils deviendraient incapables de pouvoir travailler. D'où il faut conclure que, si l'on détruit jamais les moines, l'érudition et l'enseignement y perdront beaucoup. Je sais qu'il y a beaucoup d'ordres de moines qui n'étudient, ni ne travaillent ; à quoi je réponds qu'on devrait chercher à les rendre utiles plutôt que de les supprimer tout-à-fait.

Les études forcées fatiguent, ennuient; au contraire, celles qui sont libres se font sans que pour ainsi dire on s'en aperçoive.

Montaigne avait appris le latin sans maître, du moins sans rudiment, par habitude et par routine. J'ai vu encore [411] le temps où l'on obligeait les écoliers, au collège des Jésuites, à parler latin aux cuistres et valets de collége, pour demander leurs besoins les plus ordinaires. Le latin que l'on débitait dans ces occasions était sûrement mauvais ; c'était ce qu'on appelait du latin de cuisine; mais enfin, tel qu'il était, il faisait contracter l'habitude de parler cette langue. On a depuis renoncé à cet usage, et l'on a prétendu qu'il ne servait qu'à accoutumer les enfans à faire des solécismes. J'ai pourtant vu que cette habitude était utile à ceux qui, voyageant en Allemagne, en Hongrie, en Bohème, en Pologne, avaient besoin d'avoir recours au latin pour se faire entendre. L'habitude qu'ils avaient contractée dans leur enfance faisait qu'ils se tiraient d'affaire; tandis que ceux qui sortent du collège aujourd'hui ne le peuvent pas, quoiqu'ils aient fait des versions, des thèmes, des vers latins, et qu'ils aient même remporté des prix.

Quant au grec, il est fort inutile de chercher à le parler. On peut même, se passer aujourd'hui de traduire les livres écrits dans cette langue morte,*[*1. Puisse cette expression cesser d'être juste, et le bel idiome de la Grèce revivre avec ses héros] puisqu'ils le sont presque tous. Mais il faudrait du moins savoir lire le grec, connaître les premiers élémens de sa grammaire, et surtout posséder les racines grecques sur lesquelles MM. de Port-Royal ont fait un si bon livre. Si notre langue, en sa simplicité barbare, ne dérive point du grec, au moins faut-il convenir que les deux tiers des mots dont nous usons aujourd'hui, en viennent de la première ou de la seconde main.

Il y a des livres didactiques, si ennuyeux et si désagréables, [412] quoique très-exacts, que l'on pourrait à juste titre les appeler des remèdes contre l'étude, comme on dit que les femmes vieilles et laides sont des remèdes contre l'amour. Il faut tâcher de sauver aux jeunes gens l'ennui de ces livres-là, et leur en substituer d'autres qui inspirent la curiosité et l'intérêt. Inspirer l'intérêt est le grand art de tout auteur qui fait un livre. Ce doit être le but et l'objet de celui qui écrit sur les sciences, de l'historien, du romancier, de l'auteur de comédies. Mais ce n'est pas tout que d'inspirer l'intérêt, il faut le soutenir jusqu'à la fin de l'ouvrage : hoc opus, hic labor est.

Des gens à qui j'ai communiqué mes extraits et mes remarques sur différentes matières, m'ont reproché de n'avoir pas un style a moi; à quoi je réponds : Qu'importe, si j'ai le style de la chose dont je m'occupe? C'est principalement à ce style qu'il faut s'attacher. Il faut observer, en écrivant sur toutes sortes de sujets, ce qu'observent les auteurs de comédies, faire tenir à chaque personnage le langage qui lui convient; mais que les expressions soient toujours claires et les pensées justes, voilà l'essentiel.

Il ne faut pas croire que ce soit l'imagination qui mène les pensées loin. Au contraire, c'est le jugement; parce que celui-ci s'élève et approfondit toujours sur une ligne droite, allant de conséquence en conséquence ; au lieu que l'imagination va par bonds et par sauts, et s'égare, faute de s'attacher à aucun objet fixe.

Il y a deux manières de cultiver sa mémoire : l'une, en apprenant par coeur de grands morceaux de poésie, des harangues entières, des pages de chiffres; avec ce [413] genre de mémoire-là, on fait des tours de force merveilleux, mais peu utiles. J'appelle l'autre genre de mémoire, par jugement. Par elle on retient le sens et l'ordre des choses; si ce n'est pas là la vraie mémoire, c'est sûrement la bonne, c'est celle moyennant laquelle on s'instruit le mieux. Elle s'applique aussi-bien à ce qu'on a vu qu'à ce qu'on a lu, et elle fatigue bien moins que la première; car on retient tout sans s'en apercevoir, et pour ainsi dire sans le vouloir.

Les grands génies n'ont pas besoin de lire pour concevoir de grandes et belles idées, et pour former des projets et des plans non-seulement brillans, mais quelquefois très-bons et très-utiles. Cependant la lecture leur sert encore beaucoup, pour rectifier leurs idées, et pour leur montrer, par l'expérience de ceux qui en ont eu de pareilles, à quels inconvéniens on s'expose en les suivant avec trop d'ardeur et de précipitation. Il y a long-temps que l'on a dit que l'histoire était une expérience anticipée, et cette expérience est du moins nécessaire à ceux que leurs idées pourraient emporter, et qui concevraient de trop vastes projets.

Le style épistolaire est celui qui est le plus nécessaire aux femmes. Celles qui ont de la disposition à bien écrire en ce genre n'ont pas besoin de se donner de la peine pour y réussir. Il faut même qu'elles évitent de perdre ce tour aisé et naturel, un peu mou, mais tantôt. spirituel, tantôt voluptueux, qui est vraiment le style des femmes : comme il ne faut pas qu'une dame ait l'air ni le ton trop hardi, qu'elle ait le regard trop élevé ni le nez au vent, il ne faut pas non plus que ses idées et ses expressions [414] soient audacieuses, ni son style ce qu'on appelle ambitieux. Il faut qu'elle ait l'air d'écrire toujours rapidement, et qu'elle ne surcharge point ses phrases.

Le style de Voiture, qui a eu autrefois quelque réputation, est à présent avec raison bien décrié. C'est un plaisant qui a quelque esprit, mais sans noblesse ni justesse.

Au contraire, je sache peu d'auteurs qui méritent plus d'être lus et médités que Balzac. On a généralement l'idée fausse qu'il est pédant et ampoulé ; c'est qu'on ne le connaît pas. Ce n'est même pas à la première lecture qu'il peut plaire, ni surtout à une lecture superficielle. On lui dénie justice, parce qu'on lui refuse audience. Ce qui me charme en sa prose, c'est l'élévation de ses pensées et la pureté de sa diction.

Je reviens à la mémoire, pour parler de ceux qui n'en ont point du tout. Il y a des gens qui sont obligés, pour aider le peu qu'ils en ont, de se faire des agenda de tout ce qu'ils doivent exécuter. Un certain intendant de Tours, qui vivait au commencement de ce siècle, était fameux pour ses agenda. On les lui dérobait quand on pouvait les attraper, et on les lisait en arrière de lui pour en rire. On trouva un jour écrit sur l'un d'eux : "J'ai pris la résolution de me faire dorénavant la barbe moi-même, parce que mes gens sont des bourreaux qui m'écorchent."

Un peu plus bas il y avait : "Je ne veux plus jurer mordieu, cette expression n'est pas convenable pour un magistrat et un intendant ; il vaut mieux dire morbleu."

Ce n'est pourtant pas M.... qui est auteur du trait le plus fort en ce genre ; mais un homme qui allait souvent [415] de Paris à Lyon, et qui écrivit : Me souvenir de me marier en passant par Nevers.

Malgré tout le mal que je viens de dire des agenda, je m'en sers quelquefois, et je trouve qu'ils sont fort utiles. Ce n'est pas que je manque de mémoire, mais je n'ai pas celle qui fait qu'on se souvient, à point nommé, de tout ce que l'on a à faire dans la journée. Je crois même ce genre de mémoire fort rare.

Pourquoi les livres traduits de l'anglais ont-ils tant d'attraits pour nous ? On n'y rencontre nulle méthode, tout y semble décousu, ex abrupto. Nos critiques placent leurs auteurs bien au-dessous des nôtres, et véritablement à décliner les choses par les règles, ils ont raison. Cependant j'y reconnais des découvertes, qui flattent jusqu'à ma conception. De les bien saisir et d'y applaudir je tire vanité. Je m'y plais, j'y reconnais un sens neuf et profond. C'est que les livres anglais sont d'ordinaire exempts de ces lieux communs si fatigans même chez clos écrivains les plus renommés. La Bruyère, presque,seul de nos prosateurs, découvre et raisonne a neuf. Mais il est tel de nos pédans, voire même académiciens, qui nous enseignent doctement qu'il fit nuit lorsque le jour eut disparu, que pour être sage il ne faut pas être fou ; lieux communs, lieux communs, rien ne m'est odieux à ce point !

Je ne connais chez nous, à l'abri de ce reproche, que les gens de lettres qui ont fréquenté l'Angleterre, Voltaire et l'abbé Le Blanc. *[*1. L'abbé Le Blanc, auteur de Lettres sur l'"Angleterre (1745, 3 volumes), et d'une tragédie d'Abensaid, jouée en 1738-Sa naissance (étant fils d'un geôlier) s'opposa à ce qu'il fût reçu de l'Académie française.]

[416] Tout se ressent chez les Anglais de la liberté dé penser, et d'une profondeur de pensées qui s'exerce par la liberté.

Acoutumés à se mettre au-dessus des préjugés en matière de politique et de gouvernement, les Anglais ont porté la même audace sur toutes sortes d'objets. Leurs plaisanteries ne sont ni douces ni ménagées ; leur satire est violente, mais quelquefois fort gaie. Nous connaissons déjà le docteur Swift, un de leurs auteurs les plus ingénieux et les plus piquans. Il a été assez bien traduit en français;*[*1. Par l'abbé Desfontaines.] et, en général, il est plus aisé de rendre les plaisanteries anglaises en d'autres langues, que de traduire, par exemple, les plaisanteries italiennes en français, et les nôtres en toute autre langue, parce que les facéties anglaises portent sur les choses, et que les personnes y sont peintes ressemblantes, et avec des traits de force. Au lieu que les Italiens jouent sur le mot, et que les Français ne font que s'amuser autour de l'objet dont ils veulent se moquer. Ils badinent avec, et s'en jouent comme le chat fait de la souris. Par conséquent ces plaisanteries sont bien plus difficiles à rendre et à saisir.

Rien de plus agréable à lire, et de mieux fait que les feuilles du Spectateur, qui sont d'Addisson. Si les Anglais en avaient beaucoup comme cela, nous ne pourrions trop nous empresser de les connaître ; mais je crains qu'on ne nous traduise bien des mauvaises copies de cet auteur vraiment original. De là s'établira chez nous un nouveau [417] genre de littérature. Les Français, qui ne savent jamais s'arrêter dans les effets de leur enthousiasme, s'angliciseront, et nous perdrons nos grâces en acquérant quoique chose de leur hardiesse.

Voltaire*[*1. Dédicace de Brutus à milord Bolingbroke.] a dit que, quand on pensait fortement, on s'exprimait fortement aussi. Cela est vrai ; mais on peut aisément outrer la force des pensées, et devenir également dur et rebutant dans les idées et dans le style.

Je n'approuve guère le goût de notre siècle que dans l'ennui qu'il a pris de l'éloquence longue et pédantesque. La véritable éloquence, c'est l'heureux choix du mot propre. Molière le savait à merveille, la Rochefoucault aussi, mais encore mieux Fontenelle.

Il est vrai que l'éloquence pathétique des Démosthène et des Bourdaloue allait plus au coeur, tandis que celle du spot propre ne va qu'à l'esprit ; mais le coeur est une faculté dont nous nous dépouillons chaque jour faute d'exercice, tandis que l'esprit s'aiguise et s'affile. Chacun court après l'esprit. Nous devenons des êtres tout spirituels. L'esprit uni au coeur constitue l'héroïsme, le génie, le sublime; mais par l'extinction des facultés qui dérivent du coeur, ce royaume périra, je le prédis. On n'a plus d'amis, on n'aime plus sa maîtresse ; comment aimerait-on sa patrie ?

Oui, il me semble que de mon temps les hommes perdent chaque jour de cette belle partie de nous-mêmes, que l'on nomme la sensibilité. L'amour, le besoin d'aimer, disparaissent de la terre.

Funerata est pars illa per pars Achilles........Eramus.

[418] A peine a-t-il échappé à cette affection du moment que l'on a jouée depuis peu sur notre théâtre ; désir qui provient des sens, non de l'âme, et dont la trace se dissipe comme le sillon imprimé sur les eaux.

Serait - ce que je suis fait autrement que les autres hommes, ou posséderais-je une faculté qui soit ignorée d'eux? Les calculs de l'intérêt absorbent aujourd'hui tous les instans. Tout est voué au commerce d'intrigue, comme les villes de Hollande le sont au trafic de la banque et des marchandises. Le feu intérieur s'éteint, faute d'aliment. La paralysie gagne le coeur, comme les jambes s'engourdissent par défaut d'exercice.

Voilà ce que j'observe sur les gens de mon âge et sur ceux nés après moi. C'est en suivant les gradations de l'amour il y a trente ans à celui d'aujourd'hui, que je prophétise son extinction très-prochaine.

Ce qui me semble annoncer une grande dépravation au temps où nous vivons, c'est que l'on ne reconnaît aucune sorte d'esprit à ceux qui ne sont qu'honnêtes gens, ou plutôt qu'on ne leur en attribue qu'autant qu'ils dévient des principes de justice et d'équité, tandis que l'on n'accorde toute finesse, toute habileté je dirais presque toute estime, qu'aux fripons subtils.

Voici ce que j'ai trouvé de mieux pour travailler à mon aise, et sans crainte d'être troublé. La commodité des carrosses où l'on se couche, où l'on lit et écrit, m'a donné l'idée de me faire faire un cabinet soin, qui puisse être placé dans tous nos grands appartemens. L'utilité en est de me tenir bleu à l'abri des vents coulis, de l'air qui gèle les bras et les mains, d'être eu une jolie retraite [419] bien close ; enfin, de pouvoir tout renfermer sous clef, sans avoir la peine de ranger mes papiers, ni mes livres, s'il me survient quelque interruption.

Il est vrai que l'on trouverait les mêmes avantages à travailler en un boudoir fermant à clef. Mais, outre qu'il ne serait pas toujours disposé à ma guise, ni à mon jour, ce ne serait pas une demeure portative comme celle-ci. En effet, je puis rouler mon cabinet dans mon jardin, sur une terrasse où l'on jouit d'une belle vue. Je le démonte et le transporte de la ville à la campagne, etc.

J'ai fait faire la cage par un menuisier de carrosse : elle est sur roulettes, comme la demeure d'un berger ; la fenêtre à gauche, la porte à droite, le toit comme une impériale de carrosse à l'allemande ; cela tient du vis-à-vis ou diligence à une seule place. On y peut allonger les jambes, les appuyer horizontalement, ou les poser à terre. Il y a des accoudoirs ; le dos est rembourré, et je puis m'y tenir debout. La fenêtre de glace se lève et se baisse. Il y a un store. Le tout doublé en velours vert. En dedans, une table couverte en maroquin, avec quelques tablettes à livres bien ménagées, et un pupitre postiche. Le dehors verni en laque rouge par Martin. J'y suis si chaudement que je m'y puis passer de feu presque tout l'hiver. Une bougie allumée suffit pour échauffer le dedans.

De la musique française et de la musique italienne.

Dans la querelle qui s'élève entre notre musique française et la musique italienne-française que l'on nous donne aujourd'hui, il me semble entendre préférer le dessin d'un papier marbré à un beau tableau de Raphaël. [420] Quand un barbouilleur fantasque aura jeté sur le papier vingt couleurs tranchantes, j'entendrai dire à ses admirateurs, cela est gai, cela me réjouit la vue; tandis que vos dessins de Raphaël ou de Boucher sont monotones et ennuyeux. Oui, dans notre musique, nous imitons la belle nature, nous avons de l'ensemble, de l'intention ; nous suivons un sentiment ou une passion, nous disons enfin ce que nous voulons dire. J'ai bien écouté le Printemps de Vivaldi, la Primavera, et je suis persuadé que ce titre ne lui a été donné qu'après coup. Le Stabat de Pergolèse débute d'une tristesse excessive, et passe à la gaieté. Je conviens qu'il a y a des détails agréables, mais l'ensemble manque toujours. Ce sont des caprices, et voilà pourquoi les Italiens manquent de récitatif, parce qu'ils n'ont rien à dire ou ne disent point ce qu'ils veulent.

Notre vieille musique française était niaise, mais touchante; elle allait au coeur, à la plainte, à l'attendrissement ; les chants d'église, les hymnes et les proses, en sont des monumens. Tels on a conservé les hymnes composés par notre roi Robert. Long-temps nos complaintes amoureuses furent empreintes de ce niais tendre. Encore sous Henri IV, nos airs nationaux avaient je ne sais quoi de vague et de langoureux : Charmante Gabrielle! — Où allez-vous, Birague, mon ami ?

Puis vint le fameux Lambert, il fit: Charmantes fleurs, naissez. Air céleste !

Cependant les beaux-arts ayant passé de Grèce en Italie, depuis le sac de Constantinople, la musique italienne gagna, sous le rapport de l'art, une supériorité marquée sur la nôtre. Lulli, Italien de naissance, importa chez [421] nous la musique savante de sa patrie; mais il en sut faire une combinaison heureuse avec notre mélodie, et de cet assortiment est provenue cette belle musique française si digne du siècle de Louis XIV qui la vit naître. Les imitateurs de Lulli (Colaud, Destouches, Campra,) continuèrent à se conformer au goût national. Leur musique fut tendre, majestueuse, expressive, simple et noble à la fois. On a comparé à juste titre Lulli à Corneille, et Destouches à Racine.

Mais les hommes ne savent point s'arrêter; il fallait du nouveau. La musique italienne état sautillante, variée, pédantesque, dépourvue de goût, n'ayant d'autre mérite que celui de difficultés auxquelles j'attache peu de prix.

M. Crozat donna des concerts italiens ; madame de Prie, M. de Carignan appelèrent les bouffes; la dame Vanloo éleva la demoiselle Fel; enfin parut

M. Rameau, et c'est à, lui que nous devons ce genre bâtard qui passe à présent en France pour de la musique italienne. Véritable papillotage, nul accord du chant aux paroles, des airs avec la situation des personnages. Eh quoi ! ne se formera-t-il plus de compositeurs français pour nos opéras, et suis-je destiné à n'entendre de ma vie que cette musique étrangère, détestable, baroque, inhumaine ?

De la conversation d'autrefois et de celle d'à présent.
Pour réussir dans le monde, on devrait bien se persuader que l'on manque beaucoup davantage à être de bonne compagnie, faute d'écouter, que faute de bien parler car nous adjugeons plus d'estime à quiconque [422] nous trouve de l'esprit et nous en fait paraître, qu'à celui qui en montre peut-être davantage, mais dont nous rabattons le plus qu'il est possible, parce qu'il nous déplaît. Or le moins que l'on puisse faire en notre faveur, est de nous écouter avant de nous juger.

Je suis convaincu que du temps où l'hôtel de Rambouillet donnait le ton à la bonne compagnie, l'on écoutait bien et l'on en raisonnait mieux. On cultivait son esprit, sa raison et son goût. J'ai encore vu des modèles de ce genre de conversation éloquente et noble, parmi les vieillards de la cour que j'ai fréquentés. Leurs discours étaient graves et ornés, quelquefois philosophiques. Le mot propre, de l'énergie, de la finesse, quelques antithèses; mais des épithètes qui augmentaient le sens, de la profondeur sans pédanterie, de l'enjouement sans malignité.

Je sais que le précieux a été l'écueil de cette société, surtout chez les femmes dont la légèreté passe trop aisément au frivole, quels que soient leur jugement et leur goût. Mais les Saint-Évremont, les Balzac, les la Rochefoucauld, s'élevaient à force de génie au-dessus du goût de leur siècle, et sous la recherche de leur style on rencontre chez eux des pensées fortes et sublimes.

Je reproche à notre conversation actuelle d'être tombée dans un défaut opposé. Elle ne consiste guère qu'en épigrammes, en historiettes ridicules; en singeries qui n'ont en vue que le mal du prochain, en saillies désobligeantes, quelquefois même en face des intéressés. On se plaint qu'il n'y a plus de conversation de nos jours en France; j'en sais bien la raison, c'est que la patience d'écouter diminue chaque jour chez nos contemporains. Rien n'est plus vrai ; l'on écoute mal, ou plutôt on n'écoute [423] plus du tout; la pétulance est prise pour de la gaieté. J'ai fait cette remarque dans la meilleure compagnie que je fréquente. Six ou sept personnes sont-elles réunies en cercle, il se forme d'abord trois conversations distinctes qui se traversent l'une l'autre. Quelqu'un m'interroge, je lui réponds de bonne foi, et je le trouve déjà lié de conversation avec un autre. Tel m'interrompt pour me redire un vieux conte déjà vingt fois répété; comme il conte longuement et gravement, on n'ose l'interrompre celui-là, et c'est toujours le plus stupide qui se fait le mieux entendre. Ce n'est qu'à force de patience et avec grand nerf de poumons que je parviens à glisser un mot par intervalle dans cette tumultueuse cohue. Mais voici le pire : ce sont tous lieux communs, propos déplacés qui, faisant naître des doutes, éloignent de la vérité ; paresse de raisonner, parce que l'habitude d'écouter est perdue; préjugés inexpugnables, dédain de tout, critique irréfléchie, voilà le siècle. Ceux qui auraient la mieux à dire ont la poitrine la plus faible. Ecoutez le ramage des oiseaux dans un bosquet, tous chantent à la fois, à tort et à travers. Cela me fait prendre le parti de m'éloigner et de me taire, mais non d'admirer; et je suis souvent plus seul en compagnie que dans mon cabinet avec mes livres. Si l'on veut traiter une question à fond, développer une proposition étendue, il faut s'attendre à être interrompu, crie, bâillé, toutes choses qui sentent la mauvaise compagnie, et de nos jours, sont admises dans la meilleure. Nous aurions même tort de nous en offenser ; car j'ai vu pareille cohue, pareille confusion babylonienne jusque chez le Roi; lui-même ne pouvait placer une parole, on la lui coupait à tout propos.

[424] Veut-on savoir à quoi tient ce défaut? Au fond du caractère français : mémoire, imagination, vivacité, préjugés paresse de penser à neuf et d'approfondir, nous voilà tous. De là ces bâillemens décernés à quiconque essaie de suivre le moindre raisonnement ; car cela ne se peut faire que lentement, et au grand ennui de celui qui d'avance est disposé à l'impatience.

Les Gascons que nous trouvons si superficiels et si ignorans; que sont-ils, sinon le Français outré? Enfin, sur quelque sujet que ce soit, chacun a mille choses à dire, et rien du tout à penser.

Ce que nous avons aujourd'hui d'hommes d'esprit, tant à la cour qu'A la ville, sont d'une malignité telle, qu'ils ne prennent plaisir qu'au mal d'autrui, et à la confusion du genre humain ; et, s'il leur reste encore quelque franchise, c'est celle de ne pas mieux cacher leur malice.

Je disais à l'un de mes amis, qui excelle en ce genre satirique de bon ton : "Que je vous plains ! Quand prendrez-vous une fois plaisir à quelque chose?"

Le fait est que plus le siècle devient ignorant, plus il devient critique. Jamais on n'a si peu lu qu'aujourd'hui; jamais on n'a tant parcouru de livres; jamais on ne s'est appliqué moins sérieusement à l'étude des lettres et de l'histoire; jamais on n'a été plus prompt, à juger les hommes et les choses. Le savoir est curieux d'apprendre, l'ignorance est méprisante et inattentive. Nous rejetons ce qui nous condamne. Nous nous enorgueillissons d'un injuste mépris.

Je vois tous nos gens du monde dire d'un ouvrage d'esprit : cela ne vaut rien, cela pèche par tel endroit; donc tout en est mauvais. En ce moment, ils se croient [425] bien au-dessous de celui qu'ils jugent. Que de livres ainsi dépréciés étaient bons pour plus des trois quarts?

Voici donc où nous en sommes venus en France. La toile, tout spectacle disparaît, il ne reste plus que des sifflets qui sifflent. Bientôt nous n'aurons plus, ni beaux parleurs dans la société, ni auteurs tragiques et comiques, ni musique, ni peinture, ni palais bâtis, mais des critiques de tout et partout.

Il paraît aujourd'hui plus de journaux périodiques que de livres nouveaux. La satire mâche à vide, mais mâche toujours.

De l'amitié et de l'indifférence pour autrui.
J'ai souvent entendu avancer cette mauvaise maxime, Qui n'est pas grand ennemi n'est pas bon ami, c'est-à-dire, sans doute, que qui n'est pas capable de mettre dans les effets de sa haine et dans ses vengeances beaucoup d'ardeur, n'en mettra pas non plus lorsqu'il s'agira de servir ses amis. Mais, distinguons entre les excès dans lesquels ces passions peuvent

MEMOIRES, 1825.

nous entraîner, et les suites d'une liaison sage et réfléchie. L'amitié ne doit être que de ce dernier genre. Si elle devenait passion, elle cesserait d'être aussi estimable et aussi respectable qu'elle l'est. Elle aurait tous les dangers de l'amour, qui fait faire autant de fautes que la haine et la vengeance. Dieu nous garde de trop aimer, aussi-bien que de trop haïr ! Mais il faut bien aimer jusqu'à un certain point. Le coeur de l'homme a besoin de ce sentiment, et il fait du bien à notre esprit quand il ne l'aveugle pas. Mais la haine et le désir de la vengeance ne peuvent jamais que nous tourmenter. On est heureux de ne point[426] haïr; mais en aimant sensément, ne peut-on point servir ardemment ses amis, mettre de la vivacité, de la suite, même de la ténacité dans les affaires qui les intéressent? Eh ! faut-il donc être cruel pour les uns, parce que l'on est tendre pour les autres, persécuteur pour être serviable? Non : pour moi, je déclare que je suis un faible ennemi, non-seulement en force, mais en intention, quoique je sois ami très-zélé et très-essentiel.

Si j'ai essuyé quelques reproches sur ma prétendue indifférence pour les gens avec qui je vis le plus habituellement, trois d'entre eux en méritent bien davantage, et je ne les estime pas moins. Leurs noms sont bien connus dans le monde, puisque ce sont : 1. M.
de Fontenelle; 2. le président de Montesquieu ; 3. le président Hénault.

M. de Fontenelle.*
[*1. Fontenelle mourut le 9 janvier 1757, à l'âge de cent ans moins trente-cinq jours.]

Le premier est atteint et convaincu d'une espèce d'apathie, peut - être blâmable relativement aux autres, mais excellente pour sa propre conservation, puisque n'étant occupé que de lui, et se trouvant assez aimable pour que les autres s'en occupent, il a ménagé son tempérament frêle et délicat, a toujours pris ses aises, et poussé sa carrière jusqu'à l'âge de quatre-vingts ans, avec la douce espérance de voir la révolution du siècle entier. Chaque année lui vaut un nouveau degré de mérite, et ajoute à l'intérêt qu'on prend à son existence. On le regarde comme un de ces chefs-d'oeuvre de l'art, travaillés [427] avec soin et délicatesse, qu'il faut prendre garde de détruire, parce qu'on n'en fait plus de pareils. Il nous rappelle, non-seulement ce beau siècle de Louis XIV, si noble, si grand, que quelques-uns d'entre nous ont vu finir ; mais encore l'esprit des Benserade, des Saint-

Evremout, des Scudéri, et le ton de l'hôtel de Rambouillet, dont on peut croire qu'il a respiré l'air sur le lieu même. Il l'a, ce ton, mais adouci, perfectionné, mis à la portée de notre siècle, moins obscur, moins pédantesque que celui des beaux esprits qui fondèrent l'Académie, moins précieux que celui de Julie d'Angennes et de sa mère. Sa conversation est infiniment agréable, semée de traits plus fins que frappans, et d'anecdotes piquantes sans être méchantes, parce qu'elles ne portent jamais que sur des objets littéraires ou galans, et des tracasseries de société. Tous ses contes sont courts, et par cela même plus saillans. Tous finissent par un trait, condition nécessaire aux bons contes. Les éloges qu'il prononce à l'Académie des sciences sont du même ton que sa conversation, par conséquent ils sont charmans. Mais je ne sais si la façon dont il les présente est celle qui devrait être employée. Il s'attache au personnel des Académiciens, cherche à les caractériser, à les peindre, entre jusque dans les détails de leur vie privée; et, comme c'est un peintre agréable, on admire ses portraits. Ne pourrait-on pas reprocher à quelques-uns d'être comme ces belles gravures que l'on trouve à la tête des ouvrages de certains héros? Elles nous apprennent quelles étaient leurs physionomies, mais nous laissent encore à désirer sur ce qu'ils ont fait.

Il me semble que l'éloge d'un académicien ne devrait être que l'extrait ou le crayon de ses travaux académiques. [428] On peut objecter à cela qu'il se rencontre quelques académiciens dont les travaux et les talens ne fournissent pas matière à un grand éloge. Mais, d'un côté, la sécheresse, ou même le refus des éloges, est un moyen d'empêcher l'académie d'admettre des sujets qui lui feraient peu d'honneur. De l'autre, on peut faire valoir, en faveur de ceux qui n'y sont admis que comme honoraires, la protection qu'ils ont accordée aux sciences, les bienfaits qu'ils ont procurés aux savans, et louer du moins leur zèle. Il faut convenir cependant que Fontenelle, en sauvant avec beaucoup d'art la sécheresse des matières qui ont fait l'objet du travail de ceux qu'il loue, dit du moins presque toujours ce qu'il faut dire. Il est à craindre que ses successeurs ou ses imitateurs ne trouvent plus court d'en parler fort peu; alors ils auront tout-à-fait manqué leur sujet.

Mais je reviens au personnel de Fontenelle. On sait qu'il n'aime rien vivement ni fortement: mais on le lui pardonne, et on ne l'en aime que mieux ; car c'est pour lui-même qu'ou l'aime, sans exiger de retour et sans s'en flatter. On pourrait dire de lui ce que madame du Deffant dit de son chat : "Je l'aime à la folie, parce que c'est la plus aimable créature du monde; mais je m'embarrasse peu du degré de sentiment qu'il a pour moi. Je serais au désespoir de le perdre, parce que je sens que c'est ménager et perpétuer mes plaisirs, que d'employer tous mes soins à conserver l'existence de mon chat."

Le président de Montesquieu.*[*Mort en 1755, à l'âge de soixante-six ans.]

Le président de Montesquieu n'est pas aussi vieux que [429] Fontenelle, et a bien autant d'esprit que lui. Mais leurs genres ne se ressemblent pas. Il semble que l'on devrait exiger davantage du président dans la société, parce qu'il est plus vif, qu'il paraît plus actif, même plus susceptible d'enthousiasme. Au fond, ces deux coeurs sont de la même trempe. M. de Montesquieu ne se tourmente pour personne. Il n'a point pour lui-même d'ambition. Il lit, il voyage, il amasse des connaissances; il écrit enfin, et le tout uniquement pour son plaisir. Comme il a infiniment d'esprit, il fait un sage charmant de ce qu'il sait. Mais il met plus d'esprit dans ses livres que dans sa conversation, parce qu'il ne cherche pas à briller, et ne s'en donne pas la peine. Il a conservé l'accent gascon qu'il tient de ion pays, et trouve en quelque façon au-dessous de lui de s'en corriger. Il ne soigne point son style, qui est bien plus spirituel, et quelquefois même nerveux, qu'il n'est pur. Il ne s'attache point à mettre de méthode et de suite dans ses ouvrages. Aussi sont-ils plus brillans qu'instructifs. Il a conçu de bonne heure du goût pour un genre de philosophie hardie, qu'il a combiné avec la gaieté et la légèreté de l'esprit français, et qui a rendu ses Lettres persanes*[*1. Elles ont paru en 1721.] un ouvrage vraiment charmant. Mais si d'un côté ce livre a produit de l'enthousiasme, de l'autre il a occasioné des plaintes assez fondées. Il y a des traits d'un genre qu'un homme d'esprit peut aisément concevoir, mais qu'un homme sage ne doit jamais se permettre de faire imprimer. Ce sont cependant ceux-là qui ont vraiment fait la fortune du livre, et la gloire de l'auteur. Cet ouvrage lui a valu l'entrée de l'Académie, et l'on a justement reproché à M. le cardinal de Fleury, si sage [430] d'ailleurs, d'avoir montré en cette occasion une mollesse qui pourra avoir de grandes conséquences par la suite. Le président a quitté sa charge, pour que sa non résidence à Paris ne fût point un obstacle à ce qu'il fût reçu de l'Académie. Il a pris pour prétexte qu'il allait travailler à un grand ouvrage sur les lois. Le président Hénault, en quittant la sienne, avait donné la même raison. On a plaisanté sur ces messieurs, en disant qu'ils quittaient leur métier pour aller l'apprendre.

Au fait, Montesquieu voulait voyager pour faire des remarques philosophiques sur les hommes et les nations. Déjà connu par ses Lettres persanes, il a été reçu avec, enthousiasme et empressement en Allemagne, en Angleterre, et même en Italie. Nous ne connaissons pas toute l'étendue de la récolte d'observations et de réflexions qu'il a faite dans ces différens pays. Il n'a encore publié, depuis son retour, qu'un seul ouvragé imprimé en 1734, intitulé : Considérations sur les causes de la grandeur et de la décadence des Romains. Il y paraît aussi spirituel, plus lumineux et plus réservé que dans les Lettres persanes, la matière ne l'engageant point dans les mêmes écarts. On prétend qu'il se prépare enfin à publier son grand ouvrage sur les lois. J'en connais déjà quelques morceaux, qui, soutenus par la réputation de l'auteur, ne peuvent que l'augmente? Mais je crains bien que l'ensemble n'y manque, et qu'il n'y ait plus de chapitres agréables à lire, plus d'idées ingénieuses et séduisantes, que de véritables et utiles instructions sur la façon dont on devrait rédiger les lois et les entendre. C'est pourtant là le livre qu'il nous faudrait, et qui nous manque encore, quoiqu'on ait déjà tant écrit sur cette matière.

[431] Nous avons de binas instituts de droit, civil romain, nous en avons de passables de droit français, mais nous n'en avons absolument point de droit public général et universel. Nous n'avons point l'esprit des lois, et je doute fort que mou ami, le président de Montesquieu, nous en donne un qui puisse servir de guide et de boussole à tous les législateurs du monde.*[*1. L'Esprit des Lois parut en 1748.] Je lui connais tout l'esprit possible. Il a acquis les connaissances les plus vastes, tant dans ses voyages que dans ses retraites à la campagne. Mais je prédis encore une fois qu'il ne nous donnera pas le livre qui nous manque, quoique l'on doive trouver dans celui qu'il prépare beaucoup d'idées profondes, de pensées neuves, d'images frappantes,de saillies d'esprit et de génie, et une multitude de faits curieux, dont l'application suppose encore plus de goût que d'étude.

Je reviens au caractère qu'il porte dans la société : beaucoup de douceur, assez de gaieté, une égalité parfaite, un air de simplicité et de bonhomie qui, vu la réputation qu'il s'est déjà faite, lui forme un mérite particulier. Il a quelquefois des distractions, et il lui échappe des traits de naïveté qui le font trouver plus aimable, parce qu'ils contrastent avec l'esprit qu'on lui connaît. J'oubliais de parler de son petit poeme en prose dans le goût grec, intitulé le Temple de Gnide. Je ne sais si la réputation que le président s'était déjà faite par les Lettres persanes n'a pas contribué à faire priser ce petit morceau plus qu'il ne mérite. Il y a beaucoup d'esprit, quelquefois des grâces et de la volupté, dont la touche en quelques endroits est même un peu forte, et il y règne [432] un ton d'observations philosophiques qui caractérise l'auteur, mais n'est point du tout du genre. Fontenelle n'eût pas fait sans doute les Considèrations sur les Romains, mais le Temple de Guide eût été mieux construit par lui que par Montesquieu.

Je n'opposerai point la galanterie du président à celle de Fontenelle, parce que Montesquieu n'en a point. Il ne fait que peu ou point de vers; mais on le trouve aimable dans la société, indépendamment de la galanterie et de la poésie. Fontenelle, au contraire, a besoin de toutes ces ressources. L'esprit avec lequel il débite ce qui, dans la bouche de tout autre, serait des fadeurs, et ses grâces, font valoir sa science et son érudition, qui ne sont peut-être pas bien profondes.

Le président Hénault.

Le président Hénault*[*1. Fils d'un fermier général. Naquit en 1685, mourut en 1770.] ne tiendra peut-être point au temple de mémoire une place aussi distinguée que les deux autres. Mais je trouve que dans la société il mérite la préférence sur eux. Il est moins vieux que Fontenelle, et moins gênant, parce qu'il exige moins de soins et de complaisance. Au contraire, il est très-complaisant lui-même, et de la manière la plus simple, et l'on peut dire la plus noble. Les actes de cette vertu ont l'air de ne lui rien coûter. Aussi y a-t-il des gens assez injustes pour croire qu'il prodigue, sans sentiment et sans distinction, les politesses à tout le monde. Mais ceux qui le connaissent bien et le suivent de près savent qu'il sait les nuancer, et qu'un jugement sain, et un grand usage du [433] monde, président à la distribution qu'il en fait. Son caractère, surtout quand il était jeune, paraissait fait pour réussir auprès des dames ; car, il avait, de l'esprit, des grâces, de la délicatesse et de la finesse. Il cultivait avec succès la musique, la poésie et la littérature légère. Sa musique n'était point savante, mais agréable; sa poésie n'était point sublime, il a pourtant essayé de faire une tragédie ; elle est faible, mais sans être ni ridicule, ni ennuyeuse. Du reste, ses vers sont dans le genre de ceux de Fontenelle, ils sont doux et spirituels ; sa prose est coulante et facile, son éloquence n'est point mâle, ni dans le grand genre, quoiqu'il ait remporté des prix à l'Académie française, il y a déjà plus de trente ans. Il n'est jamais ni fort, ni élevé, ni fade, ni plat. Il a été quelque temps père de l'Oratoire. Il a pris dans cette société le goût de l'étude, et y a acquis quelque érudition, mais sans aucune pédanterie. On m'a assuré qu'au Palais il était bon juge, sans avoir une parfaite connaissance des lois, parce qu'il a l'esprit droit et le jugement bon. Il n'a jamais eu la morgue de la magistrature, ni le mauvais ton des Robins. Il ne se pique, ni de naissance, ni de titres illustres. Mais il est assez riche pour n'avoir besoin de personne ; et, dans cette heureuse situation, n'affichant aucunes prétentions, il se place sagement au-dessous de l'insolence et au-dessus de la bassesse. Il y a de grandes dames qui lui ont pardonné le défaut de naissance, de beauté, et même de vigueur. Il s'est toujours conduit, dans ces occasions, avec modestie, ne prétendant qu'à ce à quoi il pouvait prétendre. On n'a jamais exigé de lui que ce qu'il pouvait aisément faire. A l'âge de cinquante ans, il a déclaré qu'il se bornait à être studieux et dévot. Il a fait une confession générale des péchés de [434] toute sa vie, et c'est à cette occasion qu'il lâcha ce trait plaisant : On n'est jamais si riche que quand on déménage. Au reste, sa dévotion est aussi exempte de fanatisme, de persécution, d'aigreur et d'intrigue, que ses études de pédanterie. Il s'occupe à rédiger un abrégé chronologique de notre histoire, qui aura le mérite de rassembler nue chronologie exacte, des tables bien faites, un sommaire de faits méthodiquement exposés, et de n'être ni sec, ni aride, ni plat, ni ennuyeux. Non-seulement on pourra y chercher et y trouver tout ce dont on aura besoin pour fixer dans sa tête les principales époques de notre histoire. Mais on pourra lire cet abrégé d'un bout à l'autre sans s'ennuyer, l'auteur ayant ménagé à ses lecteurs sur cette longue route, pour ainsi dire, des repos. Les faits les plus intéressans y seront exposés avec clarté et précision, et des remarques particulières détermineront, à chaque grande époque, quelles ont été alors nos moeurs et nos principes. Enfin, ce livre, excellent par lui-même, servira de modèle à un grand nombre de livres bons et utiles. Il y a lieu de croire que bientôt toutes les autres histoires seront écrites suivant la même méthode, et que ce premier ouvrage sera le germe d'un nouveau genre instructif. Je conviens cependant que la gloire. littéraire du

MEMOIRES, 1825.

président Hénault n'égalera jamais celle de Fontenelle et de Montesquieu. Mais je crois que son seul ouvrage sera plus utile que tous les leurs, parce qu'il ouvrira une nouvelle carrière au progrès des sciences, tandis que les autres ne produiront que de mauvais imitateurs qui s'égareront en voulant marcher sur leurs traces. Au surplus, pour réduire en peu de mots le caractère du président Hénault, il est souple sans fourberie, doux sans fadeur, serviable sans intérêt ni ambition complaisant sans bassesse, [435] bon ami sans enthousiasme ni prévention. C'est un modèle dans la société, aussi parfait que son livre en est un dans son genre.

La tragédie de François second, par le président Hénault, est une imitation du théâtre anglais, dont le sieur de Laplace nous donne, aujourd'hui la traduction. L'auteur a mis en action un règne entier, dont la durée n'est, il est vrai, que de dix-huit mois. Cela pouvait être mieux exécuté. Du moins est-ce une idée qui doit fructifier. Ainsi, sur le petit théâtre que je fais construire à ma maison de campagne, je voudrais qu'au lieu de nous fatiguer à retenir des rôles insipides, chacun de nous se pénétrât bien d'un personnage historique, de son caractère, et des faits qui le concernent, et s'efforçât ensuite de le représenter de son mieux en récitant les paroles d'abondance. Ce serait un passe-temps à la fois instructif et plein d'attraits.

M. de Fontenelle a maintenant quatre-vingt-quatorze ans.*[*1.1749.] Dernièrement il voulut ramasser le gant d'une dame, et tomba tout de son long. Ah! ma belle dame, s'écria-t-il, que n'ai-je encore quatre-vingts ans !

Le tour d'esprit que s'est fait ce charmant écrivain, consiste à présenter aux hommes simples une maxime banale, une proposition commune et rebattue, mais appliquée de telle sorte, qu'elle offre aux gens d'esprit un sens tout opposé, fin, neuf et délicat. Il disait au cardinal Dubois, premier ministre d'un jeune roi : Monseigneur, vous travaillez à vous rendre inutile. Le gazetier hollandais crut devoir corriger utile.

[436] Pelée dit à Thétis :
Je ne crains rien pour moi, vous êtes immortelle.

Un nigaud du parterre crut que l'acteur se trompait, qu'il devait dire pour vous. Mais la délicatesse d'un amant exige qu'il ne songe qu'à sa maîtresse, et nullement à lui-même, dans les craintes qui l'agitent.

Ce ton est devenu celui de la société, où Fontenelle a mille imitateurs. Mais comme on outre toujours le modèle que l'on s'est choisi, l'on n'a plus employé que les expressions les plus vulgaires pour faire ressortir la finesse des propos. Il a été de bon ton de ne rien ignorer du sceptre à la, houlette, et du trône aux halles. On nous a donné les Écosseuses de pois et les Étrennes de la Saint-Jean. On a publié de magnifiques éditions des théâtres de la Foire.

Convenons que l'art de la plaisanterie a fait, depuis quelque temps, d'immenses progrès. Ces vers burlesques de Scarron, qui réjouissaient tant nos pères, choquent notre goût plus épuré. Il n'est point de faiseur de parodies pour l'opéra-comique, qui ne fasse cent fois mieux que la fameuse Apothéose de la perruque de Chapelain. La plaisanterie était dans son enfance au beau siècle de Louis XIV. Le nôtre est arrivé à la perfection dans la bagatelle. Autant sommes-nous déchus dans le genre sublime, autant avons-nous marché dans le frivole. De nos jours aussi, la fatuité s'est déguisée sous les traits de la sottise, et la méchanceté en niaiserie. M. de Maurepas a porté ce genre à la cour, et y a excellé. Avec des talens médiocres pour le ministère, il s'est fait passer pour un homme d'infiniment d'esprit. Tant que son persifflage n'a atteint que les subalternes, il a réussi; mais [437] quand il s'en est pris au maître, tout son esprit n'a pu le sauver.

Sur les romans anglais.

Si mon ami l'abbé de Saint-Pierre vivait encore, il éprouverait une bien douce satisfaction. Il a beaucoup parlé, dans ses ouvrages, de rendre les romans utiles aux moeurs. On `s'est moqué de cette idée, comme de toutes celles qui venaient de lui. Et voici qu'une société s'est formée en Angleterre pour la mettre en exécution. Elle ne donne, mine prétend donner, que des romans vertueux. C'est tout l'opposé des nôtres. Paméla, David Simple, Andrews et l'Enfant trouvé, sont sortis de cette heureuse école. Mais son chef-d'oeuvre est le roman de Grandisson que l'abbé Prévost vient de traduire, et dont on a dit avec raison que c'était un second Nouveau Testament, et le Christ réapparu sur la terre.

MEMOIRES, 1825.

Qui nous eût dit, il y a quatre-vingts ans, que les Anglais feraient des romans, et meilleurs que les nôtres? Voilà jusqu'où les a conduits la liberté de penser. Après avoir tenu école de cynisme, ils professent aujourd'hui la morale la plus pure. Leur philosophie, à force de hardiesse, est revenue à la vérité. Il est vrai qu'ils ne paraissent point encore disposés à passer de la théorie à l'application. Leur politique, au moment où j'écris, diffère peu de celle des Algériens.

Comment on doit faire les honneurs de chez soi. — Monsieur et madame Geoffrin.

Ce que l'on exige à présent des maîtres, et même des maîtresses de maison, c'est de n'avoir point l'air d'être [438] trop occupés du soin de faire les honneurs de chez eux. Rien ne paraît plus ridicule que de voir la dame du logis s'agiter, se tourmenter, donner ses clefs pour aller chercher différentes choses qu'elle a sous sa garde particulière, et qu'elle ne donne qu'à mesure et pour les grandes occasions ; ensuite de presser, à table, les gens de manger ce qu'elle croit bon, comme s'ils n'étaient pas tous les jours à portée de faire aussi bonne chère. Ces manières sont si bourgeoises, si provinciales et si campagnardes, qu'elles sont même à présent bannies des bonnes maisons bourgeoises de Paris, des provinces et des châteaux. Il faut que tout ait l'air si bien monté dans une maison, que le maître ou la maîtresse n'aient qu'un signe à faire, ou un mot à dire, pour que rien ne manque, et que tout le monde soit bien servi. Mais, si dans le courant de la journée, on ne paraît s'inquiéter de rien, il faut qu'une maîtresse de maison se réserve des momens, où étant au milieu de ses domestiques seuls, sans aucuns témoins étrangers, elle compte la dépense de la veille et donne ses ordres pour celle du jour et du lendemain. Il faut quelle sache ce que tout coûte et ce que tout devient. Dans les maisons dont les maîtres sont trop grands pour s'occuper de ses soins, il faut qu'un intendant sûr et fidèle s'en charge; mais que, comme dans un spectacle bien monté, les machines et les décorations soient si bien préparées, qu'au moment de la représentation tout paraisse être l'effet d'un coup de baguette.

Je connais une maison assez bourgeoise,*[* Marie-Thérèse Rodet, née en 1699. Son mari fut un,des actionnaires de la manufacture de glaces au faubourg Saint-Antoine.] (celle [439] de madame Geoffrin), mais dont les maîtres sont riches et aisés, où l'ordre ordinaire des choses est renversé. Communément, c'est la femme qui se charge de la dépense journalière. Là, c'est tout le contraire : la maîtresse de la maison se pique de bel esprit, et un des moyens qu'elle emploie pour se faire une brillante réputation, est de donner régulièrement certains jours à dîner, d'autres à souper, à ceux et celles qui ont la réputation d'avoir le plus d'esprit et de connaissances. La fortune de son mari peut suffire à cette dépense, et le bon homme s'y prête de bonne grâce, aimant autant que sa femme ait ce goût-là qu'un autre. Mais, quoiqu'il ne paraisse prendre aucun intérêt aux dissertations qui se font en sa présence, qu'il ne fasse pas une question, et ne dise pas un mot, je sais de bonne part qu'il s'en amuse. Que savons-nous, s'il ne les écoute pas même avec un esprit de critique? Ce qu'il y a de sûr, c'est que cet homme qui ne dit mot, ou ne parle que pour servir à table, de la façon la plus honnête, mais la plus simple, qui n'a l'air d'être dans la maison que comme un complaisant de madame, et de n'y rien ordonner, passe toutes ses matinées à régler la dépense, à ordonner les repas, à en dresser les menus ; il gronde sévèrement les domestiques quand ils ont manqué à quelque chose, leur prescrit des lois précises et exactes pour l'avenir. Ses gens tremblent devant lui. Il prend même la liberté de gronder sa femme lorsque, par sa faute, la dépense est trop forte, ou que la chère n'est pas assez bonne.

Il n'y a rien qu'un observateur philosophe ne mette à profit, et l'étude de ces petits intérieurs de ménage est tout aussi profitable pour lui qu'une autre.

[440] Voltaire.*[*1. 1736]

Voltaire, que j'ai toujours fréquenté depuis le temps que nous avons été ensemble au collége, que j'aime personnellement et que j'estime à beaucoup d'égards, est non-seulement un grand et harmonieux versificateur, mais (ce que tout le monde ne sait pas comme moi) c'est un grand penseur. Le séjour de l'Angleterre lui a élevé l'âme, et a renforcé ses idées ; il est capable de les mettre au jour avec courage, ayant dans l'esprit le même nerf qu'ont eu quelques auteurs qui ont osé publier ce qu'on n'avait pas osé écrire avant eut; d'ailleurs, il a des grâces dans le style, pour exprimer et faire goûter certaines idées qui révolteraient étant rendues par d'autres. La trompette héroïque qu'il a embouchée dans la Henriade, est devenue musette agréable dans quelques-unes de ses pièces fugitives. Il n'est pas égal, mais il sait varier ses tons ; peut-être que la partie du poëte qui lui manque est l'imagination: mais il est bien difficile aujourd'hui d'en avoir, il y a tant de gens qui en ont eu, que qui voudrait faire du tout-à-fait neuf, ne créerait que des monstres ridicules ou épouvantables. Il y a deux parties dans une tragédie, celle de l'intrigue, et celle des détails et de la versification. Voltaire ne triomphe pas dans la première, niais il est supérieur dans la seconde ; et la preuve que c'est la principale, c'est la différence du succès de ses pièces de théâtre et de celles de quelques autres auteurs, tels que Lagrange-Chancel qui excelle dans le roman de ses tragédies, mais qui les écrit pitoyablement. Voltaire, dans les détails, n'est ni aussi [441] grand que Corneille, ni aussi tendre, aussi aimable que latine peut-être n'est-il pas même aussi fort que Crébillon ; mais les traits d'esprit, les vers charmans, sont si fréquens dans ses pièces, que le spectateur ou le lecteur n'a pas le temps d'examiner si l'on pourrait faire mieux. La prose de Voltaire vaut bien ses vers, et il parle aussi bien qu'il écrit; rien de si clair que ses phrases ; elles sont coupées sans être sèches ; nulle période, nulle figure de rhétorique qui ne soit naturelle ; tous ses adjectifs conviennent à leurs substantifs ; enfin sa prose est un modèle que ses contemporains cherchent déjà à imiter sans vouloir encore en convenir. Son histoire de Charles XII peut bien avoir des défauts, considérée comme histoire. Ses lettres philosophiques contiennent des critiques et des pensées hardies qui certainement ne sont pas toujours justes; mais son style est toujours admirable. Voltaire n'a que quarante ans ; s'il parvient à la vieillesse, il écrira encore beaucoup, et fera des ouvrages sur lesquels il y aura sûrement bien à dire pour et contre. Plaise au ciel que la magie de son style n'accrédite pas de fausses opinions et des idées dangereuses; qu'il ne déshonore pas ce style charmant en prose et en vers, en le faisant servir à des ouvrages dont les sujets soient indignes, et du peintre et du coloris ; que ce grand écrivain ne produise pas une foule de mauvais copistes, et qu'il ne devienne pas le chef d'une secte à qui il arrivera, comme à bien d'autres, que les sectateurs se tromperont sur les intentions de leur patriarche!

Voltaire*[*1. Octobre 1739.] vient de m'avouer le motif de la défaveur [442] où il est près du cardinal de Fleury et de M. Hérault. Ces messieurs, le sachant prévenu contre les jansénistes et ami du père Tournemine, l'engagèrent à écrire pour la cause, contre les jansénistes ; il avait déjà commencé quelque chose dans le goût de lettres anti- provinciales. Un jour, il vint chez M. Hérault et lui dit qu'il ne saurait continuer, qu'il se déshonorerait, qu'il serait regardé comme un écrivain mercenaire; que tout le monde était contre les molinistes. En disant cela, il jeta son ouvrage au feu Indè iroe.

Je lui ai dit : "Monsieur, il n'y a aujourd'hui qu'un parti pour tout bon citoyen, pour tout vrai chrétien. C'est celui du tolérantisme ennemi de toutes les factions. Henri IV, par la paix réelle et de fait qu'il maintint entre les partis, frappa l'hérésie du coup mortel; à la mort de ce, prince, elle n'était plus que politique, à peine soutenue par quelques ambitieux. Jamais il n'y aura persécution pareille à la Saint-Barthélemi. Et c'est ce coup d'état qui a fait pulluler l'hérésie, à tel point que tout devint calviniste en France."

Voltaire*[*1. Juin 1742.] m'a ainsi expliqué sou système philosophique : "Les âmes, m'a-t-il dit, communiquent entre elles, et peuvent se mesurer sans qu'il soit besoin de l'intermédiaire des corps. Ce n'est que la grandeur ou le mérite d'une âme qui doivent nous effrayer, on nous intimider. Craindre ou respecter le corps et ses accessoires, force, beauté, royauté, ministère, généralat, c'est, dit-il, pure sottise. Les hommes naissent égaux [443] et meurent égaux. Respectons la vertu et le mérite de leurs âmes, méprisons les imperfections de ces âmes. Sans doute nous éviterons, par prudence, le mal que peut nous faire cette puissance physique, comme nous nous tiendrions en garde d'un taureau couronné, d'un singe intronisé, d'un mâtin lâché contre nous. Garons nous-en; cherchons même, s'il est possible, à les modérer, à les adoucir. Mais que ce sentiment soit bien différent de l'estime et du respect que nous ne devons qu'aux âges. C'est avec cette autrement nous pouvons devenir de grands devenons misérables et petits."

Voltaire n'a presque fait aucun ouvrage en prose, poeme, tragédie, où il n'ait répandu cette pensée, qu'au surplus on trouve déjà dans la satire de Boileau adressée à M. Dangeau,

Ceci me rappelle une comparaison ingénieuse qui se trouve dans l'Anti-Lucrèce du cardinal de Polignac. L'âme est un joueur d'orgue, le corps est l'instrument dont il joue. Le joueur et l'instrument peuvent avoir, l'un et l'autre, leurs qualités et leurs défauts. Guignon lui-même ne saurait tirer d'un mauvais instrument que des sous faux et discordans. Mais, ainsi que le musicien est plus ou moins parfait, nos âmes aussi, pures émanations de la Divinité, peuvent être plus ou moins déliées, plus ou moins subtiles, moulées enfin de parties diverses, quoique toujours prises hors de l'étendue.

De là Voltaire, passant à lui-même, se croit et avec raison beaucoup d'esprit, plus qu'à tous ceux qu'à contre. Il se voit donc bien au-dessus d'eux. C'est un Roi qui commande à des sujets. Soyons bons juges de ses parallèles, et nous y gagnerons. Mais je me défierai [444] toujours de ce droit superficiel de critique, bonne ou mauvaise. Rien n'est si facile, fût-ce même à un sot, que de trouver à redire sur un ouvrage d'esprit. Il est fort aisé de reprendre et mal aisé de faire mieux. Quand nous nous sentirons la même supériorité que possède Voltaire, permettons-nous alors de dédaigner, de mépriser comme lui les âmes des autres mais pas auparavant.

Au surplus, il faut avouer que l'on ne fut jamais aussi ingrat, que le sont aujourd'hui quelques-uns les lecteurs de Voltaire. Je les vois transportés d'admiration, puis le livre fermé, se récrier contre l'auteur, et, à force de le haïr, ils trouvent moyen de dépriser les passages mêmes qui viennent de leur causer tant de plaisir.

Nos dévots détestent Voltaire, et ne trouvent rien de bon dans ce qu'il écrit, parce qu'il n'est pas boa croyant dans une religion qui veut qu'on ne haïsse personne le l'ai dit une fois à M. le chancelier d'Aguesseau, qu'il se damnait sans y penser, par sa haine contre Voltaire.

Il y a long-temps que l'ou a distingué le courage de l'esprit, de celui du corps. On les trouve rarement réunis. Voltaire m'en est un exemple. Il a dans l'âme un courage digne de Turenne, de Moïse, de Gustave Adolphe. Il voit de haut f il entreprend, il ne s'étonne de rien; mais il craint les moindres dangers pour son corps, et est poltron avéré. Je connais des grenadiers fort intrépides, mais irrésolus, incapables de rien entreprendre, et se figurant des dangers là mi il n'en existe pas.

RENE LOUIS D'ARGENSON

Les hommes les plus parfaits sont ceux qui possèdent un juste assaisonnement de ces deux courages; mais encore une fois, rien n'est plus rare.

[445] La lecture de Pelisson *[*1. Avril 1749. Histoire de Louis XIV, par Pelisson, 3 volumes in-12. L'abbé Le Mascrier en est éditeur et continuateur jusqu'à la paix de Nimègue. La dédicace, à M. de Saint-Florentin, qu'il appelle constamment votre grandeur, est la chose du monde la plus ridicule. (Note de l'auteur des Mémoires.)] vient de rendre à Voltaire tout son enthousiasme pour Louis XIV ; il va reprendre, avec un nouveau feu, l'histoire des arts sous ce règne qu'il a déjà fort avancée. Il élève Louis XIV au-dessus de tous les rois, parce qu'il aimait les beaux-arts ; il ne veut pas considérer que la peuplade et l'agriculture ont dépéri sous lui jusqu'à l'état où nous les voyons. Voltaire est poëte et bel-esprit en tout. Parlez-lui des simples vertus de nos aïeux, des désordres où nous ont jetés le luxe et le goût des frivolités, il vous dévisagera. Selon lui, tout est bagatelle, hormis les beaux-arts. Il ne saurait ravaler son génie aux choses communes. Cependant le bonheur des hommes mérite bien aussi quelque attention. Je lui ai dit souvent :

"Mon cher, vous n'êtes qu'un enfant qui aimez les babioles et rejetez l'essentiel. Vous faites plus de cas des pompons qui se font chez mesdemoiselles Duchappe, que des étoffes de Lyon ou des draps de Van Robais."

Voltaire travaille, en ce moment, à l'histoire de la guerre de 1741;*[*2. Mai 1750. L'Histoire de la guerre de 1741 parut à Amsterdam, 1751, 2 volumes in-12. L'auteur l'a refondue dans le Siècle de Louis XV, mais avec des corrections, et surtout des suppressions considérables, ainsi qu'il en convient dans sa Correspondance.] et, comme il est chez moi, à ma [446] campagne,*[*1. Segrez, près Arpajon.] il m'a confié son manuscrit. C'est en qualité d'historiographe du Roi qu'il écrit. Selon moi, cet ouvrage est supérieur à tout ce que j'ai vu de lui. Ce n'est point l'éloge qu'il fait de moi, durant mon ministère, qui influe sur mon jugement; mais je ne pense point que Thucydide eût mieux tracé le tableau de Europe, à la mort du cardinal de Fleury. La bataille de Fontenoy est assurément un morceau digne de l'antiquité. On voit, en même temps, comme avec de la sagesse et du goût, un auteur maître de sa plume peut tout dire, et traiter les matières les plus délicates. Le récit est clair et soutenu, les réflexions sublimes, la politique saine. J'attends la suite avec impatience.

Annales de l'empire.*[*2. 1754.] — C'est à tort que l'on m'avait dit le génie de l'auteur baissé dans cet ouvrage. Cela n'eût pas été surprenant. Voltaire a soixante ans, et son âme a été le théâtre de bien des agitations. Qu'on lise cependant les derniers cahiers du second tome, l'état de l'Empire sous Léopold, Joseph et Charles VI. On se convaincra que son feu n'est point ralenti. Il voit les choses du plus haut des clochers, presque toujours juste. Rien ne l'arrête. Voltaire sait tout. Il a tout manié, sciences, morale, histoire, et surtout politique. Il est vrai que les défauts de son caractère percent parfois dans ce qu'il prise, dans ce qu'il admire et ce qu'il rejette. Voltaire a aimé la gloire, mais il n'a point dédaigné la fortune. Souvent ses préceptes ont dépendu de la carrière qu'il envisageait pour lui-même. [447] Avec cela, il est délicat à l'excès, sensible aux mouches, pétri d'amour-propre. De là ses disgrâces et le mal qu'il s'est fait à lui-même. Il a fui son bonheur; il a méconnu ses vrais amis; et c'est plutôt aujourd'hui le Juif errant, que le philosophe Socrate. Il est tout nerf et tout feu. Il est malheureux pour lui-même et délicieux pour ses lecteurs. Juste appréciateur de ses succès, il s'est presque retiré des vers à l'âge qui ne promet plus de fleurs, mais qui peut encore produire de bons fruits ; sage économe de son talent et mauvais de sa renommée.

Rousseau de Genève.*[*1. 1755.]
J.J. Rousseau vient de faire paraître son Discours sur l'inégalité des conditions entre les hommes. Il l'a composé pour le concours de l'académie de Dijon, où il a déjà remporté un prix, il y a quelques années.*[*2. 1750.] Cette fois, j'ai concouru pour le même prix, par un mémoire dont je crois les idées sages et raisonnables. Mais l'académie déclara, en séance publique, que le fond de nos deux mémoires (celui de Rousseau et le mien) n'étant point conforme aux sentimens qu'elle admettait, elle les rejetait du concours ; en sorte qu'elle reconnaît, fort peu philosophiquement à la vérité, une inégalité de naissance établie par la nature.

Rousseau s'emporte et va bien loin dans toutes ses vues philosophiques. Dans son premier ouvrage, il a réprouvé les sciences. Ici il affirme que nous n'avons pas même de musique en France. Comment ne sent-il donc pas cette belle musique française, si noble, si simple, si [448] touchante ? Enfin il désapprouve toute société, et nous renvoie aux bois comme les sauvages et les chevaux.

Il doit s'attendre à bien des contradictions. Son premier discours a été réfuté avec talent par le roi Stanislas, sous le nom du chevalier de Solignac, chef de son académie de Lunéville.

Il est dangereux de passer à Rousseau ses majeures. Car alors on est perdu. Il y a ici une longue note qui est un chef d'oeuvre. Cet ouvrage est assurément d'un honnête homme.*[*1. On se rappelle l'éloge que Rousseau fait du marquis d'Argenson dans son Contrat social. Par quelle fatalité ces deux hommes, si bien faits pour s'apprécier mutuellement, et entre lesquels la nature avait mis de si grands rapports, ne se connurent-ils pas? Il est permis de penser que la postérité y a perdu autant qu'eux-mêmes.] Ce qu'il dit contre le luxe est parfait. Il est seulement trop chagrin, trop réformé, trop austère, C'est un philosophe qui, pour vivre indépendant, est sorti de chez M. Dupin, fermier général, et demeure à un cinquième étage, copiant de la musique à six sous le rôle. Malheureusement il a, dit-on, une maladie incurable dans la vessie.

FIN DES MÉMOIRES DU MARQUIS D'ARGENSON.

MEMOIRES, 1825.

[449] CORRESPONDANCE ET NOTES.

Portrait du comte d'Argenson, ministre de la guerre, par madame du Deffand.

M. D*** n'a aucun des défauts des âmes faibles; il n'est susceptible que de passions fortes, et ne peut être remué que par de grands objets. Né haut et ambitieux, il ignore les petitesses de la vanité et les manéges de l'intrigue. Ses talens sont le seul moyen qu'il emploie pour s'élever à la fortune, parce qu'il sent que ce moyen lui suffit.

Ce n'est point par comparaison ni par réflexion qu'il a bonne opinion de lui-même; c'est, pour ainsi dire, par un instinct qu'il a de ce qu'il vaut. Il se croit capable de tout savoir, mais il ne croit savoir que ce qu'il sait.

Peu curieux de se faire des partisans fanatiques, il ne met aucune charlatanerie dans toutes ses actions. Son esprit a plus de force que d'activité. Malgré son ambition, son penchant le porte à la paresse.

Ce contraste de passions est peut-être ce qui contribue le plus à faire un grand homme. Il sert à régler les mouvemens de l'âme, sans en affaiblir les ressorts.

Son courage est comme toutes ses autres qualités, et de l'espèce qui convient à sa place. Ce n'est point une témérité qui aveugle sur le danger, c'est un sang-froid qui le fait prévoir et prévenir; c'est une fermeté d'âme qui le fait surmonter lorsqu'il arrive.

Son âme est peu sensible, son coeur n'est pas fort tendre. [450] L'amitié le flatte plus qu'elle ne le touche ; c'est un témoignage non équivoque de ce qu'il vaut.

Il est peut-être le seul homme qui puisse se passer de confident ; il n'est point entraîné à la confiance, ni par le besoin d'épancher son coeur, ni par le besoin de conseils, ni par la difficulté de renfermer ses secrets.

RENE LOUIS D'ARGENSON

Personne n'est plus prudent, n'a l'air moins mystérieux, et n'est plus exempt de fausseté.

Sa figure est belle, sa physionomie noble, ses manières simples; son imagination est plus vive qu'abondante. Il parle peu, mais ce qu'il dit est toujours plein de force et de justesse. Ce sont, pour l'ordinaire, des traits, des bons mots qui se font applaudir, mais qui souvent embarrassent ou nuisent la conversation, font qu'on le quitte mécontent de soi, et qu'on s'accoutume difficilement à lui. Son humeur, cependant, est douce et égale, ses procédés francs et généreux. On peut commencer par le craindre, mais il faut finir par l'aimer.

L'élévation de ses sentimens, les lumières de son esprit, répondent assez de sa droiture et de sa probité indépendamment, de tout autre principe.

La nature l'a fait un grand homme, c'est à la fortune à le rendre illustre.

Sur la place de Fontenoy.

La ville de Paris avait résolu d'ériger la statue du Roi au milieu d'une place publique, destinée au souvenir de Fontenoy et de Lawfeldt. Le sujet fut mis au concours de l'Académie royale de peinture et de dessin, en l'année 1748. Le marquis d'Argenson, auquel les beaux-arts n'étaient point étrangers, conçut et fit parvenir, sous les yeux du Roi, un plan tracé de sa propre main, dans lequel il proposait pour emplacement l'esplanade ou terrain vague compris entre le Pont-Tournant et les Champs-Élysées. Il ajoutait, pour décoration de ce vaste [451] local, des balustrades et des trophées en marbre blanc, un pont sur la Seine, et une large rue plantée, formant le prolongement des boulevarts. Il se trouva que, de tous les projets présentés au concours, le sien était le plus convenable et en même temps le moins dispendieux. Tous les autres supposaient la place projetée dans le centre de Paris, soit en face de la colonnade du Louvre (alors encombrée de bâtimens de toutes sortes), soit devant l'archevêché., ou au carrefour Bussy. En ces divers endroits, il fallait acheter des terrains considérables, abattre des hôtels et des maisons particulières, enfin faire une dépense évaluée à plus de quarante millions. La place du Pont-Tournant, y compris le pont sur la Seine, ne revenait qu'a cinq millions. Cette considération d'économie parut décisive. L'exécution en fut ordonnée dès l'an 1750, et le projet du marquis

MEMOIRES, 1825.

d'Argenson a été suivi presque de point en point, quoique la guerre de sept ans en retardât l'achèvement. M. de Bernage, prevôt des marchands, eut part à cette détermination qui fut généralement applaudie. Cependant quelques faiseurs de quolibets dirent que c'était mettre le Roi hors de Paris. Il est vrai que le quartier des Champs-Elysées et le faubourg Saint-Honoré n'avaient point acquis pour lors tout l'accroissement que la place Louis XV devait nécessairement leur procurer

Voltaire au comte d'Argenson.*[*1. Cette lettre est écrite peu de jours avant le départ de Voltaire pour sa mission en Hollande et en Prusse. (Voyez la notice.)]Juin 1743.

Je me flatte, monseigneur, que je partirai vendredi pour les affaires que vous savez. C'est le secret du sanctuaire, ainsi n'en sachez rien. Mais si vous avez quelques ordres à me donner, et que vous vouliez que je vienne à Versailles, j'aurai [452] l'honneur de me rendre secrètement chez vous à l'heure que vous me prescrirez.

Nous perdons sans doute considérablement à nourrir vos chevaux. Voyez si vous voulez avoir la bonté de nous indemniser en nous faisant vêtir vos hommes. Je vous demande en grâce de surseoir l'adjudication jusqu'à la fin de la semaine prochaine. Mon cousin Marchand attend deux gros négocians qui doivent arriver incessamment et qui vous serviront bien.

Heureux ceux qui vous servent, et plus heureux ceux qui jouissent de l'honneur et du plaisir de vous voir.
Mille tendres respects, Volt.
Samedi 8.

Le même au même.
5 juillet 1743.

Dans ce fracas de dispositions pour tant d'armées, permettez, monseigneur, que je vous remercie tendrement de la grâce accordée à madame du Châtelet, et de la manière.

Vous savez mieux que moi les desseins des Anglais, et l'effet qu'a fait ici l'idée où l'on est (suivant le billet de M. le duc d'Aremberg) d'avoir remporte une victoire complète. *[*1. Celle de Dettigen] Tout ceci vous prépare beaucoup d'ennemis et peu d'alliés.

Les petits contretemps que j'ai essuyés en France ne diminuent rien assurément de mon zèle pour le Roi et pour ma patrie. Je ne vous cacherai point que S. M. le roi de Prusse vient de m'écrire de Magdebourg où il faisait des revues, qu'il me donne rendez-vous au commencement d'août à Aix-la-Chapelle. Il veut absolument m'emmener de là à Berlin, et il me parle avec la plus vive indignation des persécutions que j'ai essuyées Ces persécutions viennent d'un seul homme [453] à qui vous avez déjà eu la bonté de parler.*[*1. L'évêque de Mirepoix.] Il prend assurément un bien mauvais parti, et il fait plus de mal qu'il ne pense. Il devrait savoir que c'est un métier bien triste de faire des hypocrites. Vous devriez en vérité lui eu parler fortement. Il ne sait pas à quel point il révolte les hommes : dites-lui-en un petit mot, je vous eu supplie, quand vous le verrez.

Voulez-vous avoir la bonté de vous souvenir de Marchand quand il s'agira des invalides? Je pourrais avoir un peu mieux en Prusse. Mais rien ni égale le bonheur de vous être attaché, et de vivre avec des amis qui vous aiment. C'est la seule chose où j'aspire.

Je suis le plus ancien et le plus tendrement dévoué de vos courtisans; conservez-moi vos bontés, mon coeur les mérite. VOLT.
A La Haye, au palais du roi de Prusse, 5 juillet 1743.

Le même au même.
A La Haye, ce 15 juillet 1743.
Sera-ce vous faire mal sa cour, monseigneur, que de vous envoyer ce petit état ci-joint? Je doute qu'il y ait aucun ministre à La Haye qui ait cette pièce secrète.

Je voudrais rendre des services plus essentiels ; je souhaite que ma famille soit plus à portée que moi de vous prouver son zèle.

Mon neveu La Houlière, capitaine dans Lyonnois, frère du jeune Marchand, ayant été blessé plus dangereusement qu'aucun autre officier à l'affaire de

MEMOIRES, 1825.

Dingelfing, demande cette croix de Saint-Louis pour laquelle on se fait casser bras et jambes.

Marchand, père et fils, ne demandent qu'à vêtir et alimenter les défenseurs de la France.

[454] Courage, monseigneur, courage, la fermeté rendra la France respectable à ceux qui l'ont crue affaiblie. Personne ne forme des voeux plus sincères pour votre gloire que votre ancien serviteur V., qui vous aime avec tendresse, et qui vous est respectueusement dévoué pour jamais......

Par la première, j'aurai l'honneur de vous envoyer l'état des dépenses extraordinaires de cette année, et vous pourrez comparer ce qu'il en coûte en France et en Hollande pour le même nombre d'hommes.

Vous pouvez être sûr que les Hollandais ne vous feront pas, grand mal. Il est actuellement huit heures du soir, 15 juillet. A sept heures, le général Hompèche, qui attendait l'ordre de partir, a reçu un ordre nouveau de faire mettre petit à petit, ces quinze jours-ci jusqu'au premier d'août, les chevaux à la pâture. Les gardes à pied n'auront les ordres pour la marche que le 24 juillet. Il est évident qu'on cherche à ne plus obéir aux Anglais, sans leur manquer ouvertement de parole. Voue pouvez compter sur ce que j'ai l'honneur de vous dire, jusqu à ce que ce qui est vrai aujourd'hui ne le soit plus dans huit jours.

Le même au même.

Voici, monseigneur, la seconde partie de l'état secret que j'ai l'honneur de vous envoyer. Ayez la bonté d'accuser la réception des deux paquets, en disant ou faisant dire à la dame qui demeure au faubourg Saint-Honoré, que vous les avez reçus, sans quoi j'aurais ici beaucoup d'inquiétude.

L'ordre de mettre les chevaux au vert est exécuté, et subsiste pour dix ou douze jours au moins. Les gardes à pied partent le 24 ou le 23 au plus tôt. Deux régimens sont en marche actuellement aux environs de Maëstricht. On dit hier en ma présence au comte Maurice de Nassau, général de l'infanterie : "Vous ne serez pas avant deux mois au rendez-vous." Il en convint.

[455] Ne vous tuez pas de travail. La gloire et le destin de la France dépendent de la fermeté du ministère. J'attends tout de vous.

A La Haye, ce 18 juillet 1743.
Vous savez que les troupes de la république qui marchent ne composent que quatorze mille six cents hommes.

Il résulte des états joints à ces deux lettres, que les forces militaires de la Hollande se composaient de huit cent quatre-vingt-six compagnies et quatre-vingt-quatre mille hommes, dont environ sept mille sept cents de cavalerie, soixante-deux mille d'infanterie, trois mille cinq cents dragons, neuf mille six cents Suisses, et douze cents artilleurs.

La dépense ordinaire de la guerre monte la 10, 098, 156 florins, à quoi il faut ajouter 501,212 florins pour frais de garde de la barrière des Pays-Bas.

La dépense extraordinaire de guerre est de 5,774,561 florins, ce qui forme, avec l'état ordinaire, un total de 15, 872, 718 florins.

Enfin la dette hollandaise se montait, en l'année 1743, à 32,852,665 florins, dont l'intérêt annuel, supporté par les Provinces-Unies, était de 1,478,964 florins.

Voltaire au comte d'Argenson.
23 juillet 1743.
Le même homme qui vous est tendrement attaché, monseigneur, et qui vous a envoyé deux états des troupes et dépenses militaires de ce pays-ci, le premier à votre adresse, le second sous le couvert de M. de La Reynière, a l'honneur de vous envoyer, par cet ordinaire, le plan de la bataille de Dettingen, tel qu'on le débite ici. Les meilleures têtes de la Hollande avouent qu'elles ne seront pas peu embarrassées si vous envoyez un corps sur la Meuse.

Les gardes à cheval sont partis aujourd'hui, comme j'avais l'honneur de vous le dire d'avance.

MEMOIRES, 1825.

[456] Vous devez être bien surchargé de travail. Tâchez donc de conserver votre santé. En vérité elle est précieuse à tout le monde, mais surtout à moi, qui vous suis si tendrement attaché et depuis si long-temps. V.

A La Haye, ce 23 juillet 1743.

Suit un plan figuré de l'action de Dettingen, telle qu'elle eut lieu le 27 juin 1743 entre l'armée alliée de la reine de Hongrie, sous les ordres du roi de la Grande-Bretagne, et celle de France, commandée par le maréchal de Noailles, avec explication en français et en hollandais.

Madame du Chastelet au comte d'Argenson, ministre de la guerre.
A Paris, le 22 août 1743.

Le sieur Marchand m'est venu trouver, monsieur, pour que j'eusse l'honneur de vous écrire en sa faveur, Vous avez mi la bonté de lui accorder, à la recommandation de M. de Voltaire, une fourniture de dix mille habits pour les milices, Il s'est associé avec le sieur Devin pour la remplir. Ils ont eu l'honneur de vous représenter l'impossibilité où ils étaient de faire cette fourniture en drap de Lodève pour le temps prescrit, parce que la manufacture était épuisée, et ne pouvait pas en fournir à temps, à cause de celui qu'il faut pour les faire venir. On a mandé à M. Devin que vous aviez donné cette entreprise à M. de Vallat. Il est bien difficile qu'il la fasse plus tôt que les sieurs Marchand et Devin. Car la manufacture de Lodève n'ira pas plus vite pour les uns que pour les autres, et la même impossibilité doit subsister pour le sieur de Vallat comme pour les sieurs, Marchand et Devin. M. de Voltaire vous serait, je crois, infiniment obligé si vous vouliez bien conserver tette entreprise au sieur Marchand. Mais si vous croyez que le sieur de Vallat vous serve mieux, les sieurs Marchand et Devin vous supplient du moins d'exiger du sieur de Vallat qu'il prenne [457] les mêmes fournitures an prit qu'elles leur ont coûté, en montrant leur facture, ce qui me parait selon toute justice, puisque sans cela ils se trouveraient ruinés.

Je crois que M. de Voltaire ne pourra pas sitôt vous recommander cette affaire lui-même. Je viens d'apprendre que le roi de Prusse ne va plus, ni à Aix-la-Chapelle, ni à Spa. Ainsi il va vraisemblablement partir pour Berlin. J'en suis dans une affliction inexprimable. Il est affreux, après trois mois de peine, de ne pas être plis avancé que le premier jour.

RENE LOUIS D'ARGENSON

J'ai eu l'honneur de vous écrire ces jours passés cane lettre sur M. du Chastelet, à laquelle j'espère que vous voudrez bien faire attention. Soyez, je vous supplie, bien persuadé, monsieur, que personne ne sera jamais avec plus d'attachement que moi, votre très-humble et très-obéissante servante.
BRETEUIL DU CHASTELET.

Voltaire au comte d'Argenson, ministre de la guerre.
A Cirey en Champagne, 6 juin 1744.
Comment diable M. le due de Foix de Richelieu a-t-il pu vous faire lire une mauvaise esquisse, un croquis informe que je ne lui ai envoyé que par pure obéissance ? Il ne s'agit pas de savoir si cela est bon, mais de prévoir si on en peut tirer quelque chose de bon. Et c'est, monseigneur, ce que je vous demande en grâce de prévoir, si vous m'aimez. Mais comment avez-vous eu le temps de lire cette bagatelle? Soyez béni, entre tous les ministres, d'aimer les beaux-arts au milieu de la guerre. C'est un mérite bien rare, et qui prouve bien qu'on est au-dessus de son emploi. M. de Louvois n'avait pas ce mérite. Aussi Poignan disait de lui:

.........Louvois, ce ministre brutal,
Renvoya d'un coup d'oeil Phébus à l'hôpital.

A propos d'hôpital, je vous ai présenté un placet pour un [458] gentilhomme champenois, nommé de Riancourt, lieutenant dans le bataillon de Saint-Didier, milice, dont le père, capitaine audit bataillon, vient de crever. La veuve et sept enfans ont un procès dans votre ancienne principauté de Joinville ; et, quand il faut payer leur procureur, ils apportent leurs poules au marché de Joinville, et les vendent vingt sous pour payer la justice, et meurent de faim. Cependant, point de réponse à mon placet.

Je vous demande en grâce de me protéger auprès du duc de Foix Richelieu, et de croire que ma petite drôlerie vaut mieux que la fichue esquisse qu'on vous a montrée. Triomphez, et je vous amuserai.

Je vous suis attaché aussi tendrement que quand vous n'étiez pas ministre, et non plus respectueusement.

Madame du Châtelet vous présente ses complimens.

MEMOIRES, 1825.

VOLTAIRE.

Le président Hénault au comte d'Argenson.
A Plombières, ce jeudi 9 juillet 1744.
J'arrivai ici hier au soir assez fatigué. J'avais couché mardi à Langres où M. de Langres m'accabla d'amitiés. Je vous retrouve partout.

J'ai aussi passé par Cirey. C'est une chose rare. Ils sont là tous deux tout seuls, comblés de plaisirs. L'un fait des vers de son côté, et l'autre des triangles. La maison est d'une architecture romanesque et d'une magnificence qui surprend. Voltaire a un appartement terminé par une galerie qui ressemble à ce tableau que vous avez vu de l'école d'Athènes, où sont rassemblés des instrumens de tous les genres, mathématiques, physiques, chimiques, astronomiques, mécaniques, etc., et tout cela est accompagné d'ancien laque, de glaces, de tableaux, de porcelaines de Saxe, etc. Enfin, je vous dis que [459] l'on croit rêver. Il m'a lu sa pièce. *[*1. L'opéra de la Princesse de Navarre.] J'en ai été très-content. Il n'a pas omis aucun de mes conseils, ni aucune de mes corrections, et il est parvenu à être comique et touchant. Mais que dites-vous de Rameau qui est devenu bel-esprit et critique, et qui s'est mis à corriger les vers de Voltaire?

J'en ai écrit à M. de Richelieu deux fois. Ce fou-là, a pour conseil toute la racaille des poëtes. Il leur montrera l'ouvrage. L'ouvrage sera mis en pièces, déchiré, critiqué, etc., et il finira par nous donner de mauvaise musique, d'autant plus qu'il ne travaillera pas là dans son genre. Il n'y avait que les petits violons qui convinssent,*[*2. Les sieurs Rebel et Fraucoeur, musiciens, que l'on désignait sous ce nom.] et M. de Richelieu ne veut pas en entendre parler.

Je me purgerai demain, et je commencerai mes eaux après-demain. Je suis d'une faiblesse extrême ; j'ai les jambes fort enflées, et depuis deux mois je vis de potages.

Je compte que vous voudrez bien continuer à m'envoyer les bulletins. Les nouvelles ne seront pas fraîches, mais vous comprenez le plaisir qu'elles font quand on est au bout du monde. Je vous donne le bonjour.

Mon Dieu ! que je désirerais que vous pussiez lire les nouveaux mémoires de Sully ; il n'y a pas de livre plus curieux, ni plus plein de sens ; mais on se tromperait lourdement si on confondait M. Orry*[*3. Contrôleur général des finances.] avec Sully, à cause de leur rudesse : ce n'est pas le tout que d'avoir de gros souliers. Ce serait pourtant ce que je craindrais si le R... les lisait.

    [460] Lettres du Roi de Prusse au Roi de France.
   (A Sa Majesté très-chrétienne, Monsieur mon frère.)
     Au camp de Prague, ce 2 septembre 1744.
Monsieur mon frère, je viens d'apprendre l'affaire d'arrière-garde qu'ont eue les troupes de votre Majesté avec les Autrichiens. C'est à la vérité quelque chose, mais j'avoue qu'il serait à désirer que l'on mit plus de vigueur à présent dans la poursuite des Autrichiens. Votre Majesté sait si bien que tout dépend du moment que l'on saisit. Je crois que voilà, par l'a retraite du prince Charles, un de ces momens décisifs perdus qui ne se trouvent que fort rarement, ou point du tout.

Je prie votre Majesté de vouloir donner des ordres pour que ses troupes tirent avec nous la même corde, sans quoi nous ne pouvons jamais nous promettre de succès heureux ; qu'elle ne s'embarrasse pas de mes opérations, je remplirai mes engagemens avec une exactitude qui ne laissera rien à désirer.

Je dois avertir votre Majesté que j'ai appris de bonne, part que M. de Bernstorff, ministre de Danemarck à sa cour, et natif du pays d'Hanovre, servait d'espion au roi d'Angleterre et à la reine d'Hongerie ; j'ai cru être obligé de lui faire part de cette circonstance pour n'avoir rien à me reprocher.

Je suis, avec tous les sentimens de la plus haute estime, monsieur mon frère, de votre Majesté, le bon frère et fidèle allié,
FÉDÉRIC.

Je ne saurais exprimer à votre Majesté la joie que je ressens de sa reconvalescence, et combien de voeux j'adresse au ciel pour l'affermissement d'une santé si précieuse à ses alliés et à ses peuples.

MEMOIRES, 1825.

A Prague, ce 16 septembre 1744.
Monsieur mon frère, Prague vient de se rendre; nous y avons fait seize mille hommes prisonniers de guerre. Je me [461] suis empressé de donner cette bonne nouvelle à votre Majesté. Nous n'y avons perdus que trente morts et soixante-six blessés, et aucun officier que mon cousin tué à mes côtés.

Je prie votre Majesté de vouloir renforcer le corps de Seckendorf, pour que l'on ne tombe pas dans les mêmes fautes qui se sont faites autrefois. Si nous ne faisons pas à présent nos efforts tout à la foy, nous ne parviendrons pas à notre but. Et si votre Majesté veut faire rendre la Bavière à l'Empereur, elle sentira bien que Seckendorf, à la tête de trente mille hommes, n'est pas en état de l'effectuer. Je marcherai le 20 sur Budweis, et rejetterai par là le prince Charles et Badiani en Autriche. Il dépend à présent uniquement de votre Majesté de faire réussir nos projets. Si vous perdez ce moment présent, la guerre sera mal enfilée, et les suites n'en seront pas heureuses. Mais si Seckendorf est en état d'agir offensivement, et que je continue d'opérer avec vivacité, comme je viens de comancer, nous pouvons faire du chemin et réduire la reine d'Hongerie à la raison.

Je suis avec la plus parfaite estime, monsieur mon frère, de votre Majesté le bon frère et allié,
FÉDÉRIC

Au camp de Protioni, ce 5 octobre 1744.
Monsieur mon frère,
J'ai la satisfaction d'apprendre à votre Majesté que Tabor, Budweis et Frauenberg se sont rendus, après quoi j'ai passé la Moldau, et, ayant coupé les Autrichiens de Wiene,*[*1. Vienne] il est à croire qu'ils viendront avec hâte recouvrir leur pays.

Si le maréchal de Schmetau a fait des représentations à votre Majesté, pour que ses opérations se fissent avec la vigeur dont nous étions convenus, il n'a fait qu'exsécuter ses ordres. Mais s'il se mêle dans des intrigues et cabales de cour, je le désavoue tout net, et votre Majesté peut être, persuadée que ce [462] n'est ni ma volonté, ni selon mes ordres qu'il agit ainsi, Mais je ne saurais m'empêcher d'ailleurs de presser votre Majesté d'envoyer, d'abord après la prise de Fribour, un corps de ses troupes dans le pays de Mayence. Si j'ai fait une diversion qui lui a été favorable pour l'Elsace, il est bien juste qu'elle couvre en revanche mes possessions de Westphalie par un cors qui prenne des quartiers d'hiver en Mayence, et qui convertisse cet électeur et ses voisins dans le parti de l'Empereur.

Je suis si occupé que je n'ai que le temps de féliciter votre Majesté sur sa reconvalescence, l'assurant que j'y prends plus de part que personne, et que l'on ne saurait être avec plus d'estime que je ne suis, monsieur mon frère, de votre Majesté le bon frère,
FÉDÉRIC R.

M. de Tressan au comte d'Argenson.
A Boulogne, le 7 décembre 1746.

Monseigneur,
Un Smuggler arrivé cette nuit vient de passer quatre officiers écossais qui ont eu le bonheur de s'échapper : M. Graeme, fils du vice-amiral Graeme, frère de M. Braco - Graeme ; M. Rollo et M. Lamoden. J'ai le coeur percé de la mauvaise nouvelle qu'ils apportent. Le pauvre milord Darrenwater a été condamné à être décapité, et doit être exécuté du 19 au 20 du présent mois. Il a demandé le temps d'en avertir sa Majesté, comme étant à son service et ayant une commission de France de colonel : on le lui a refusé. Il a paru devant ses juges avec intrépidité, disant que la tête de milord Morton*[*1. Prisonnier en France.] répondrait de la sienne, et qu'au reste il perdrait de bon coeur la vie, comme milord Ratlif son frère, pour une aussi belle cause.

Je vous supplie, monseigneur, de vouloir bien employer toutes [463] les ressources possibles pour sauver la, vie à milord Darrenwater; peut-être serez-vous encore à temps. J'ai l'honneur d'être avec tout l'attachement et le respect possibles, monseigneur, etc.
De Tressan.

P. S. Les proscriptions et les exécutions augmentent tous les jours. Près de deux cents gentilshommes ont déjà perdu la vie.

J'apprends l'anglais et je traduis la harangue de mort de l'avocat Sidal; j'aurai l'honneur de vous l'envoyer. Rien n'est plus beau, plus vrai et plus touchant. Si je n'avais été malade, j'aurais déjà eu l'honneur de vous l'envoyer.

Je vous demande à genoux, monseigneur, de faire les derniers efforts pour sauver la vie à mon malheureux ami.*[*1. Nous avons rapporté, dans la notice, quelques-unes des démarches malheureusement infructueuses que firent MM. d'Argenson pour sauver la vie aux victimes de cette affreuse réaction.]

Le comte d'Argenson se trouvait avec Louis XV à la journée de Lawfeldt, 2 juillet 1747.

Voici quelques lettres qui lui furent écrites sur la nouvelle de cette victoire. Celle de Voltaire sera lue avec quelque intérêt, aujourd'hui que le public recueille avec avidité les moindres lignes échappées à cet homme célèbre.

Le marquis d'Argenson à son frère.
A Argenson, ce 9 juillet 1747.

Le prieur de Noyers m'apprit hier, mon cher frère, qu'on disait à Poitiers qu'il y avait eu une grande affaire en Flandre, et que les ennemis y avaient perdu cinquante mille hommes, qu'un secrétaire du maréchal de Saxe nous trahissait, qu'on l'avait tiré à quatre chevaux avant de commencer la bataille. Sur de si belles circonstances, je ne me livrai qu'à l'espérance. Mais MM. Fergeau de Sainte-Maure m'apportent des lettres de [464] leurs correspondans, qui m'assurent la certitude, et quelque détails de la victoire du 2 de ce mois. Je vous embrasse et vous fais mon compliment.

Croiriez-vous bien ou mal de remettre cette lettre*[*1. Une lettre de félicitation au Roi était jointe à celle-ci.] à sa respectable adresse. Nous avons peu de rois de la troisième race qui aient gagné deux grandes batailles en personne. La même gloire dans le pacifique puisse-t-elle suivre le belliqueux! Adieu, mon cher frère. Mon neveu se porte bien, je l'espère,

RENE LOUIS D'ARGENSON

          Maupertuis au comte d'Argenson.
               Berlin, 11 juillet 1747.
Monseigneur, je sens combien je suis Français dans toutes les occasions qui se présentent. Mais je ne l'ai jamais senti plus vivement que lorsque le courrier est arrivé, qui a apporté la nouvelle de la victoire que le Roi vient de remporter. A travers les sentimens les plus vifs et les plus tendres pour mon Roi et pour ma patrie, ceux que j'ai pour vous redoublent encore ma joie. Mais il est vrai que j'ai en ce moment de la peine de voir que je n'aime que le même homme que toute la France doit aimer.

Dans le temps que je tiens la plume pour vous dire ceci, je reçois la lettre*[*2. Maupertuis venait d'être réintégré dans l'Académie des sciences, d'où son départ pour la Prusse l'avait fait exclure.] où vous m'apprenez les bontés du Roi pour nous. Cela ne peut ajouter à mes sentimens. Mais cela m'autorise à vous prier de les mettre, et moi-même, aux pieds de sa Majesté, et de l'assurer que, parmi ceux qui ont le bonheur de la voir tous les jours, il n'y en a pas un qui ait plus de respect et d'amour et de dévouement pour elle. C'est le seul bienfait qui me reste à recevoir de votre amitié.
Je suis, etc.
Maupertuis.
[465] P.S. Je vais écrire à sa Majesté prussienne, qui est à Stettin à faire ses revues, et lui apprendre le cas que le Roi a fait de sa recommandation.

         Madame du Chastelet au comte d'Argenson.
             A Paris, le 8 juillet 1747.
Je ne m'attendais pas, monsieur, quand j'ai eu l'honneur de vous écrire, que j'aurais sitôt un si grand compliment à vous faire. Si vous connaissez mon attachement pour vous, vous êtes bien persuadé de l'intérêt que je prends à votre gloire, et du plaisir que j'ai à vous en assurer. M. de Voltaire vous exprimera sa joie et son attachement d'une manière plus élégante, mais personne ne sentira jamais l'un ni l'autre plus vivement que moi.

Vous voyez que je suppose que vous m'avez accordé la permission que je vous ai demandée dans ma dernière.

MEMOIRES, 1825.

Voltaire au comte d'Argenson.
A Paris, le 4 de la pleine lune.

L'ange Jesrad a porté jusqu'à Memnon la nouvelle de vos brillans succès, et Babylone avoue qu'il n'y eut jamais d'Itimadoulet dont le ministère ait été plus couvert de gloire. Vous êtes digne de conduire le cheval sacré du Roi des Rois, et la chienne favorite de la Reine. Je brûlais du désir de baiser la crotte de votre sublime tente, et de boire du vin de Chiras à vos divins banquets. Orosmade n'a pas permis que j'aie joui de cette consolation, et je suis demeuré enseveli dans l'ombre loin des rayons brillans de votre prospérité. Je lève les mains vers le puissant Orosmade. Je le prie de faire long-temps marcher devant vous l'Ange exterminateur, et de vous ramener par des chemins tout couverts de palmes.

Cependant, très-magnifique seigneur, permettriez-vous [466] qu'on vous adressât, à votre sublime tente, un gros paquet que Memnon vous enverrait du séjour humide des Bataves? Je sais que vous pourriez bien l'aller chercher vous-même en personne : mais comme ce paquet pourrait bien arriver aux pieds de votre grandeur avant que vous fussiez à Amsterdam, je vous demanderai la permission de vous le faire adresser par M. Chiquet, dans la ville où vous aurez porté vos armes triomphantes, et vous pourriez ordonner que ce paquet fût porté jusqu'à la ville impériale de Paris, parmi les immenses bagages de votre grandeur.

Je lui demande très-humblement pardon d'interrompre ses momens consacrés à la victoire, par des importunités si indignes d'elle. Mais Memnon, n'ayant sur la terre de confident que vous, n'aura que vous pour protecteur, et il attend vos ordres très-gracieux. V.

Madame du Chastelet au comte d'Argenson.
A Paris, ce 20 juillet 1747.

Vous savez, monsieur, combien j'aime les occasions de vous faire souvenir de moi. Je n'ai garde de manquer celle qui se présente de vous envoyer la lettre de M. de Voltaire à M. le duc du Maine*[*1. Voyez, parmi les épîtres de Voltaire, celle à madame la duchesse du Maine, sur la victoire remportée par le Roi à Lawfeldt, 1747.] sur la bataille ; ce sont des prémices qui vous appartiennent de droit. M. de Paulmy l'a célébrée, cette bataille, avec beaucoup de dignité et d'esprit dans sa lettre du Te Deum. Car je me figure qu'il y a eu quelque part, et je trouve qu'il justifie tous les jours votre goût pour lui. Vous voyez bien, à la façon dont je vous en parle, que j'ai eu enfin de ses nouvelles. J'ai des grâces à vous rendre de la gratification que vous avez accordée à M. Desfossés, et de la lettre charmante que vous m'avez écrite.

[467] Croyez, monsieur, que vous ne pouvez accorder vos bontés à personne qui en sente mieux le prix, et qui les mérite par plus d'attachement que moi.

L'auteur de l'épître me charge de vous dire en prose tout ce qu'il aurait voulu vous dire en vers. Mais je suis bien indigne d'être son chancelier.

Madame du Chastelet au comte d'Argenson.
A Lunéville, le 2 mars 1749.

Eh bien, monsieur, je vous l'avais bien dit, me voilà à Lunéville. Je vous assure que nous y avons passé un bien joli carnaval. Le roi de Pologne me comble de bontés, et je vous assure qu'il est bien difficile de le quitter. Je compte cependant avoir l'honneur de vous revoir avant la fin de ce mois. Vous savez que mon fils est arrivé à Gênes. Il a pensé se noyer dans le trajet. Je voudrais bien que vous eussiez pensé qu'il est Lorrain, quand vous avez donné les gouvernemens de Lorraine. N'y aurait-il pas moyen d'avoir une lieutenance de Roi, si vous les remplacez ? J'espère que vous voudrez bien penser à lui. Je ne pense pas avoir besoin auprès de vous de la recommandation du roi de Pologne. Je compte trop sur vos bontés pour moi.

M. de Voltaire, qui est ici et point à Nîmes, me prie de vous présenter ses respects. Soyez, je vous supplie, bien persuadé de l'attachement inviolable que je vous ai voué pour ma vie. Vous m'avez défendu les complimens, et, comme cette défense est une marque de vos bontés, je me garderai bien de l'oublier.

Le vieux Villars était brodé, et nous ne le sommes pas.
BRETEUIL DU CHASTELET.

MEMOIRES, 1825.

[468] Le marquis d'Argenson à son frère.
Paris, 21 décembre 1751.

L'abbé de Prades, mon cher frère, a soutenu en Sorbonne une thèse qui fait grand bruit.*[*1. On connaît assez l'affaire de l'abbé de Prades, et la persécution à laquelle il fut en butte pour avoir soutenu en chaire que les miracles de Jésus-Christ avaient quelque ressemblance avec ceux d'Esculape. Mais il est un fait complétement ignoré, et que nous osons révéler ici sans compromettre la tranquillité de personne. C'est que, tandis que la Sorbonne condamnait cette thèse et dépouillait son auteur de tous les honneurs académiques, que le parlement décrétait celui-ci de prise de corps, qu'enfin toutes les foudres grondaient sur sa tête, le malheureux fugitif avait choisi pour asile la paroisse même du marquis d'Argenson. Il était caché chez le curé de Segrez, son ami, d'où M. d'Argenson, qui était dans la confidence, lui facilita les moyens d'évasion pour gagner la Prusse.] Je le connais pour un bon ecclésiastique. Il est un des ouvriers de l'Encyclopédie. Plusieurs de mes amis désirent que je vous le recommande, pour vous prier qu'il ne lui arrive aucun mal. Il est soumis et prêt à se rétracter sur tout ce que voudront ses supérieurs ecclésiastiques et séculiers. Mais, comme il faut toujours s'exécuter pour son honneur plus que pour la science et les opinions, voici la copie de quelques lettres qu'il a écrites, où il déduit ses raisons. Il a poussé la circonspection jusqu'à ne vouloir pas s'excuser devant le public qui le condamne, et à qui il aurait pourtant de bonnes raisons à dire.

Qu'il puisse espérer en vous, je vous en prie. Adieu, mon cher frère.

[469] Le président Hénault au comte d'Argenson.
Paris, 31 décembre 1751.

Voltaire m'a envoyé son livre*[*Le Siècle de Louis XIV.] en me priant de lui envoyer des critiques, c'est-à-dire des louanges. J'ai beaucoup hésité à lui écrire,, parce que je crains de le contredire, et que d'un autre côté je voudrais bien que son ouvrage fût de façon à être admis dans ce pays-ci, et qu'il l'y ramenât. C'est le plus bel-esprit de ce siècle, qui fait honneur à la France, et qui perdra son talent quand il aura cessé d'y habiter; mais c'est un fou que la jalousie en a banni. Je l'ai entendu toute sa vie déclamer contre le siècle de ce que l'on ne faisait rien pour les hommes célèbres. On en récompense un que sa vieillesse met hors de pair, et dont les talens restaient sans récompense sans madame de Pompadour ; et Crébillon fait sur lui l'effet que Cassini a fait sur Maupertuis. Tel qu'il est pourtant, il faudrait, s'il était possible, le mettre à portée de revenir, et cet ouvrage en pourrait être l'occasion. C'est ce qui m'a déterminé à lui envoyer des remarques sur le premier tome dont vous trouverez ici une copie.

Le défaut de ce premier tome en général, et qui en est un grand, c'est, comme vous l'avez remarqué vous-même, que Louis XIV n'y est pas traité à beaucoup près comme il doit l'être. Mais le second tome, dont j'ai lu les deux tiers, répare bien tout cela; c'est un autre climat. Louis XIV y reparaît dans toute sa splendeur. Je n'ai rien vu de comparable ailleurs, ni pour la gloire du Roi, ni pour celle de la nation. J'ai reconnu quelquefois avec plaisir que j'avais pu lui être utile, mais il ne s'en est pas souvenu.

Il raconte le mariage de madame de Maintenon et en fait [470] l'apologie, matière hardie et délicate sur laquelle il y a réfléchir.

Mais, en vérité, il n'y a ni Titien, ni Rubens, dont le coloris égale le sien.

    Voltaire au comte d'Argenson.
    A Berlin, le 15 février 1752.

Votre très-ancien courtisan a été bien souvent tenté d'écrire à son ancien protecteur ; mais quand je songeais que vous receviez par jour cent lettres quelquefois importunes, que vous donniez autant d'audiences, qu'un travail assidu emportait tous vos autres momens, je n'osais me hasarder dans la foule. Il faut pourtant être un peu hardi : et j'ai tant de remercîmens à vous faire de la part des Musulmans et des anciens Romains que vous protégez ; j'aurais même tant de choses flatteuses à vous dire de la part de Louis XIV, qu'il faut bien que vous me pardonniez de vous importuner. Je sais bien que Mahomet et Catilina sont peu de chose, mais Louis XIV est un objet important et digne de vos regards. Je mourrais content, si je pouvais nie flatter d'avoir laissé à ma patrie un monument de sa gloire qui ne lui fût pas désagréable, et qui méritât votre suffrage et vos bontés. Mon premier soin a été de vous en soumettre un exemplaire, quoique la dernière main n'y fût pas mise. J'ai pris depuis tous les soins possibles pour que cet ouvrage pût porter tous les caractères de la vérité et de l'amour de la patrie. Personne ne contribue plus que vous à me rendre cette patrie chère et respectable, et je me flatte que vous me continuerez des bontés sur lesquelles j'ai toujours compté. Vous ne doutez pas du tendre et respectueux attachement que je vous conserverai toute ma vie. Permettriez-vous que M. de Paulmy trouvât ici l'assurance de mes respects ? V.

P. S. Je me flatte que votre régime vous a délivré de la goutte. [471] Je vous souhaite une santé durable et meilleure que la mienne ; car, par parenthèse, je me meurs. Milord Tirconnel, que vous avez vu si gros, si gras, si frais, si robuste, est dans un état encore pire que le mien; et si on pariait à qui fera plus tôt le grand voyage, ceux qui parieraient pour lui auraient beau jeu. C'est dommage ; mais qui peut s'assurer d'un jour de vie? Nous ne sommes que des ombres d'un moment, et cependant on se donne des peines, on fait des projets, comme si on était immortel,

Adieu, monseigneur, daignez m'aimer encore un peu, pour le moment où nous avons à végéter sur ce petit tas de boue, où vous ne laissez pas de faire de grandes choses.

Le même au même.
A Postdam, 3 octobre 1752.
Monsieur le Bailly, mon camarade chez le Roi, et non chez le roi de Prusse, vous remettra, monseigneur, le tribut que je vous dois.

L'histoire de la dernière guerre vous appartient. La plus grande partie a été faite dans vos bureaux et par vos ordres, C'est votre bien que je vous rends ; j'y ai ajouté des lettres du roi de Prusse au cardinal de Fleury qui peut-être vous sont inconnues, et qui pourront vous faire plaisir. Vous vous doutez bien que j'ai été d'ailleurs à portée d'apprendre des singularités: J'en ai fait usage avec la sobriété convenable, et la fidélité d'un historien qui n'est plus historiographe.

Si vous avez des momens de loisir, vous pourrez vous faire lire quelques morceaux de cet ouvrage. J'ai mis en marge les titres des événements principaux, afin que vous puissiez choisir. Vous honorerez ce manuscrit d'une place dans votre bibliothéque, et je me flatte que vous le regarderez comme un monument de votre gloire et de celle de la nation, en attendant que le temps qui doit laisser mûrir toutes les vérités permette [472] de publier un jour celle que je vous présente aujourd'hui.

Qui eût dit, dans le temps que nous étions ensemble dans l'allée noire, qu'un jour je serais votre historien, et que je le serais de si loin? Je sais bien que, dans le poste où vous êtes, votre ancienne amitié ne pourrait guère se montrer dans la foule de vos occupations et de vos dépendans, que vous auriez bien peu de momens à me donner ; mais je regrette ces momens, et je vous jure que vous m'avez causé plus de remords que personne.*[*1. Ceci s'applique au départ précipité de Voltaire pour la Prusse. (Voyez la notice.)]

Ce n'est peut- être pas un hommage à dédaigner que ces remords d'un homme qui vit en philosophe auprès d'un très-grand Roi, qui est comblé de biens et d'honneurs auxquels il n'aurait osé prétendre, et dont l'âme jouit d'une liberté sans bornes. Mais on aime, malgré qu'on en ait, une patrie telle que la nôtre et un homme tel que vous. Je me flatte que vous avez soin de votre santé, porrò unum est necessarium. Vous avez besoin de régime; vous devez aimer la vie. Soyez bien assuré qu'il y a dans le château de Postdam un malade heureux qui fait des voeux continuels pour votre conservation. Ce n'est pas qu'on prie Dieu ici pour vous; mais le plus ancien de tous vos serviteurs s'intéresse à vous, à votre gloire, à votre bonheur, à votre santé, avec la plus respectueuse et la plus vive tendresse. V.

Le même au même.
A Postdam, 24 novembre 1752.
Quand je revis ce que j'ai tant aimé,
Peu s'en fallut que mon feu rallumé
N'en fit le charme en mon âme renaître,
Et que mon coeur, autrefois son captif,
[473] Ne rassemblât l'esclave fugitif,
A qui le sort fit rencontrer son maître.

C'est ce que disait, je crois, autrefois le saint évêque Saint Gelais, en rencontrant son ancienne maîtresse ; et j'en ai dit davantage en retrouvant vos anciennes bontés. Croyez, monseigneur, que vous n'êtes jamais sorti de mon coeur; mais je craignais que vous ne vous souciassiez guère d'y régner, et que vous ne fussiez comme les grands souverains qui ne connaissent pas toutes leurs terres. Votre très-aimable lettre m'a donné bien des désirs, mais elle n'a pu encore me donner des forces. Je vous r......tout net en vous aimant, parce que l'esprit est prompt et la chair infirme chez moi. Je suis si malingre que, voulant partir sur-le-champ, je suis obligé de remettre mon voyage au printemps. Je ne suis pas comme le président Hénault, qui disait qu'il était quelquefois fort aise de manquer son rendez-vous. Soyez sûr que j'ai une vraie passion de venir être témoin de votre gloire et du bien que vous faites.

J'ai bien peur que l'intérêt, qui devrait animer ce que j'ai eu l'honneur de vous envoyer,*[*1. L'Histoire de la guerre de 1741.] ne soit étouffé sous trop de détails. Cela me fait penser qu'il ne faut pas ennuyer, par une longue lettre inutile, un homme qui en reçoit tous les jours une centaine de nécessaires, qui quelquefois aussi sont ennuyeuses.

Conservez, je vous en prie, votre bienveillance au plus ancien, au plus respectueux, au plus tendre de vos serviteurs. V.
En voulant fermer cette lettre j'ai coupé le papier ; vous me le pardonnez.

[474] Lettres de madame Denis au comte d'Argenson, au sujet de l'arrestation de sont oncle à Francfort.
(Pour monseigneur le comte d'Argenson, en main propre.)
Francfort-sur-le-Mein, 11 juin 1753.

Monseigneur, Je suis arrivée malade à Francfort, où j'ai trouvé mon oncle presque mourant. Je ne puis le mener à Plombières. Il n'en a ni la force, ni le pouvoir. Un ministre du roi de Prusse l'a arrêté à Francfort dès le 1er juin, quoiqu'il ait un congé absolu de ce monarque, et qu'il ne soit plus à lui. On lui redemande seulement un volume imprimé des poésies de sa Majesté prussienne, dont sa Majesté avait fait présent à mon oncle, et qu'il lui avait permis d'emporter. Il n'avait pas ce livre avec lui. Il était dans une grande caisse qui doit être, je crois, à Hambourg. Il s'est soumis avec respect à rester prisonnier dans sou auberge, quoique mourant, jusqu'à ce que ce livre fût à Francfort; et, pour mieux faire voir sa bonne foi respectueuse, il a écrit que la caisse fût envoyée directement au résident du roi de Prusse à Francfort, afin que, s'il y avait dans cette caisse quelque chose que sa Majesté prussienne redemandât dit encore, elle eût satisfaction sur-le-champ. Il remit, pour nouvelle sûreté, ses papiers de littérature et d'affaires entre, les mains du résident, et celui-ci lui donna deux billets conçus en ces termes :

"Monsieur, sitôt le ballot que vous dites d'être à Hambourg ou Leipzig sera revenu, où est l'oeuvre de poésie du Roi mon maître, et l'oeuvre de poésie rendu à moi, vous pourrez partir où bon vous semblera." FREYTAG.

"1er. juin."
"J'ai reçu de M. de Voltaire deux paquets d'écriture cachetés, [475] et que je lui rendrai après avoir reçu la grande malle où est l'oeuvre de poésie que le Roi demande."
FREYTAG.

"1.er juin."
J'ai été d'autant plus frappée d'un tel coup, que je portais avec moi, pour ma consolation et pour mon assurance, la copie de la lettre que le roi de Prusse*[*1. Cette lettre du roi de Prusse se trouve en entier dans le Comment aire sur la vie de l'auteur de la Henriade (OEuvres de Voltaire.), Elle est datée du 23 août 1750.] ordonna à mon oncle de m'envoyer, en 1750, pour nous rassurer dans nos alarmes, quand il le fit rester à son service. On sait que sa Majesté prussienne l'avait appelé par quatre lettres consécutives, et qu'il ne se rendit aux instances les plus pressantes et les plus inouïes, qu'à condition expresse que cette démarche ne déplairait point au Roi son maître, qu'il ne ferait aucun serment, qu'il lui serait libre de voyager, et que sa place de chambellan ne serait qu'un titre sans fonctions, qu'il n'acceptait que parce qu'il faut en avoir un absolument dans une cour d'Allemagne.

Mon oncle a travaillé assidûment pendant deux ans à perfectionner les talens du roi de Prusse. Il l'a servi avec un zèle dont il y a peu d'exemples. La récompense qu'il reçoit est cruelle, J'ai pris la liberté d'écrire à ce prince une lettré trempée de mes larmes. Je dicte ce mémoire à un homme, sûr, ne pouvant écrire, ayant été déjà saignée deux fois, et mon oncle étant dans son lit sans secours.
(
Ce qui suit est de l'écriture de Voltaire.)

MEMOIRES, 1825.

Voilà la cruelle situation où je me trouve. Je n'ai pas la force de vous écrire de ma main. Je vous conjure de lire la lettre du roi de Prusse ci-jointe. Quelque connaissance que vous ayez du coeur humain, vous serez peut-être surpris. Mais vous le serez peut-être encore davantage des choses que j'aurai à vous dire à mon retour.

[476] Deuxième lettre de madame Denis au comte d'Argenson, ministre de la guerre.
(Au dos.) A monseigneur le comte d'Argenson, en main propre.
Monseigneur,
A peine ai-je recouvré l'usage de mes sens, que je les emploie à vous rendre compte de notre cruelle situation. Je vous envoie cette requête. Vous en ferez ce qu'il vous plaira. Du moins elle servira à vous instruire.

J'ai été à la mort. Mon oncle est toujours fort malade, et nous ignorons quand tout ceci finira. Plaignez-nous, et aimez-nous toujours; notre attachement pour vous égale notre respect. DENIS.

Requête du sieur de Voltaire au roi de France, recommandée à monseigneur le comte d'Argenson, ministre de la guerre.
Sire,
Le sieur de Voltaire prend la liberté de faire savoir à sa Majesté qu'après avoir travaillé deux ans et demi avec le roi de Prusse, pour perfectionner les connaissances de ce prince dans la littérature française, il lui a remis avec respect sa clef, son cordon et ses pensions ; qu'il a annulé par écrit le contrat que sa Majesté prussienne avait fait avec lui, promettant de le rendre dès qu'il sera maître de ses papiers, et de n'en faire jamais aucun usage, et ne voulant d'autre récompense que celle d'aller mourir dans sa patrie. Il allait aux eaux de Plombières avec la permission de votre Majesté. La dame Denis vint au-devant de lui, à Francfort, avec un passe-port.

Le nommé Dorn, commis du sieur Freytag, qui se dit résident du roi de Prusse à Francfort, arrête, le 20 juin, la dame Denis, veuve d'un officier de votre Majesté, munie de son passe-port. Il la traîne lui-même dans les rues avec des soldats, [477] sans aucun ordre, sans la moindre formalité, sans le moindre prétexte, la conduit en prison, et a l'insolence de passer la nuit dans la chambre de cette dame. Elle a été trente-six heures à l'article de la mort, et n'est pas encore rétablie, le 28 juin.

Pendant ce temps-là, un marchand, nommé Schmidt, qui se dit conseiller du roi de Prusse, fait le même traitement au sieur de Voltaire et à son secrétaire,*[*1. Colini.] et s'empare, sans procès verbal, de tous leurs effets. Le lendemain, Freytag et Schmidt viennent signifier à leurs prisonniers qu'il doit leur en coûter cent vingt-huit écus par jour pour leur détention.

Le prétexte de cette violence et de cette rapine est un ordre que les sieurs Freytag et Schmidt avaient reçu de Berlin au mois de mai, de redemander au sieur de Voltaire le livre imprimé des poésie.; françaises de sa Majesté prussienne, dont sa Majesté prussienne avait fait présent audit sieur de Voltaire.

Ce livre étant à Hambourg, le sieur de Voltaire se constitua lui même prisonnier sur sa parole, par écrit, à Francfort, le 1er. juin, jusqu'au retour du livre. Et le sieur Freytag lui signa, au nom du Roi son maître, ces deux billets, l'un servant pour l'autre :

"Monsieur, sitôt le grand ballot que vous dites d'être à Hambourg ou Leipzig, qui contient l'oeuvre de poésie du Roi, sera ici, et l'oeuvre de poésie rendu à moi, vous pourrez partir où bon vous semblera."

Le sieur de Voltaire lui donna encore, pour gages, deux paquets de papiers de littérature et d'affaires de famille, et le sieur Freytag lui signa ce troisième billet :

"Je promets de rendre à M. de Voltaire deux paquets d'écriture, cachetés de ses armes, sitôt que le ballot où est l'oeuvre de poésie que le Roi redemande sera arrivé."

L'oeuvre de poésie revint le 17 juin à j'adresse même du [478] sieur Freytag avec la caisse de Hambourg. Le sieur de Voltaire était évidemment en droit de partir le 20 juin. Et c'est le 20 juin que lui, sa nièce, son secrétaire et ses gens, ont été traduits en prison de la manière ci-dessus énoncée.

MEMOIRES, 1825.

Lettres relatives à l'Académie des inscriptions et belles-lettres.
Le marquis d'Argenson à son frère. Paris, 30 juillet 1755.
Je viens, mon cher frère, de recevoir cette lettre de M. de Bougainville.*[*1. Dans sa lettre, M. de Bougainville offrait sa démission de la place de secrétaire de l'Académie des inscriptions, ne se réservant que la garde des antiques. M. de Bougainville, recteur de l'Université, et membre de l'Académie française, mourut en 1763. On a de lui une traduction de l'Ante Lucrèce, du cardinal de Polignac, et plusieurs mémoires imprimés parmi ceux de l'Académie des inscriptions. Ce fut fil, Le Beau qui le remplaça comme secrétaire de cette Académie.] Je savais déjà la meilleure partie de ce qu'il m'écrit par le sieur de Grâce, son secrétaire, qui a été le voir à Beaumont.

Je ne crois pas que vous fassiez grande difficulté à lui laisser la garde des antiques de l'Académie.

Il y en a davantage à la nomination d'un secrétaire. J'ai montré hier sa lettre à M. l'abbé Sallier. Il pense tout comme moi sur les sujets qui y sont propres, et dont je vous ai envoyé un mémoire. Il pencherait assez, comme je fais, pour l'abbé Le Batteux.

Celui ce n'est point des quatre qu'a proposés Bougainville. De ces quatre, trois ont refusé. Vous avez vu ces jours ci Barthélemy qui est allé à Compiègne. Vous aurez sans doute insisté pour qu'il acceptât le secrétariat, comme Bougainville [479] souhaite que je lui en fasse nouvelles instances aussi, mais je suis persuadé qu'il ne se rendra pas. M. Le Beau a accepté, le sieur de Grâce lui en ayant parlé seulement de la part de M. de Bougainville, mais cela ne vous a rien fait contracter avec lui.

Je sais que M. Le Beau hésite encore. Il faut qu'il opte; et, pour notre secrétariat, il faut qu'il quitte deux mille livres qu'il a à l'Université, savoir, quinze cents livres comme professeur de rhétorique dans un collége, et cinq cents livres comme résident dans un autre collége auquel il donne de la réputation. Je n'ai point entendu parler de lui, et il ne vint point hier à l'Académie. Tout cela me fait croire qu'il barguigne. Je n'ai rien dit à l'abbé Le Batteux, mais je crois qu'il accepterait.

RENE LOUIS D'ARGENSON

Il y aurait encore un autre parti à prendre, et qui vous ferait bien aimer de la compagnie, ce serait de lui laisser le choix de cette place par scrutin, comme cela se fait à l'Académie française. Certainement, l'usage est que cette collation dépende de vous, aussi ne vous proposerais-je pas de vous en rapporter à la compagnie, si vous n'étiez pas mon frère.

Adieu, mon cher frère, je vous embrasse de tout mon coeur.
Au même.

7 août.

Je me suis rappelé ce matin, mon cher frère, que je ne vous avais pas dit hier tout ce que j'avais à vous dire sur l'Académie dont je suis. Que je me soulage, et puis tout est dit, vous serez quitte de moi sur cet article.

Quand je vous propose de laisser à cette compagnie l'élection de ses officiers, ce n'est pas pour vous en faire aimer, comme une mie gâte ses enfans, ou pour la mieux conduire. Quelle est la communauté la plus vile qui ne nomme pas ses jurés? les savetiers se les nomment. Les académies de province les élisent par scrutin. Elles sont donc plus avantagées que la nôtre.

Les statuts de l'Académie française sont un excellent modèle. [480] Il n'y a point d'honoraires. Il n'y a que quarante égaux. Plût à Dieu que nous le fussions de même ! j'y souscris de bon coeur, et j'en serais très-flatté pour ma part. Ce nouvel arrangement nous ferait honneur, et plairait fort au Roi.

Tout ce que je remarque dans la différence qui existe entre les lois de l'Académie française et celles de l'Académie des belles-lettres, c'est que l'on y reconnaît la distance du génie du cardinal de Richelieu à celui de l'abbé Bignon;*[*1. L'Académie des inscriptions et belles-lettres reçut son organisation en 1701, sous le ministère de M. de Pontchartrain, et par les soins de l'abbé Bignon.] le premier occupé de la gloire du Roi, et le second de la prépondérance des Phelippeaux. Choisissons après cela duquel de ces deux législateurs on aimerait mieux se rapprocher ou s'éloigner.

L'abbé Sallier dit qu'il faut que ces gens-là dépendent. Mais la dépendance des gens de mérite est une vénalité secrète qui s'échappe par mille cabales, et qui détruit leur mérite.

MEMOIRES, 1825.

Je sais que j'élève trop mon crédit en vous proposant des changemens aussi considérables, que de nous assimiler à Académie française. Mais rien ne m'empêchera jamais de croire de vous, mon cher frère, qu'en toute affaire du ministère, vous irez toujours au plus grand bien de la chose.

Adieu, mon cher frère, je vous embrasse de tout mon coeur.

Lettre de Voltaire au comte d'Argenson, ministre de la guerre.
Aux Délices, 20 août 1756

Il m'est impossible, monseigneur, de vous envoyer votre contre-seing. Celui qui en a si indignement abusé, est à Marseille. C'est un intrigant fort dangereux. Ce Grasset *[*2. Grasset et Maubert étaient soupçonnés d'avoir fait imprimer, à Lausanne, une édition clandestine de la Pucelle.] m'a montré des contre-seings Chancelier et Berryer *[*3. M.Berryer, alors lieutenant de police, et depuis garde des sceaux.] avec les [481] vôtres. Il écrit souvent à M. Berryer, qui est fort poli. Car il signe un grand votre très-humble à ce valet de libraire. On dit qu'il fait imprimer des horreurs à Marseille. J'oubliais de vous dire qu'il est réfugié, et qu'il est de moitié avec un capucin défroqué, auteur du Testament politiqué du cardinal Albéroni. Ce capucin, appelé ici Maubert, est à Genève avec des Anglais, et outrage impunément, dans ses livres, le Roi, le ministère et la nation. Voilà de bons citoyens dans ce siècle philosophe et calculateur!

Le prince de Wurtemberg avait auprès de lui un philosophe de cette espèce, qu'il me vantait fort, et qu'il mettait au-dessus de Platon : ce sage a fini par lui voler sa vaisselle d'argent.

Je ne vis plus qu'avec des Chinois. Madame Denis, du fond de la Tartarie, vous présente ses respects, et moi les miens. Je vous serai bien tendrement attaché tant que je vivrai. V.

Billet de Voltaire et M. de Voyer.*[*1. Sans date. Mais il doit avoir été écrit vers l'année 1763.]

Je ne sais, monsieur, ce que vous entendez par le fruit de mes veilles, dans le billet que vous m'avez fait l'honneur de m'écrire. Je ne suis plus en âge de veiller, et encore moins de sacrifier mon sommeil à des bagatelles. Je ne suis point l'auteur de la petite lettre sur milord Bolingbrocke. Je l'ai cherchée pour obéir à vos ordres, et j'ai eu beaucoup de, peine à la trouver, la voici. Je suis très-aise d'avoir eu cette occasion de vous marquer à quel point j'aime à vous obéir. Je vous supplie, monsieur, de vouloir bien présenter mes respects à M. le comte d'Argenson et à M. le marquis de Paulmy, et de recevoir les miens avec la bienveillance que vous m'avez toujours témoignée. VOLTAIRE.

[482] Billet de Voltaire à M... .
Au château de Ferney, 6 auguste 1764.
Mon âge et mes, infirmités, monsieur, ne me permettent pas de répondre régulièrement aux lettres dont on m'honore. Je savais, il
y a long-temps, l'heureux accouchement de madame de Voyer. J'ai été attaché toute ma vie à MM. d'Argenson. Monsieur et madame de Voyer étaient faits pour braver des préjugés aussi ridicules que funestes. Et tous nos jeunes conseillers du parlement, qui n'ont point eu la petite vérole, seraient beaucoup plus sages de se faire inoculer que de rendre des arrêts contre l'inoculation. Si vous voyez monsieur et madame de Voyer, je vous prie, monsieur, de leur présenter mes hommages, et d'agréer les sentimens avec lesquels j'ai l'honneur d'être, monsieur, votre très-humble et très-obéissant serviteur.

VOLTAIRE, gentilhomme ordinaire du Roi.
FIN.

MEMOIRES, 1825.

ERRATA.

Pag. 10, lig. 13, de ces deux premiers forts ; lisez : des deux premiers forts.
Pag. 19, lig. 16, Il n'y eut pas de nuit plus gaie; lisez : Il n'y eut pas de nuit de bal plus gaie.
Pag. 28, lig. 8, l'interprète général du mépris ; lisez: l'interprète du mépris général.
Pag. 45, lig. 2, s'étant empressés ; lisez: s'étaient empressés.
Pag 89, lig. 21, la bastille debout était; lisez : la bastille était debout.
Pag. 102, lig. 22, en adversaire ; lisez: en adversaires.
Pag. 109, lig. 3, des esclaves ; lisez: des enclaves.
Pag. 117, lig. 19, n'a écrit ; lisez : n'écrit.
Pag. 141, lig. 4, succédé ; lisez : succédés.
Pag. 159, lig. 4, à un mauvais sort; lisez : à son mauvais sort.
Pag. 184, lig. 7, se reconnaissait ; lisez: se connaissait.
Pag. 241, fig. 32, Bréhant ; lisez : Bréhan.
Pag. 385, ad finem, 1744; lisez. 1745.

FIN DE LA TABLE.

19621621R00200

Printed in Poland
by Amazon Fulfillment
Poland Sp. z o.o., Wrocław